Bad Feminist

나쁜 페미니스트

나쁜 페미니스트 Bad Feminist

록산 게이
Roxane Gay

노지양 옮김

문학동네

일러두기

1. 본문 중 고딕체는 원서에서 저자가 이탤릭체로 강조한 부분이다.
2. 원주라고 밝히지 않은 주석은 모두 옮긴이주다.
3. 단행본, 잡지는 『 』, 단편소설, 논문, 기사는 「 」, 앨범명은 ' ', 전시, 영화, 방송 프로그램, 노래 제목은 〈 〉로 표시하되 노래 제목은 원어 그대로 실었다. 일간지의 경우 약물 기호를 생략했다.

책머리에

페미니즘[복수 명사]

세상은 우리가 따라잡지 못할 정도로 빠르고 복잡하게 변하고 있다. 이런 종잡을 수 없는 변화 앞에서 우리는 어리둥절해져 넋을 잃기 일쑤다. 그러는 사이 문화적 풍조가 특히 여성들에게 불리하게 바뀌어, 정치권은 어떻게든 여성의 재생산권•을 축소하려 하고 뿌리깊은 강간 문화••는 사라질 줄 모르고 우리가 매일 소비하는 음악, 영화, 문학에서는 수시로 여성을 비하하고 멸시한다.

어떤 코미디언은 여자들이 앉아 있을 때 아랫배를 슬쩍 만져보라고 말한다.••• 멋대로 여성들의 선을 넘는 것이 엄청 재미있다고 생각

• reproductive freedom. 합법적 임신중지의 자유, 여성이 자신의 신체를 통제할 수 있는 권리.

•• rape culture. 1970년대 페미니스트들에 의해 만들어진 용어로 강간과 성폭력을 남성이라면 누구나 할 수 있는 행동으로 받아들이고 언어생활에 강간이라는 단어가 자연스럽게 침투해 있는 문화를 말한다.

••• 2012년 미국 코미디언 대니얼 토시가 여성이 앉아 있을 때 아랫배를 살짝 만지는 동영상을 보내달라고 하여 논란이 되었다.

하는 모양이다. 모든 장르의 팝 음악에는 여성 비하적인 가사가 나오는데 제길, 하필 그런 노래는 너무나 중독성이 강해서 나도 모르게 내 존재를 깎아내리는 가사를 흥얼거리게 된다. 로빈 시크 같은 가수는 '여자들이 원한다'•라는 식으로 자기 마음대로 생각해버린다. 제이지 같은 래퍼들은 비치bitch라는 말을 무슨 구두점이라도 되는 듯 말끝마다 붙인다. 극장에 가도 남자 이야기만 중요하다는 듯 온통 사나이 이야기뿐이다. 여배우들은 나오더라도 남자의 조력자거나 애인이거나 부차적인 존재다. 여자가 처음부터 끝까지 극의 중심이 되는 영화는 찾아보기 힘들다. 우리 이야기 중에는 중요한 이야기가 별로 없다는 말인가?

이런 이슈들을 어떻게 수면 위로 끌어올릴 수 있을까? 어떻게 하면 이런 문제의식을 공유할 수 있을까? 이 세상의 수많은 여성들이 처한 크고 작은 불평등과 부당한 현실을 이야기할 때 필요한 언어를 어디서 찾을 수 있을까? 어릴 때는 몰랐지만 나이가 들면서 이런 질문에 대답을 해준 건 페미니즘이라는 사실을 깨달았다. 완전하지는 않더라도 말이다.

물론 페미니즘에도 문제가 있고 결함이 있다. 하지만 시시각각 변하는 이 사회에서 중심을 잡고 헤쳐나갈 수 있는 방법을 제시해준다. 페미니즘은 나의 목소리를 찾을 수 있게 해주었다. 페미니즘은 서로 자기 말만 하려고 아우성치는 이 세상에서도 내 작은 목소리가 중요하

• 〈Blurred Lines〉를 가리킨다.

다는 믿음을 갖게 해주었다.

어떻게 하면 이 불완전한 페미니즘과 그것이 할 수 있는 모든 좋은 것들을 서로 조화롭게 만들 수 있을까? 페미니즘에 결함이 있는 이유는 이것이 인간이 만든 운동이고 인간이란 태생적으로 결함이 있는 존재이기 때문일 것이다. 도대체 왜 그런지 모르겠지만 우리는 페미니즘에 비이성적으로 높은 기준을 세워놓고 우리가 원하는 모습으로 있어달라고, 혹은 언제나 최선의 선택을 내려달라고 조르고 있는 것만 같다. 우리 기대에 못 미치면 페미니즘이라는 이름 아래 행동하는 인간들에게 결점이 있다고 생각하지 않고 페미니즘 자체가 잘못되었다며 정죄定罪한다.

그동안 페미니즘 운동은 거대한 플랫폼을 가지고 크고 선동적인 목소리를 내는 유명 인사들과 엮이곤 했다. 하지만 소위 '금주의 페미니스트'로 선정된 유명 작가나 방송인들이 이러쿵저러쿵 떠드는 철학이 곧 페미니즘은 아니다. 적어도 그것이 전부는 아니다.

최근 페미니즘은 이런 이유로 고통받고 있다. 우리는 페미니즘과 그것을 지향한다고 주장하며 자기 브랜드를 만들려는 여성들을 동일시해버렸다. 이런 유명인들이 우리가 듣고 싶은 말을 하면 페미니스트 왕좌에 올려놓고 떠받들고 칭송하다가, 우리 마음에 들지 않는 행동을 하면 바로 무대에서 끌어내리며 페미니스트 리더들이 우리를 실망시켰으므로 페미니즘에 본질적인 문제가 있다고 결론 내린다. 페미니즘과 '직업적 페미니스트Professional Feminist'를 구분해야 한다는 사실을 깜박 잊은 것이다.

그래서 나는 나쁜 페미니스트가 되기로 결정했다. 왜냐하면 나는 셀 수 없이 많은 단점과 모순으로 똘똘 뭉친 보통의 인간이니까. 나는 페미니스트의 역사에 정통하지 않다. 그렇게 되길 바란다 해도 내 책이 주요 페미니즘 고전으로 읽히지도 않을 것이다. 내 관심사와 개인적인 성향과 의견은 주류 페미니즘과 같은 선상에 있다고 할 수 없다. 하지만 나는 페미니스트가 맞는다. 이렇게 받아들이자 믿을 수 없는 해방감이 밀려왔다.

나를 따라다닐 '나쁜 페미니스트'라는 꼬리표를 받아들인다. 왜냐하면 나는 인간이니까. 그래서 엉망진창이니까. 누군가의 본보기가 되려고 애써 노력하지도 않는다. 완벽해지려 하지 않는다. 내가 모든 답을 알고 있다고 말하지 않는다. 내가 전부 옳다고도 말하지 않는다. 나는 그저 내가 믿는 것을 지지하고, 이 세상에 뭔가 도움이 될 만한 일을 하고, 내 글로 새로운 관점을 제시하면서도 온전히 나 자신으로 남고 싶을 뿐이다. 핑크색을 사랑하고, 섹스를 좋아하고, 가끔은 여성을 끔찍하게 표현한 노래라는 사실을 알면서도 엉덩이를 흔들고, 때로는 도덕적 우위를 점하는 것보다 정비공이나 수리 기사에게 마초 대접을 해주는 게 편하니 일부러 멍청한 척을 하기도 하는 이런 여자로 남고 싶을 뿐이다.

나는 나쁜 페미니스트다. 나는 저 높고 위대한 페미니스트 왕좌에 올라가고 싶은 마음이 눈곱만큼도 없다. 그 자리에 올라간 사람들은 완벽한 인간 같은 포즈를 취해야 한다. 그러다 한두 번 대차게 말아먹으면 사람들이 달려들어 가차없이 끌어내린다. 문제는 나는 허구한 날 실수하고 넘어지고 대차게 말아먹는 인간이라는 점이다. 그러니까 나는 진즉에 끌어내려졌으리라.

지금보다 어렸을 때는 페미니즘을 부인하곤 했다. 나는 왜 여성들이 아직까지도 페미니즘을 부인하고 페미니즘과 거리를 두려다 제 발에 걸려 넘어지는지 이해한다. 내가 스스로 페미니스트가 아니라고 한 이유는 페미니스트라고 불리는 것이 마치 인신공격처럼 느껴졌기 때문이다. 실제로 그런 의도로 사용되는 경우가 많았다. 그 시절 누가 날 페미니스트라고 불렀을 때 최초로 떠오른 생각은 이랬다. 나는 남자랑 오럴섹스도 한단 말이야. 그때 내 머릿속에는 페미니스트인 동시에 성적으로 개방적일 수는 없다는 생각이 들어차 있었다. 물론 10대와 20대 때는 이 외에도 온갖 덜떨어진 생각들이 머릿속에 가득 들어차 있긴 했다.

나는 페미니즘을 부인했다. 이 운동에 대한 합리적인 이해가 부족했기 때문이다. 페미니스트라는 소리를 들으면 이런 말로 들렸다. "너는 성깔 있고 섹스 싫어하고 남성혐오에 찌든, 여자 같지 않은 여자야." 이러한 우스꽝스러운 캐리커처는 페미니즘을 가장 두려워하는 사람들, 페미니즘이 널리 퍼지면 잃을 것이 가장 많은 사람들에 의해 조작된 이미지에 불과하다. 과거에 사람들 앞에서 나는 페미니스트가 절대 아니라고 했을 때 얼마나 무지했는지 떠올리면 부끄러울 뿐이다. 그때 느꼈던 두려움이 얼마나 부질없는지 생각하면 또다시 부끄럽다. 결국 내가 외면받을 것이라는 두려움이었고, 내가 여기저기 들쑤시고 다니며 문제나 일으키는 사람으로 보일 것이라는 두려움이었으며, 이런 나를 사회나 친구들이 받아주지 않을 것이라는 두려움이었다.

여성들이 페미니즘을 부정하고 페미니스트라 불리는 걸 거부하면서 페미니즘에서 잉태된 모든 발전과 변화를 지지한다고 말할 때는 솔직히 화가 난다. 그들은 이 두 가지를 굳이 분리하려고 애쓰면서 쓸데없이 에너지를 낭비하고 있다. 물론 한때 나도 그랬으니 충분히 이해할 수 있고 언젠가 우리 모두 페미니스트라는 단어와 거리를 두지 않아도 되는 문화 속에 살기를 희망하고 있다. 페미니스트가 되었다고 해서 외로워지지도 않고 남들과 다른 특이한 사람이 되지도 않고 너무 많은 것을 달라고 떼쓰는 사람이 되지도 않으니 걱정할 것 없다.

페미니즘을 되도록 단순하게 해석하려고 노력하는 편이다. 페미니즘은 어렵고 복잡한 개념이고 지금도 계속해서 진화하고 있으며 빈틈도 많다는 것을 잘 안다. 나는 그저 이렇게 생각할 뿐이다. 페미니즘은 모든 것을 해결해주지 못하고 그렇게 하지도 않을 것이다. 다만 나는 여성과 남성이 동등한 기회를 가져야 한다고 믿는다. 여성에게는 자신의 몸을 지킬 자유가 있고 필요할 때는 복잡한 절차 없이 의료보험의 혜택을 받을 수 있어야 한다고 믿는다. 여성과 남성이 같은 일을 했을 때 동일한 임금을 받아야 한다고 믿는다. 그러나 페미니즘은 선택이기도 하다. 어떤 여성이 페미니스트가 되고 싶지 않다면 그 역시 그녀의 권리이기에 존중한다. 하지만 그녀의 권리를 위해 싸우는 것 또한 나의 의무이며, 나라면 하지 않을 법한 선택을 하는 여성들도 지지하는 것이 페미니즘의 근본 원칙이라고 믿는다. 나는 미국뿐만 아니라 전 세계의 모든 여성이 평등과 자유를 쟁취해야 마땅하다고 생각하지만, 내가 타 문화권 여성들에게 자유와 평등의 모범 답안을 제시할 입장이 되지 못한다는 사실 또한 잘 알고 있다.

10대 후반과 20대 때는 페미니즘을 지지하면 엉망진창인 있는 그대로의 나로 살지 못할까봐 거부했던 것도 같다. 하지만 페미니즘에 대해 배우면 배울수록 '소문자 페미니즘feminism'을 '대문자 페미니즘Feminism'이나 '대문자 페미니스트Feminist', 혹은 단 하나의 진짜 페미니즘이 모든 여성 인류를 지배한다는 '근본주의 페미니즘'의 개념과 구분할 수 있게 되었다. 페미니즘이 어떤 대단한 사상이 아니라 모든 분야에서의 성평등임을 알게 되자 받아들이기가 놀라울 정도로 쉬워졌다. 페미니즘은 우리 사이의 교집합을 찾기 위해, 우리가 누구고 어떻게 이 세상을 헤쳐나가야 하는지 알기 위해 노력하는 사람들의 편이다. 페미니즘은 나에게 평화를 가져다주었다. 페미니즘은 내가 어떻게 글을 쓰고, 어떻게 읽고, 어떻게 살아야 하는지 인도해주는 원칙이 되었다. 물론 이 원칙을 다 지키지 못하고 엉뚱한 곳에서 헤매기도 하지만 최고의 페미니스트가 되어야 하는 건 아니니 괜찮다.

유색인종 여성, 퀴어 여성, 트렌스젠더 여성도 이 페미니스트 프로젝트에 포함되어야 한다. 과거에 '대문자 페미니즘'은 이 그룹의 여성들을 수차례 배제했다. 아프지만 인정해야 할 사실이다. 어쩌면 이런 점 때문에 많은 사람들이 페미니즘에서 도망쳐나와 가능한 한 멀찍이 떨어져 있으려 했는지도 모른다. 내가 그 입장이었기에 충분히 이해한다. 나 또한 페미니즘이 나 같은 흑인 여성이나, 인생의 여러 다른 시기에 퀴어로 살아온 여성을 위한 것은 아니라고 판단했었다. 역사적으로 페미니즘은 다른 모든 사람의 권리를 희생해서라도 이성애자 백인 여성의 삶의 질을 개선하는 데 투자를 아끼지 않았기 때문이다.

하지만 잘못에 잘못으로 대응해서는 상황이 나아지지 않는다. 페미니즘이 실패했다고 해서 완전히 등을 돌려야만 하는 건 아니다. 사람들은 언제나 끔찍한 짓을 저지르지만 그렇다고 그럴 때마다 인류애를 완전히 잃어버리지는 않는다. 다만 잘못된 것은 거부한다. 따라서 우리는 실패한 페미니즘을 거부하는 동시에, 페미니즘의 성과와 그 덕분에 우리가 얼마나 멀리 왔는지 인정할 수도 있다.

모두가 똑같은 페미니즘을 믿어야 할 필요도 없다. 페미니즘은 복수 명사이기 때문에 그 안에 다양한 페미니즘이 공존할 수 있다. 각자 지지하는 페미니즘을 존중하고 우리 사이의 균열을 최소화하는 데 충분히 신경쓰기만 하면 된다.

페미니즘은 집단적인 노력을 통해 성공할 수도 있지만 개개인의 행동을 변화시킴으로써 성공할 수도 있다. 많은 젊은 여성들이 이 시대에 본받고 싶은 대표적인 페미니스트가 없다고 말한다. 기운 빠지는 일이다. 하지만 굳이 모델을 찾지 말고 각자가 이 세상에서 가장 보고 싶은 페미니스트가 되어보면 어떨까?

누군가 따를 만한 사람을 찾지 못한다면 당신 스스로 먼저 길을 만들고 이끌어나가면 된다. 이 책에 담긴 여러 에세이에서 나는 소소하고도 불완전한 방법으로 그 길을 인도하려고 해보았다. 이 책에서 나는 나쁜 페미니스트로서 목소리를 높일 것이다. 나쁜 페미니스트라는 입지를 다져갈 것이다. 문화와 문화를 소비하는 방식에 대한 나만의 비판적인 생각들을 펼쳐 보일 것이다. 영화의 인종문제를 다루고 다양성의 부족을 고찰할 것이며, 안 그래도 부족한 혁신이 왜 그리 만족스럽지 않은지도 이야기할 것이다. 문학성을 평가하는 새롭고도 보다 포괄적인 기준을 제시할 것이며 HBO 드라마 〈걸스Girls〉를 자세히 들여다보는 한편 '그레이의 50가지 그림자' 현상에 대해서도 논할 것이다. 나의 에세이들은 정치성을 띠고 있지만 지극히 개인적인 이야기들이기도 하다. 페미니즘처럼 결점도 있겠지만 더 나은 세상을 바라는 진심어린 마음으로 쓰인 글이다. 나는 그저 내가 살고 있는 이 세상을 이해하고자 노력하는 한 여성일 뿐이다. 나는 우리가 더 많은 것을 원할 수 있고, 더 잘할 수 있는 방법이 있다고 외칠 것이다.

차례 Bad Feminist

책머리에 **페미니즘(복수 명사)** · 005

1부 나에 대하여

나를 느껴봐 나를 바라봐 내 말을 들어봐 내게 다가와 · 018
독특한 이점들 · 036
전형적인 1년 차 교수의 인생 · 043
긁고, 잡고, 어설프게 혹은 악착같이 찾기 · 055

2부 젠더와 섹슈얼리티

여자들과 친구가 되는 법 · 078
걸스 걸스 걸스 · 083
나도 한때 미스 아메리카였다 · 098
화려하고 요란한 페허 · 114
여기 친구 사귀려고 온 거 아니거든요 · 130
그렇게 우리는 우리를 잃었지 · 150
카타르시스를 원하는 사람들 · 168
해피 엔딩에 대하여 · 184
성폭력에 면죄부를 주는 경박한 언어에 대하여 · 193
살아남은 여자들 · 205
안전하다는 착각 · 219
망가진 남자들 · 228
세 개의 커밍아웃 이야기 · 236
남성의 기준을 넘어 · 249
해서는 안 되는 농담 · 257

크리스 브라운을 너무나 사랑해서
그가 자기를 때려도 괜찮다고 말하는 젊은 여성들에게 · 265
블러드 라인 · 271
백마 탄 왕자님이냐 무단 침입자냐 · 278

3부 인종과 엔터테인먼트
1960년대 미시시피, 튀긴 음식의 위안과 다른 케케묵은 이야기들 · 298
살아남은 장고 · 313
고난의 서사를 넘어서 · 324
타일러 페리의 도덕관 · 332
어느 흑인 청년의 마지막 하루 · 345
풍요 속의 빈곤 · 355

4부 정치, 젠더, 인종
위신의 정치 · 362
저널리즘이 하지 못하는 일을 트위터가 해낼 때 · 368
위임되어버린 여성의 권리 · 375
영웅을 기다리며 · 391
두 프로필 이야기 · 398
모두 조금씩은 인종차별주의자 · 405
비극이. 부르면. 연민이. 응답한다. · 411

5부 다시 나에 대하여
나쁜 페미니스트: TAKE ONE · 422
나쁜 페미니스트: TAKE TWO · 438

감사의 말 · 445

1부

나에 대하여

나를 느껴봐 나를 바라봐
내 말을 들어봐 내게 다가와

틈새시장을 겨냥한 데이트 사이트는 굉장히 재미있어 보인다. 제이데이트나 크리스천 밍글이나 블랙 피플 미트•처럼 '끼리끼리 모임'을 표방하는 온라인 데이트 사이트들이 얼마든지 있다. 마음만 먹으면 당신이 원하는 특정 조건에 부합하는, 이를테면 당신과 비슷하게 생기거나 같은 종교를 믿거나 동물 캐릭터 의상을 뒤집어쓰고 섹스하려는 사람들을 얼마든지 만날 수 있다는 이야기다. 넓디넓은 인터넷 세상에서는 어떤 분야에 관심 있는 사람이 나 하나가 아니라서 외로울 일은 없다. 이러한 틈새시장을 겨냥한 데이트 사이트에서는 변수나 미지수를 조금 덜 겁내도 된다. 온라인에서는 너와 내가 우리만의 언어로 의사소통을 할 수 있을 거라는 희망을 품어볼 수 있다.

• 차례로 유대인, 기독교인, 흑인 들끼리의 만남을 주선하는 사이트.

나는 항상 유대감과 외로움, 공동체와 소속감에 대해서 때로는 지나칠 정도로 자주 생각하고 어떻게 하면 내 글이 이러한 감정과 욕구를 제대로 전달할 수 있을지 고민한다. 우리 대부분은 저 바깥에 있는 누군가가 우리 손을 잡고서 '당신은 혼자가 아니니 두려워 말라'고 말해주길 바란다.

때로 나는 같은 이야기를 지겨울 정도로 반복하기도 하는데 어떤 경험들은 그만큼 내게 절대적인 영향을 미쳤기 때문이다. 가끔 똑같은 이야기를 계속하다보면 이 세상이 돌아가는 방식을 더 잘 파악할 수 있을 거라는 생각도 든다.

온라인 데이트를 시도해본 경험도 별로 없거니와 나와 공통점이 많은 사람과 사귀어본 적도 별로 없다. 필시 내 별자리 탓이다. 물론 만나다보면 서로 비슷한 점을 발견하기도 하지만 대부분의 경우 나와 전혀 다른 사람과 데이트를 시작하는 경우가 많았다. 최근에 한 친구는 내가 백인 남자들만 사귄다면서 너무 뭐……한 것 아니냐며 핀잔을 주었는데 그 '뭐'가 뭔지 도무지 모르겠다. 그 친구는 나와 달리 도시에 살아서 다양성을 누리고 있으니 내 상황을 이해하지 못한다. 나는 약이 올라서 그 친구에게 대학생 때는 중국인과 사귀었다고, 나는 그냥 만나자고 한 사람과 만날 뿐이라고 말해주었다. 만약 흑인 남성들이 만나자고 했으면 기꺼이 데이트 약속을 잡았을 것이다. 그런데 이상하게 나에게 접근하는 흑인 남자분들은 70대뿐이었고 나는 고령의 노인들과 데이트하며 관절염 걱정을 하고 싶지는 않았기에 정중히 거절했다. 또 나는 자유 지상주의자들에게 무작정 끌리는 경향도 있다.

독재와 세금에서 벗어나 절대적인 자유를 찾으려는 급진적인 사상들이 멋지다. 나는 나와 여러 공통점을 가진 사람과 데이트를 하는 것이 과연 어떤 건지 상상이 잘 안 된다. 단순히 그 사람과 내가 둘 다 흑인이라서, 민주당 지지자라서, 글쓰는 사람이라서 공유하는 것이 많다고 말하기는 어렵다. 또 이 세상에 나와 정말로 공통점이 많은 사람이 있을 거라고 생각지도 않는다. 인터넷 사이트에 들어가 몇 가지 특징과 선호도를 입력해서 나온 결과를 보고 나와 어울리는 짝을 찾는 식은 아닐 것이다. 물론 시도해본 적은 없지만 나쁘다고 생각하지는 않는다. 다만 나는 나와 달라서 늘 재미있는 사람과 같이 시간을 보내는 걸 좋아한다. 우리는 항상 어딘가에 소속되고 싶고 어떤 사람에게 속하기를 원하지만, 그것이 거울 안에 비치는 또다른 나를 찾는 행위는 아닌 것 같다.

BET• 방송국의 프로그램을 그리 즐겨보지는 않는다. 나는 라이프타임 무비 네트워크나 더 작은 방송국의 리얼리티 프로그램을 시청하는 편이다. 그리고 BET 방송국의 엉성하고 조악한 프로그램들은 사실 보고 있기 힘들다. 내가 WE tv의 〈암살라 걸스〉••의 에피소드를 두 편이나 봤다는 점을 고려하면 조악한 프로그램에 대한 면역력은 평균 이상을 자랑한다고 할 수 있다. 왜 이렇게 흑인 중심 프로그램은 기획력과 짜임새가 엉성하고 흑인 시청자들은 주는 대로 받아먹어야만 하는지 속상할 뿐이다. BET 말고는 선택지가 없다는 게 안타까울 따름

• Black Entertainment Television. 흑인 중심 엔터테인먼트 방송 채널.
•• 암살라 아베라라는 유명 웨딩드레스 디자이너 밑에서 일하는 디자이너들에 관한 리얼리티쇼.

이다. 그렇다고 다른 방송국을 틀어보면 백인들의 잔치가 열리고 있다. 숀다 라임스가 연출한 작품들(〈그레이 아나토미〉 〈프라이빗 프랙티스〉 〈스캔들〉 등)이 그나마 캐스팅할 때 인종, 젠더, 그리고 아직은 빈약하지만 섹슈얼리티를 골고루 배치하려는 노력을 보이고 있다. 그 외에는 흑인들, 아니 흑인뿐만 아니라 모든 유색인종들은 변호사나 입은 걸지만 정 많은 친구, 혹은 영화 〈헬프〉에서처럼 '도우미'로 등장할 뿐이다. 브루클린을 배경으로 리나 더넘이 만든 HBO의 〈걸스〉 같은 드라마가 20대 여성 네 명의 삶을 새로운 시각으로 그리며 새 지평을 열었다고 해도, 여전히 우리는 인종에 관해서만은 이제까지 봐왔던 것과 비슷한 것들, 즉 우리가 삭제되거나 우리에 대한 무지를 드러내는 드라마를 어쩔 수 없이 본다.

BET 이야기를 더 하자면 〈걸프렌즈〉 재방송을 해줄 때만은 이 방송사의 작품들이 완성도가 낮다고 비난하지 않아도 될 것 같다. 이 드라마는 억울할 정도로 과소평가된 작품이다. 사실 내가 〈걸프렌즈〉를 좋아하게 되기까지 오랜 시간이 걸렸지만 이 드라마는 훌륭했고, 분명 받아 마땅한 찬사를 받지 못했다. 가끔 TV에서 나처럼 생긴 사람들이 보고 싶어진다. 갈색 피부는 아름다우니까. 다만 뻔한 이야기 말고 다른 종류의 이야기들을 보고 싶다. BET에 나오는 사람들은 외모만 보면 나와 같은 과라고 할 수 있지만 공통점은 그것 하나뿐이다. 어쩌면 내가 30대 후반이기 때문일지도 모른다. BET의 나이로 치자면 나는 노인네니까. 나는 대중문화에 관심이 많은 편인데도 수시로 모르는 것들이 튀어나온다. 내가 사는 지역과 내 직업도 크게 도움이 되지 않는 것 같다. 지금 이 에세이를 쓰는 시점에는 BET에서 〈토야〉라는 프로그램이 방송되고 있다. 지나가다 얼핏 제목을 본 기억은 있지만 직접 시청한 건 처음이었다. 어쩌다보니 몇 편의 에피소드를 보았지만 왜 이 프로그램이 TV로 방영되어야 하는지 전혀 이해하지 못하겠다. 이 프로그램의 탄생 이유는 뭘까? 구글 박사님께 상의드려봤더니 토야는 래퍼 릴 웨인의 전 아내라고 했다. 그게 다였다. 그녀는 백업 싱어도 아니고 힙합 뮤직비디오 댄서도 아니었다. 아마 아닐 것이다. 유명세의 문턱이 이렇게 갑자기 낮아질 줄은 몰랐다.

이 〈토야〉라는 프로그램에서 그녀가 자기 가족을 소중하게 생각한다는 것 외에는 그 어떤 것에도 공감할 수 없었다. 토야는 분명 가족을 끔찍이 아끼는 것 같았고, 가족들이 올바른 길을 찾을 수 있도록 돕는 느낌도 살짝 들었다. 하지만 그 또한 불확실하다. 이 프로그램은 그저 이 사람 저 사람 나와서 재미없는 이야기를 주절주절하는 것이 전부이기 때문이다. 프로그램 중간에 그녀는 멤피츠라는 남자와 사귀고 이 남자가 다이아몬드 반지를 고르는 장면이 나온다(이제 그들은 결혼해서 부부가 되었다). 이 남자는 누구지? 래퍼인가? 이 사람들은 뭘 해서 먹고살지? 릴 웨인이 자기 아이의 양육비를 그렇게 많이 줄 것 같지는 않은데? 나는 BET 방송국이 흑인들의 다양한 생활과 경험을 조금 더 균형 잡힌 방식으로 반영하길 바란다. 당신도 우연히 BET의 프로그램을 보게 된다면 흑인으로 성공하는 유일한 방법은 프로스포츠 업계나 팝 음악 업계에 진입하기 아니면 그 업계에서 성공한 사람과 결혼하고/자고/아기를 낳아 누군가의 엄마가 되는 길밖에 없다는 생각이 들 것이다.

가끔씩은 다른 전문 분야에서 활동하는 성공한 흑인들을 보고 싶다. 대부분의 TV 쇼에서 백인 캐릭터들은 시청자에게 '이담에 커서 뭘 할까?'와 관련한 다양하고 인상적인 선택지를 제공한다. 물론 언제나 예외는 있다. 〈CSI〉에서 로런스 피시번이 한두 시즌 동안 반장 역할을 했다. 1980년대 후반에 블레어 언더우드가 〈L. A. 로〉에서 변호사로 활약하기도 했다. 앞에서 잠깐 언급한 숀다 라임스가 제작한 드라마들도 있다. 아마도 유색인종이 변호사나 의사나 작가나, 그것도 아니면 재즈 뮤지션이나 교사나 교수나 우체국 직원이나 웨이트리스로 나오는 것이 아이들 눈에 그다지 재미가 없다는 생각에서 비롯된 현상이 아닐까 싶다. 우리 문화에서 흑인의 매력은 그런 평범하고 일상적인 직업에서 발휘되는 것이 아니다. 아직은 그렇다. 하지만 언젠가는 이 나라의 모든 흑인 어린이가 성공하기 위해서 꼭 공이나 마이크를 잡아야 할 필요가 없다는 사실쯤은 알려줄 때가 와야 할 것이다. 빌 코스비가 최근 이상하게 망가지긴 했지만 그는 자기가 무슨 말을 하는지는 알고 있었다. 그가 이상하게 망가진 것은 평생 동안 이 망할 싸움을 해와서일지도 모른다. BET의 프로그램을 보다보면 마음이 불편해진다. 내가 어떤 사람들과 결정적인 공통점을 가진 동시에 아무 공통점이 없다는 사실을 깨닫는 건 마음 아픈 일이니까. 앞서 말했지만 나는 나와 다른 사람들이 재미있다. 그래도 가끔은 다른 사람들에게서 내 모습이 살짝 비쳤으면 좋겠다.

대학원에 다닐 때 교내 흑인 학생회의 상담 조교로 일한 적이 있다.

캠퍼스 내에 흑인 교수 숫자는 손에 꼽을 정도였고(한 손으로 충분하다) 보통 너무나 바쁘거나 지쳐 나가떨어졌거나 이 업무에 완전히 관심이 없었다. 4년 후 나는 그들을 이해했다. 나이들수록 더 많은 것을 이해하게 되는 법이니까. 흑인 학생회에서 학생들에게 조언하고 상담하는 것은 감사받지 못하고 굉장히 기진맥진해지고 마음이 다치는 일이었다. 사람의 신념조차 무너뜨릴 수 있을 정도다. 몇 년 전 캠퍼스에 온 새로운 흑인 교수에게 왜 흑인 학생들 관련 일을 하지 않느냐고 물었더니 그녀가 대답했다. "그건 제 일이 아니잖아요." 이렇게 말하기도 했다. "그 학생들한테 도무지 다가갈 수가 없어요." 나는 사람들이 해보지도 않고 자기 일이 아니라고 하거나 불가능한 일이라고 속단할 때가 참 싫다. 물론 우리 모두 그렇게 말할 수는 있다. 하지만 어떤 사람들은 맡겨진 일이 아니면 거들떠보지도 않아야 한다거나 다가가기 어려워 보이는 사람에게 다가갈 필요는 없다고 정말 믿기도 한다.

나는 부단하게 노력하며 살았던 아버지에게서 직업윤리를 배운 것 같다. 젊은 흑인 학생들에게 자기들과 비슷하게 생긴 교수가 있다는 사실을 보여주어야 할 때나 그 학생들에게 멘토링을 해주고 지지해주어야 할 필요가 있을 때, 나는 이 일이 남의 일이 아니라 (인종에 상관없이) 모두의 일이라고 생각한다. 그리고 만약 흑인 교수로서 그렇게 생각하지 않는다면 그 즉시 자기 자신을 돌아봐야 한다. 그래도 안 되면 또다시 돌아보아야 하고 또 돌아보면서 과연 무엇이 옳은지 고심해야 한다.

내가 상담 조교를 하고 있을 때 흑인 학생들은 나를 존중해주었다.

아마 그랬을 것이다. 하지만 좋아해주지는 않았다. 나도 이해한다. 나는 와인처럼 처음에는 그저 그렇다가 서서히 좋아지는 스타일이니까. 대부분은 나를 '부기'•라고 생각했다. 많은 아이들이 나를 레드본••이라고 불렀고 내가 화를 내면 웃었다. 특히 내가 슬랭을 사용하면 배꼽을 잡고 웃었는데 내가 모음을 굴려서 발음했기 때문이다. "선생님, '홀라'••• 한번 해보세요." 내 발음이 그들에게는 웃겼을지 몰라도 나는 그 단어를 좋아해서 열심히 따라 했다. 억양을 좀더 살려야 했겠지만 잘되지 않았다. 아이들은 내가 '갱스타'라고 말할 때도 까무러쳤다. 사실 학생들이 놀리는 건 아무 상관 없었다. 나는 그 아이들이 내가 자기들에게 너무 많은 것을 기대한다고 생각할까봐 걱정이었다. 그들 입장에서는 '너무 많이'였겠지만 사실 내 입장에서는 '너무 조금'이었다.

그렇다. 나는 요구 사항이 많은 편이다. 그리고 가끔은 내가 지나쳤을 수도 있다. 나는 그럭저럭 잘하고 있는 사람들에게도 더 잘해야 하지 않느냐고 말한다. 아무래도 기대치가 하늘 꼭대기에 있는 우리 어머니에게 물려받은 기질 같다. 나는 교직원들에게 회의에 꼬박꼬박 참석해야 한다고 했고 적어도 5분 전에는 와 있어야 하는 것 아니냐고 말하기도 했다. 원래 제시간에 온다는 건 조금 먼저 도착해 있는 것이 아닌가? 나는 학생들이 어떤 과제를 수행하기로 했으면 끝까지 마

• 부르주아에서 연유한 말로 상류계급을 뜻하는 말.
•• 흑인과 다른 인종의 결합으로 피부색이 옅은 흑인.
••• 흑인들이 '무슨 일이야?' 혹은 '잘 가'라는 뜻으로 쓰는 속어.

쳐야 한다고 요구했고, 과제를 해오라고 요구했고, 지원을 받고 싶다면 도움을 요청하고 개인 교습을 받으라고, C나 D만 받으면 된다고 생각하지 말라고, 대학을 진지하게 여기라고, 이 세상을 음모론으로 보지 말라고, 마음에 들지 않는 교수를 무조건 인종차별주의자라 하지 말라고 요구했다.

이 흑인 학생들을 만나며 일찌감치 알아챈 것이 있었다. 대학이라는 곳에 온 많은 흑인 학생은 읽을 줄을 모르고 공부하는 방법도 몰랐다. 나는 대학과 대학원에서, 또 지성인들의 모임에서 특권을 주제로 토론할 기회가 많았고, 우리 모두가 어느 정도는 특권층이며 이 사실을 의식해야 한다고 말하곤 했다. 내가 비교적 여러 혜택을 입으며 살았다는 사실을 알고는 있었지만, 대부분 디트로이트 도심 출신인 이 아이들과 이야기하면서 내가 입은 혜택들이 얼마나 어마어마했었는지 다시금 깨닫게 되었다. 누군가 내게 주어진 특권을 인정하지 않는다고 이야기할 때마다 나는 그 사람에게 입 닥치라고 말하고 싶어진다. 내가 그거 모를 줄 알아요? 나는 내가 혜택을 받았다는 걸 아주 잘 알고 있다. 하지만 현재의 불만족스러운 상태에 영향받지 않는 척하며 내 상태에 만족하는 것이 과연 특권일까?

이 아이들은 글을 읽을 줄 몰랐기에 사전을 빌려주어야 했다. 모임에서는 차마 읽기와 쓰기 능력이 없다는 걸 밝히지 못하고 캠퍼스에서 나를 잠깐 불러세우거나 내 사무실에 와서 들릴 듯 말 듯한 자신 없는 목소리로 말했다. "선생님, 사실 저 글을 잘 못 읽어요." 그전에는 이 나라에서 고등교육을 받고 대학교까지 입학한 학생들이 대학생

수준의 글을 못 읽을 수도 있다는 생각은 꿈에서도 해본 적이 없었다. 스스로가 부끄럽다. 나는 이 나라 아이들의 교육 수준이 믿기 힘들 정도로 천차만별이라는 사실에 무지했다. 부끄럽다. 나는 그 시절 강의실에 동기들과 둘러앉아 문학 이론이니 사조니 하며 떠들 때보다 교실 밖에서 훨씬 더 많은 것을 배웠다. 내가 얼마나 무지했는지 배웠다. 나는 아직도 나의 편견과 관점들을 수정하려 계속 노력하는 중이다.

나는 학생들을 한 명 한 명씩 만나면서 그들과 친해졌고 잘 지내게 되었다. 그들도 마음을 열기 시작했다. 사실 나도 내가 무엇을 하고 있는지 몰랐다. 어떻게 다 큰 아이들에게 읽기와 쓰기를 가르친단 말인가? 구글 박사에게 정기적으로 상담을 요청하기도 했다. 기초 영문법 책을 사보기도 했다. 가끔은 학생과 마주앉아 그들이 제출한 숙제를 한 줄 한 줄 읽어가면서 모르는 단어가 나오면 그 단어를 공책에 쓰라고 한 다음 사전에서 뜻을 찾아 그 밑에 써넣으라 시키기도 했다. 어렸을 때 우리 엄마가 날 그렇게 가르쳐주었기 때문이다. 엄마는 내가 고등학교 기숙사에 들어갈 때까지 하루도 빠짐없이 방과후에 날 기다리고 있다가 마주앉아 숙제를 도와주고 날 격려해주고 더 높은 목표를 세워줬다. 물론 내 인생에는 엄마가 볼 수 없는 것들이 있었지만 학습에 임할 때나, 예절 바른 인간이 되기까지는 엄마의 손길이 닿지 않은 곳이 없었다.

가끔은 공부할 것이 너무 많아서 화가 나기도 했다. 같은 반의 미국 아이들은 나만큼 많이 공부하지 않았다. 우리 엄마, 아니 우리 부모님 둘 다 왜 그렇게 공부에 매달리는지 이해할 수 없었다. 우리집은 분명 공부와 성적 압박이 상당히 심한 가정이었다. 정말 심했다. 나는 스트레스를 받는 아이였고 때로는 내가 나를 몰아붙이기도 했다. 나 또한 1등이 좋았고 부모님을 자랑스럽게 해드리고 싶었다. 내 인생의 다른 부분은 애처로울 정도로 내 마음대로 안 되지만 공부나 성적만은 내가 원하는 대로 만들 수 있다는 점이 마음에 들었다. 나는 모든 과목에서 A를 받아야만 했다. A보다 못한 성적을 받아오는 건 우리집에서는 용납할 수 없는 일이었다. 전형적인 이민자 가정의, 별로 재미없는 이야기다. 대학원에서 글을 읽을 줄 모르는 대학생들과 공부하면서, 나는 왜 우리 부모님이 사회에서 백인 아이들이 받는 관심의 절반만큼이라도 얻기 위해서는 서너 배 노력해야 한다고 했는지 알게 되었다. 부모님은 이런 씁쓸한 현실을 우리에게 전하지 않았다. 우리를 보호하고 있었던 것이다.

나와의 개인 교습이 끝나면 학생들은 보통 이렇게 말하곤 했다. "선생님, 제가 여기 온 거 다른 아이들에게 비밀로 해주세요." 대체로 도움을 받는 것이 부끄러워서는 아니었다. 그렇지는 않았다. 공부하기 위해 이토록 노력하며 살아야 한다는 것을 남들에게 들키는 것이 부끄럽다고 했다. 가끔은 자신들이 어떻게 살고 있는지 솔직히 털어놓기도 했다. 이 학생들의 부모님은 우리 부모님과는 달리 아이들에게 이 거친 세상을 헤쳐나갈 준비를 시켜주지 못했다. 학생들 대부분이 집안의 첫째였고 집안 최초의 대학생이었다. 한 남학생은 아홉 남매 중에 장남이었고 한 여학생은 일곱 남매 중에 장녀였다. 또 한 여학생은 여섯 남매 중에 맏이였다. 아버지가 부재한 경우가 많았고 아버지나 어머니나 사촌이나 친척이나 이모나 형제자매가 감옥에 가 있는 경우도 많았다. 집에는 알코올중독자가 있었고 마약중독자도 있었고 폭력과 학대가 있었다. 대학에 간 아이를 괘씸해하며 어떻게든 못 가게 하려는 부모들도 있었다. 학자금 대출 수표를 집으로 보내서 생활비로 쓰게 하고 정작 본인은 교재도 못 사고 점심도 못 먹는 아이들도 있었다. 그 돈으로 먹여 살려야 할 식솔들이 딸려 있으니 어쩔 수 없었다. 물론 충분하게 지원해주는 훌륭한 어머니나 아버지, 혹은 양친이 있어 가난을 모르는 학생들도 있었다. 이들은 대학 생활을 즐기면서 앞날을 고민하고 있었다. 다만 이런 학생들은 평균이 아니라 예외였다. 나는 작가 치마만다 응고지 아디치에의 유명한 TED 강연의 주제인 '하나의 이야기로 일반화하는 것의 위험성'을 종종 떠올렸으나, 세상에는 정말로 하나뿐인 이야기가 있고 그 이야기가 나의 마음을 갈가리 찢어놓곤 했다.

그 학교에서 보낸 마지막 해의 학기말에는 내 개인적인 문제들을 해결하느라 심신이 지쳐 있었다. 남들에게 무언가 해줄 의욕이나 여력도 없었다. 그리고 이제까지 그랬듯이 학생들은 그다지 신경쓰지 않았고 나도 마찬가지였다. 자랑스럽지는 않지만 정말로 개인적으로 힘든 일이 겹쳐 어쩔 수가 없었다. 아니 나 자신에게 지금도 그렇게 말하는 중이다. 흑인 학생회 모임에 얼굴을 내미는 학생들이 점점 줄어들었다. 학생들은 클럽활동에 참여하지 않았고 행사를 기획하거나 홍보하지도 않았고 똑같은 실수를 반복했다. 이제 나에게는 학생들을 어르고 달래고 노려보고 잔소리하고 닦달하고 밀어붙일 에너지가 남아 있지 않았다. 4년이나 지났는데도 학생들이 배운 게 없다면 나는 실패한 것이고 이 실패를 바로잡을 역량이 내게 없다는 뜻이 아닐까? 그냥 이들은 어리고 방황하는 대학생들일 뿐이다. 당연하게도 나는 좌절에 빠졌고 속상했으나 마지막 학기가 끝나자 마음 한편이 놓였다. 이 아이들이 그리울 것이었다. 똑똑하고 재미있고 매력적이고 약간 미친 짓도 하지만 좋은 아이들이었고 내게 큰 기쁨이었으니까. 그럼에도 나는 휴식이, 아주아주 긴 휴식이 절실했다.

나를 그 학교의 대학원생으로 뽑아준 여성 교수는 20여 년 동안 흑인 학생들을 담당했다. 선생님은 은퇴한 후에 흑인 학생들에게 지쳐버린 나머지 아예 그에 대해선 말도 꺼내기 싫어할 정도였다. 학생들에겐 변화하고자 하는 의지가 부족하고, 가정환경은 언제나 밑바닥이며, 상황을 벗어날 방법이 있다는 것을 믿지 않고, 학교 행정실 또한 손톱만큼도 노력하지 않는다는 모든 사실에 그녀는 질릴 대로 질려 있었다. 나도 그 선생님이 왜 그렇게 지쳐 있었는지 이해할 수 있었다. 나 또한 딱 4년 만에 정확히 그분의 자리에 가 있었던 것이다. 하지만 아직 이야기가 끝난 건 아니다. 학기말 종강 파티에서 학생들은 나를 깜짝 놀라게 해주었다. 내게 감사패를 선물했고 나의 진실성과 훌륭한 성품을 본받고 싶다는 내용의 아름다운 글을 읽어주기도 했다. 자신들이 유능하고 강인한 사람이라는 것을 깨닫게 해주어서 감사하다고 했다. 자신들이 잘못을 저질렀을 때에도 같은 편에 서주어서 감사하며 내가 가족이나 마찬가지라고 했다. 이 가족이란 말은 우리의 관계를 아주 훌륭히 설명한 것이라 할 수 있었다. 무조건적이었지만 아주 복잡했으니까. 학생들은 낯간지러운 말들을 굉장히 많이 해주었다. 사실 그런 말을 해줄 필요는 없었다. 한참이나 부족했지만 나는 그들에게 조금은 다가갈 수 있었다고 느끼며 대학원을 떠날 수 있었다. 그 아이들이 대학에서 소속감과 유대감을 느끼게 하는 것이 나의 임무였지만, 오히려 그들이 먼저 내게 다가와 소속감과 유대감을 느끼게 해주었다.

이제 나는 교수가 되었다. 아직 흑인 학생 모임을 찾아보지는 않았지만 그러기 위해 에너지를 모으는 중이다. 자꾸만 다음으로 미루어 죄책감이 생기기도 한다. 나는 막중한 책임감을 느낀다. 동시에 지금의 나는 약하고 부족하다고도 느낀다.

첫 학기 때 내가 가르치는 반의 흑인 학생 한 명이 자기가 흑인이라 차별을 당한다고 느끼고 있었다. 흑인 교수들이 모이면 이런 학생들 이야기가 나오기도 한다. 나는 그 아이를 차별하지 않았다. 일단, 나는 학생을 차별하고 말고 할 시간이 없다. 또한 어느 누구도 예외 없이 모든 학생이 빼어난 결과를 내길 바란다. 그 학생은 예전엔 완벽한 학점을 받았으나 내 수업에서만 A 학점을 받지 못했다는 걸 받아들이지 못했다. 내 수업에 들어오기 전에 뛰어난 학생이었다는 사실이 A 학점을 받을 자격을 저절로 만들어주지 않는다는 걸 이해하지 못했다. 나야말로 그의 오만함을 이해할 수 없었다. 그 학생은 자기가 '다르기' 때문에, 또 자기가 좋은 성적을 받았었다는 이유로 내가 자신을 보며 알아서 감명을 받길 바라고 있는 듯했다. 내 수업 시간에 어떻게 했는지가 아니라 과거에 어떤 학생이었는지를 보고 자신을 평가해달라는 듯했다. 언젠가 이렇게 말하기도 했다. "저는 학교의 다른 '깜××'들하고는 다르다고요." 나는 학생에게 먼저 그 태도와 언어부터 고치라고 말했고 학생과 나 사이에 날선 대화가 오고갔다. 나중에 알고 보니 나의 상사가 복도 구석에 숨어서 이 장면을 처음부터 끝까지 지켜보고 있었다. 자칫하다 이 학생이 험하게 나올 것 같아서 그랬다고 했다. 나 또한 이 학생이 험하게 나올까봐 걱정했다. 한 학기 내내 이 학생 때문에 골머리를 앓아야 했다. 결국 나는 그가 수업 내용을 충분히 숙지하지 않았거나 충분히 주의를 기울이지 않는 다른 학생들처럼 보이고 싶어하지 않았다는 것을 알았다. 그가 다르다는 것을 증명할 수 있는 방법이란 어떤 수단과 방법을 동원해서라도 완벽한 학점을 유지하는 것이었다. 그 학생은 졸업했고 지금은 어디에 있는지 모르나 부디 그가 존중하는 방법을 몰라 불이익을 겪으며 살지 않기를 바란다.

나는 열심히 일한다. 자원해서 일하기도 한다. 무언가를 입 밖으로 내뱉으면 그 말을 끝까지 지키고 싶다. 맡은 일을 아주 잘해내려 한다. 전심전력을 다하고 싶고 때로는 심할 정도로 나를 밀어붙인다. 나는 직장에서도 일하고 집에서도 일한다. 학생들이 낸 수업 평가서를 연구하고 내 부족한 점을 파악하여 다음 학기에는 개선되길 바란다. 동료 교수들과 앉아 있을 때는 이렇게 생각한다. '제발 날 좀 좋아해줘요. 좋아해주면 안 될까요. 좋아해달라니까요. 나를 좀 존중해줘요. 그게 안 된다면 제발 저를 싫어하지만 말아요.' 사람들은 종종 나를 오해하고 나의 동기도 오해한다. 더 잘해야 한다는 압박감은 나를 떠나지 않고 때론 나조차도 숨이 막힌다. 나는 스스로 워커홀릭이라 말하는데 어쩌면 그럴 수도 있고, 어쩌면 앞에 나온 나의 학생처럼 내가 다르다는 것을 증명하고 싶어 안달복달하고 있는지도 모른다.

대학원에 다닐 때 복도를 걸어가다 같은 수업을 듣는 친구가 연구실에서 내 이야기를 하는 걸 들은 적이 있다. 그 친구는 내가 엿듣고 있을 줄은 꿈에도 모르고 동기들에게 내가 소수집단 우대정책 덕분에 들어온 학생이라고 말했다. 나는 쿵쿵 뛰는 심장을 붙잡고 일단 혼자가 될 수 있는 내 연구실로 들어왔다. 학교 복도에서 눈물이나 훔치는 그런 여자애가 되고 싶지 않았다. 연구실 문을 닫자마자 나는 울기 시작했다. 어쩌면 그건 나의 가장 큰 두려움이었다. 내가 여기에 속할 만큼 충분히 똑똑하지 않고 세상 사람 모두가 그걸 알게 되는 것. 이성적으로는 말도 안 되는 소리라는 걸 알았지만 그 여자아이와 어쩌면 다른 학생들까지도 나를 그렇게 본다는 사실은 씻기 힘든 상처가 되었다. 하소연할 친구도 없는데다 나는 그 과의 유일한 유색인종 학생이기 때문이었다. 그때 내 심정을 이해할 만한 사람은 주변에 없었다. 물론 나의 좋은 친구들이 판에 박힌 위로를 해주었겠지만 진심으로 이해하지는 못했을 것이고, 나는 친구들이 나와 같이 생각하지 않는다는 사실을 믿을 수 없었을 것이다.

어떤 핑계도 대지 않기로 했다. 프로젝트를 세 배로 늘렸다. 대체로 항상 톱클래스를 유지했다. 물론 시간은 부족했으나 좋은 성적을 얻기 위해 발버둥쳤다. 졸업 시험 준비를 철저히 했고 논문 계획서를 쓰고 통과했다. 내 글을 출판했다. 논문을 위해 야심찬 리서치 프로젝트를 계획했는데 너무 벅차서 그냥 딱 죽어버리고 싶은 기획이었다. 무엇을 하건 어딜 가든 그 여자애의 말소리가 나를 따라왔다. 내가 해낸 것의 10분의 1, 아니 100분의 1도 해내지 못한 그 아이의 목소리가 들렸다. 그녀는 내가 우리 과에 들어올 실력이 안 된다고 말하고 있었고 그 말을 듣고 있던 동기생들은 나를 두둔하지 않았다. 아무도 이의를 제기하지 않았고 그 또한 내 마음을 후벼팠다. 그 말이 계속 떠올라 밤잠을 못 이루기도 했다. 아직까지 자기 확신에 가득찬 그 목소리가 내 옆에서 말하는 것처럼 생생하게 들린다. 나는 직장에서도 끊임없이 안절부절못한다. '사람들이 내가 소수집단 우대정책 때문에 고용되었다고 생각하는 건 아닐까?' 나는 걱정한다. '내가 여기 있을 자격이 있을까?' 나는 걱정한다. '내가 지금 잘하고 있나?' 피 터지게 공부해서 박사학위를 따냈지만 그것으론 충분하지 않을까봐 근심한다. 그렇다. 한마디로 비정상이고, 근거가 없으며, 진이 쏙 빠지는 일이다. 솔직히 말해서 우울하다.

남들이 볼 때 아무리 말이 안 된다고 해도 내 안에서는 이 모든 것이 서로 연결되어 있다.

그래서 나는 이 시간에도 나를 위해 마련되었을지 모르는, 내게 딱 맞는 어떤 자리에 가닿기 위해서 계속 글을 쓴다. 가끔은 예상치 못한 장소에서 나와 통하는 사람들을 발견하기도 한다. 캘리포니아, 시카고, 미시간 북부, 지도가 알려주지 않는 장소들에서 그들을 찾았다. 글쓰기는 사람들 사이를 잇는 다리가 되어준다. 친절함 또한 사람들 사이에 다리가 되어준다. 〈원 트리 힐〉이나 〈로스트〉를 좋아하고 아름다운 책이나 엉망진창인 영화를 좋아하는 취향 또한 다리가 되어준다. 몇 가지 개인 정보들을 입력하면 내가 속할 곳을 찾아주는 알고리즘이 있어서 내게 딱 맞는 커뮤니티를 소개해주었으면 좋겠다고 생각한 적도 있다. 생각해보니 인터넷과 소셜 네트워킹이 바로 그런 커뮤니티를 제안해주기도 했다.

그럼에도 불구하고 나는 그 어떤 간편한 알고리즘도 원치 않는 것 같다.

알고리즘은 한정된 단계와 절차만을 거쳐 문제를 해결하는 방식이다. 알고리즘은 인간의 머리가 해결하기에는 너무나 복잡한 문제들을 깔끔하게 정리하여 결론을 내준다.

아무래도 그건 내가 찾는 길이 아닌 것 같다. 요한 루트비히 폰 노이만은 이렇게 말했다. "수학이 얼마나 단순 명쾌한지 모르는 사람들은 인생이 얼마나 복잡 미묘한지 깨닫지 못한 사람들이다." 수학에는 단순한 아름다움이 있지만 인종과 문화 문제는 너무나 복잡하고, 단순하게 만들 방도는 없다. 잘 쓴 에세이 한 편이나 책 한 권, TV 쇼나 영화 한 편에 압축해서 넣을 수가 없다.

나는 작가로서, 교육자로서, 흑인 여성으로서, 나쁜 페미니스트로서 이 복잡한 주제들이 교차되는 지점에 대해 글을 쓸 것이며 내가 원하는 것이 불가능하다고 느껴지지 않을 때까지 계속 쓸 것이다. 더이상 이러한 문제들이 너무 어려워 도무지 갈피를 잡을 수 없다고 믿고 싶지는 않기에 계속 쓸 것이다.

독특한 이점들

어린 시절 여름이면 부모님은 우리를 아이티로 데리고 갔다. 부모님에게는 고향 방문이었지만 남동생들과 나에게는 색다른 모험이었고 가끔은 성가신 의무였으며 우리가 가진 특권과 미국 여권이 무엇을 의미하는지 다시 한번 깨닫게 해주는 산 교육이었다. 아이티에 가기 전까지는 가난이 무엇인지 실감하지 못했고 상대적 빈곤과 절대적 빈곤의 차이를 이해하지 못했다. 도처에 널린 적나라한 가난을 바로 눈앞에서 목격했던 경험은 내 안에 지울 수 없는 자국으로 남았다.

지금도 처음 아이티에 갔을 때가 생생하게 기억난다. 차가 신호등 앞에 멈출 때마다 땀으로 번들번들해진 남자와 여자들이 우리 차로 달려들어 앙상한 팔을 내밀며 구르드• 몇 푼이나 미국 달러를 달라고

• 아이티의 화폐 단위.

구걸했다. 나는 불규칙하게 넓어진 낙후된 슬럼가와 온 가족이 사는 허름한 판잣집과 거리마다 탑처럼 쌓여 있는 쓰레기 더미 들을 보는 한편 깨끗한 해변에서 단정한 유니폼을 입은 남자가 우리에게 유리병에 든 코카콜라를 가져다주고 야자수 잎으로 모자나 배를 만들어주던 모습도 보았다. 빈곤과 기아 바로 옆에 사치와 호사가 넘쳐나는, 이렇게 극명하게 대조되는 환경은 어린아이가 소화하기 버거웠다. 그리고 고작 1200킬로미터 정도밖에 떨어지지 않은 미국으로 가면 휘황찬란한 대도시가 나타나고 잘 정비된 고속도로들이 전국 방방곡곡 뻗어 있고 수도를 틀면 물이 콸콸 나오고 전기가 들어온다. 그후로 아주 긴 시간이 흐른 후에야 내가 특권을 유의미한 방식으로 이해하기 오래전에 이미 양질의 특권 교육을 받았다는 것을 알게 되었다.

특권은 특정한 혜택, 이점, 호의로 인해 부여된 권리 또는 면제권이다. 인종적 특권, 젠더적(혹은 정체성) 특권, 이성애자의 특권, 경제적 특권, 비장애인의 특권, 교육적 특권, 종교적 특권 등등 특권은 끝도 없이 이어질 수 있다. 어떤 시점에서는 자신이 갖고 있는 특권을 인정해야만 한다. 특히 선진국 국민이라면 거의 대부분 다른 사람이 갖지 못한 것, 누군가 애타게 갈망하는 무언가를 갖고 있다.

하지만 문화 비평가들이 특권을 지나치게 자주 공허한 방식으로 언급하면서 이 단어의 의미를 희석시켜버리고 말았다. 사람들이 '특권'이라는 단어를 무기 삼아 휘두르려고 해도 이제는 공연한 염불처럼 들린다. 징글징글할 정도로 많이 들어서 무감각해져버린 것이다.

나의 특권을 받아들이고 인정하는 것이 내 인생에서 가장 힘든 일

중 하나였지만 이것은 앞으로도 계속되어야 할 내 평생의 과제이기도 하다. 나는 여성이고, 유색인종이며, 이민자의 자녀다. 하지만 엄연히 중산층 가정에서 자랐고 상위 중산층으로 진입했다. 나와 남동생들은 엄하지만 자애로운 부모님 밑에서 어린 시절을 보냈다. 부모님이 행복한 결혼생활을 했기에 이혼이나 골치 아픈 가정사로 고통받은 적이 없다. 나는 엘리트 학교를 다녔다. 부모님의 지원 아래 석사를 마치고 박사학위를 땄다. 학위를 취득한 첫해에 정년을 보장받는 교수로 부임할 수 있었다. 내 고지서들은 문제없이 처리된다. 나는 취미생활을 하거나 친구와 놀 수 있는 여유 시간과 자본이 있다. 그럭저럭 이름도 알릴 수 있었다. 나에게는 출판 에이전트가 있고 내 이름으로 나온 책이 있다. 이제까지의 내 인생은 완벽과는 거리가 멀었으나 이렇게 내가 갖고 있는 특권을 열거하다보면 조금은 부끄러워지기도 한다.

그러나 내게는 없는 특권 때문에 내 인생이 뜻하지 않게 흘러갈 수도 있고, 내가 가진 특권들이 이 거친 세상에서 나를 마법처럼 구원해주지 않는다는 사실 또한 쉽지 않지만 받아들여야 한다. 내가 돌부리에도 넘어지던 시절에는 어떤 것이 더 나를 괴롭게 하는지 우열을 따질 수조차 없었다. 흑인이라서일까, 여자라서일까. 물론 나는 여자이고 흑인이라는 점이 행복하지만 세상이 나를 가만두지 않는다. 오만 가지 짜증나는 일들이 이 세상 속에서 나의 위치를 확인시켜준다. 학교 주차장에서는 내가 이 학교의 교수라는 것이 있을 수 없는 사실이라는 듯이 깔보는 얼굴로 꼬치꼬치 캐묻는 사람들을 만난다. 입법자들은 자기들끼리 모여 여성의 신체의 자유를 빼앗으려 하고, 거리를 걷다 성희롱을 당하고 생판 모르는 사람이 난데없이 내 머리카락을 만지려 들기도 한다.

특권을 가졌다고 비난받으면 우리가 쉽게 살고 있다는 뜻이라 해석하게 되고 화가 치밀기 시작한다. 어느 누구에게나 산다는 건 그리 호락호락하지 않기 때문이다. 우리는 이러한 비난에 분노할 수밖에 없다. 백인 남성에게 그렇게 가진 것이 많으면서 뭐가 불만이냐고 하면 어떻게 반응할까? 곧바로 방어적인 자세를 취하고(때로는 충분히 이해된다) 이렇게 답할 것이다. "백인 남성으로 태어난 것이 내 탓입니까?" 혹은 "하지만 나는 ○○○이란 말입니다(○○○ 안에 그 특권이 평가절하될 수 있는 다른 조건을 삽입한다)". 대부분 남들이 갖지 못한 그 특권을 통해 자신이 이익을 얻고 있다고 담백하게 인정하지 않는다. 한 가지나 몇 가지 특권을 갖고 있다는 것이 이 세상의 모든 특권을 가졌다는 뜻은 아니니까. 특권을 누리고 있노라 인정하는 것은 어렵지만 어쩌면 정말 필요한 건 그 인정뿐일지도 모른다. 그래서 나는 틈틈이 이 사실을 상기하려 한다. 내 특권을 인정한다고 해서 내가 소수집단으로 살아왔고 살고 있으며 그로 인해 고통받았다는 사실을 모두 부정하지 않아도 된다.

당신의 특권을 인정하는 것이 당장 일어나 무언가를 해야 한다는 뜻은 아니니 걱정은 붙들어 매라. 그에 대해 미안해하고 사과할 필요도 없다. 그저 당신이 지닌 특권의 범위와 영향력을 이해하고 당신이 전혀 감조차 잡을 수 없는 방식으로 이 세상을 헤쳐나가고 경험하고 있는 이들이 있다는 사실만 인식하고 있으면 된다. 그들은 당신이 눈곱만큼도 모르는 상황을 견디고 있다. 하지만 당신의 그 특권을 더 큰 사회적 선을 위해 사용할 수도 있다. 모든 사람이 평등하게 활동할 수 있는 무대를 만들고, 사회정의를 위해 일하고, 특권을 타고나지 않은 사람들이 어떤 식으로 권리를 박탈당하는지 관심을 기울이는 것이다. 우리는 모든 것을 갖고도 더 많이 갖지 못해 안달하는 특권 수집가들을 지켜보았고 그들의 탐욕스러운 실상은 우리를 수치스럽게 할 뿐이다.

특권에 대해 이야기할 때 어떤 사람들은 다양한 인구통계학적 특성들을 섞어 배치한 후 승자와 패자를 결정하는 '특권 게임'을 하려고 하지만 아무짝에도 쓸모없고 위험한 게임일 뿐이다. 이를테면 부유한 흑인 여성 대 부유한 백인 남성의 전쟁에서는 누가 승자인가? 퀴어 백인 남성과 퀴어 아시아 여성 중 누가 더 나은 조건인가? 노동자 계급의 백인 남성과 부유하고 장애가 있는 멕시코 여성 중 누가 더 살기 편할까? 하루종일 이런 게임을 해본들 승자도 패자도 결정되지 않는다. 특권 게임은 한심한 정신적 자위행위에 불과하다. 그 게임을 하는 사람들만 위로받고 만족한다.

너무나 많은 사람이 특권 감시단이 되어서 모든 토론을 주도하려하고 상대가 스스로 특권을 인정하건 말건 자기가 나서서 남들의 특권을 확인시켜주지 못해 난리다. 특히 온라인상에서 특권의 망령이 활개치고 있다. 누군가 자신의 경험을 바탕으로 글을 쓰면 기다렸다는 듯이 온갖 사람들이 개미떼처럼 달려들어 당신은 금수저를 물고 태어났기 때문에, 가진 것이 많기 때문에 그런 말을 할 수 있다고 몰아붙인다. 특권이 어떤 방식으로 발현되는지 알지 못하고 그 사람에게 어떤 결핍이 있는지도 모르면서 한 사람의 경험을 왜 그리도 매도하는 것일까? 만약 우리가 오로지 내가 경험한 것이나 나의 다른 점에 대해서만 써야 하고 혹은 특권이 아예 없는 사람만 글을 쓰거나 말해야 한다면 이 세상은 침묵의 섬이 되어버릴 것이다.

사실 타인의 특권을 비난하는 이들은 관심을 받고 싶어하는 사람들인 경우가 많다. 그들의 욕구는 아주 절실하지는 않더라도 확실히 존재한다. 과거부터 현재까지도 기득권은 소수집단을 침묵시켰고 투명 인간으로 만들었다. 하지만 내가 말하고 싶고 보여주고 싶다고 해서, 나와는 다른 특권을 지닌 말하고 싶고 보여주고 싶은 사람들의 입을 틀어막아야 하는 것일까? 특권은 그 사람의 말에 들어 있는 유익한 내용까지도 무효화시켜버리는 것일까? 말하자면 백인 이성애자 남성들이 하는 말은 깡그리 무시해버려야 할까?

비난이나 매도보다는 관찰과 인정이란 방식으로 우리가 가진 특권들을 토론할 수 있는 장소를 마련해나가야 한다. 특권을 가졌다는 비난과 공격을 두려워하지 않고 논쟁할 수 있어야 한다. 누가 많이 가졌고 누가 못 가졌는지 따지는 비교 올림픽을 열지 말아야 한다. 너와 나는 다르다는 것을 인정하면서 대화할 수 있는 효과적인 방법을 찾아야 생산적인 결론에 도달할 수 있다. 그저 이렇게 말할 수 있으면 된다. “나에게는 그게 진실이야.” 쏟아지는 항의와 불평에 흔들리지 않고, 이 세상에 여러 개의 진실이 공존할 수 없다는 인상을 풍기지 않으며 내가 아는 진실을 온전히 전달할 수 있어야 한다. 어떤 시점에 가서는 이 특권들은 더이상 세상을 바꿀 만큼 중요한 주제도 아니니다.

특권은 상대적인 것이고 제각각 맥락이 다르다. 선진국이나 특히 미국에서 특권이 아예 없는 사람은 거의 없다고도 할 수 있다. 학계나 문화계에 있는 우리 같은 사람들 사이에서도 특권은 차고 넘친다. 우리는 언제든지 인터넷에 접속할 수 있는 시간이 있고 능력이 있다. 우리는 보복 위협에 떨지 않고도 의사를 표현할 수 있다. 스마트폰이 있고 아이 뭐시기 제품들이 있으며 데스크톱이 있고 노트북이 있다. 당신이 지금 이 에세이를 읽고 있다면 당신은 분명 어떤 특권을 가진 사람이다. 물론 그 말을 인정하기 힘들 수도 있다는 걸 알지만 당신이 당신의 특권을 절대 인정하지 못한다면 앞으로 넘어야 할 산이 아주 많을 것이다. 일단 가장 쉬운 것부터 시작하자. 내가 가진 것을 인정하기. 여기가 출발선이다.

전형적인 1년 차 교수의 인생

나는 학교를 매우 오래 다녔고 몇 개의 학위를 땄으며 마침내 끝도 없이 펼쳐진 옥수수밭 한가운데에 있는 지방 소도시로 이사했다. 그곳으로 떠나기 위해 누군가와 헤어져야 했다. 여기까지 오느라 뼈를 깎는 노력을 했으니 남자를 선택할 수 없다고 스스로에게 되뇌었다. 남자보다는 경력을 선택하고 싶었다. 어른이 된 후 살았던 그 어떤 곳보다 넓고 쾌적한 아파트를 구했다. 손님용 화장실이 따로 있다. 내가 사람 생명을 구하는 일을 하진 않지만 사람들의 인생을 망치지는 않으려 하고 있다.

나는 꿈을 이룬 것이다. 모두가 그렇다고 했다. 종신이 보장되는 정년 트랙 교수가 되었다. 다른 사람들과 나눠 쓰지 않아도 되는 나만의 사무실이 생겼다. 내 사무실 문에는 내 이름 철자가 정확하게 새겨진 명판이 붙어 있다. 나만의 전용 프린터도 있다. 이것이 과연 현실인가 싫어 그냥 아무 문서나 인쇄해본다. 프린터가 종이를 내뱉을 때 나는 행복한 한숨을 쉰다. 종이가 따뜻하다. 나만의 내선 번호가 있고 나를 찾는 전화는 바로 연결된다. 책장이 정말 많지만 나는 책을 집에 두는 편이다. 내가 본 영화에 나온 모든 교수의 방에는 늘 책들이 천장부터 바닥까지 꽂혀 있었다. 나는 대학원생이었던 때부터 축적해온 박스 세 개를 얼른 푼다. 서랍 속에서 썩고 있던 아마도 다시 거들떠보지도 않을 책들이 가득했으나 나는 이제 교수다. 그리고 교수의 사무실에는 반드시 책이 많아야 한다. 이 세계의 제1원칙이다.

내 문에 화이트보드를 달았다. 오래된 습관은 웬만해선 죽지 않는다. 그 위에 몇 주에 한 번씩 새로운 질문을 쓴다. 가장 좋아하는 영화는? (《귀여운 여인》) 가장 좋아하는 뮤지컬은? (《웨스트 사이드 스토리》) 크리스마스에 무엇을 받고 싶은가? (마음의 평화) 최근에 쓴 질문: 가장 좋아하는 칵테일은? 정답: 공짜 칵테일.

우리 과의 행정실 직원이 우편함 사용법, 사무용품 신청 방법, 복사기 비밀번호 등등 중요한 사항을 설명해주었다. 나는 비밀번호를 자주 잊어버려서 일주일에 한 번씩 물어본다. 그녀는 매우 붙임성 좋고 싹싹하고 인내심 있는 사람이지만 그녀를 화나게 하면 상황이 나빠질 것이다. 나는 그녀를 절대 화나게 하지 않겠다고 다짐한다.

학생이 어쿠스틱 기타를 치며 시작하는, 지루해서 몸이 배배 꼬이는 오리엔테이션이 있었다. 같이 따라 부르지 않으면 안 될 것 같은 분위기다. 그 학생이 뛰어난 가수는 또 아니었기에 부끄러움은 관객들의 몫이다. 나는 눈에 안 띄게 맨 끝자리에 앉아 있다. 그후 이틀간의 오리엔테이션 기간 동안 내가 앞으로 절대 활용할 일이 없는 지식들을 습득한다. 뭔가 기시감이 든다. 수학 시간인가?

나는 세 과목을 가르칠 예정이고 그중 두 과목은 전에 가르쳐본 적이 없는 과목이다. 내가 그걸 할 수 있다고 말한 모양인데 문제는 사람들이 그 말을 정말로 믿는다는 것이다.

첫 수업이 시작되기 10분 전에 나는 화장실로 달려가 구역질을 한다. 나는 무대 공포증 비슷한 것이 있고 그러다보니 가르치는 일은 암벽등반처럼 어려워진다.

교실에 들어가자 학생들의 모든 시선이 내게 꽂힌다. 이제부터는 알아서 책임지라는 눈빛으로 내가 무슨 말이든 해주길 기다린다. 나도 학생들을 바라보며 그들이 무슨 말이든 해주길 기다린다. 누가 누가 먼저 말하나 기싸움이 벌어진다. 마침내 내가 먼저 입을 떼고 그들에게 무언가를 하라고 말하니 그들이 그 무언가를 한다. 실제로 내가 이곳을 책임지는 게 맞나보군. 우리는 오늘 레고를 갖고 놀 것이다. 몇 분 정도는 내가 짱이다. 내가 교실에 장난감을 가져왔으니까.

강의를 세 개 맡으려면 학생 이름 외우기의 달인이 되어야 한다. 학생들 얼굴도 비슷비슷하고 이름도 헷갈린다. 3주가 지나서야 나는 우리 반에 애슐리 A와 애슐리 M과 맷과 맷과 마크와 마크를 구분한다. 이름으로는 안 되겠어서 학생들을 손가락으로 가리키기 시작한다. 색깔이 도움이 된다. 거기 초록색 셔츠 입은 학생, 오렌지색 모자 대답해볼까?

첫 임금을 받는다. 주급이 아니라 월급이기에 이제 재정계획을 세워야 하는데 통 안 된다. 스물셋 이후로 인생은 별로 즐겁지 않다. 나는 굉장히 오랫동안 대학원생 신분이었기 때문에 수표 한 장에 어떻게 네 자리 숫자가 쓰일 수 있는지, 이게 과연 생시인지 분간이 안 된다. 그리고 세금이 뭉텅이로 날아간다. 아, 망할 세금이여.

학생들은 내 정체를 잘 파악하지 못한다. 나는 청바지를 입고 컨버스화를 신는다. 내 팔 전체에 문신이 있다. 나는 키가 크고 몸집도 크다. 나는 이민자 부모의 딸이다. 우리 과에는 예전에 흑인 교수에게 수업을 받아본 학생이 별로 없다. 그건 나도 어쩔 수가 없다. 나는 우리 학과의 유일한 흑인 교수다. 앞으로도 내가 어디에서 가르치건 이 직업을 유지하는 한 크게 달라질 것 같지 않다. 익숙해졌다. 하지만 그러지 않았으면 좋겠다. 학계에는 소수 인종이 동시에 차지할 수 있는 자리의 수에 대해 불문율이 있는 것 같다. 내가 유일한 흑인이라는 사실에 점점 지친다.

학생 때 갑갑하게 생긴 교수님들이 웅얼대면서 따분한 소리를 늘어놓을 때 나는 생각하곤 했다. '저렇게 지루한 교수는 되지 말아야지.' 어느 날 강의를 하고 있는데 깨달음의 순간이 찾아왔다. '어머나, 내가 바로 그 교수님이네.' 학생들을 바라본다. 필기하는 학생은 없고 모두 영혼이 몽땅 빠져나간 동공 풀린 눈으로 나를 멍하니 바라보는데 그 눈빛은 이런 말을 하고 있다. '제발 여기서 탈출하게 해주세요.' 나도 생각한다. '저도 제발 여기서 탈출하게 해주세요.' 말을 조금 더 빨리 하면서 이 불행의 늪에서 빠져나오려다가 발음이 꼬이고 횡설수설

한다. 그들의 좀비 같은 눈동자가 그날 하루종일, 그리고 다음날과 그 다음날까지도 나를 따라다닌다.

대학원생 때 가장 친하게 지냈던 친구와 연락을 한다. 우리는 우리의 새로운 직업을 좋아하지만 변화에는 가파른 학습곡선이 수반된다. 아무리 찾아봐도 이 호수에 수심이 얕고 만만한 곳은 없다. 우리는 말을 빙빙 돌리지만 이 호수에서 익사할까봐 겁난다는 이야기를 하고 있다. 길고 긴 대화 끝에 독립적인 현대 여성이 되고자 한 우리의 선택에 물음표를 달기 시작한다. 채점할 시험지가 한 보따리다. 쌓여 있는 학생들의 페이퍼를 내려다보고 있자니 맨발로 부엌에 있어야 했나• 하는 생각까지 든다.

복도를 걷고 있는데 한 여학생이 부른다. "게이 박사님." 계속 부른다. 나는 생각한다. '저 게이 박산가 뭔가 하는 양반은 왜 학생이 불러도 대답을 안 해?' 그 양반 상판 좀 보려고 돌아보려는 순간 그녀가 부르는 사람이 나라는 걸 알게 된다.

학생들이 지퍼 및 단추 등 어떤 종류의 잠금이나 여밈 수단이 있는 옷은 단 한 벌도 갖고 있지 않은 것 같아 걱정이다. 그들의 엉덩이와 브래지어 끈이 보이고 흘러내릴까 말까 한 잠옷 바지에는 다양한 단어들이 닳고 희미해지고 늘어나 있다. 눈이 펑펑 오는 날 농구 반바지를 입고 플립플롭을 신은 남학생들이 수업에 들어온다. 그 빨개진 불쌍한 발가락들 때문에 수업이 안 된다.

• barefoot and pregnant in the kitchen. 여성은 일하지 않고 집안에서 아기를 낳고 키워야 한다는 1960년대 유행어.

헬리콥터 부모들이 아이들의 근황과 학교생활이 궁금해 나에게 이메일을 보낸다. '우리 아들은 잘하고 있나요?' '저희 딸이 수업에 빠지지는 않나요?' 나는 먼저 자녀들과 대화의 통로를 만드시는 것이 좋겠다고 말한다. 그리고 당사자인 학생의 서면 동의가 없는 한 학생 정보를 유출하는 것은 법에 저촉된다고 최대한 예의를 갖춰 말한다. 물론 학생들이 그런 동의를 해줄 리는 없을 것이고.

이 새로운 도시에는 새로운 게 없고 아는 사람도 없다. 이 지방 소도시는 손님이 뜸한 단층 쇼핑몰이 있는, 그러니까 대체로 사람이 드문 땅이다. 그러나 이곳에 아주 많은 것이 있으니 옥수수다. 고개만 들면 드넓은 옥수수밭이 동서남북으로 몇 킬로미터씩 펼쳐진다. 동료 교수들은 대부분 80킬로미터 정도 떨어진 도시에 살고 가족이 있다. 나는 북쪽으로 그만큼 가면 나오는 시카고에 간다. 동쪽의 인디애나폴리스나 남쪽의 세인트루이스에 가기도 한다. 스크래블 선수권 대회에 나갔고 처음 참가한 예선에서 우승한 적도 있다. 결승전에서 나에게 패한 나의 적수는 너무 화가 나서 악수도 하지 않고 씩씩거리며 가버렸다. 그날의 승리가 어찌나 달콤했는지 여운이 한참 갔다. 다음번에 다른 대회에서 그를 만났는데 나를 가리키며 말했다. "우리 삼세판 합시다. 세 번 중 두 번 이기는 사람이 승자." 나는 세 판 중 두 판을 이긴다.

부모님이 묻는다. '우리 딸 어떻게 지내고 있어?' 진실에는 여러 버전이 있지만 그중 괜찮은 버전 한두 개만 말한다.

가끔은 수업중 책상 밑으로 스마트폰을 보고 있는, 잠시 자신들이 투명 인간으로 변신했다고 착각하는 학생들이 있다. 화가 나야 하는데 웃긴다. 이렇게 말할 수밖에 없다. "학생, 저 눈이 좋아서 다 보입니다." 때로는 전자 기기를 압수해야 할 때도 있다.

가끔 학생들이 조별 과제를 하고 있을 때면 내가 잠깐 투명 인간으로 변신했다고 착각하고 스마트폰을 내려다본다. 나도 이 구역의 문제아다.

나는 재미있고 참여도도 높고 실제 경험을 살리는 수업을 하려 한다. 두 팀으로 나누어 시사 이슈를 놓고 찬반 토론을 벌이기도 한다. 트위터를 이용해 새로운 미디어 글쓰기의 하나인 마이크로 콘텐츠•를 요령 있게 쓰는 법을 익힌다. 전문적 글쓰기와 보고서 쓰기를 배우면서 〈제퍼디!〉••처럼 퀴즈 놀이도 한다. 나는 매일 고민한다. '어떻게 하면 50분 동안 학생들이 적극적으로 참여하면서 지식도 습득하고 재미까지 느끼게 할 수 있을까?' '어떻게 하면 영혼 없는 눈으로 나를 쳐다보지 않게 할 수 있을까?' '어떻게 하면 스스로 공부하고 싶게 만들 수 있을까?' 긴 한숨이 나온다. 때로 이 모든 질문의 대답은 벌써 나와 있는 것 같다. '난 못함.'

학생들의 할머니들 사이에서 유행하는 응급 질환이 있는 것 같다. 학생들 집안의 웃어른들이 일주일에 한 분씩 돌아가시고 있는데 아직 무사한 할머니들에게 미리미리 조심하라고 일러드려야 하지 않을까? 그분들만이라도 오래 사셔야지. 수업에 빠지거나 숙제를 못한 학생들

• 독자들이 바로 알아볼 수 있는 짧은 글.

•• 미국의 유명 장수 퀴즈 프로그램.

이 만들어내는 각종 핑계들은 너무 터무니없어 헛웃음이 나온다. 학생들은 내가 이유를 알고 싶어하고, 구체적인 설명을 듣고 싶어할 것이며, 자신들이 거짓말하는 줄 모르고 있다고 생각하는 모양이다. 가끔은 학생들에게 단도직입적으로 말한다. "학생, 거짓말인 거 다 알아. 아무 말 안 하는 게 가장 나을 것 같은데?"

나는 꼰대가 되고 싶지 않다. '내가 너희들 때는 말이야……' 이런 문장은 꺼내지도 않으려 한다. 하지만 그 시절을 또렷하게 기억하고 있다. 나는 즐겁게 학교를 다녔다. 전공 수업을 좋아했고 열심히 공부했다. 동기들도 거의 그랬다. 가끔 밤새 놀았지만 다음날 수업은 빠지지 않았고 과제도 냈다. 내 학생들 중 심각할 정도로 많은 학생들이 대학교에 다니고 싶어하지 않는 것 같다. 자신의 선택이 아니라고 생각하거나 더 나은 대안이 없었거나 부모들이 등을 떠밀어서 억지로 다니고 있는 것 같다. 그 부모들도 이 나라에서 성공하려면 대학은 나와야 한다는 걸 대전제로 받아들였을 테니까. 물론 그 말이 틀린 말은 아니다. 하지만 나는 진심으로 학교를 다니고 싶어서 다니는, 공부가 저주라고 생각하지 않는 학생들을 가르치고 싶다고 생각한다. 교실을 탈출하고 싶어하는 학생들에게 실행 가능한 대안이 있으면 좋겠다. 그러니까 나는 완벽한 세상에서 살고 싶다.

많은 학생들이 내 홈페이지를 찾아온다. 디지털 시대의 선생님이란 이런 존재다. 학생들은 내가 그동안 여러 매체에 쓴 글들을 귀신같이 찾아낸다. 그 글들의 대부분은, 어떻게 말해야 할까, 노골적이다. 뉴스는 빨리 퍼진다. 학생들은 나와 관련된 뉴스에 대해 수업 끝나고 복도에서, 혹은 내 사무실에서, 캠퍼스 안에서 이야기를 나누고 싶어한다. 쑥스럽기도 하고 고맙기도 한데 대체로는 쑥스럽다. 학생들은 나의 사생활을 너무 많이 알고 있다. 그들은 어쩌다 나와 와인 두 병을 끝장내고 같이 밤을 보내고 아침을 해주기도 했던 어떤 남자의 이야기도 알고 있다. 이제부터 블로그 운영 방향을 바꿔야겠다.

나는 학생들과 잘 지낸다. 그들은 대체로 영특하고 귀찮게 굴 때조차도 귀엽다. 학생들 덕분에 교실 안에서도 즐겁지만 교실 밖에서도 즐겁다. 학생들은 교수실로 찾아와 속마음과 고민을 털어놓는다. 나는 적절한 거리를 유지하려고 노력한다. 그들은 오래 사귄 남자친구와의 이별과 쓰레기 같았던 데이트와 다른 과의 호색한 교수와 문을 열어놓고 섹스하는 룸메이트와 금요일 밤 술집에서 일어난 일과 대학원 진학과 취업 사이의 갈등을 이야기한다. 이 모든 상황이 그들에게는 일생일대의 위기처럼 보인다. 나는 경청한 후 현명한 조언을 해주기 위해 노력한다. 물론 내 친구와 내가 서로에게 하는 말과는 사뭇 다르다. 솔직히 이 학생들, 대체로 어린 아가씨들에게 해주고 싶은 이야기는 이것이다. “아이고, 어린것들!”

나는 나의 30대에 무척 만족하는데 10대 후반에서 20대 초반의 사람들을 만나 그들의 이야기를 많이 듣다보면 이 사실을 확인하게 된다.

예전에 대학원에서는 교수들이 학과장 회의에서 다른 학과 교수들과 맞닥뜨려 비난과 욕설을 퍼붓고 거의 주먹다짐까지 가는 싸움을 한다는 전설 같은 이야기를 들었다. 나는 내심 우리 학부에도 흥미진진한 드라마가 펼쳐지길 기대했으나 우리 학부는 매주 한 번이 아니라

한 학기에 한두 번만 회의를 한다는 사실을 알게 되었다. 그 대신 우리는 위원회에서 만난다. 이 위원회의 회장들이 각 학과장에게 보고한다. 이 위원회 참석은 내가 이 직업에서 가장 싫어하는 일 중에 하나다. 정치가 있고 어젠다가 있고 내가 이해는커녕 잘 알지도 못하는 몇십 년간의 학교의 내력이 있다. 다들 좋은 의도로 일하지만 행정 절차가 너무 복잡하고 많다. 나는 상식을 선호한다.

첫 학기가 끝나고 수업 평가서를 받는다. 다행히 대부분 내 수업이 괜찮다고 생각한 듯하다. 훌륭하다고 생각한 이들도 있고 전혀 그렇지 않다고 생각한 이들도 있다. 과제가 너무 많다. 기대치가 너무 높다. 이런 건 단점으로 치지 않기로 한다. 어떤 학생은 '전형적인 1년 차 교수'라고 썼다. 이건 또 무슨 말일까?

겨울방학 때 대학원 시절 친구와 또다시 우리의 선택과 전혀 연고가 없는 지역에서 일을 얻게 된 것과 학자들이 반드시 해야 한다는 희생에 대해 한탄한다. 사람들에게 운이 좋다는 말을 듣는 것도 지친다. 내가 볼 때 행운과 고독은 공존 가능하다.

나는…… 가끔 함께 술자리를 갖는 남자와 만나 술을 마신다. 데이트라고 부르기에는 멋쩍다. 아무래도 서로 편의에 의해 만나는 사이 같다. 나는 T&T라는 칵테일을 마시면서 나의 수업 평가서에 관해 떠든다. 나는 좋은 선생이 되고 싶고 대체로 그런 것 같다. 이 문제에 사활을 건다. 학생들이 나를 좋아해주면 좋겠다. 나는 인간이다. 원하는 게 많다. 남자는 나에게 진지한 얼굴로 잘하고 있으니 걱정 말라고 말해 순간 거의 넘어갈 뻔한다. 그는 술 한 잔을 더 시켜주고 또 시켜준다. 제발 이 자리에서 학생을 만나지 않았으면 좋겠다고 생각한다. 현 상황에서 내 안의 교수님을 끌어낼 자신은 없으니까. 술집 밖으로 나갈 때는 거의 기도하는 심정이 된다. 이런 걱정 때문에 우리는 종종 도시에서, 80킬로미터 떨어진 다른 도시에서 만나기도 한다. 그날 밤, 키 작은 두 남자가 싸웠다. 옷이 찢어졌다. 우리는 주차장에 서서 싸움을 구경했다. 남자들의 분노와 그 순수한 열기가 나를 매혹했다. 집에 택시를 타고 와서 술이 덜 깬 채로 도시에 두고 온, 나를 따라오지는 않은 남자에게 전화했다. "학생들은 날 싫어해." 그는 그렇지 않다고, 그럴 리가 없다고 말하고 내가 대답했다. "모든 게 다 끔찍해. 아니야, 모든 게 다 괜찮아." 그가 말했다. "알아."

또다른 학기가 시작된다. 세 과목을 맡는다. 한겨울이 오고 빙판길이 되고 헐벗은 들판이 드러난다. 이제 새로운 학생들이 3조 더 생기는데 이번에도 얼굴은 다르나 이름은 겹친다. "카키색 모자 쓴 학생" "거기 보라색 머리".

우리는 종신 재직권이 목표라는 소리를 듣는다. 그 목표를 위해 모든 교수들, 심지어 그해 처음 부임한 교수들도 연간 업무 보고서를 작성해야 한다. 나는 이번 학기 활동 기록을 정리한다. 내 교수로서의 가치를 숫자로 만들어보려고 한다. 내가 이런저런 위원회에 참석했고 이런저런 행사에 출석했으며 학과의 발전에 기여한 교수라고 확인해준 동료 교수들의 편지를 첨부한다. 내 이력서를 업데이트한다. 매체에 발표한 글들을 모아놓는다. 형광 초록색으로 된 링 세 개짜리 바인더를 산다. 가끔 이런 식으로 첨단 기술을 거부한다. 오후 내내 자료를 수집하고 라벨을 만들고 겸양과 자랑 사이에서 아슬아슬한 줄타기를 하며 나를 표현하는 글을 쓴다. 균형잡기가 어렵다. 친구에게 말한다. "이건 어른들을 위한 만들기 수업이야. 대학원에 이거 배우러 간 것 같아."

이제 화장실 찾다가 길을 헤매는 일은 없다. 건물 구조가 좀 이상해 복도가 너무 많고 도무지 논리적으로 이해할 수 없는 숫자 배열 시스템이 있어 내 사무실 문을 열어놓으면 지나가던 학생들이 묻는다. "그 뭐뭐뭐 교수님 사무실이 어디예요?" "응, 잘 모르겠는데."

여름은 휴식, 휴가, 만회, 준비의 시간이라는 이야기를 듣는다. 여름에 강의 두 개를 맡는다. 소설을 쓴다. 전에 살던 도시로 돌아가 내가 두고 왔던 남자와 몇 주를 지낸다. 그가 말한다. "가지 마." 내가 말한다. "그럼 날 따라와." 우리는 교착 상태에 빠진다. 나는 다시 옥수수밭으로 돌아간다. 여름이 몇 주 남지 않았다. 여름은 충분히 길지 않다.

새 학기가 시작된다. 새로운 임무들이 맡겨지고 그중에는 위원회 총무 활동도 포함된다. 첫날 첫 수업이 시작되기 10분 전, 나는 화장실로 달려가 구역질을 한다. 강의실로 들어가 또다시 이름을 외워야 할 다른 그룹의 학생들을 바라본다. "이쪽의 빨간 셔츠 학생" "거기 핑크색 반바지". 나는 기대치를 낮추지 않기로 한다. 더 많이 배우고 더 잘하려고 노력하기로 한다. 어쩌다가 내가 강단에 서서 모든 걸 알아서 책임지는 사람이 되었는지 모르겠다는 생각이 든다. 대부분은 추수감사절에 처음으로 어른들 식탁에 앉게 된 아이처럼 느껴진다. 어떤 포크를 사용해야 하는지 잘 모르겠고 내 발은 바닥에 닿지 않는다.

긁고, 잡고,
어설프게 혹은 악착같이 찾기•

나의 세번째 대회는 참으로 잔인하게 시작됐는데, 나는 첫 게임에서 200점 넘는 점수 차로 패배했다. 이 게임은 말로 하는 테니스처럼 선수마다 랭킹이 있고, 나는 5번 시드로 출전했기에 자신감으로 가득했다. 아니 가득하다못해 흘러넘쳤는지도 모르겠다. 내 머릿속에서 반복재생되고 있던 음악은 퀸의 〈We Are the Champions〉였다. 물론 아직 나의 승리를 장담할 순 없었다. 토요일 이른아침이었고 나는 아침형 인간이 아니다. 경기 시작 전 참가자들은 호텔 회의실에 둥그렇게 모여 서서, 날씨가 너무 덥다는 이야기부터 시작해 지난 만남 이후의 안부를 물었고(일리노이에서 열렸던 이전 토너먼트에서 똑같은 사람들을 만났다) 그중 어떤 사람들은 최근에 자기가 얼마나 영리한 수를 놓았는

• 메리엄웹스터 사전에 실린 스크래블scrabble의 정의다.(원주)

지 풀어놓기 시작했다.

스크래블• 대회에 출전하는 사람들은 자신의 탁월한 어휘력이 가져다준 영광스러운 승리를 복기하는 것을, 그것도 장황하게 묘사하는 걸 무척 사랑한다는 특징이 있다.

이번 대회 참가자는 총 스물한 명으로 약간의 실력 차는 있겠으나 이러한 대회에 출전할 정도라면 모두 이 분야에서는 한가락 하는 고수들로 누구든 막강한 혹은 숨은 우승 후보라 할 수 있다. 이들은 연차가 쌓일수록, 우리의 로키를 위협하는 이반 드라고처럼 성장을 거듭하며 매일 단어 목록을 달달 외우고 연구하는 등 일반 사람들은 짐작도 못할 방식으로 무언가에 열렬히 집중하고 있다. 엉덩이가 무거운 이 참가자들은 다들 힙색을 허리에 차고 있는데 온갖 비밀스러운 물건들로 가득한 귀중한 가방이다. 시작을 기다리면서 나는 사람들이 탁자 위에 올려놓은 게임 관련 소지품들을 유심히 관찰하기 시작했다. 책도 있고 여행 용품 세트도 있고 수건도 있고, 디럭스 보드도 있다. 남의 옷장에 들어 있던 걸 꺼내온 듯한 고급 프랑스 비누도 있다. 모두 그날 오후에 열릴 추첨 상품이다.••

9시 정각이 되자 이번 대회의 진행자이자 심판인 톰이 개회사를 시작했는데••• 그의 아내가 며칠 전에 세상을 떠났다고 한다. "그래도 대회는 계속되어야 하니까요." 그가 말했다. 어색하고도 감동적인 순

• 농담이 아니라 스크래블은 앨프리드 모셔 버츠(Alfred Mosher Butts)라는 이름을 가진 사람이 개발했다.(원주)

•• 스크래블 대회가 유소년 축구 대회와 비슷한 점은 참가 선수들이 맨손으로 집에 가는 일은 없다는 것이다.(원주)

간이었는데 애도는 지극히 개인적인 일이고 이 사람은 분명 애도하고 있었기 때문이었다. 한동안은 침묵만이 흘렀다. 뭘 어찌해야 할지. 그는 몇 분 후 첫 시합을 치를 두 선수를 발표하겠다고 말했고 우리는 명단이 붙을 때까지 조용히 기다렸다. 얼마 후 모두가 종이 한 장 주변에 모여 서서 자신이 처음 상대하게 될 두 선수의 이름을 재빨리 메모했다. 그리하여 나도 그날의 첫 도전자와 마주앉았다. 이 여성은 나보다는 한참 낮은 19번 시드였다. 나의 자신감은 풍선처럼 부풀어올라 이미 저 하늘을 날고 있었다. 그녀는 내 얼굴을 빤히, 조롱하듯이, 아니 고압적으로 바라보았다. 그 눈길에서 오싹한 냉기마저 느껴졌다. 그녀가 먼저 경기를 시작하기로 했다. 그녀는 일곱 개의 타일을 깔았다. 나는 타이머를 눌렀고, 그 여성이 일곱 개의 네모난 플라스틱 조각을 빠르게 섞으며 단어를 조합해가는 모습을 뚫어지게 쳐다보았다. 나도 내 타일을 바닥에 깔았다. 탁자 밑의 내 다리가 사시나무처럼 떨리기 시작했다.

말했지만 이건 재미로 하는 보드게임이 아니다. 이기려고 혈안이 되어 있는 사람들이 자존심과 명예를 걸고 하는 스크래블 선수권 대회다.•

••• 공식 대회는 나스파가 지정한 심판이 진행한다. 나스파는 북미 스크래블 선수 협회다. 대회 심판들은 대체로 걸어다니는 스크래블 백과사전이라 할 수 있고, 경기 규칙을 완벽하게 파악하고 있어 분쟁을 조율할 수 있다. 분쟁이 일어나면 이들도 일어난다.(원주)

• 스크래블 선수권 대회를 간단히 설명하면 이렇다. 먼저 여름마다 개최되는 연중행사인 전미 챔피언십이 있다. 제1회 전미 챔피언십은 1978년에 개최되었다. 당연히 세계 챔피언십도 있다. (제1회 세계 챔피언십 경기는 1991년에 개최되었다.) 스크래블 관련 상품, 게임 타이머, 보드, 타일 등을 생산하는 크고 작은 사업체가 있고, 스크래블 책, 다큐멘터리, 스크래블 선수권 대회를 연구한 학위 논문들도 있다. 여러분의 핸드폰에는 스크래블 관련 앱들이 있다. (나는 자프, 체크워드, 스크래블

먼저 내가 왜 토요일 아침에 여기에 와 있는지 설명이 필요할 듯하다. 연고라고는 없는 낯선 지방에 혼자 내려와 살게 되었고 나는 많이 외로웠다. 내 고향으로, 내 아파트로 돌아가 내 남자친구에게 〈스포츠센터〉라는 TV 프로그램은 하루종일 방영되는 것 같다고 구시렁대고, 내 글에 댓글을 다는 인터넷 친구들이 상상 친구라며 놀리는 그의 목소리를 듣고 싶었다. 지금 살고 있는 아파트는 제대로 된 가구 하나 없이 휑뎅그렁한데 대학원생 때 쓰던 삐걱거리던 가구들은 굳이 끌고 오지 않았기 때문이다. 따라서 퇴근하고 집에 오면 나는 하나뿐인 의자에 앉아, 왠지 서글프게도 소파 마트란 이름의 매장에서 산 이 소파에 앉아 어쩌다 흘러 흘러 이렇게 고독한 신세가 되었을까 생각하곤 했다.

그러다가 약간 친해진 동료 여자 교수가 언제 한번 자기 집에 놀러와 스크래블 클럽 회원들과 게임을 해보는 것이 어떻겠느냐고 물었다.• 당시의 나는 매일 밤 방바닥을 긁고 있었기에 아마 그 교수님이 그 무엇을 제안했어도 "예스"를 외치며 달려갔을 것이다. 그러니까 그분 댁 화장실 청소를 해준다거나 뒷마당에서 잔디 자라는 모습을 본

공식 앱, 렉슐러스, 워즈 위드 프렌즈 등의 앱을 사용한다. 페이스북에도 스크래블 페이지가 있다. 나는 보통 하스브로나 렉슐러스에서 게임한다.) 온라인에는 인터넷 스크래블 클럽이 있고 가끔 여기에도 들어간다. 한 웹사이트(cross-tables.com)에는 미국에서 열린 모든 공식 경기의 점수와 선수 순위가 기록되어 있다. 나는 전국에서 1366위라고 하는데 나의 실력을 고려한다면 아마도 선수가 총 1400명 정도 되는 건 아닐까 한다.(원주)

• 미국에는 200개가 넘는 스크래블 클럽이 있다. 우리 도시에 있는 클럽은 한 달에 한 번 만나지만 일리노이의 샴페인에 있는 클럽은 일주일에 한 번씩 만나 게임을 한다. 더 큰 대도시에는 일주일에 두 번 만나는 클럽도 있다.(원주)

다거나 의심스럽고 끈적한 교외 매춘 사업에 협조해달라고 했어도 한 번 해볼까 하고 진지하게 고민했을 거란 이야기다.

그때까지만 해도 스크래블 클럽이 무엇을 말하는지 파악하지 못했으나 이름으로 예상한 바는, 토요일 저녁 동네 친구 몇 명이 모여서 웃고 떠들며 스크래블 게임을 하는 그림이었다. 엄마에게 전화해서 동네 사람들과 스크래블 게임을 할 거라고 말하니 그녀가 깔깔 웃었다. 너무 괴짜 같은 거 아니니? 엄마의 억양 때문에 그 단어가 더 괴상하게 들렸다. 두 남동생 녀석들도 나를 놀려댔는데 내가 혼자 방구석에서 책이나 읽던 공부벌레였던 반면 어디를 가나 인기를 끌고 친구들을 몰고 다녔던 이 녀석들은 잊을 만하면 스크래블과 관련된 유치한 말장난을 하면서 낄낄 웃곤 했다. "누나 혹시 요즘에 건기•라서 그런 거 아니야?" 내가 고향에 두고 온 남자는 말했다. "안 되겠다. 당장 올라와. 나 조금 무서워지려 그래." 이들 말은 모두 무시하기로 했다.

동료 교수 다이바와 남편 마티는 우리가 사는 소도시 외곽의 신록이 우거진 주거지역에 위치한 큰 주택에서 살고 있다. 그 집안의 모든 가구나 소품—매끈한 가죽의자, 도자기, 아프리카 공예품—은 모던하고 독특하고 눈길을 끌었고, 대대적인 인테리어 공사를 마친 듯한 지하실은 충분히 넓어 열 명에서 스무 명, 때로는 스무 명 넘는 사람들이 모여 한 달에 한 번씩 하루종일 스크래블을 하기에 안성맞춤이었다.

• dry spell. 침체기, 정체기, 소강기 등으로도 쓰이나 성생활이 오래 없을 때도 쓰는 표현. 어휘력 부족이란 말장난도 포함된 것으로 보인다.

마티•는 전국 랭킹 15위 내에 드는 선수라고 했다. 그는 이 세상에 존재하는 모든 영어 단어와 그 단어의 뜻을 알고 있다. 그에게 일곱 개의 철자를 던져주면 그는 일곱 철자로 만들어낼 수 있는 모든 가능한 애너그램••을 알려줄 것이다. 그가 애너그램의 세계 안에서 살고 생각한다고 해도 나는 전혀 놀라지 않을 것이다. 참고로 'anagram'으로는 총 서른아홉 개의 스크래블 단어를 만들 수 있다.•••

마티는 클럽에 들어온 신입 회원에게 이 프로 스크래블 대회의 규칙들을 일목요연하게 설명해주는데 규칙들은 상당히 길고 복잡하다. 먼저 점수를 정확히 계산해야 한다. 내 차례를 다 마치면 게임 타이머의 버튼을 누른다. 게임 진행중 시간을 계속 확인해야 하는데 각 선수에게 주어진 총시간인 25분을 초과하면 감점된다. 타일을 깔 때도 에티켓이 있다. (타일 주머니를 눈앞에서 뒤집어 보여주어야 한다).••••

• 그는 나의 스크래블 사부다. 딱 한 번 그를 '거의' 이길 뻔한 적도 있는데 여기서의 '거의'라는 말은 '어림없다'는 뜻이다. 그와의 게임 초반에 나는 '트리플렉스Triplex'라는 단어를 만들어 90점 가까이 얻었다. 다음 게임에서도 빙고를 올렸다. 나는 꽤 많은 점수 차로 앞서 있었고 이제부터 승리까지 탄탄대로가 펼쳐져 있다고 착각했다. 실은 마티에게 이기는 것보다 더 달콤한 상상은 이 세상에 존재하지 않았다. 그러다 마티는 '체내 기생충Entozoan'이란 단어로 두 개의 트리플 워드 스코어를 지나가면서 203점을 획득했다. 〈모탈 컴뱃〉(유명 격투 게임을 원작으로 만든 영화)의 서브제로가 되어 맨손으로 나의 스크래블 동맥을 끊어버렸다고 할 수 있었다. 퍼탤러티Fatality(격투 승리 후 상대에게 가하는 마지막 일격을 말한다)였다! 그 대결 이후 우리는 한 번도 겨룬 적 없고 나는 겸손을 아는 몸이 되었다.(원주)

•• 철자를 재배열하여 만든 단어 혹은 그런 게임.

••• 나는 애너그램을 무척 좋아한다. 어렸을 적 엄마는 공책에 길고 어려운 단어를 써놓고 이 단어의 철자로 만들 수 있는 가능한 모든 단어를 찾으라고 했었다. 그 덕분인지 단어 찾기는 나의 특기 중 하나가 되었다.(원주)

•••• 2011년 세계 스크래블 챔피언십 7차전에서 에드워드 마틴은 촐라팟 이띠아리와 게임하다가 자기 타일 하나가 없어졌다는 것을 발견했다. 심판이 적절한 해결책을 제시했으나 이띠아리는 마틴에게 타일 하나를 숨기고 있지 않다는 것을 증명하라고 요구했다. 경기가 재개되고 마틴은 1점 차

여러 개의 타일을 깔 때도 따라야 할 절차가 있다. 상대편이 반칙했다고 생각할 때, 즉 공식 토너먼트와 클럽 워드 리스트에 없는 단어를 썼다고 생각할 때는 챌린지 요청을 할 수 있고 이때도 정해진 지침을 따라야 한다.•

그 집에 간 첫날 이 모든 규칙들을 상세하게 설명해주는 마티 앞에서 나는 못 참고 웃음을 터뜨려버렸고 시건방지게 눈동자를 굴리기도 했으며 그의 진지한 표정을 진지하게 받아들일 수 없어 애를 먹었다. 그전까지 내 인생에서 했던 스크래블은 모두 술 마시기, 친구와 수다 떨기, 없는 단어 만들어 우기기, 점수 얼렁뚱땅 세다가 까먹기, 시간 무제한으로 쓰기 등과 관련되어 있었기 때문이다. 순수한 천방지축의 시대였다.

곧이어 커다랗고 둥근 상자를 든 사람들이 모여들었다. 한 여성의 스크래블 상자에는 여행 가방처럼 바퀴가 달려 있었다. 참가자들은 자기 케이스를 탁자에 올려놓더니 각자의 맞춤 제작 스크래블 보드, 타이머, 타일 가방, 거치대 등을 꺼냈다. 점수 용지와 함께 자기를 표시하는 말을 하나씩 꺼냈다. 게임이 시작되었고 방에는 숨소리조차 크게 들릴 듯한 긴장이 감돌았다. 나도 그 즉시 농담할 분위기는 아님을 눈

로 이겼다. 내 친구/사부 마티는 그 게임이 벌어지고 있을 때 바로 옆에서 게임하고 있었다고 한다. 그가 말했다. "신경 쓰이더라고."(원주)

• 스크래블 게임에서 인정하는 단어가 기록된 공식 단어집이 있다. 북미에서는 대부분 공식 토너먼트와 클럽 워드 리스트를 사용한다. 북미 외에서는 주로 콜린스 영어 사전을 지침으로 삼는다. 미국 내에도 콜린스 사전을 이용해 단어 실력을 검증하고 싶어하는 선수들이 참가하는 콜린스 디비전 경기도 있다. 주의할 점은 이 두 가지 경기를 번갈아 참가하기 위해서는 콜린스에서 인정하는 단어와 클럽 워드 리스트에서 인정하는 단어를 따로 기억해야 한다.(원주)

치챘다. 지금 이 순간, 이 지하실에서, 스크래블은 세상에서 가장 진지한 사안인 것이다.

나에게는 스크래블 숙적이 있다. 그의 이름은 헨리다.• 그는 내 평생 보았던 어떤 눈보다 매혹적인 청회색 눈동자를 갖고 있다. 그 완벽하게 아름다운 눈 때문에 그가 더 얄밉다. 그 역시 힙색을 매고 있었고 나를 매섭게 쏘아보았다. 숙적은 태어나지 않는다. 그들은 만들어진다.

내가 동네 스크래블 클럽에서 게임을 시작한 지 얼마 되지 않아 마티는 댄빌에서 자선 경기를 여는데 나에게 좋은 경험이 될 터이니 한번 참가해보라고 했다. 나는 잃을 것이 없었으므로 하겠다고 말했다. 댄빌에 있는 한 커뮤니티 칼리지의 본관 건물에 들어가기 전까지만 해도 무엇을 기대해야 할지 알 리가 없었다. 등록한 다음 무엇을 해야 할지 몰라 우물쭈물하고 있자 클럽 회원들이 고맙게도 나를 데리고 다니며 안내해주기 시작했다.

진지하게 스크래블을 하는 사람들은 단어를 공부하고 또 공부하며 8년 전 어떤 단어를 사용하여 173점을 획득했는지를 기억한다. 그때 상대의 반칙에 이의를 걸지 않아 석패한 것을 기억한다. 그러니까 그들은 모든 걸, 전부 다 기억한다고 보면 된다. 승패에 지나치게 집착하는 일부 선수들은 불쌍한 패자들이다. 반면 나는 좋은 패자다. 나는

• 물론 그의 실명은 헨리가 아니다.(원주)

스크래블 자체를 사랑하기 때문에 내가 지더라도 연연하지 않는다. 아니 나는 좋은 패자여야만 하는데 허구한 날 지기 때문에 현실적으로 그런 태도를 연마해야 한다. 진지한 스크래블 선수들과는 달리 나는 서너 개의 철자로 만들 수 있는 모든 단어를 외울 만한 인내심이 없다. 하지만 그럼에도 불구하고 나는 경쟁심이 아주 강해서 이기고 싶어 미친다.• 말하자면 아주 어이없는 조합이라 할 수 있다.

토너먼트를 시작하면서 솔직히 이런 생각을 했다. '여기서 1등 하고 가야겠다.' 나는 내 인생의 많은 것에 위험할 정도의 자신감을 갖고 접근하는데 대체로 나의 낮은 자존감과 조화를 이루려는 안쓰러운 시도라 할 수 있다. 허나 이 근거 없는 자신감은 작가가 되는 데는 상당한 이점으로 작용하기도 했다. 『뉴요커』나 『파리 리뷰』처럼 명망 있는 잡지에 글을 보낼 때면 나는 중얼거렸다. "이렇게 환상적인 글을 안 실어준다고? 그럴 리가 있겠어?"

따라서 반대의 결과가 나왔을 때 내 마음은 필요 이상으로 산산조각나버리기도 한다.

신청서와 각종 등록을 마치고 주변을 서성거리는 단어 괴짜들을 찬찬히 살펴보았다. 이들도 나를 흘끔거리면서 정체 파악을 시도하고 있다는 느낌이 들었다. 모두 침묵 속에서 서로를 위아래로 훑으면서

• 나는 어릴 때부터 보드게임 마니아였다. 주사위 굴리기가 가장 재밌고 작은 플라스틱이나 메탈 피스들을 움직일 때 즐겁다. 다양한 나라에서 생산된 모노폴리 세트를 수집하기도 한다. 이길 가능성이 조금이라도 있다면 무조건 게임을 하고 일단 시작하면 표정이 심각해진다. 가끔은 너무 심각해진 나머지 인생 게임(보드게임의 한 종류)에서 이긴 것을 내 인생이 승리했다고 착각하곤 한다.(원주)

경쟁자들의 이모저모를 따져보는 동안 나는 마이클 잭슨의 〈Beat It〉에서 "면상 보기 싫으면 썩 꺼져"라는 첫 소절 가사를 떠올렸다. 참가자는 총 서른두 명으로 (순위에 따라) 여덟 명씩 네 개 조로 나뉘어져 있었다. 총 7차전까지 치르면 단 한 명의 최종 우승자가 가려진다. 심판은 각 조의 참가자 이름을, 그 선수의 순위까지 포함해 불렀다. 내 이름은 마지막으로 불렸고 나는 다시금 나의 신분을 깨달았다. 나는 여기서 가장 낮은 순위의 (가장 실력 없는) 선수였던 것이다.• 학창시절 체육 시간 피구에서 선수 뽑기 할 때 마지막으로 뽑힌 아이가 된 기분이었다.

내가 속한 조에서 가장 순위가 높은 선수와 첫 시합을 하게 되었고 그 여성은 상당히 오만한 편에 속했다. 하지만 오만하기로 따지면 나도 만만치 않았다. 아니 오만함과 평정심을 동시에 연출하기 위해 애쓰고 있었다. 사실은 너무 긴장했고 테이블 밑으로 감춘 손이 덜덜 떨리고 있었다. 이번 대회 목표는 첫째, 망신당하지 않기. 둘째, 스크래블 에티켓 관련 실수를 저지르지 않기••. 셋째, 이번 대회에 같이 참가한 우

• 스크래블 선수들은 매우 친절하고 관대하다. 하지만 간과해서는 안 되는 사실은 그들은 무서울 정도로 집중하고 있으며 진지하다는 것이다. 나는 이들을 보며 곧잘 상상 속에 빠진다. 단어들을 만들고 있을 때 우리 모두 마이클 잭슨의 뮤직비디오 〈Bad〉 속 패싸움 갱들 같다고 생각하기도 한다. 물론 나는 내 인생의 많은 장면들을 묘사하기 위해 마이클 잭슨의 음악을 동원하긴 했다. 〈Man in the Mirror〉의 상징성이 여기에도 적용된다 말한다면 아마 날 미쳤다고 생각할 것이다.(원주)

•• 선수들은 스크래블 게임중에 마음을 안정시키는 것에 무척이나 까다롭다. 어떤 선수들은 경기 중에는 완전한 침묵을 선호하기에 말을 시키면 안 된다. 어떤 선수들은 상대가 핸드폰을 만지면 커닝하고 있다고 생각한다. 전화가 와도 받으면 안 된다. 그건 확실하다. 한번은 핸드폰을 무음으로 해놓지 않은 바람에 세상에서 가장 덜떨어진 인간 취급을 받은 적이 있다. 이 단 한 번의 소음도 그 선수에게는 세상에서 가장 거슬리는 소리였다. 사실 경기에 더 자주 나갈수록 자기만의 예민하고 까다로운 습관도 늘어난다. 나에게도 스크래블 관련 호불호가 있다. 이를테면 점수 기록지도 내가

리 스크래블 클럽에 먹칠 안 하기였다.

상대는 나를 올려다보더니 말했다. "전 어제 두번째로 상위권인 조에서 경기했는데." 장갑은 던져졌다. 그녀는 시종 친절하고 따사로운 미소를 지었으나 분명 나를 협박하는 듯했다. 윗입술이 말려올라가는 모양을 보니 알 수 있었다. 연기 아주 잘하시네요. 문득 근처 주유소 옆 편의점에서 어른용 기저귀를 파는지 궁금해졌다.

경기가 시작되었다. 나는 단어를 곧잘 만들어냈고 타이머도 올바로 사용할 수 있었다. 그러다가 곧 흐름을 타서 빙고를 놓았다.• 기분이 날아갈 듯했다. 예상치 못했던 이른 성공으로 인해 몸에 열이 차오르고 볼이 발그레해졌다. 내가 이길 수도 있을 거라는 생각이 들기 시작했다. 그다음부터 이 1위 후보라는 분께 나는 그야말로 무참히 깨졌다. 최종 스코어는 366 대 277. 나는 미소 지으며 그녀에게 악수를 청했으나 내 영혼의 아주 작은 부분은 박살이 났다. Je suis désoleé(죄송합니다).

쓰던 종이가 아니면 안 되고 펜도 특정한 펜만 사용한다(유니볼, 0.5mm 롤러볼). 짜증나는 방식으로 타일을 놓는 사람에 대해서는 인내심의 한계치가 더 낮다고 할 수 있다. 단어를 만들 때마다 타일을 너무 여러 번 섞는 선수들에게 특히 더 반감을 갖는다. 그런다고 결과가 달라지지 않아요. 점수를 합산하면서 타일로 보드를 탁탁 치는 선수들에게도 따뜻한 눈길을 보내지 않는다. 대체 왜 그러시는 겁니까? 하지만 나를 진정 열받게 하는 것은 게임이 끝나고 내 점수를 밝혔을 때 내 점수를 다시 계산해보는 선수들이다. 설마 내가 간단한 계산도 못할까봐? 물론 수학에 약하긴 해도 덧셈도 못할 정도는 아니다. 이러한 불필요한 점수 확인 절차를 거치면 나는 그 선수 얼굴에 주먹을 날리지 않기 위해 내 손을 엉덩이 밑에 깔고 앉아 있기도 한다.(원주)

• 빙고는 단어 거치대에 놓인 일곱 개의 알파벳을 모두 사용할 때 외칠 수 있다. 스크래블 경기에서 가장 탐내는 플레이다. 나는 빙고를 자주 하는 선수에 속한다. 나는 세 가지 철자로 만들어내는 단어를 배울 시간도, 엉뚱하고 특이한 단어들을 다 외울 시간도 없기에 대부분의 시간을 빙고를 하면서 쓴다. 이렇게 하면 보드에서 얻은 점수에 더해서 50점을 추가로 받을 수가 있다. 참고로 '빙고bingo'로 만들 수 있는 단어는 총 스물세 개다.(원주)

다시 마음을 가다듬고 이 경기를 복기해보았다. 종합하면 나쁘지 않은 경기를 펼쳤고 두 번의 빙고도 했다. 그러나 거기까지였다. 나는 게임을 망치기도 했고(스크래블에 JVK라는 단어는 없다) 상대가 나를 앞서기도 했는데, 더 중요한 건 상대는 경기 내내 자신감 넘치는 태도를 보였다는 점이었다. 이분은 경기를 갖고 놀기보다 나를 더 잘 갖고 놀았다.• 시작하자마자 나에게 학생이냐고 묻기도 했다.•• 나는 대답했다. "아니요. 작문 가르치는 선생이에요." 그녀가 말했다. "어머나, 나 큰일났네." 마치 천적이라도 만난 사냥감처럼 놀랐다. 하지만 여기서 알아두어야 할 점이 있다. 나는 포커도 친다. 나는 어떤 사람이 허풍을 떠는지 아닌지 척 보면 안다. 게임이 진행될 때 그녀는 계속 히죽히죽 웃고 있었는데 자기 발로 나의 목을 짓누르고 있다고 믿게 만들고 싶어서였다.

나는 두번째 시합은 이기고 말겠다고 결심했는데 일단 나는 경쟁심이 강하고 자존심도 세고 지는 것보다 이기는 것이 당연히 기분좋기 때문이다. 이번 상대는 굉장히 과묵하고 약간 우울해 보였다. 그녀와의 게임은 그다지 재미있지는 않았다. 나는 그녀를 403 대 229로 이겼고 너무 행복해서 소리를 지를 뻔했다. 탁자 위로 뛰어올라가 이렇게 외치고 싶은 걸 겨우 참았다. "쌤통이네요." 하지만 나는 스포츠맨십

• 오해 마시길. 프로 스크래블은 단어 체스이기도 하고 단어 포커이기도 하다. 포커페이스가 필요하고 포커페이스를 끝까지 유지해야만 한다.(원주)

•• 내가 워낙 상큼하고 어려 보여서 그랬다고 믿기로 했다.(원주)

이 무엇인지 아는 교양인이기에 그리하진 않았고 조용하고 예의바르게 승리를 받아들인 후 좋은 게임을 펼쳐주어 감사하다고 말했다. 그녀는 차갑게 돌아서더니 인사도 없이 나가버렸다. 나중에 집으로 운전하면서 오는 길에 그 뒷모습을 계속 떠올리며 희희낙락거렸다. 고소해 죽을 뻔했다.

세번째 경기의 상대는 나와 정기적으로 같이 게임을 하던 여성이었다. 그녀는 무척 성격이 좋고 우리는 친하게 잘 지냈다. 그녀는 언제나 나를 이겼고 그날 또한 예외는 아니었다. 390 대 327이었다. 나의 야심찬, 그러나 망상에 가까운, 이 경기에서 1등을 하겠다는 목표가 조금 흔들리기 시작했다. 휴식 후에 네 번의 경기가 더 남았고 게임을 재개하기 전에 점심을 먹어야 해서 나는 야채 샌드위치를 먹었다. 나는 이 프로 스크래블이라는 미친 자들의 세계를 소개해준 여인인 다이바에게 말했다. "저 이번 토너먼트에서 우승 먹을까봐요." 그녀는 눈동자에 애틋함을 가득 안고 나를 바라보았다. '아이고, 스크래블에 미친 불쌍한 애송이.'

자신감이라는 환상은 조금 더 연구해볼 가치가 있는 분야다. 이 몸께서는 그다음 네 경기를 전부 승리로 장식했던 것이다. (389 대 312, 424 대 244, 352 대 312, 395 대 366.) 나는 악마였다. 나는 단어로 마술을 부리고 있었다. 어디서나 빙고를 해냈고 고도의 집중력을 발휘해 빈틈없는 플레이를 했다. 상대가 트리플 플레이를 할 수 있는 길을 막고 상대의 패를 제대로 추적했다.• 한 번씩 이길 때마다 천하무적이 된 기분이었다. 킹콩처럼 내 가슴을 주먹으로 치고 싶었다. 나는 신경을 돌릴 만한 다른 것이 필요하기도 했다.

대회가 열리기 몇 시간 전, 한밤중에 엄마에게 다급한 전화 한 통을 받았는데 나이들어가시는 부모님으로부터 절대 받고 싶지 않은 종류의 전화였다. 평소 무척 건강했던 아버지가 가슴 통증과 호흡곤란 때문에 응급실에 가야 했다는 내용이었다. 나는 본능적으로 이렇게 말하려던 참이었다. "엄마, 제가 지금 당장 갈게요." 하지만 다행히도 부모님 집 근처에 살고 있는 막내 남동생이 모셔다드렸다고 한다. 대회 내내 핸드폰 문자메시지와 전화로 아버지의 건강 상태에 대한 소식을 받았고 별일 아닐 거라고, 다 괜찮을 거라고 어머니를 안심시켰다.•• 실은 정신줄을 완전히completely 놓지 않기 위해lose my shit 안간힘을 쓰고 있었다.••• 참고로 'completely'로 만들 수 있는 스크래블 단어는 227개다.

그날 나의 마지막 경기에서 이 게임을 이긴 선수가 지역 최종 승자가 되리라는 것이 거의 확실시되고 있었다. 바로 이 게임에서 나의 숙적이 탄생했다.

헨리의 고혹적이고 사람을 꿰뚫어보는 듯한 청회색 눈동자는 여우

• 포커에서 머리를 굴려 상대가 어떤 카드를 쥐고 있는지를 짐작하는 것처럼 훌륭한 스크래블 선수들은 게임에서 사용될 스펠링들을 간파하고 있다. 게임을 마칠 무렵에는 상대의 거치대에는 어떤 철자들이 있는지 정확하게 알고 있어야 한다. 그래야 계획적으로 더 좋은 수를 놓을 수 있기 때문이다. 만약 철자가 몇 개 남지 않아서 높은 등급의 철자(J, X, Q, K, V 등)이 나와 있고 당신이 U나 I를 갖고 있으며 Q가 아직 당신 주머니에 있다는 것을 알면, 이 모음들을 영리하게 사용해 적수가 자기 받침에 모음이 없는 한 내 것을 사용해 자신의 Q로 단어를 만들 수 없도록 해야 한다.(원주)

•• 실제로 크게 걱정할 일은 아니었다.(원주)

••• 'shit'은 유효한 스크래블 단어다.(원주)

의 눈동자처럼 교활하게 빛났다. 시작부터 그는 계속해서 두 개의 철자만으로 단어를 만들었고 나도 그렇게 했다. 우리는 한 우리 안에서 서로의 뒤꽁무니를 쫓는 동물들이라고 할 수 있었다. 혹시 영화 〈이스턴 프라미스〉에서 나체로 싸우는 장면을 기억하시는가? 우리가 정확히 그런 식이었다. 다만 우리는 범죄자가 아니고 옷을 벗고 있지 않았으며 증기탕 안에 들어가 있지 않았고 눈에 보이는 문신을 한 사람이 나뿐이라는 사실만 달랐다. 그는 이런 문구가 박힌 티셔츠를 입고 있었다. '세계 최고의 스크래블 선수.' 그 티셔츠를 볼 때마다 이기고 싶은 욕망이 활화산처럼 불타올랐다. 막상막하의 진땀나는 승부는 계속 이어졌고 게임이 진행될수록 나는 점점 더 승부욕으로 활활 불탔다.

2번 시드인 나의 숙적 헨리는 나를 가볍게 이길 거라 확신하고 있는 것이 틀림없었다. 그에게서는 자신감의 냄새까지 풍겼다. 그는 말 그대로 냄새를 질질 흘리고 다녔다. 나는 이 경기에서 세 번의 빙고를 했다. 그는 81점을 얻기 위해 트레킹Treking•이라는 단어를 사용하려 했으나 나는 그것이 온전한 단어가 아니라는 사실을 알고 있었다. 'trekking'에는 k가 두 개 필요하다. 나는 챌린지를 했다. 그는 내가 감히 자신의 스펠링에 챌린지를 걸었다는 사실을 믿을 수 없다는 듯이 나를 있는 힘껏 째려보았다. 컴퓨터에 그 단어를 입력하는 내 손은 덜덜 떨리고 있었다. 나의 챌린지가 인정받았다. 경기가 막바지에 이를 무렵 그는 씩씩거리고 있었고 나는 히죽거리고 있었다. 나는 승리했고

• T, R, E, K, I, N, G 이 여섯 개 철자로는 빙고를 할 수가 없다. 헨리가 조금만 더 고민했다면 당연히 알았을 것이다.(원주)

그는 자신이 이 대회에서 우승할 가능성은 사라졌고 랭킹마저 3위로 떨어졌다는 사실을 깨달았다. 내가 너무나 낮은 시드였기 때문에 그의 랭킹이 떨어진 것이다. 그는 나와의 악수를 거부하고 말없이 성큼성큼 걸어나가버렸다. 순간 그가 테이블이라도 뒤집어버리는 건 아닌가 걱정했다. 남성의 거친 분노는 늘 나를 불안하고 초조하게 한다. 나는 조용히 앉아서 불편한 순간이 지나가기만을 기다렸다. 그러나 헨리의 나쁜 스포츠맨십은 내 기분을 그리 오래 좌우하지는 않았다. 나는 이 조에서 가장 낮은 시드의 선수라는 약점을 극복하고 최초로 참가한 대회에서 조 챔피언이 되었던 것이다.• 나는 약간의 상금까지 챙겨 집으로 돌아갔다. 다음주 무렵 내 자만심의 크기는 측정 불가 수준으로 커지고 말았다. 물론 지속 기간은 짧았다. 스크래블의 신이 내게 주셨던 것을, 다른 대회에서는 다른 선수가 가져가시었나이다.

초년에 큰 노력 없이 성공을 거두면 그 성공을 쉽게 자기 복제할 수 있을 거라는 믿음에 빠지게 된다. 아역 배우들에게 물어보시라.•• 석 달 후 나는 다른 대회인 아든컵에 출전했고 이틀 반 동안 스무 경기 중 총 여덟 번 승리했고 열두 번 패배했다. 이로써 큰 교훈을 얻었다. 불안정한 실력으로 어쩌다 순위가 급상승한 사람이 더 큰 무대의 프

• 내 랭킹은 갑자기 뛰었고 더 상위 수준의 조로 올라갈 수 있었다. 다음에 출전한 대회에서 나는 더 높은 시드를 배정받아 출전했고 그 대가를 치러야 했다. 아주 처절하게.(원주)

•• 다른 아역 배우들보다 시트콤 〈신나는 개구쟁이〉에 출연했던 아역들은 이에 대해서 좀 알고 있을 것이다. (여기 출연한 세 아역 배우는 시트콤의 성공 이후 기구한 인생을 살았다.) 메리 케이트 올슨과 애슐리 올슨 자매도 잠깐 떠올렸으나 그들은 계속 성공하고 있으므로 이 상황에 적용할 수는 없다.(원주)

로 대회에서도 승승장구할 거라 믿는 건 한마디로 미친 생각이라는 사실이었다.

이 대회에는 앞서 나에게 패배를 맛보았던 '숙적 헨리'도 참가했다. 그 외에도 헨리만큼이나 나를 깔아뭉개고 싶어하는 정체불명의 강력한 경쟁자들이 수두룩했다. 이중 가장 나의 호감을 사지 못한 경쟁자는 도니였다.• 그는 내 앞에서 스크래블로 맨스플레인을 하기 시작했는데 아직은 내가 누군지 몰라서이기도 했고•• 나를 신참으로 여겼기 때문이기도 했다. 그는 말했다. "집에서 스크래블 해보셨죠? 여기서도 하시던 대로 하면 돼요." 그 말을 듣자마자 이 아저씨에게 평생 잊을 수 없는 쓰라린 패배를 안겨주는 것을 내 인생의 목표로 삼았다. 또다른 상대는 자기 보드로 게임을 할지 나의 보드로 할지 물었고 나에겐 개인 게임 세트가 없다고 말하자 구명조끼 없이 물에 빠진 인간이라도 발견한 것처럼 쳐다보았다.••• 얼마 가지 않아 나는 내가 스크래블 상어들 사이를 헤엄치고 있다는 것을 알았다. 이 바닷속에는 내 피 냄새가 진동했다.

그 대회는 굴욕의 연속이었다. 너무 많이 지는 바람에 대체로 울적했다는 기억으로만 희미하게 남아 있고 하필이면 연달아 맨스플레이

• 역시 그의 실명은 도니가 아니다.(원주)

•• 스크래블 커뮤니티는 굉장히 작아서 일단 토너먼트에 정기적으로 참가하다보면 똑같은 사람을 계속해서 만날 수밖에 없다.(원주)

••• 나도 지금은 개인 맞춤 보드가 있고 타이머도 있다(핑크색 버튼이 달려 있다). 타일도 있고(역시 핑크색), 그리고 긴 타일 거치대도 있다(안타깝게도 핑크색 제품은 없었다). 스크래블 보드를 어깨에 걸칠 수 있는 어깨끈도 있다.(원주)

너들에게 져서 묻지도 않은 단어 설명을 들어야 했으며• 그 아저씨들의 지루한 스크래블의 역사 강의까지 들어야 하는 등 돌아버리기 일보 직전이었으나 그럼에도 불구하고 구원의 순간이 하나 있었으니 나의 숙적 헨리만은 통쾌하게 이겼다는 점이다. 그와 나는 이 대회에서 두 번의 경기를 치렀는데, 한 경기는 내주고 한 경기는 가져왔다. 두번째 게임이 끝나가며 나의 승리가 확실시되자 그가 일어나서 나를 손가락으로 가리키며 말했다. "당신이 세 번 중 두 번 이겼네요. 3판 2승인가." 나는 바닥을 내려다보면서 삐져나오는 웃음을 참기 위해 입술을 깨물어야 했다.

"어머, 그런가요? 저는 일일이 세고 있진 않았는데."•• 내가 말했다.

나는 실례한다고 말하고 화장실로 달려가 문을 걸어잠그고 혼자 있음을 확인한 후 작게 속삭였다. "내가 이겼다. 이겼다고. 내가 널 이겼어." 물론 양 주먹도 불끈 쥐고 있었다.

시간이 흘러 나는 세번째 대회에 참가했으며, 앞서 말했듯 이 대회는 시작부터 잔인했고 그 잔인함의 정도는 이루 말할 수가 없었다. 나는 여섯 번 이겼으며 (한 게임은 부전승이었다) 여섯 번 졌고 전체 15위

• Qoph는 히브리어 단어다. 나를 이긴 상대는 이 단어의 뜻만 말해주는 데서 그치지 않고 어원을 설명하기까지 했다. (바늘과 관계있다고 했는데 솔직히 그땐 안 들어서 잘 모르겠다.) 발음까지 시연해 보였다. 흥미로운 단어 강의가 끝난 후에 그는 U를 사용하지 않고 Q로 만들 수 있는 단어들을 모두 나열하기도 했다. 나는 Q에 박식한 이분에게 묻고 싶었을 뿐이다. "개새끼motherfucker에는 Q가 들어 있습니까?"(원주)

•• 나의 작고 귀여운 거짓말.(원주)

로 마감했다. 친구들은 이 세계에 입문한 지 얼마 안 된 사람치고는 선전했다고 말해주었다. 추풍낙엽처럼 떨어지는 나의 스크래블 자아를 진정시키기 위한 위로 멘트라는 것쯤은 나도 알고 있었다.

이번에 나의 숙적 헨리와는 붙을 수 없었으나 그는 그 자리에 있었고 연승하고 있었다. 나를 의식한 개인적인 복수처럼 느껴졌다.

그 대회 초반에 새로운 숙적이 탄생했다. 사실 나는 첫 경기부터 피곤에 절어 있었다. 전날 밤 친구들과 오랜만에 시내에서 회포를 푸느라 세 시간밖에 못 잔데다 다시 말하지만 나는 아침형 인간이 아니다. 오기 전에 스타벅스에 들를 시간도 없었고 자판기에서 다이어트 펩시를 뽑으려고 했는데 마침 1달러 지폐가 없었다. 눈 충혈 완화제인 바이진도 없었다. 숙취는 심각했다. 아무래도 진은 나와 상극인 주종 같다. 위가 뒤집어지려고 했다. 몸은 축축 처졌다. 눈만 감으면 바로 그 자세로 꾸벅꾸벅 졸 수 있을 것만 같았다. 한마디로 나는 알코올 쓰레기였다.

그래도 스물한 명 중에 5번 시드였는데 이전 대회에서의 처참한 성적에도 불구하고 여전히 랭킹이 유지되고 있다는 사실에 멍청하게도 들떠 있었다. 내 앞에 앉은 사람은 시드 번호도, 순위도 없다고 했고 나는 그녀가 왕초보가 분명하다고 내 멋대로 착각하는 실수를 범했다.• 술이 덜 깨 머리는 멍하지만, 눈은 뻑뻑해서 앞이 잘 보이지도 않지만, 이런 상대라면 가볍게 이길 수 있지 않겠어?

• 내가 출전한 첫 대회에 대한 기억을 의도적으로 무시하고 있었다. 그때 내가 랭킹이 없는 가장 낮은 시드의 선수로 참가했으나 이겼다는 사실을.(원주)

게임이 거의 끝나갈 즈음에 나는 트리플 단어 스코어 보드에 BROASTED와 BO라는 단어를 놓았다. 상대가 챌린지를 걸었다. 그녀의 챌린지가 인정받았고 내 단어는 유효하지 않았다. 그러나 두 단어 이상의 검증을 요구하면 컴퓨터는 그저 이 단어들의 조합이 맞는지 틀렸는지만 말해준다. 이중 어떤 단어가 틀리고 맞는지, 다 틀렸는지 하나만 틀렸는지는 알 수가 없다. 그날의 내 두뇌는 거의 작동 불가 상태였기에 둘 중 BO가 유효하지 않은 단어라고 결론을 내렸다. 내가 세 철자 단어에 강하진 않았지만 두 철자로 된 단어에서는 강했다. 그러니까 나는 헷갈렸다. 그날이 나의 최선은 아니었다.

두어 번 단어를 만든 후 나는 같은 장소에 BROASTED와 BA를 놓았다. 상대의 눈이 휘둥그레졌다. 그리고 세상에서 가장 덜떨어진 인간을 보듯이 물끄러미 쳐다보았다. 그 순간 그녀의 몸을 구성한 모든 세포까지 싫어졌다.

"또 그 단어 하시려고요?" 사실 그건 질문이라고 할 수도 없었다.

사실 그 말투 때문에 화가 머리끝까지 났다. 나는 타일을 깔아버렸고 이제는 내가 아까와 똑같은, 황당무계할 정도로 아마추어다운 실수를 또다시 저지르고 있다는 것이 명백해졌다. 자기 말투 때문에 그랬다는 건 이해 못했겠지?

이제 와서 변명해보자면, 나는 브로스티드Broasted가 진짜 있는 단어인 줄 알았다.• 완전히 멀쩡한 단어처럼 생겼고 존재하는 단어가 맞긴

• '브로스팅'은 고유명사이고 고유명사는 유효한 스크래블 단어가 아니다. 브로스팅은 상표로 등록된 치킨 요리법이다.(원주)

하니까. 그래서 그 단어를 밀고 나가기로 했다. 성공하면 87점을 획득할 수 있었다. 둘이 같이 챌린지 결과를 보러 컴퓨터 쪽으로 걸어가는데 나의 온몸에 쏟아지는 그녀의 비웃음이 느껴졌다. 울어버리고 싶었으나 눈이 너무 건조한 관계로 울 수도 없었고, 스크래블 대회에서는 쉽게 울어서는 안 되었다. 화장실의 모든 칸이 텅텅 비어 있고 나 혼자라는 것을 세 번 정도 확인한 다음이 아니라면.

다음에 나의 새 숙적과 대면할 기회가 있다면 구차하지만 이렇게 설명하고 싶다. "저 당신이 생각하시는 것만큼 멍청한 사람 아니에요. 적어도 당신이 생각하는 그 이유로 멍청하진 않아요."

치욕적인 대패였다. 최종 스코어는 500 대 263. 그 첫 시합은 그 대회의 전체적인 분위기를 형성했다고 할 수 있다. 다시 한번, 순위가 낮은 선수가 쓰디쓴 교훈을 주었고 나는 겸손을 아는 몸이 되었다. 대회가 마무리되고 시상과 상금 수여가 끝난 후 우리는 승자들과 최고 점수의 단어를 만들어낸 선수들에게 아낌없이 박수를 쳐주었다. 나를 포함한 패자들은 실패의 상자에 갇혀서 우리의 부끄러운 경기력을 반성하는 시간을 가졌으며, 또 좋은 결과를 낸 사람들은 너무 드러나지 않게 기쁨을 표현하려 애썼다. 그들의 겸양은 온화한 악행이라 할 수 있었다. 우리는 각자의 보드를 챙겼고, 이제 대회의 팽팽한 긴장과 흥분은 우리 근육에서 스르르 빠져나가고 있었다. 우리는 악수하며 다음에 클럽에서 만날 때까지, 아니면 다음 대회에서 만날 때까지 잘 지내라며 덕담을 나누었다. 그 순간 우리는 더이상 적이 아니었으니까.

2부

젠더와 섹슈얼리티

여자들과 친구가 되는 법

① 여자들의 우정이 시기, 질투, 비교, 험담의 온상이라는 문화적 편견을 버리자. 이것은 하이힐과 가방처럼 예쁘지만 여성들을 불편하고 느려터지게 만들기 위해 고안된 신화일 뿐이다.

A. 물론 여자들이 절대로 시기하고 질투하고 비교하고 모함하지 않는다는 이야기는 아니지만, 그건 여자들의 우정을 정의하는 특징이 아니다. 나이들어갈수록 더욱 그렇다.

B. 가장 친한 친구라고 할 법한 사람을 샘내고 깎아내리고 망쳐놓고 싶은 기분이 든다면, 왜 그런지 파악하고 그것을 어떻게 뜯어고칠지 고민하거나 뜯어고칠 수 있도록 도와줄 사람을 구한다.

② 여자들에겐 의리가 없고 여자들의 우정은 부질없다는 수상한 신화를 공고히 다지기 위해 많은 잉크가 낭비되었다. 이런 그릇된 신화를 조장하는 글을 읽지 말자.

③ 당신이 만약 "나는 남자들이 더 편해"라고 말하는 여성이고 그 사실을 자랑스러워한다면, 여성적인 특질은 나쁜 것이라 남자 쪽에 가까워져야 한다고 생각한다면, 이 항목을 잘 보라. 친구들 중 남자가 많은 건 괜찮지만 이를 여자들의 우정의 속성을 평가하는 잣대로 삼는다면 스스로의 영혼을 조금 더 들여다보길 바란다.

A. 여자들과 친해지기 힘들다면 그건 여자들의 문제가 아닐지도 모른다. 당신 문제일 수도 있다.

B. 실은 내가 그런 사람이었다. 멋대로 판단해서 죄송.

④ 가끔은 당신의 친구들이 당신이 보기에 끔찍한 인간과 사귀기도 한다. 그때 솔직하게 말할 수도 있고 거짓말을 할 수도 있다. 두 가지 모두 마땅한 이유가 있을 것이다. 그러다 이번엔 당신이 당신 친구들의 눈에 별로인 인간과 사귀게 될 수도 있다. 만약 남자친구나 여자친구 이야기가 나올 때 자꾸 껄끄러워진다면 쿨하게 넘어가고 그보다 더 재미있는 주제로 수다를 떨길 바란다. 내가 곧잘 사용하는 변명은 이것이다. "내가 원체 게으르잖아. 그래서 아직 그냥 그 덜떨어진 놈이랑 사귀고 있지." 이 문장을 얼마든지 빌려가셔도 된다.

⑤ 친구들이 잘되기를 빌어준다. 친구들이 행복하고 성공할수록 당신도 행복해지기 쉽다.

A. 만약 당신이 바닥을 치고 있는데 친구는 인생 최고의 해를 보내고 있어서 혹여 친구의 불행을 바라게 된다면 그 감정은 혼자 해소하라. 상담을 받거나 일기를 써라. 그 친구를 만나도 ①번 항목에서 말한 그 신화를 피할 수 있도록 노력해라.

B. 당신과 당신 친구(들)가 같은 분야에서 일하고 있고 협력하거나 밀어주어야 한다면 남 눈치보지 말고 적극적으로 해라. 남보다 내 친구가 뛰어난 것이 내 잘못인가? 남자들은 학연, 지연, 혈연 등을 발명했고 그 덕을 보며 실제로도 잘 산다. 우리 여자들도 그래도 된다.

C. 다른 여자들을 악의적으로 비방하지 말라. 그들이 당신의 친구는 아닐 수도 있으나 그들은 여성이고 그것만으로도 중요하다. 다른 여성을 절대 비난하지 않아야 한다는 말이 아니다. 건설적인 비판과 악의적인 비방은 엄연히 다르다.

D. 뒷담화 안 하는 사람은 없다. 만약 친구 뒷담화를 하고 싶다면 적어도 재미있고 웃기게 해라. "나 거짓말 안 하는 거 알지" 혹은 "나 원래 남 얘기 안 해"라는 말은 하지 말라. 거짓말인 거 다 안다.

E. 당신이 아이를 원하지 않거나 좋아하지 않는다고 해도 친구의 아이는 예뻐해라. 그냥 그렇게 해라.

⑥ 친구들에게 꼭 필요한 진실을 이야기해주어야 한다. 처음에는 듣고 화를 낼 수도 있지만 분명 본인을 위한 조언이라는 사실을 알게 될 것이다. 한번은 내 절친이 반복되는 나의 연애 문제를 뜯어고치기 위해서 행동 지침을 마련해야 한다고 했다. 처음에는 듣기 싫었지만 매우 유용했다.

A. 하지만 너무 막말을 해서는 안 된다. 실질적인 변화로 이어지려면 과연 어디까지 진실을 드러내야 하는지 생각한 다음에 이야

기하자. 배려는 중요하다.

B. 이런 대화는 서로 정말 생각해주는 친구 사이라는 전제하에 조금 가볍게 이루어져야 더 재미있다.

⑦ 주변에 취해서 망가져도 괜찮은 친구들을 두는 편이 좋다. 당신이 떡이 되도록 마시다 기절해도 당신 얼굴에 낙서를 하지는 않을 것이고, 화장실 변기를 붙잡고 안주를 확인하고 있을 때 머리카락을 잡아줄 것이며, 당신에게 맛이 갔으니 그만 마시라거나 지금 맛이 간 행동을 하고 있다고 말해줄 수 있기 때문이다.

⑧ 당신 친구의 애인을 꼬시지 말고 그 사람과 자지도 말고 플라토닉 연애도 꿈꾸지 말라. 굳이 말할 필요도 없겠지만 다시 한번 말하겠다. 그 남자가 먼저 당신에게 빠진다면 그는 개자식이며, 누가 쓰다 버린 개자식과는 얽히지 말라. 꼭 개자식을 만나고 싶다면 뉴페이스 개자식을 사귈 것. 세상에 널리고 널린 게 그들이다.

⑨ 같이 놀러 나갈 때 친구들이 걸치지 않았으면 하는 옷이나 액세서리를 사지 못하게 막아라. 이건 상식이다.

⑩ 당신에게 안 좋은 일이 있고 그걸 친구들에게 말해야 하며 친구들이 무슨 일 있느냐고 물었을 때 "괜찮아. 아무것도 아니야"라고 말하지 말라. 친구들은 당신이 거짓말한다는 것을 알고 결국 "정말 괜찮아?" "진짜야?" "진짜 별일 없지?" 되묻고, 당신은 "정말 괜찮다니까"라는 답만 반복하며 시간을 낭비하게 될 것이다. 신뢰하는 여성 동지들에게 말할 수 있는 것들은 털어놓고 같이 화를 내거나 아예 다른 주제로 넘어가라.

⑪ 네 명이 식사를 했으면 네 명이 똑같이 나누어 내라. 우리는 이제 어른들이다. 각각 얼마나 먹었는지 따져볼 필요는 없다. 당신이 한턱내고 싶은 날이라면 모든 사람에게 사고 나머지 사람들은 돌아가면서 사도록 한다. 경제적으로 쪼들리는 상황이라 해도 낼 것은 낸다.

⑫ 친구가 연애, 인생, 가족, 회사 문제에 대해 정해진 반응을 원하는 장문의 메일을 보내면 원하는 대답을 해준다. 때로는 "그랬구나" 정도면 된다. 그 친구가 똑같은 고민을 반복하며 징징거린다 해도 참아야 하는데, 왜냐하면 언젠가는 당신 또한 수십 번 해온 똑같은 이야기로 장문의 메일을 보낼 수도 있기 때문이다.

⑬ 우리 엄마가 가장 좋아하는 말은 '유유상종'이었다. 엄마는 나와 많은 시간을 보내는 친구들이 마음에 들지 않을 때 꼭 이 말을 했다. 기본적으로 당신은 당신이 어울리는 사람과 같은 부류의 사람이다.

걸스 걸스 걸스

만약 나의 20대 시절을 드라마로 만든다면 말 그대로든 비유적으로든 길을 잃어버리고 방황하는 여성의 삶을 그리는 드라마가 될 것이다. 방청객의 웃음소리가 효과음으로 삽입될 리는 없다. 이야기는 나의 잃어버린 1년 동안 과연 무슨 일이 있었는지 파고들어가게 될 것이다. 내가 대학을 때려치우고 잠수를 타버린 그해의 이야기 말이다. 이 세상을 헤쳐나갈 능력은 없고 도움을 요청할 방법도 모르는 우리의 주인공(나)은 어느 날 확 돌아버린다. 그리고 될 대로 되라는 듯이 군다.

파일럿 편성 때부터 많은 사건이 일어난다. 대학교 3학년 1학기가 개강하기 열흘 전에 우리의 주인공은 비행기에 오르고 자신의 모든 것을 버리기로 한다. 그녀는 인터넷으로만 몇 마디 나눠본 나이 많은 남자와 샌프란시스코를 경유하는 여행중에 애리조나로 도망가버린다. 우리는 지금 그때 그 시절 인터넷, 무려 1994년도의 인터넷,

2400bps의 모뎀이 필요했던 그 인터넷을 말하고 있다. 그녀가 연쇄살인의 피해자가 되지 않은 것만으로도 작은 기적이라 할 수 있다. 그녀는 가족과 친구, 그녀를 안다고 할 만한 모든 사람과 연락을 끊는다. 그녀는 빈털터리에 계획 따위는 없었고 여행 가방만 달랑 든 채 자기 보호 능력이라고는 없는 상태였다. 이 정도면 드라마 소재가 될 만한 일 아닌가?

이 드라마의 첫 시즌도 파일럿화만큼이나 드라마틱하게 펼쳐진다. 얼마 후 그녀는 별다른 자격 없이도 할 수 있는 수상쩍은 일자리를 얻어 특징 없는 건물에서 밤 12시부터 아침 8시까지 철야 근무를 한다. 창문 없는 손바닥만한 부스에 앉아서 모르는 사람과 전화로 이야기하는 일이다. 플라스틱 컵에 다이어트 소다를 따라 마시고 가끔은 보드카를 섞어 마시며 십자말풀이 퍼즐을 푼다. 모르는 사람과 대화하는 것은 쉽다. 그 일에 질리기 전까지는 그 일을 사랑한다.

흥미로운 조연들도 등장한다. 그녀의 직장 동료들 또한 그녀만큼이나 망가진 여자들이다. 인종도 다르고 출신도 다양하지만 길을 잃었다는 점에서는 닮았다. 차이나, 버블스, 미스티 같은 이름을 갖고 있으며 긴 근무시간이 끝나면 누가 누구인지 헷갈리곤 한다. 우리의 주인공도 여러 가명을 번갈아 사용한다. 그녀는 아침에 일어나 말한다. "오늘밤, 나는 딜라일라, 모건, 베키가 될 거야." 그녀는 다른 누군가가 되고 싶다.

이것이 심야 시간대에 하는 케이블 드라마임을 감안하자. 차이나는 회사 화장실에서 헤로인을 흡입한다. 가끔은 카운터에 불에 그을린 은 박지 조각을 남기고 나온다. 팀장이 모두를 사무실로 집합시켜 자수하라고 윽박지른다. 동료들은 절대 차이나를 일러바치지 않는다. 버블스의 골칫거리는 애아빠인 애인이다. 가끔은 그 애아빠인 애인이 회사까지 차로 데려다준다. 다른 동료들은 주차장에서 담배를 피우며 버블스와 그 남자가 서로 입에 담지 못할 말을 하며 싸우는 장면을 바라보기도 한다. 다른 에피소드에서는 버블스와 그 애아빠가 차 앞자리에서 카섹스를 한다. 미스티는 열여섯 살에 집을 나와 혼자 살고 있다. 그녀는 깡마르고 팔 전체에 딱지가 앉아 있고 머리는 항상 떡져 있다. 거의 매번 근무가 끝나면 그녀들은 다 같이 잭 인 더 박스•에 들렀다가 나의 주인공이 살고 있는 집 앞의 수영장 주변에 드러눕는다. 그들은 주인공에게 에어컨이 있는 집에 살아서 부럽다고 말한다. 그들은 다 쓰러져가는 아파트에서 낡은 선풍기 하나로 버티고 있는 중이다. 나의 주인공은 종종 몸을 누이는 다이빙보드에 누워서 태양을 올려다보며 씁쓸하게 생각한다. '그러게. 존나 부러운 인생이지.' 그녀는 아직 너무 어려서 그들과 비교하면 자신이 운좋은 편이라는 사실이 와닿지 않는다. 비록 가출은 했지만 마음이 바뀌면 언제든지 돌아갈 곳이 있다. 나의 주인공은 시즌 마지막 화까지도 이 깨달음에 도달하지 못한다.

모든 여성들은 이렇게 자신의 파란만장하거나 비루했던 20대 시절이나 방황하던 사춘기 소녀 시절 혹은 그 사춘기를 어떻게 빠져나왔

• 미국의 햄버거 체인 브랜드.

는지에 관한 몇 개의 에피소드를 쓸 수 있다. 이 에피소드들은 〈프렌즈〉처럼 유쾌 발랄한 시트콤도 아니고 소년이 소녀를 만나서 싸우고 헤어졌다가 결국 해피 엔딩으로 끝나는 로맨틱 코미디도 아닐 것이다.

TV나 영화에서 젊은 여성들은 다양한 방식으로 묘사되고 소비되지만 그들을 만족스럽게 표현한 작품은 많지 않다. 현실의 젊은 여성들이 살아가는 모습을 제대로 그려내지 못하기 때문이다. 물론 소녀시절girlhood이란 너무나 방대하고 개개인의 경험은 천차만별이기에 하나의 보편적인 드라마로 그려내기란 불가능하다. 다채로우면서도 공감가는 방식으로 이 시절을 그려내기 위해 노력할 뿐이다. 하지만 자주 실패한다.

그래서 차별성을 지닌 어떤 작품이 등장하면 갑자기 그 영화나 TV 프로그램에 엄청난 기대를 하며 부담을 주기도 한다. 이를테면 〈내 여자 친구의 결혼식〉•은 개봉하기 몇 달 전부터 영화의 새로운 장르를 개척했다는 평들이 쏟아져나왔다. 어떤 면에서? 이유는 간단하다. 이 여자들이 실제로 웃겼기 때문이다. 믿기 힘들지만 정말이다. 사람들은 그 영화 한 편에 무거운 책임을 부여했다. 〈내 여자 친구의 결혼식〉은 출중해야만 했다. 그래야 다른 여성 중심의 코미디 영화가 앞으로도 계속 제작될 수 있을 테니까. 이것이 현재 엔터테인먼트 업계에서 여성이 처한 상황이다. 앞으로 어떻게 될지 알지 못해 항상 불안하고 위태로운 상태인 것이다.

• 주인공 애니가 절친으로부터 신부 들러리 대표가 되어달라는 부탁을 받은 이후 갖가지 사건이 벌어지는 로맨틱 코미디 영화.

〈내 여자 친구의 결혼식〉은 망해서는 안 되는 영화였고 실제로 망하지 않았다. 비평가들은 호의적이었다(뉴욕 타임스는 이 영화가 '예기치 않게 웃기다'고 호평했다). 흥행에도 성공했다. 평단은 배우들의 신선한 연기에 엄지손가락을 치켜올렸다. 어떤 이는 '혁명'이라는 단어까지 끌어다 붙이며 이 영화가 여성 코미디 영화에 변화의 바람을 불러일으킬 것이라고 자신했다.

혁명이란 매우 급격하고, 급진적이고, 완전한 변화를 일컬을 때 사용하는 단어로, 이전의 관습이나 제도를 깨뜨리고 무언가를 사유하거나 바라보는 방식이 근본적으로 전환된 것을 말한다. 그렇다면 한 편의 영화가 정말로 혁명이 될 수 있을까? 〈내 여자 친구의 결혼식〉은 좋은 영화이고 나 역시 무척 재미있게 보았다. 엉뚱하고 유쾌한 유머와 감칠맛 나는 연기와 억지스럽지 않은 설정이 돋보인다. 허황되거나 뜬금없는 여성 캐릭터들이 수시로 등장하는 이 황무지 같은 영화판에서 꽤나 현실적인 여성 캐릭터들을 만들어냈다. 완벽한 영화는 아니지만 이 영화에 가해진 과도한 부담을 상당히 잘 이겨냈다고 할 수 있다. 하지만 그럼에도 불구하고 이 영화는 근본적인 변화를 이끌지는 못했다. 미셸 딘은 문화 웹사이트 '아울'에 올린 리뷰에서 〈내 여자 친구의 결혼식〉이 수많은 코미디와 여성 캐릭터 묘사에서 반복적으로 사용된 흔한 비유나 수사를 답습하고 있다고 말한다. 특히 멀리사 매카시가 연기한 메건이 매우 친숙한 지형 위에 서 있다고 지적했다. "거의 모든 농담들이 그녀가 괴물 같은 캐릭터라는 전제하에 기획되었고 그녀의 외적 특징과 꾸미기 싫어하는 성격을 바탕으로 그녀가 상스럽고 명백한 '부치'임을 강조하고 있다." 이런 맥락에서 보면 〈내 여자 친구의 결혼식〉을 혁명이라고까지 하는 건 과하지 않을까?

그렇다면 우리는 왜 이렇게 〈내 여자 친구의 결혼식〉 같은 영화의 양어깨에 부담스러울 정도로 무거운 짐을 지우려 하는 걸까? 어쩌다가 우리는 영화, 그것도 단 한 편의 영화가 여성들에게 혁명적인 것으로 간주되는 지경까지 오게 된 걸까?

근래 이보다 더 큰 부담을 안고 있는 여성 중심의 작품이 또 한 편 있다. 바로 리나 더넘의 HBO TV 시리즈 〈걸스〉다. 이 드라마는 시작할 때부터 엄청난 관심을 한몸에 받았다. 거의 모든 비평가와 매체가 더넘의 주제 의식을 높이 샀고 대학 졸업 후부터 20대 후반까지를 헤쳐나가는 20대 여성 네 명의 삶을 사실적으로 그리는 방식에 찬사를 보냈다.

나는 〈걸스〉의 타깃 시청자는 아니다. 시즌 1의 3화까지, 아니 시즌 2까지 봤는데도 드라마에 완전히 몰입하지 못했다. 하지만 이 드라마는 나에게 생각할 거리를 잔뜩 안겨주었고 그것만으로도 큰 가치가 있다. 각본도 매우 영리하고 재기 넘친다. 한 에피소드를 볼 때마다 몇 번이나 웃음을 터뜨리게 되고, 왜 이 드라마가 과감하고 참신하다는 평가를 받는지 충분히 이해할 수 있다. 더넘이 연기하는 캐릭터인 해나 호바스가 TV에서 자주 보아온 전형적인 여성의 몸매가 아니라는 점이 인상적이다. 그녀의 캐릭터는 솔직하고 입체적이다. 우리는 그녀가 게걸스럽게 먹는 모습을 본다. 그녀가 섹스하는 모습을 본다. 그녀가 이 세상의 거의 모든 젊은 여성들이 견뎌야 하는 소소한 굴욕을 견디는 모습을 본다. 우리는 당혹스러울 정도로 사실적인 한 여자의 리얼한 삶을 보고, 이는 우리에게 매우 중요하다.

스물다섯 살 여성이 HBO 같은 방송국에서 자신이 기획한 드라마의 각본을 쓰고, 연출하고, 주연까지 맡은 것은 분명 칭송할 만한 일이다. 하지만 이 사실이 이렇게 수차례 언급될 정도로 혁명적인 것이어야만 하는 이 현실이 서글프기도 하다.

한 세대란 동시대에 태어나 동시대를 살아가는 한 그룹의 사람들을 가리킨다. 파일럿화에서 해나 호바스는 부모님에게 왜 자기에게 경제적인 원조를 계속해주어야 하는지 설파한다. "엄마 아빠, 전 우리 세대를 대표하는 목소리가 될 수 있을 것 같아요. 그게 아니면 적어도 어떤 세대라도요." 우리는 기대가 크다. 저 대사의 반만 들어도 제대로 묘사되지 못한 젊은 세대 여성들에 대한 진정성 있는 묘사에 목이 마르다. 〈걸스〉가 우리 모두를 대표하여 무언가 말해줄 것만 같다.

가끔은 〈걸스〉가 이런 부담 때문인지 억지스럽게 흐른다는 느낌도 든다. 참으로 영리한 드라마지만 영리함을 넘어 인간적이고 진실한 감정을 보여주기를 바라게 된다. 무언가 진짜다운 것을 느끼고 싶은데 이 드라마는 좀처럼 그 기회를 주지 않는다. 많은 캐릭터가 진짜 인물이라기보다는 캐리커처처럼 과장되게 그려져 조금만 더 섬세했다면 줄거리나 캐릭터가 훨씬 더 풍부하지 않았을까 싶은 생각이 든다. 예컨대 시즌 1에서 해나의 남자 사람 친구 애덤은 모든 20대 여성들이 한 번쯤 만나봤을 법한 개자식의 가장 우울하고 역겨운 면의 진수만 추출하여 조합해낸 인물 같다. 딱 그 반 정도만 또라이였어도 어떤 캐릭터를 말하려는지 충분히 이해할 수 있었을 텐데 말이다. 그 유명한 '버자이너 패닉' 에피소드 초반에 애덤이 보여주는 그 소아성애적인 환상은 소름이 끼칠 뿐이다. 같은 에피소드에서 해나가 회사 면접에서 한 강간 농담 또한 끔찍하다. 이 모든 것이 마치 이렇게 말하는 듯하다. "나 좀 봐! 나 이렇게까지 할 수 있어. 에지edge 있지?" 어쩌면 이런 것들이 중요하지 않을 수도 있다. 내 평가가 모두 옳지는 않을 것이다. 이 드라마는 너무 많은 것을 하려고 지나치게 애쓰는 경향이 있고 그 또한 너그럽게 봐줄 수 있다. 이 드라마가 완벽해야 할 필요는 없으니까 말이다.

〈걸스〉는 나의 20대가 얼마나 진흙탕 같았는지를 일깨워준다. 세상을 모르고 나를 모르고 끔찍한 인간들과 형편없는 섹스를 하고 지갑은 얇고 주식은 라면이었던 그 시절. 내겐 그때가 아름다운 추억으로 남아 있지는 않다. 돈도 희망도 없었다. 〈걸스〉의 걸들처럼 밥을 굶거나 집세를 못 낼 정도로 궁색한 건 아니었지만 나 또한 대체로 구질구질했다. 그리고 솔직히 그 경험은 낭만과는 거리가 멀다. 나는 왜 많은 젊은 여성들이 이 드라마에 구구절절 공감한다고 하는지 충분히 이해하지만, 드라마를 보다보면 속이 살짝 불편해지면서 지금 내가 20대가 아니라 30대라는 사실에 무한히 감사하게 된다.

기대했듯이 〈걸스〉를 둘러싸고 매우 광범위하고 활발한 담론들이 생겨났다. 더넘은 그녀의 쇼를 해부할 만한 세 가지 주요 지표를 던져주었다. 부모의 후광과 경제적 특혜와 인종차별 문제다.

실제로 리나 더넘은 저명한 예술가 집안의 딸이며 마르니 역의 앨리슨 윌리엄스는 NBC 저녁 뉴스 앵커 브라이언 윌리엄스의 딸이고 쇼샤나 역을 연기하는 조시아 머멧의 아버지는 극작가인자 연출가인 데이비드 머멧이다. 마치 성공은 누구를 아느냐에 따라 결정되는 듯한 인상을 주기에 사람들은 분노한다. 이런 특혜가 약간 거슬리기는 하지만 새롭지도 않고 주목할 만한 것도 아니다. 할리우드의 많은 사람이 새 프로젝트를 시작할 때마다 자신의 인맥을 활용하지 않던가. 애덤 샌들러도 수년 동안 그렇게 해왔다. 〈걸스〉의 책임 프로듀서인 저드 애퍼토는 매번 비슷한 사람들과 작업하기 때문에 새 프로젝트에 누구를 캐스팅할지 굳이 IMDb에 묻지 않아도 알 수 있다.

〈걸스〉는 경제적 특혜를 상징하기도 한다. 이들의 뉴욕 라이프스타일이 가능한 이유는 부모의 원조 때문이며 그 덕분에 이 여성들은 스물네 살에 예술과 문화에 대해 고민하고 무급 인턴과 자아 발견과 자전적 에세이 쓰기를 고려할 수 있다. 많은 사람이 어떤 면에서 특혜를 받고 있다는 걸 잘 알지만, 이 드라마에서 표현된 특혜의 수준을 보면 때때로 성공 여부가 이미 출발선에서부터 정해져 있는 것 같아 화가 난다. 〈걸스〉는 자신이 아는 것을 잘 쓴 작품의 좋은 예고, 자기가 아는 만큼 쓰는 것의 한계를 여실히 드러내는 작품이기도 하다.

〈걸스〉는 인종 다양성의 부재 때문에 비판받기도 했다. 〈걸스〉의 배경이 된 뉴욕은 〈섹스 앤 더 시티〉의 배경이었던 뉴욕처럼 실제 뉴욕의 풍부한 결과 다양성이 완전히 제거된 신비의 도시다. 이 비판은 그 정당성을 입증하며 많은 매체가 〈걸스〉 같은 드라마가 특정한 경험과 현실을 배제했을 때 어떤 피해를 줄 수 있는지 다루었다. 〈걸스〉 시즌 2에서는 현실에 맞게 다른 인종을 극에 출연시키려 했으나 실패하고 말았다. 첫 화에서 해나는 흑인 남자친구를 사귀고 큰 문제 없이 잘 지낸다. 흑인 남자친구 샌디는 보수적이고, 해나는 자신이 사람을 보지 인종을 보지는 않는다고 주장하지만 이것은 역으로 그녀가 자기 생각만큼 진보적이지 못하다는 사실을 드러내기도 한다. 이 에피소드는 재기 넘쳤으나 다양성이라는 중요한 지점을 충분히 보여주는 데까지는 나아가지 못했기에 훌륭하다고는 못하겠다.

모든 걸들과 한때 걸이었던 여성들은 자신에게 최고였던 드라마를 한 편씩 간직하고 있다. 〈걸스〉가 나오면서 우리는 드디어 분위기 파악을 못하고 아무 말이나 해대고 선도 긋지 못하고 앞으로 뭐가 될지 모르는 서툴고 미숙한 청춘들을 만나게 되었다. 그간 다른 프로그램에서 보아왔던 젊은 여성들과는 차원이 달랐기에 그 현실적이고 색다른 묘사를 보자마자 이 드라마에 기대를 품게 된 것이다. 비평가들은 요란하게 관심을 표명하면서 이 드라마가 20대 초반을 살아보았고 살고 있는 모든 여성에게 말을 걸고 있다고 했다. 그러나 나를 포함한 많은 이는 그 세대 중 매우 한정된 계층에게만 말을 걸고 있다고 느낀다.

어쩌면 그 범위가 협소해도 괜찮을지 모른다. 더넘이 성인이 된 자기 친구들 이야기만 제대로 해도 괜찮을지 모른다. 하지만 더넘을 탄생시킨 건 상류층 예술가들의 문화이고, 그 문화는 대체로 근시안적이며 인종적, 문화적 다양성을 비판적으로 고찰할 의지가 없는 편에 속한다.

우리 모두 이 세상이 어떤 모습이어야 하는지에 대한 이상은 가지고 있지만 진짜 세상이 어떤지는 잊어버린다. 〈걸스〉의 다양한 인종의 부재는 얼마나 많은 사람이 인종과 계급에 따라 분리된 삶을 살고 있는지를 다시 한번 확인시켜준다. 모든 주연과 조연이 당연히 백인들이고, 중상류층 배경에, 어째서 그들이 살고 있는 뉴욕의 문화계와 예술계와 여러 직업군에서는 다양한 인종의 사람들이 보이지 않는지 따져 묻고 싶게 한다.

오해하지 않길 바란다. 오직 백인들만 등장하는 것이 나를 불편하게 했고 또한 실망시켰다. 시즌 1에서 나는 왜 해나와 친구들에게 피부가 거무스름한 힙스터 친구가 단 한 명도 없는지, 왜 해나의 상사인 출판사 사장이나 이 여자 친구들의 남자친구나 '썸남' 중에 피부색이 다른 사람이 없는지 궁금했다. 이런 면에서는 너무할 정도로 심했다. 물론 〈걸스〉가 이런 과오를 저지른 최초의 드라마도 아니고 마지막 드라마도 아닐 것이다. 이 시대를 살아가는 20대의 감수성을 익살스럽고 정교하게 비틀고 상상력을 제거해버려 보기 불편한 섹스 장면을 찍느라 바쁜 더넘에게 TV 속에서의 인종문제까지 해결해달라고 하는 것은 무리한 요구일 것이다.

최근에 나는 전국의 문학 관련 행사 사진을 보면서 유색인종을 찾아내는 취미가 생겼다. 이 게임에서는 주로 내가 이긴다. 행사 장소가 로스앤젤레스건 뉴욕이건 오스틴이건 포틀랜드건 청중은 무조건 전부 다 백인이고, 아주 가끔 흑인이나 아시아인이 한두 명 끼어 있다. 그리고 참석했던 대부분의 문학 행사에서도 내가 유일한 흑인 참석자인 경우가 많았고 하물며 '전미 작가와 글쓰기 연합회' 같은 전국적인 대규모 행사에서도 마찬가지였다. 유색인들을 일부러 배제한 것은 아니었지만 포용하지도 않았다. 문학적이건 아니건 대부분의 커뮤니티는 편협하여 서로서로 아는 사람들끼리만 초대받고 초대하기 때문이다. 이것은 우리 커뮤니티의 불편한 진실이기도 하다. 그렇다면 〈걸스〉는 문화계와 예술계의 인구 분포를 꽤 정확히 반영했다고 할 수 있기에 손가락질하는 것 또한 바람직하지는 않다.

〈걸스〉의 특혜와 인종문제를 비판하다보면 또다른 중요한 질문이 떠오른다. 이제까지 셀 수 없이 많은 쇼들이 인종이나 계급 문제를 아무렇지도 않게 무시해왔는데, 왜 유독 〈걸스〉에만 높은 기준을 적용하는가?

여성을 성차별적이고 멍청하고 한심한 방식으로 그린 형편없는 TV 프로그램은 널리고 널렸다. 영화판은 더 심해서 영화 속 여성 캐릭터를 만들 때 한두 가지 아이디어밖에 떠오르지 않는 것 같다. 여성을 캐리커처처럼 과장한 다음 세상에는 그 캐리커처만 있는 것처럼 우리에게 억지로 밀어넣는다. 그러니 우리가 대중문화에서 이제까지와 다르게 그려진 여성을 보게 되면, 이를테면 S사이즈 옷을 입지 않거나 남자를 우주의 중심으로 여기지 않는 여성을 보게 되면, 우리는 그 작품에 열렬하게 매달리게 된다. 왜냐하면 우리가 가진 건 그뿐이기 때문이다. 모든 종류의 TV 드라마와 영화에 여성이 등장하긴 하지만 그중에서 정말 현실에서 만날 수 있을 것 같은 여성이 나오는 작품이 몇 편이나 되는가?

유색인종 시청자들은 문학이나 연극 무대나 TV나 영화에서 자기와 같은 사람들을 볼 기회가 부족하다. 유색인종 여성은 〈걸스〉 같은 드라마를 볼 때 완전히 배제되는 느낌을 받는다. 우리의 모습은 건방진 흑인 친구나 유모나 비서, 지방 검사나 '마법의 니그로'처럼 배경에 불과하거나 진정성, 깊이, 복합성은 완전히 결여된 캐릭터들 안에서나 겨우 찾아볼 수 있다.

〈걸스〉와 그나마 상대가 될 만한 드라마는 작가이자 제작자 마라 브록 아킬이 만든 〈걸프렌즈〉다. 〈걸프렌즈〉는 2000년에 시작해 172편의 에피소드가 방영되었다. 로스앤젤레스에 사는 흑인 여성 네 명의 삶과 우정을 그린 드라마로 조앤(트레이시 엘리스 로스 분), 마야(골든 브룩스 분), 린(페르시아 화이트 분), 토니(질 마리 존스 분)가 주인공이다. 나는 이 드라마가 인종에 초점을 맞추지 않아서 특히 더 마음이 갔다. 조앤, 마야, 린, 토니는 그저 자신들의 삶을 살아갈 뿐이다. 그들은 모두 전문직 여성들로(변호사, 작가이자 비서, 부동산 중개인, 예술가 겸 배우이자 매주 되는 대로 일을 하는 캐릭터) 매일 일터에서 얻는 스트레스에 대처하고 연애 문제로 고민하고 연애를 새로 시작하고 모험을 감행하며 더 나은 여성이 되려고 애쓴다. 나는 〈걸프렌즈〉를 즐겁게 볼 수 있게 되기까지 몇 년 걸렸는데, 이유는 모르겠지만 이 드라마와 사랑에 빠진 후로는 정말 심하게 중독되고 말았다. 드디어 TV 속에서 나와 아주 비슷한 누군가를 만날 수 있었던 것이다. 〈걸프렌즈〉는 좋은 각본과 영리한 연출로 20대 후반과 30대 초반 흑인 여성들의 삶을 충실히 묘사하고 있다. 완벽하지는 않지만 이 드라마에 등장하는 이 여성들은 평범한 인간이고, 매우 인간적으로 그려진다. 〈걸프렌즈〉는 평단의 관심을 받거나 시청률이 높은 프로그램은 아니었으나 시즌 8까지 제작되었고 아직까지도 두터운 열성팬을 보유하고 있다. 시청자들은 자신의 모습이 현실적으로 그려졌다는 점에서 만족했다.

유색인종 여성들도 소녀에서 성인이 되고 더넘이 보여주었던 것과 같은 경험을 하지만, TV에서는 그런 여성들을 자주 만날 수가 없다. 다양한 인종의 소녀 시절은 대중적인 상상력에서 벗어나 있고 대중문화에 거의 존재하지도 않는다. 흑인 여성들이 동일시할 수 있는 몇 편의 드라마가 있긴 하다. 앞서 언급했던 〈걸프렌즈〉 외에 〈리빙 싱글〉 〈디퍼런트 월드〉 〈코스비 쇼〉 등이다. 하물며 흑인이 아닌 다른 유색인종 여성들은 어디에서 만날 수나 있었던가? 히스패닉 여성, 라틴계 여성, 인도 여성, 중동 여성, 아시아 여성들을 위해 대중문화 속 이들의 부재를 알리고 자기와 닮은 사람들을 보고자 하는 그들의 뚜렷하고 절박한 욕구를 충족시켜주어야 하지 않을까?

어쩌면 〈걸스〉가 맞닥뜨린 가장 큰 문제는 이것이 아닐까 싶다. 새로운 목소리, 공감할 수 있는 목소리, 중요한 목소리를 들려주겠다고 약속한 영화나 드라마나 책이 나올 때면 우리는 그것에 열렬히 매달리고 그것이 우리의 모든 요구를 충족시켜주길 원한다. 왜냐하면 우리의 이 평범하고 초라한 삶이 알고 보면 매우 새롭고 공감되고 중요하며 가치 있는 삶이라 믿고 싶기 때문이다. 우리가 어떤 사람이고 어떤 사람이었고 어떤 사람이 되고 싶은지 조금 더 정교하고 섬세하게, 미묘한 뉘앙스까지 잘 살려서 묘사해주길 바란다. 우리는 너무 많은 것을 원한다. 우리에겐 지금 너무 많은 것이 필요하다.

나는 아마도 〈걸스〉보다는 '여인들'이라는 제목의 드라마에 더 관심 있는 세대가 된 것일지도 모른다. 드디어 좋은 직업을 얻어 공과금을 제때 낼 정도는 되지만 돈을 많이 모으진 못했고 여전히 연애는 순조롭지 않으며 월요일이면 직장에서 숙취로 고생하는 여성들의 이야기를 보고 싶다. 허나 그런 드라마는 쉽게 나오지 못할 것이다. 왜냐하면 그런 안정적이고 평범한 인생은 그리 매혹적이지 않을뿐더러 할리우드는 적당히 나이든 여성의 삶에 그리 환호하지 않기 때문이다. 그런 프로그램이 나타날 때까지, 혹은 내가 쓰기로 결심할 때까지는 지금 우리가 볼 수 있는 것들을 열심히 챙겨 보며 즐기거나 비판하는 수밖에 없다.

나도 한때 미스 아메리카였다

1984년, 버네사 윌리엄스는 미스 아메리카가 되었다. 이후 누드 사진 스캔들로 그 자리에서 물러나야 했지만• 그녀가 처음 왕관을 썼던 순간은 전 세계 흑인 소녀들의 가슴에 잊을 수 없는 기억으로 각인되었다. 윌리엄스는 63년의 대회 역사상 미스 아메리카 왕관을 쓴 최초의 흑인 여성이었다. 나는 미인 대회나 미인 대회 우승자에게 그리 관심 있는 편은 아니었지만 그녀가 환한 미소를 지을 때 보여주었던 완벽한 광대뼈와 희고 반짝이는 이는 우리에게 어떤 개념을 심어주었다. 우리도 얼마든지 저렇게 아름다울 수 있다는 믿음이 생겨난 것이다.

버네사 윌리엄스가 흑인 소녀들에게 완벽한 미국 소녀의 새로운 이

• 성인잡지 『펜트하우스』가 이전에 촬영한 누드 사진을 버네사 윌리엄스의 허락 없이 게재하여 이듬해 그녀는 미스 아메리카 조직위원회로부터 사퇴를 강요받았다. 하지만 31년 만인 2015년에 심사위원으로 위촉되어 명예를 되찾았다.

미지를 제공했다면, 더 전통적인 완벽한 미국 소녀 이미지는 스위트 밸리라는 마을에서 찾을 수 있었다. 스위트 밸리는 1년 내내 햇살이 비치는 남부 캘리포니아의 전원 마을로 모든 집의 잔디가 완벽하게 관리되어 있고, 모두가 몸이 좋고 아름다우며 성공한 삶을 살고 있다. 완벽한 장소들이 대부분 그렇듯이 스위트 밸리의 생활은 그리 드라마틱하지 않고 여러 개의 일화로 이루어져 있다. 하루 혹은 일주일, 또는 한 달 동안 한 가지를 주제로 한 사건이 일어나고 등장인물들은 이 사건을 통해 소중한 삶의 교훈을 배운다. 스위트 밸리에서 일어나는 일은 대체로 밝고 따스하게 마무리된다. 온유한 자는 복이 있나니. 기다릴 줄 아는 사람들에게 좋은 일이 생긴다. 그러니까 이 세상에 스위트 밸리 같은 곳은 없다.

스위트 밸리의 만인의 연인은 엘리자베스와 제시카 웨이크필드라는 사랑스러운 쌍둥이 자매다. 금발이고 날씬하며 몇 가지 인간적인 단점이 있지만, 그래서 더 완벽하다. 게다가 쌍둥이라니 완벽함이 두 배다. 엘리자베스는 쌍둥이 중 착한 역할이고 제시카는 더 반항적인 역할이다. 제시카는 아주, 아주 나쁜 소녀다. 물론 스위트 밸리에서는 나쁜 소녀도 그렇게까지 나쁘진 않다. 이 자매들은 보석 달린 똑같은 펜던트를 하고 빨간색 피아트를 몬다. 엘리자베스와 제시카는 서로를 사랑하고 가장 친한 친구 사이지만 라이벌이기도 하다. 자매란 둘 다 아무리 완벽하다 해도 복잡할 수밖에 없는 관계인가보다.

엘리자베스는 책임감 있고 상냥하고 배려심이 남달라 모두에게 사랑받는다. 기자가 꿈이며 키 크고 잘생긴데다 인기 많은 농구 선수 토드 윌킨스와 사귄다. 학교 교지를 만들고 치어리더로도 활동한다. 뛰어난 두뇌와 탁월한 운동신경이라니, 완벽한 조합이다.

제시카는 남자애들을 좋아하고, 파티도 좋아한다. 매력적이고 유머감각이 있고 가십, 데이트, 쇼핑을 좋아한다. 언니 엘리자베스의 옷을 허락도 없이 훔쳐 입지만 엘리자베스는 참는다. 어느 누구도 제시카 웨이크필드에게 안 된다고 말할 수가 없기 때문이다. 제시카도 치어리더다. 가끔은 머리가 빈 것처럼 행동하긴 하지만 알고 보면 속깊고 똑똑하다. 생각 없는 말을 내뱉기도 하지만 약간 다혈질이라서 그렇다. 매사 감정적인 편이다. 제시카는 자신의 충동대로 행동하지만 엘리자베스는 자신의 욕구를 자제할 줄 안다. 거의 대부분은 그렇다.

웨이크필드 쌍둥이 자매는 실제 인물은 아니고 '스위트 밸리 하이'라는 영 어덜트• 시리즈의 주인공이다. 아마도 내가 여덟 살인가 아홉 살 때부터 읽기 시작했던 것 같다. 먼저 당시의 나를 살펴보자. 눈은 사시였고 검은 테에 알이 두꺼운 이중 초점 렌즈 안경을 썼다. 내가 다니는 학교에는 나와 내 남동생들을 빼면 흑인이 한 명도 없어서 있는 듯 없는 듯 묻혀 살고 싶다는 간절한 소망에도 불구하고 눈에 확 띌 수밖에 없었다. 낯을 가리고 숫기가 없으며 멋부릴 줄 몰랐다. 머리는 언제나 산발에 마구 뻗쳐 있었기에 운명적으로 더벅머리, 턱수염, 콧수염 같은 별명들이 따라다녔다. 물론 나에게 턱수염이나 콧수염 같은 것이 있을 리는 없었다. 반 아이들은 나를 돈 킹••이라고 부르기도

• 청소년과 20대 초반 독자들을 주요 타깃으로 삼는 소설.
•• 유명한 흑인 복싱 프로모터. 고슴도치처럼 뻗친 곱슬머리가 트레이드마크다.

했다. 장담하지만 나는 절대 돈 킹같이 생기지 않았다. 일단 돈 킹이란 사람은 남자니까. 아이들은 또 우리 엄마 아빠가 '말을 웃기게 한다'고도 했는데 나중에야 그것이 부모님의 아이티 억양을 두고 하는 말이라는 걸 알았다. 아이들이 지적하기 전까지는 의식하지 못하고 있었으나, 그때부터 엄마 아빠가 말하면 그 억양만 들렸다. 나는 등굣길에 걸어가면서도 책을 읽었다. 나는 툭툭 끊기고 쉿소리가 나는 괴상한 웃음소리의 소유자였다. 여기에 덧니 몇 개까지 추가된 상황이었다. 가끔 내가 입고 싶어서 멜빵바지를 입었고 아는 욕이라곤 정말 하나도 없었다. 여기까지 말했으니 내가 학교라는 계급 사다리의 어디쯤에 위치하고 있었는지 충분히 짐작하시리라 본다. 완전히 밑바닥 중에 밑바닥이었다.

처음 '스위트 밸리 하이' 시리즈를 읽었을 때 웨이크필드 쌍둥이 같은 아이들이 나를 좋아해주기를 바랐다. 웨이크필드 쌍둥이를 따라다니는 잘생긴 남자애들이 나를 좋아해주길 바랐다. 인기 많은 아이들이 나를 그들의 서클에 초대하고 나도 인기 많은 아이로 만들어주길 바랐다. 인기란 전염성이 있는 것이니까. 1980년대의 많은 영화들이 이 이론을 사실이라 증명하고 있었다. 그러니까 그것들은 나의 희망사항이었다는 이야기다. 아무리 부질없는 희망이었다 할지라도.

우리 학교에도 전교생이 다 아는, 반짝반짝 빛나는 '인기짱'들이 있었다. 우수한 유전자와 얼굴 전체로 퍼지는 웃음과 완벽한 헤어스타일과 게스 혹은 마리떼 프랑소와 저버 청바지를 입었다는 면에서 얼마든지 다른 학교의 잘나가는 아이들과 호환 가능할 것만 같은 아이들

말이다. 초등학생 시절의 기억은 거의 없지만 이 인기 그룹 아이들의 이름과 성은 지금까지도 똑똑히 기억하고 있다. 어린 시절 살던 동네에 간다면 그애들의 집과 그애들이 자주 찾던 장소도 정확히 짚어낼 수 있으리라. 나는 이 아이들을 눈으로 좇으면서 그애들이 숨쉬는 공기는 어떻게 다른지 알아내려고 했다. 그들은 너무나 미국적이었고, 그렇기 때문에 나에게는 이국적이었다. 그들에겐 내게 없는 자유가 있었다. 나는 그들과는 다른 종류의 미국인이었다. 우리집에는 나와 동생들에게 최선을 다하지만 미국 부모들의 자유방임주의를 경계하는 보수적인 부모님이 날 기다리고 있었다. 나는 학교에서는 미국인이고 집에서는 아이티인이었다. 두 정체성을 모두 지키기 위해서는 고도의 균형 감각과 영악함과 센스가 필요하지만 아시다시피 나는 그런 것과는 거리가 멀다.

인기 없는 소녀가 쿨한 아이들에게 은밀하게 품는 짝사랑보다 더 애처롭고 절실하고 보답 없는 것이 있을까? 한번은 그 인기 그룹의 아이들이 무엇 때문인지는 모르지만 나를 놀린 적이 있었다. 아이들이 날 괴롭힐수록 점점 더 화가 치밀었는데, 그 아이들이 나를 놀리고 있기 때문만이 아니라 나 역시도 지금 내 모습과 내가 되고 싶은 모습 사이의 괴리를 고통스럽게 직시하고 있었기 때문이었다. 나도 그 아이들처럼 함께 팔짱을 낀 채 쇼핑몰을 휘젓고 다니거나 파자마 파티에서 비밀을 공유하거나 귀여운 남자애들에 대해서 수다를 떨고 싶었다. 나도 쇼핑몰 좋아하는데. 나도 비밀 좋아하는데. 나도 잘생긴 남자애들 좋아하는데.

그러나 그날은 그 아이들이 나를 더이상 함부로 할 수 없다는 걸 보여주기 위해, 나도 쿨할 수 있다는 걸 증명하기 위해, 나 자신을 지키기 위해 강하게 나가야 했다. 나는 영화 〈컬러 퍼플〉에서 늘 고통받던 셀리(우피 골드버그 분)가 참다 참다 미스터에게 욕하는 장면에서처럼 그 아이들 눈앞에서 삿대질을 하면서 큰 소리로 말했다. "너희들 두고 봐. 난 나중에 미스 아메리카가 될 거야." 미스 아메리카. 그건 우리 집에서 엄마가 나를 부르는 공식 애칭이었다. 나는 우리 부모님의 사랑스러운 첫째, 미국 땅에서 낳은 첫아이니까. 나는 그 애칭을 무척 사랑했더랬다. 그러나 내 말이 끝나자마자 인기 그룹 아이들은 말 그대로 데굴데굴 구르며 웃었다. 아이들은 그 학년 내내, 그리고 다음 학년까지도 이 미스 아메리카 건으로 시도 때도 없이 날 놀려먹었다. 미스 아메리카가 되기 위한 캠페인은 어찌되었냐는 둥 장식 띠와 왕관은 어디다 놔두었냐는 둥 놀리기도 하고, 지나갈 때면 미스 아메리카처럼 얄밉게 한 손을 흔들기도 했으며 때로는 소품까지 활용했다. 그 아이들은 나 따위는 미스 아메리카가 될 턱이 없다는 것을 확실히 짚고 넘어가려 했던 것이다. 하지만 나는 절대 내 뜻을 굽히지 않았고 버네사 윌리엄스가 미스 아메리카가 되었으니 나도 될 수 있다고 진심으로 믿었다. 나는 이런 나의 신념을 정기적으로 주지시켰고 그럴수록 아이들은 점점 날 못살게 굴었다. 이 전략으로 난 뭘 어쩌려던 것일까.

'스위트 밸리 하이'는 내가 어릴 때 선풍적인 인기를 끌었던 시리즈로 대부분의 아이들이 자기가 엘리자베스나 제시카라고 생각했다. 나를 아는 사람들은 내가 인기 없는 엘리자베스 쪽이라고 생각했을 것이다. 하지만 내 머리와 가슴 속에서 나는 오해도 잘 받지만 흥미롭고 매력적인 나쁜 소녀, 당당하고 섹시하고 똑똑하고 모두가 같이 놀고 싶어하는 그 아이, 제시카였다. 그뿐인가. 나는 우리 엄마와 버네사 윌리엄스가 임명한 미래의 미스 아메리카였다.

스위트 밸리가 어딘가 부자연스럽다는 것을 알고 있었지만 신경쓰지 않았고 지금도 그렇다. 그때도 모든 사람이 완벽한 부모를 두고 완벽한 동네에서 완벽한 인생을 살 수는 없다는 사실을 잘 인지하고 있었다. 아이티에 갔을 때 극단적인 빈곤을 직접 보았기에 나는 운좋게 좋은 부모 밑에서 태어나 남들보다 많이 누리고 산다는 걸 알았다. 달콤한 해피 엔딩 또한 거의 없다는 사실도 알았다. '스위트 밸리 하이'가 매우 비현실적이고 인위적인 미적 기준(금발, 백인, 마른 체형)을 표방하고 있다는 사실도 이해했고, 모든 사람이 비슷하게 생기고 비슷하게 행동하는 마을에서 일어난 일은 신뢰할 수가 없다는 것도 알았다. 스위트 밸리의 주민 중 한 명(쌍둥이의 오빠인 스티븐 웨이크필드)이 다른 인종과 데이트하는 에피소드가 있었으나 그들은 책 한 권(94권)의 분량만큼만 사귀다 헤어진다. 이 커플은 결국 자신들이 너무나 다르다는 것을 인정했고, 나는 그런 자의적인 판결 또한 의심해보아야 한다는 것도 알았다.

다른 많은 작가들처럼 나도 어린 시절에 책에 파묻혀 살았다. 내 뜻대로 되지 않는 현실에서 도망쳐나와 책 속으로 도피했다. 손에 잡히는 대로 글자란 글자는 뭐든지 다 읽기 시작하자 부모님도 나의 독서를 적극 지원해주셨다. TV 시청 시간이나 성적에는 엄격했지만 나의 잡식성 독서를 검열하거나 스위트 밸리에 대한 집착에 간섭한 적은 한 번도 없었다. 우리는 아버지의 직업 때문에 이사를 많이 다녔지만 스위트 밸리 사람들은 이사하지 않았고, 사람들이 변하지 않아서 더 좋았다. 스위트 밸리의 아이들은 언제나 한결같았고, 그들은 마음속에 꽁꽁 숨겨둔 나의 진정한 친구들이었다.

다른 아이들이 새로운 만화책이나 영화 개봉을 기다리듯이 나는 '스위트 밸리 하이' 시리즈의 새책이 나오기를 기다렸다. 엄마와 쇼핑몰에 가면 곧바로 월든북스 서점으로 들어가서 영 어덜트 섹션 책장들을 훑었고 쌍둥이와 그들의 친구와 적들에게 어떤 사건이 펼쳐질지 궁금해하며 책장을 넘겼다. 이 시리즈의 두꺼운 버전인 슈퍼 에디션이 출간되기 시작하자 나는 죽어서도 스위트 밸리라는 천국에 갈 수 있을 것만 같았다. 내 책장에 '스위트 밸리 하이' 시리즈 컬렉션이 쌓여갈수록 이 세트를 더욱 꼼꼼하게 관리했다. 최상의 상태를 유지한 책을 순서대로 나란히 꽂아놓고 매일 먼지를 털면서 흡족해했다. 가끔 동생들이 내 방에 몰래 들어와 책 순서를 흩뜨려놓았을 때는 선전포고와 함께 한바탕 접전이 시작되었고 결국 내가 동생들이 아끼는 장난감을 뒷마당에 묻어버리는 식의 참극으로까지 번졌다. 좀 심할 정도로 '스위트 밸리 하이' 시리즈를 애지중지했다.

노스탤지어의 힘은 엄청나다. 인간이 과거를 그리워하는 것은 당연하지만, 과거를 원래 모습보다 더 좋게 기억하고 있을 때 더욱 그럴 것이다. 인생은 내가 붙잡을 수 없는 속도로 빠르게 흘러가버린다. 나는 이제 거의 마흔이지만 스위트 밸리에 대한 사랑은 여전히 어제처럼 강렬하고 생생하다. 이 책들을 지금 다시 읽는다면 내가 쓰레기를 읽고 있다는 것은 알 것이다. 그럼에도 '스위트 밸리' 시리즈를 읽으며 보냈던 나의 열 몇 살 적 오후의 햇살을 기억하고 웨이크필드 쌍둥이들과 에니드 롤린스와 릴라 파울러와 브루스 패트먼과 토드 윌킨스와 윈스턴 에그베르트와 같이 노는 것이 어떤 기분이었는지를 생생하게 기억하고 있다. 이 시리즈와 주인공들로부터 느끼는 짙은 향수는 나의 가슴 한구석을 아릿하게 한다.

이 시리즈의 기획자인 프란신 파스칼이 '스위트 밸리 하이' 10년 후를 소재로 『스위트 밸리 컨피덴셜』을 출간한다는 소식을 들었을 때 나는 말 그대로 까무러칠 뻔했고 스위트 밸리에 다시 집착하기 시작했다. 이 책의 출간일을 달력에 표시해놓고 날짜를 세가면서 기다렸다.

출간 당일 새벽 2시 30분, 『스위트 밸리 컨피덴셜』은 나의 킨들에 무사히 다운로드되었다. 그리고 나는 이후 세 시간 동안 빠른 속도로 책을 읽어내려가기 시작했다. 책을 한 장 한 장 넘기는데 '으아아아아악' 하고 속으로 경악하거나 큰 소리로 웃거나 "음…… 이건 좀……" 하고 중얼거리지 않고 넘긴 적이 없었다. 이 책의 독서는 음성적이고 감정적인 체험이었다. 다음날 나는 학교에 출근했고 집에 와서 『스위트 밸리 컨피덴셜』을 다시 읽었다. 이 책은 여러분이 상상하신 딱 그만큼이라고 보면 된다. 형편없다. 원조 '스위트 밸리 하이' 시리즈의 추억에 대한 모독이었다. 책을 읽으며 계속 생각했다. '이 사람들 이럴 거면 나한테 써달라고 연락하지. 싸게 해줄 수 있었는데.' 물론 여기서 '이 사람들'은 내가 이 책의 광팬인 작가인지 아닌지 알 리가 없다. 하지만 나 같은 스위트 밸리의 열성팬이 얼마나 많을지와 그 팬들 중 누구든 이 책이 마땅히 나아가야 할 방식으로 쓸 수 있었을 것이라 생각하면 가슴이 아팠다.

『스위트 밸리 컨피덴셜』은 왜 많은 사람들이 출판의 죽음을 이야기하는지까지 이해하게 해준다. 만듦새가 엉망진창이다. 기본 중에 기본만 이야기하자면 눈뜨고 봐줄 수 없을 정도로 글을 못 썼다. '허섭쓰레기'란 단어가 떠오른다. 전체적인 내러티브 구조에 아주 심각하고 근본적인 허점이 있어서 육체적 고통까지 느껴질 지경이다. 처음에는 3인칭 현재 시제로 서술되었다가 갑자기 과거 시제로 변했다가 다시 1인칭 과거 시제가 된다. 쌍둥이 중 한 명이 서술자였다가 그다음 페이지엔 다른 쌍둥이의 시점이었다가 갑자기 중요하지 않은 조연 캐릭터의 관점에서 이야기가 진행된다. 내가 이런 시점 선택의 논리를 이해하기 위해 부끄러울 정도로 많은 시간을 투자했다는 사실을 이 자리에서 고백한다. 그러다가 갑자기 젊은 세대에 맞추려는 듯이 이야기 중간에 아무 상관 없는 소셜 미디어가 뜬금없이 툭툭 들어간다. 마치 파스칼은 이렇게 말하고 있는 것 같다. "이거 봐, 나 아직 감각 있어. 트위터 페이스북 그런 거 나도 한다고."

쌍둥이와 친구들은 모두 열 살 정도 더 먹었으나 그들이 인격적으로 성숙했다는 증거는 요만큼도 찾을 수가 없다. 이제 20대 후반이니 자연스럽게 연애하고 섹스를 할 수도 있다. 그러나 이 책에 등장하는 대부분의 섹스는 이상할 정도로 무미건조하고 다른 방에서 일어나는 것처럼 멀찍이 떨어져서 묘사된다. 마치 이 책의 독자들이 아직도

10대 초반의 소녀들이라서 엘리자베스나 제시카의 성생활을 조금이라도 훔쳐본다면, 그것이 글로 쓰인다면, 모두 소름 끼쳐할 것 같은가 보다. 고교 시절의 여러 가지 사소한 여고생다운 불만거리들이 아직도 남아 있고 대부분의 캐릭터들이 이 지구상에서 가장 별로인 사람들로 등장한다. 모든 인물들에게서 캐리커처 같은 느낌을 받는다. 쌍둥이가 그려진 방식을 보면 파스칼(그는 이 시리즈를 창조했지만, 오리지널 소설은 한 권도 집필하지 않았다)은 웨이크필드 쌍둥이가 어떤 사람들이었는지 전혀 모르고 있는 것만 같다. 엘리자베스와 제시카의 행동은 너무나 그들답지 않아서 두 사람 모두 전두엽 절제 수술을 받았다고 해야 수긍이 될 정도다. 여기서 줄거리나 정보를 지나치게 노출하고 싶지는 않지만, 이 소설의 독자들은 모름지기 주인공 엘리자베스를 동정하고 가엽게 느껴야 한다. 하지만 엘리자베스는 이기적이고 자기 연민에 가득한 여성으로 그려져 독자들은 점점 엘리자베스가 그런 일을 당해도 싸다고 여긴다. 한편 약간 얄미워야 정상인 제시카는 일로도 성공하고 연인과 알콩달콩 사랑하며 자기만의 매력과 개성을 발산한다. 감정적이어서 사건을 일으키던 제시카가 굉장히 이성적이고 재미있고 활기차다. 여러 번 실수하지만 인간적이고 정이 가는 실수들이다. 소설의 플롯을 따라가다 싫어해야 할 것 같은 제시카에게 점점 마음이 기우는 순간, 갑자기 반갑지 않은 급반전을 일으켜버린다. (그래도 나는 공식적으로 제시카 편이다. 제시카 힘내라!)

그래도 딱 한 가지만은 원래 시리즈와 같으니 불행 중 다행일까. 엘리자베스와 제시카의 빛나는 미모 묘사는 여전하다.

『스위트 밸리 하이 1: 더블 연애』에서 쌍둥이들은 다음과 같이 묘사된다.

> 어깨까지 닿아 찰랑거리는 금발머리, 청록색 눈동자, 캘리포니아 햇살로 그을린 엘리자베스와 제시카는 서로가 서로의 복제품이다. 웃을 때 왼쪽 볼에 파인 자그마한 보조개의 위치도 똑같다. 두 사람의 목에는 부모님이 지난 6월 열여섯 살 생일 선물로 사준 똑같은 금목걸이가 걸려 있다.

28년 후 출간된 『스위트 밸리 컨피덴셜』에서도 이 쌍둥이들은 거의 비슷하게 묘사되나 좋은 와인이 그렇듯, 잘 숙성된 면모가 느껴진다.

> 그 시에 나온 쌍둥이처럼 엘리자베스와 제시카는 너무 닮아서 그들의 얼굴만 본다면 서로 바꾸어도 될 거라 생각할지도 모른다.
> 그들의 얼굴을 어떻게 설명하면 좋을까.
> 우아하다. 빼어난 미모를 자랑한다. 한 번 보면 결코 눈을 떼기 힘든 그런 얼굴. 눈동자는 보석의 파편처럼 빛에 따라 다른 색으로 춤추는 바다 색깔이며 눈을 덮은 갈색 속눈썹이 너무나 풍성하고 길어서 볼 위에 그림자를 드리운다. 실크처럼 부드러운 금발은 폭포처럼 떨어지다 어깨 바로 아래에서 멈춘다. 이 모든 것을 완성하는 장밋빛깔 입술 선은 마치 연필로 그려넣은 것처럼 선명하다. 몸매에도 어느 하나 아쉬운 점이 없다. 이 세상 수백만 개의

가능성들이 완벽한 무언가를 위해 맞아떨어진 것만 같다.

그것도 두 번씩이나.

『스위트 밸리 컨피덴셜』의 이 문단을 읽다가 너무 웃어서 누군가를 깨우기까지 했다. 그 기가 막힌 허술함에 탄복하여 일어나서 박수까지 쳤다.

물론 아무리 잘 썼다고 해도 『스위트 밸리 컨피덴셜』은 원조 시리즈와 첫사랑에 빠져버린 우리 같은 독자들을 절대 만족시켜주지 못했을 것이다. 내가 말했듯이 추억이란 녀석은 힘이 막강하고 세월이 흐를수록 강력해지며 원래의 기억을 재구성해버리기도 한다. 원조 '스위트 밸리 하이' 시리즈가 위대한 문학의 반열에 들 만큼 훌륭하다는 이야기는 아니지만, 10대 초중반의 어떤 소녀들에게 이 책은 우리의 불안과 다정한 소망과 우리가 되고 싶었던 바로 그 소녀들을 가장 친숙하고도 공감 가는 방식으로 표현해주었다. 우리 안에는 아직까지도 그 어린 소녀의 심장이 뛰고 있고 『스위트 밸리 컨피덴셜』을 읽는 우리는 어린 시절에 느꼈던 스위트 밸리의 마법을 되찾고 싶어한다.

수많은 단점에도 불구하고 이 책의 마법은 완전히 사라지지 않았다. 나는 이 책의 엉성함과 우스꽝스러움까지도 쉽게 받아들이기로 했다. 당신이라면 스위트 밸리라는 곳에서 일어나는 일들을 믿지 않을 것이며, 누가 누구와 이루어지는지 관심도 없을 것이다. 그러나 이것만은 단언할 수 있다. 이곳에서는 굉장히 달콤한 스캔들이 일어난다. 그 중에는 게이도 있다! 누군가 그녀의 여동생을 배신했다. 누군가는 뉴욕시티에서 살고 있다. 누군가는 부유하지만 지배욕이 강한 남자와 결혼해 유럽에서 살다가 도망쳤다. 누군가는 약혼을 했고 모두가 그 이야기를 하고 있다. 우리가 현실에 나타난 왕자님이라고 생각했던 한 남자는 알고 보니 그냥 보통 남자였다. 어떤 사람은 아주 싸가지 없는 년으로 변해버렸다. 누군가는 슬픔을 이기기 위해 빵을 굽는다. 누군가는 암에 걸렸다. 누군가는 진짜 재수없는 인간이 되었다. 누군가는 전혀 변하지 않았다. 누군가는 부자가 되었다. 누군가는 부자들보다 더 부자가 되었다. 누군가는 죽었다. 누군가는 매우 비참한 짝사랑을 하고 있다. 수많은 드라마가 펼쳐지지만 여전히 스위트 밸리만의 무언가는 변하지 않았다. 많은 해피 엔딩이 있다는 것이다. 생각 따위 할 필요가 없는 현실도피적인 오락거리. 『스위트 밸리 컨피덴셜』은 딱 그만큼의 역할을 해내고 있다.

나는 절대 미스 아메리카가 되지 못할 것이다. 이제는 나도 안다. 버네사 윌리엄스와 그녀의 희고 고른 치아는 훌륭했지만 거기가 끝이었다. 그래도 나는 적극적으로 최선을 다해 나만의 판타지를 키우고 있다. 그중 가장 구체적이고 쑥스러운 상상 한 대목을 소개한다. 나는 아카데미상을 수상한다. 자그마치 57주 동안 뉴욕 타임스 베스트셀러 순위에 올라 있었던 내 소설을 직접 각색하여 아카데미 각색상을 받은 것이다. 나는 시상식에서 길고 이국적인 이름을 가진 패션 디자이너가 디자인한 고혹적인 드레스를 입고 있다. 내 머리와 화장도 완벽하다. 크리스찬 루부탱 힐을 신었고 수상 소감을 말하러 시상대로 올라가는 계단에서 넘어지지도 않는다. 나와 동행한 사람은 나의 남편, 세상에서 가장 잘생기고 유명한 영화배우다. 그는 나와 미친듯이, 터무니없이 사랑에 빠져 있다. 올라가서 관객석을 내려다보는데 오직 그 사람만 보인다. 그는 그날 저녁 내가 각본을 쓴 영화의 주인공으로 남우주연상을 받는다. 사실 그 영화 작업을 통해 우리의 인연이 시작된 것이다. 나는 수상 소감에서 부모님과 에이전트와 나의 유명한 영화배우 남편과 친구들에게 감사한다고 말한다. 그리고 스위트 밸리를 창조해준 프란신 파스칼과 나도 아름다울 수 있다고 가르쳐준 버네사 윌리엄스에게 감사하다고 말한다. 그리고 전교생의 인기를 독차지했던, 그러나 나를 절대 사랑하지 않았던 그 아이들의 이름을 하나씩 하나씩 호명할 것이다. 한 손으로는 오스카 트로피를 머리 위로 치켜들고 다른 한 손으로는 카메라를 향해 삿대질을 할 것이다. 이번에도 셸리가 미스터에게 따지고 들 때처럼. 그리고 말할 것이다. "이거 봐, 내가 미스 아메리카 되겠다고 했지? 그래. 이게 미스 아메리카 왕관은 아닌 거 알아. 하지만 비슷하지? 대박이지?"

아이티 이민자인 흑인 소녀는 '스위트 밸리 하이' 안에서 자기와 닮은 아이를 볼 수 없었을 것 같았지만 볼 수 있었다. 어쩌면 나도 등장인물처럼 교외에 살아서 그랬는지도 모르고 완벽한 인생으로 가는 길, 미스 아메리카가 되는 방법을 열심히 찾고 있어서였는지도 모른다. 어쨌거나 나는 스위트 밸리 이야기에 아주 깊이 공감했다. 그 책들을 읽고 다시 읽고 또 읽었다. 그들의 시시한 드라마, 반복되는 줄거리와 얼토당토않은 배경이 나에게 말을 걸고 있었다. 어쩌면 고등학교

때 〈베벌리힐스 아이들〉에 완전히 빠져든 것도 그런 이유 때문일지 모른다. 이 드라마 역시 '스위트 밸리 하이' 형식을 그대로 따와서 예술로 승화시켰으니까. 『스위트 밸리 컨피덴셜』은 내 어설펐던 10대 시절을 떠올리게 해주고 유치한 아이들에게 했던 나의 유치한 다짐을 상기시킨다. 나는 내가 스위트 밸리에서 찾았던 위로와 도피와 조용한 기쁨을 떠올린다. 어떤 경험은 보편적이다. 웨스트 오마하에 살건 스위트 밸리에 살건 소녀는 소녀일 뿐이다. 그리고 책은 우리 인생에 책보다 훨씬 더 큰 무언가로 남는다.

화려하고 요란한 폐허

그린 걸은 자신이 고통받는 것을 보길 좋아한다.
_케이트 잠브레노, 『그린 걸』•

주디스 버틀러는 역작 『젠더 트러블』에서 젠더는 하나의 수행이자 불안정한 정체성에 불과하며 주체가 어떻게 수행하는지에 따라 계속 변한다고 말한다.

> 젠더는 고정된 정체성도 아니고 다양한 행위의 내적 발생 장소도 아니다. 그보다 젠더는 시간이 흐르면서 반복적인 행동 양식을 통해 외부 공간에서 제도화되는 정체성이다. 젠더 효과는 몸의 각인에 의해 형성되기에 일상적인 몸의 제스처와 동작과 여러 행동 양식이 젠더 자아라는 환영을 구성할 뿐이라고 이해해야 한다.

• 셰익스피어의 『햄릿』에서 폴로니어스가 오필리어에게 "당신은 그린 걸처럼 말하는군"이라고 말한 데서 유래한 용어로, 어리고 순수하고 세상이 어떻게 돌아가는지 모르는 여자를 뜻한다.

1990년 『젠더 트러블』이 출간된 이후 사회적 성, 젠더 개념은 진화를 거듭해왔으나 버틀러의 이론에 대해서는 아직 할 이야기가 많이 남아 있다. 특히 여성들이 의식적이건 무의식적이건 어떻게 여성성을 수행하는지와 여성성을 수행해야 한다는 사회의 기대에 어떻게 갇혀 있는가를 논의할 때 다시 한번 참고하게 되는 텍스트다.

대중문화에서 이 세상은 여성들이 자연스럽게 활동하는 공간이 아니라 여성임을 연기하는 무대처럼 느껴진다. 최근 출간된 소설 중에서 이런 여성성 연기를 가장 잘 포착하고 이러한 현상이 얼마나 우려스러운지를 짚은 작품으로 케이트 잠브레노의 『그린 걸』을 꼽을 수 있겠다.

『그린 걸』이라는 작품을 한 단어로 표현한다면 '혹독한'이 될 것이다. 이 소설은 런던에 사는 젊은 미국 여성의 이야기이지만 우리 문화를 병들게 하는 악한 것들의 고발장처럼 여겨지기도 한다. 만연한 소비주의, 피상적인 인간관계, 그리고 무엇보다 미에 대한 광신적 추종과 견디기 힘들지만 극복하기도 불가능한 젠더의 억압이 그려진다. 이런 문화 속에서 여성들은 얼굴을 가면으로 가리고 몸을 방패처럼 사용해야 한다. 소설에서 이 순진한 여자, 그린 걸은 연약하면서도 멍청할 정도로 담대하다. 그녀는 매우 매혹적인 방식으로 자신의 모순 속에서 살아간다.

만약 버틀러가 믿는 것처럼 젠더가 수행에 불과하다면 『그린 걸』은 한 젊은 여성이 자신의 여성성을 어떻게 수행해야 하는지 배우고, 그 여성성의 수행이 지닌 힘이 얼마나 부서질 듯 약한지를 배우는 과정이라고도 할 수 있다. 그녀가 배워가는 과정은 때로는 고통스럽다. 그린 걸은 취약하지만 악의적이기도 하다. 잠브레노는 이 주인공의 잔학함과 연약함 모두를 교묘히 드러내고 있다. 『그린 걸』은 많은 여성이 대중 앞에서 자신을 전시하는 방식과 또 여성으로서의 역할을 연기하는 방식을 예리하게 꿰뚫는다. "기차 안에서도, 패션쇼에서도 그들은 의식한다. 남자들은 언제나 여자들을 쳐다본다. 언제나 그 끈적한 눈길로 여자들을 쳐다보고 있다. 안 살 거라도 둘러볼 수는 있으니까. 하지만 언제나 스포트라이트를 받는 생활은 어렵다. 가끔 그녀는 보이지 않는 사람이 되고 싶다."

『그린 걸』에서 루스는 '젊은 여자'라는 역할을 연기한다. 그녀의 정체성이어야 할 부분을 연기하는 것이다. 루스는 종종 깨닫는다. "그녀는 저도 모르는 사이에 자기가 아닌 다른 캐릭터가 되어 있고, 다른 누군가가 할 대사를 외워서 말하고 있다는 생각에 움찔하기도 한다." 그녀의 행동과 감정은 따로 논다. 왜냐하면 "그린 걸은 자신의 수동성을 예의로 가장하고 있기" 때문이다. 그녀는 주먹을 창문 밖으로 내놓고 흔들어보고 싶지만 그렇게 하지 않는데, 그것은 그린 걸에게 요구되는 행동이 아니기 때문이다. 그녀는 자신이 예쁘다는 것은 알지만 내면의 아름다움을 꼭 느껴야 한다고 생각하지는 않는다. 이러한 긴장이 소설 전체에 선명하게, 반복적으로 드러난다. 이 소설은 그린 걸이 된다는 것은 희망 없는 곤경 속에 처하는 것이라고 말하는 것 같다.

루스는 향수 매장의 직원으로 '욕망'이라는 이름의 향수를 팔고 있다. 그녀는 일할 때도 전체 풍경의 일부로 언제나 전시되고 있다. 어느 날 아침 매장에서 그녀는 10대 소녀들을 관찰한다. "쇼핑몰을 미끄러지듯 걸어가고 있는 소녀들은 마치 리허설을 하고 있는 것처럼 보인다. 가방은 소품처럼 어깨에 고정되어 있고 내리깐 눈으로는 자신을 보는 사람들을 의식하고 있다. 그들은 이런 자의식에서 벗어날 수가 없다. 그들은 어린 소녀를, 루스보다 어린 소녀 역할을 연기하고 있는 것이다." 루스의 이런 관찰은 역설적이다. 그녀 또한 이 소설 속에서 젊은 여성이라는 역할을 연기하고 있으며 그녀가 10대 소녀들에게서 본 자의식(가끔은 자기혐오)을 시도 때도 없이 드러낸다.

잠브레노는 이런 식으로 그린 걸의 자기도취와 허영과 불안정과 그녀가 쓰는 가면들과 그녀의 모순된 욕망들을 하나하나 풀어내 보인다. 가끔 루스는 낯선 사람들의 시선을 모두 차단해버리고 싶어한다. 자기를 꽁꽁 숨기고 싶어 거리나 지하철에서 되도록 최소한의 공간만을 차지하려 한다. 그러다가도 어느 순간 드러나고 싶고, 욕망의 대상이 되고 싶고, 사랑받고 싶어진다. 그녀는 이름이 나오지 않는 전 남자친구에게 착취당하기도 한다. "그녀는 기꺼이, 아니 간절히 먹이가 되고자 한다. 숲속 도로 한가운데에서 다리에 힘이 풀린 채 포식자를 기다리는 사슴과도 같다." 루스는 우리 모두와 마찬가지로, 한꺼번에 전부를 원한다.

『그린 걸』은 여성에 관한 소설이지만, 남성들도 등장한다. 루스가 짝사랑하는 회사 동료가 있고 가끔 그리워하는 전 남자친구가 있고 처음에는 정신적인 사랑만 하고 싶었지만 같이 밤을 지낸 후 다른 무언가를 갈망하게 되는 남자도 있다. 루스는 이 남자들에게서 늘 무언가를 갈망한다. 루스에게는 욕망이 있으나, 대체로 거세되어버리거나 즉각적으로 해소되지 못하고 그녀의 바람대로 충족되는 경우가 거의 없다. 섹스도 하지만 무심하고 건조한 행위처럼 느껴지고 애인들은 그 행위에 필요한 부수적인 존재로만 보인다. 루스 또한 그 행위에 집중하지 못하고 먼발치에서 자신을 지켜보고 있다. 바 뒤의 공간에서 바텐더와 밀회를 가질 때도 그녀의 무심함이 드러난다. "그녀는 자기 자신을 훔쳐보는 관음증 환자였다." 루스는 자신을 관찰한다. 루스와 바텐더가 섹스할 때는 이런 독백이 흐른다. "그녀는 이 모든 것을 전에 본 적이 있다. 꿈에서 본 것처럼 다 보았다. 하지만 그녀는 그 장소에 있지 않았다. 정말 없었다."

엘렌 식수는 『메두사의 웃음』에서 이렇게 말한다. "여성들은 자신을 텍스트 안에 집어넣어야 한다. 이제까지 자신을 이 세상과 역사에 집어넣었던 것처럼 스스로." 작가 잠브레노가 여성을 물리적으로나 감정적으로 텍스트에 집어넣었다는 점에서 『그린 걸』은 매우 흥미로운 소설이다.

> 루스는 도망치고 싶었다. 자기 자신으로부터 도망가고 싶었다. 어디를 가건 이렇게 털어놓고 싶었다. 나 자신과 화해할 수 없는 기분이 어떤 건지 알아요? 그녀는 존재하고 싶지 않았다. 그녀는 살고 싶지 않았다. 그녀는 사람들 속에서 자신을 놓아버리고 싶었다. 그녀는 어찌된 일인지 일상의 공포에 무감각해지고 말았다.

오직 이미지, 수많은 이미지들만이 머릿속에 가득했다. 이 폭력적인 삶을 그녀는 텅 빈 시선으로 그저 바라만 보고 있었다.

『그린 걸』은 그린 걸과 그녀의 헐벗은 내면 풍경을 잔인할 정도로 솔직하게 묘파한다. 그녀 내면의 공허함과 외로움, 그것들의 폭력성과 공허와 고독을 그녀가 어떻게 "저 안쪽 깊은 곳"으로 삼켜버리는지 보여준다. 이 소설을 읽다보면 우리 모두의 안에 연약한 그린 걸이 살고 있는 것만 같다. 이 그린 걸은 회복력이 있긴 하지만 마음 아플 정도로 나약하다. 그린 걸은 스스로에게 상처를 내고 있다는 것을 이해하면서도 그것을 막으려 하지 않는다.

루스가 떠오르는 그린 걸이라면 조앤 디디온의 강렬한 이야기 『있는 그대로 연기하라』에 등장하는 마리아 와이어스는 저물어가는 그린 걸이다. 젊은 여성을 연기하다가 지친 그린 걸이고, 이제는 더이상 그렇게 할 필요(어쩌면 욕망)가 없기 때문에 이 세상에서 여자라는 역할을 연기하지 않기로 결심한 그린 걸이다. 이 소설은 1970년에 출간되었지만, 여성이 구경거리가 된다는 점에서는 그 시대나 지금이나 변한 것이 별로 없는 듯하다. 30대 초반의 배우 마리아 와이어스는 약간은 비극적인 인물이지만 집요한 구석도 있다. 그녀는 감독인 남편과 별거중인데다가 누구의 아이인지 모르는 아기를 임신하고 임신중지를 한 후부터 죄책감과 집착에 시달린다. 그러나 그녀의 추락은 생각보다는 훨씬 절제되어 있다.

『있는 그대로 연기하라』는 마리아와 남편 카터, 부부의 친구인 헬렌과 BZ, 마리아의 연인인 레스 굿윈과 전 남자친구인 이반 코스텔로 사이의 거미줄 같은 관계를 그리며 조금은 끔찍하게 서로를 파괴해 가는 방식을 폭로한다. 그리고 명시되지 않은 어떤 장애를 안고 있어 집에서 멀리 떨어진 시설에서 살고 있는 딸 케이트가 있다. 마리아는 이 딸을 간절히 그리워하며 소설을 통틀어 유일하게 진짜 애정을 표현한다.

그린 걸인 루스처럼 마리아도 언제나 자기 자신을 이 세상에 전시하며 스스로도 그 사실을 인식하고 있다. 그녀는 관심을 갈구하면서도 경멸한다. 루스가 자신이 일하는 직장의 풍경이듯 할리우드에 사는 마리아 역시 약에 찌든 여배우라는 할리우드 풍경의 일부이며, 자기의 외모에 대해 "그럭저럭 괜찮아"라고 말하듯 자신에게 맡겨진 역할을 그럭저럭 괜찮게 수행하며 살아가고 있다. 루스처럼 마리아도 자기도취적이고 이기적이지만, 이런 결점들을 잘 인식하고 있다. 그녀는 "스크린 속의 저 여자는 자신의 운명을 개척하는 확실한 재주가 있어 보여서" 자신이 출연했던 영화를 즐겨 본다고 말한다. 루스가 자주 다른 캐릭터를 연기한다고 느꼈던 것처럼, 마리아는 배우라는 직업을 통해 실제로 다른 캐릭터를 연기할 기회를 얻고 비슷한 효과를 누린다.

저물어가는 그린 걸인 마리아는 여전히 세상에서 고립되어 있다. 딸을 지극히 사랑하고 어머니의 죽음에 슬퍼하지만 『그린 걸』의 루스처럼 모든 관계에 거리를 두고 멍하니 바라본다. 결혼생활을 지키기 위해 노력하지도 않고 자신의 인생에 출몰하는 남자들에게도 인내심이 없다. 연인인 레스가 세 번이나 메시지를 남겨도 자동 응답기를 통해 그 메시지들을 하나도 듣지 않았다고 전한다. 왜냐하면 "그 메시지에 답할 말이 하나도 없기 때문"이다. 임신중지수술 후에 만난 레스굿윈이 무슨 문제가 있냐고 묻자 그녀는 이렇게 대답한다. "나는 있지. 그냥 당신 말을 듣는 게 너무너무너무너무 지겨워." 이 소설 안에서 그녀의 주변 사람들은 그녀가 비정상이라거나 이기적이라고 평하지만 그녀는 확실히 지친 것으로 보인다. 이 세상에서 자신의 역할을 적절히 수행하는 데 지치고, 사람들 앞에 전시되는 데 지치고, 순진한 처녀와 착한 그린 걸이 되는 데 지쳐버린 것이다.

임신중지를 중심으로 한다는 점에서 이 책도 임신중지 문학이라 할 수 있는데, 임신중지 문학은 복잡한 면이 있다. 대표적인 소설로 리처드 브라우티건의 『임신중지』와 존 어빙의 『사이더 하우스』가 있는데 임신중지를 문학적으로 다루는 이런 소설들은 서사를 전개하면서 정치적인 메시지도 전하기 위해 애쓴다. 하지만 이 소재를 다루는 디디온의 방식은 훨씬 더 미묘하다. 여기서는 메시지가 줄거리에 영향을 주지는 않는다. 이 책은 임신중지에 관한 이야기이지만 변해가는 그린 걸에게 무슨 일이 일어나는지에 관한 이야기라고도 할 수 있다.

마리아는 여전히 무력하고 공허하며 갈망으로 가득하지만 갈수록 감정에 휘둘리지 않는 사람이 된다. "어떤 순간도 다른 순간보다 더 중요하거나 덜 중요하지 않다. 모두가 똑같다. 의사가 긁어낸 고통은 고통 그 자체일 뿐, 그 이상을 의미하지 않는다. 고통은 이 엔시노의 집 거실 TV에서 하는 영화와 마찬가지로 특별히 그녀의 삶을 구성하지 않는다." 하지만 그녀는 그 일을 후회하면서 하지 말았어야 한다는 자각을 하게 된다. 고통이 엄습하기 시작하지만 그때조차도 그녀는 이 감정을 어떻게 다루어야 할지 잘 몰라 신경안정제로 그 감정을 무디게 해버린다.

루스의 경우 그녀의 욕망은 대체로 소거되어버리지만 그래도 욕망을 갖고 있긴 했다. 그 욕망에 가까이 가기 위해 아무것도 하지 않지만 무언가를 애타게 그리워하긴 했다. 마리아 와이어스는 이번 생애에서는 절대 닿을 수 없는 것만을 희구한다. 돌아가신 어머니, 아픈 딸, 그리고 낳지 않기로 한 아이.

루스처럼 마리아도 기꺼이 자신을 누군가의 먹잇감이 되도록 내버려두고, 피해자 여성이 되기도 한다. 주차장에서 한 무리의 소년들이 자동차들을 파손하자 마리아는 눈 하나 깜빡하지 않고 그들에게 다가간다.

> 그녀는 시선을 그대로 고정시키고 걷는 속도도 유지했다. 의도적으로 그들의 얼빠진 눈빛을 그대로 받으며 차 문을 열었다. 그녀는 운전석에 앉아서 그 소년들을 한 명 한 명 물끄러미 쳐다보았고, 그 미묘한 순간에 한 소년이 자동차 후드에 몸을 기대더니 그들 사이에 지나간 것이 무엇인지 안다는 듯 한 손을 들었다. 정적 속에서 그의 손바닥이 아치를 그리며 펴졌다.

마리아는 그 상황에서 다치지 않고 빠져나오지만 약간의 실망감이 느껴진다. 자신의 권태에서 탈출할 수가 없을 것만 같다.

이 책의 말미에서 마리아는 좋아하지 않는 배우와 잠자리를 갖는다. 루스가 바텐더와 할 때 뻣뻣했던 것처럼 마리아도 그 배우 밑에 통나무처럼 가만히 누워 있기만 한다. 그가 잠들자 마리아는 그의 페라리를 끌고 라스베이거스로 달리다가 속도위반으로 걸린다. 마리아와 남편의 에이전트 프레디는 그녀를 구하러 오고, 마리아가 "아직도 은빛 드레스를 입고 있으며 맨발에 얼굴은 먼지로 얼룩덜룩하다"는 것을 알게 된다. 로스앤젤레스로 돌아오는 비행기 안에서 프레디는 마리아 같은 여자를 이해할 수 없다고 말한다. "당신이 그렇게 행동하는 데는 뭔가 이유가 있어요, 마리아. 뭐라고 불러야 할지 모르겠지만…… 심하게 말하면 자기파괴적인 인격장애 아닌가 싶어요." 마리아는 대답하지 않는다. 왜 그래야 하나? 프레디는 그저 마리아 같은 여자에 대한 한 가지 의견을 갖고 있을 뿐인데. 그는 그녀를 실재하는 한 명의 인간으로서 이해하는 데 관심이 없다.

마리아 와이어스는 결국 정신병원에 가게 된다. 그녀는 끔찍한 범죄를 저질렀다. 사람들은 그녀가 미쳤고, 이기적이고, 자기파괴적이라고 생각한다. 마리아는 그녀 주변의 가식적인 연인들과 친구들 중에서 가장 멀쩡한 인간일지도 모른다. 그녀는 나가서 딸을 데리고 와서 키우는 것 외에는 아무것도 원치 않는다. 저물어가는 그런 걸 마리아는 루스가 절대 알지 못했던 무언가를 안다. 마리아는 자기 자신을 이렇게 설명한다. "나는 '아무것도 아닌 것'이 무엇을 의미하는지 알아. 계속 그렇게 연기할 거야."

루스가 떠오르는 그런 걸이고 마리아가 저물어가는 그런 걸이라면 리얼리티 프로그램에 출연하는 여성들은 '개입당한 그린 걸green girl, interrupted'•이라 할 수 있다. 이들은 가장 화려한 모습으로 나타나 카메라 앞에 서서 자기 자신의 최고와 최악의 모습을 연기한다. 주목받고 싶고, 남들에게 보여지고 싶고, 사랑받고 싶고, 선망을 얻고 싶고, 유명해지고 싶어서다.

리얼리티 프로그램은 이 모든 인생이 하나의 연극이고 그들은 연기자에 불과하다는 인상을 준다는 점에서 젠더 개념과 흡사한 면이 있다. 사실 나는 이 연극을 상당히 즐기는 편인데 인기나 유명세와 같이 연기처럼 사라져버릴 무언가를 위해 얼마든지 자신을 희생할 준비가 되어 있는 사람들을 보는 것이 흥미롭다. 로스앤젤레스의 맨션이나 열대 정글이나 한물간 록스타 투어 버스는 하나의 무대, 잘 꾸며진 무대다. 밝은 조명이 비치고 요란하며 화려한 장면들을 가장 인공적인 영상을 통해 보도록 종용한다. 나는 웬만한 리얼리티 프로그램은 다 챙겨 본다. 출연자들이 눈썹 문신 경연 대회를 하는 것만 같은 Bravo TV의 〈진짜 주부들〉 시리즈도 보고, 젊은 애들이 떼거리로 나와 난동을 부리는 MTV의 리얼리티 프로그램도 보고, 1등을 차지하기 위해

• 한국에서 '처음 만나는 자유'라는 제목으로 개봉한 영화의 원제인 'Girl, Interrupted'를 변형한 말. 이 영화의 주인공은 뜻하지 않게 정신병원에 입원하게 되며 자신의 삶에 사회나 타인이 개입하고 있다고 생각한다.

목숨걸고 경쟁하는 CBS의 쇼들도 보고, 록스타들이 나오는 VH1의 쇼들은 물론 〈배드 걸스 클럽〉이나 〈시스터 와이브스〉처럼 작은 케이블 방송사의 듣도 보도 못한 프로그램까지 섭렵하고 있다.

이 가짜 현실 무대에서 누구보다 선명하고 요란하게 빛나는 대상은 바로 여성이다. 모델 콘테스트건, 연인을 차지하기 위한 경쟁이건, 몸무게 감량이건, 깐깐한 패션지 편집장을 둔 지옥 소굴이건, 모든 리얼리티 프로그램에서 여성들은 반짝반짝 닦여 전시되는 트로피와도 같다. 이 장르에는 성공의 공식이 있다. 여성들을 자존감이 부족하고 결혼에 목매고 다른 여성들과 참된 관계를 맺지 못하며 거의 포르노그래피 같은 미의 기준에 집착하는, 매우 유치하고 우스꽝스러운 스테레오타입으로 만들어 시청률을 높이는 것이다. 이 안에서 여성들은 그런 여자가 되기 위해 최선을 다하며, 자신의 모든 것을 던져 연기에 임한다. 그 리얼리티 대본이 낯부끄러울 정도로 이상하다고 해도 말이다.

제니퍼 포즈너는 『TV의 꺼림칙한 즐거움에 대한 불편한 진실』이라는 책에서 모든 장르의 리얼리티 프로그램이 성차별적이고 인종차별적이며 인권을 무시하고 있다고 날카롭게 비판한다. 나는 스스로를 준 미디어 전문가이자 페미니스트로 생각하고 있지만, 이 책을 읽으면서 속으로 많이 찔렸다. 이 책은 내가 그저 생각 없이 보면 되는, 보고 재밌으면 그만인 예능 프로그램이라고 여긴 것들을 다른 시각으로 예리하게 분석하고 있다. 나는 그동안 〈베벌리힐스의 진짜 주부들〉에 나오는 럭셔리한 아주머니들의 기싸움을 보면서도, 혹은 〈록 오브 러브〉나 〈플레이버 오브 러브〉의 술 취해 해롱거리는 록스타와 팬들을 보면서도 내가 이것들을 왜 이렇게 재밌어하는지 질문해야 한다는 생각을 하지 못했다. 포즈너가 말했듯 나 또한 이 프로그램의 다른 애청자들처럼 '다른 인간들이 망신당하는 장면을 보며 카타르시스를 느끼는' 사람이었던 것이다. 이 프로그램들은 인생이 한순간에 얼마나 꼬일 수 있는지를 구경하고 싶어하는 시청자들을 위해 존재한다.

포즈너는 리얼리티 프로그램에서 자주 등장하는 전제들을 분석한다. '여성은 시기 질투가 심하고 뒷말 많고 사람 뒤통수치고 신뢰할 수 없다'가 그중 하나다. 리얼리티 프로그램의 마케팅부터 대본까지 이런 전제가 암호처럼 들어가 있다. 개입당한 그런 걸들은 이런 식으로 이용당해 자신들의 최악의 버전이 된다. 이 시대의 리얼리티 프로그램 출연자들을 보면 어느 정도 현실감각을 갖춘 사람들도 있지만, 포즈너는 이 그런 걸들이 루스나 마리아 와이어스 같은 자기 인식이 없을 거라고 말한다. 그들은 자기 인식을 발전시킬 기회를 얻지 못한다. 왜냐하면 리얼리티 프로그램의 '리얼리티'란 인위적인 환경이기에 이 여성들은 인위적인 환경만 인식하고 주어진 대본에 맞는 연기를 해야만 하기 때문이다.

그중에서도 개입당한 그런 걸이 가장 노골적으로 드러나는 프로그램, 자신을 둘러싼 인위적인 환경을 완전히 이해하고 그것을 유지하기로 작정한 그런 걸들이 등장하는 프로그램은 VH1에서 방영한 〈록 오브 러브〉와 〈플레이버 오브 러브〉일 것이다. 〈록 오브 러브〉에서 여성들은 한물간 록스타 브렛 마이클스의 사랑을 독차지하려 경쟁하고 〈플레이버 오브 러브〉의 여성 참가자들은 힙합 그룹 퍼블릭 에너미의 얼굴이었던 플레이버 플래브의 마음을 빼앗기 위해 쟁탈전을 벌인다. 이 여성들은 각각 못된 여자, 착한 여자, 착했다가 못돼지는 여자를 연기하며, 이 늙은 힙합 가수가 우주의 중심인 양 일부러 갈등을 불러일으키기도 하고 폴 댄스를 추며 온몸을 과하게 비트는 등 기이한 장면들을 연출해낸다. 〈플레이버 오브 러브〉의 여성들에게는 이름마저 없다. 여자들은 남자를 플래브라고 부르고 이 플래브가 각각의 여성들에게 자신이 지은 이름을 하사한다. 그는 이 개입당한 그런 걸들의 실체를 알고 싶은 생각이 없기 때문이다. 이중에는 장난스러운 이름도 있고(스마일리), 인격 말살을 위해 붙여진 이름도 있다(1번, 2번). 여성들은 이런 이름으로 불리며 만들어진 정체성을 더 쉽게 받아들인다. 이 여성들은 착취당하는 것이 확실하나, 그들 또한 이 상황에 굴복해버리고 저항하기보다는 오히려 한술 더 뜨는 모습을 보인다.

두 프로그램은 시즌을 거듭하며 제작되었다. 여성 출연자들은 진정한 사랑을 찾고 있는 것처럼 행동하고 남자들은 공허한 감성과 진부한 대사들을 뿌려대지만, 그들도 이 현실이 얼마나 비현실적인지 안다는 듯이 카메라를 보고 윙크하기도 한다. 주로 대본 없이 진행되는 인터뷰에서 이런 모습이 자주 나온다. 그러나 여성들의 참여는 계속 이어졌고 두 프로그램에 출연했던 여성들이 이 프로의 스핀오프 시리즈인 〈참Charm 스쿨〉 〈참 스쿨 위드 리키 레이크〉 〈아이 러브 머니〉에 출연하기도 했다. 〈플레이버 오브 러브〉에서 뉴욕이라 불리던 출연자(실명은 티파니 폴라드다)를 비롯해서 여러 여성이 말이다. 이런 프로그램에서 여성들은 자의식을 거의 드러내지 않는다. 하지만 이 인위적인 환경의 권모술수와 이것이 그들에게 가져다주는 것들(관심, 약간의 유명세, 돈)은 인식하고 있다. 이 개입당한 그린 걸들은 맡은 역할을 충실히 연기하고 프로그램의 맥락과 법칙을 뛰어넘는 행동은 하지 않는다. 계속해서 '남들의 개입'을 그대로 내버려둘 뿐이다.

이러한 리얼리티 프로그램이 현실과 닮은 점이 있다면, 여성들이 자신의 젠더를 연기하라는 요구를 받는 것이다. 여성들은 이 요구에 따라 자신과 자신의 섹슈얼리티를 드러내어 행동하고 사회가 강요하는 기준을 수행한다(혹은 하지 않는다). 리얼리티 프로그램에서도 주디스 버틀러의 『젠더 트러블』 이론이 보이는 것이다. 이들에게 젠더의 반복적 수행은 태닝한 피부, 정교한 붙임머리, 변신 수준의 화장, 성형의 도움을 받은 몸매, 화학물질을 주입한 것이 틀림없는 얼굴을 통해 이루어진다. 끈질기게 쫓는 카메라 앞에 선 여성들에게는 선택권이 없다. 자기 자신을 버리고 예능의 재미를 택할 수밖에 없다. 리얼리티 프로그램의 여성들은 어쩌면 아마도 가장 '순진한greenest' 여성일 것이며 자기가 고통스러워하는 것을 보며 즐기는 여성일지도 모른다. 그들은 이미 먼길을 와버렸고 돌이킬 수 없을 정도로 타인과 세상의 개입을 허락해버렸다. 이제는 스스로 다른 무엇을 해야 하는지도 알지 못한다. 우리는 이 여성들에게서 눈을 돌릴 수가 없다. 이 개입당한 여성들, 타인의 시선에서 벗어나지 못하고 꼭두각시처럼 살아가는 이 루스들과 마리아들은 언젠가는 자기 앞의 폐허를 볼 뿐이다. 환하게, 요란하게 빛나는 폐허를.

『그린 걸』의 결말 부분에서 루스는 순수하고 깨끗하게 다시 태어나고 싶다고 생각한다. 그녀는 "나를 내 안으로 가두어버린 것들을 박살 내버리고 싶다"면서 이렇게 말한다. "교회에 가고 싶고 천장을 바라보며 팔을 쭉 뻗고 싶다. 그리고 소리지르고 싶다. 소리지르고 또 소리지르는 것이다." 그녀는 분노와 황홀감 속에서 소리지르고 싶어한다. 자기 자신을 찾고 싶고, 자기를 잃어버리고 싶기도 하다. 어쩌면 마리아 와이어스도, 어쩌면 리얼리티 프로그램에 나오는 여성들도 그렇게 느끼고 있을지 모른다. 그렇게 자기 자신을 박차고 나와, 카메라를 벗어나, 젠더에 맞게 연기하라는 기대를 부숴버리고 싶을지도.

하지만 리얼리티 프로그램이 생각보다 실제에 가까울지도 모른다는 것이 우리를 슬프게 한다. 보면 기분이 나아지기 때문에, 내가 저 정도로 절박하고 애처롭지는 않다는 것을 확인하기 위해 이 쇼들을 본다고 말하기도 한다. 우리는 그렇게 순수green하지 않다고 생각한다. 하지만 정말 그럴까? 어쩌면 우리는 리얼리티 프로그램의 여성들에게서 세상에 노출되어 타인의 간섭 속에서 연기하듯 살고 있는 우리의 모습이 보이기 때문에 그 쇼들을 계속 보는지도 모른다.

여기 친구 사귀려고 온 거 아니거든요

남자들에 대한 나의 기억은 여자들에 대한 기억만큼
선명히 빛나거나 아름답지 않다.
_마르그리트 뒤라스, 『연인』

고등학교 졸업 앨범에 어떤 여자아이가 이런 글을 남겼다. "넌 가끔 재수없지만 그래도 난 널 좋아해." 누가 이 글을 남겼는지는 기억나지 않는다. 그리고 내가 그 아이에게, 아니 누구에게든 특별히 얄밉거나 못되게 굴거나 재수없게 행동한 기억이 전혀 없다. 내가 학창 시절에 대해 기억하는 건 난 우울한 외톨이였고, 사교성이라곤 손톱만큼도 없었고, 어딜 가나 소외감을 느꼈고, 매 순간 혼란스러웠다는 사실뿐이다.

어쩌면 내가 재수없게 굴었다는 걸 기억하고 싶지 않은 건지도 모른다. 지난 20년 동안 나는 많이 변했고 그 시절의 나와 지금의 나 사이의 간극은 꽤 크다. 고등학교 3학년을 기점으로 조용하고 내성적인 애에서 조금은 재수없는 애로 바뀌었을지도 모른다. 여기서 재수없다는 것이 생각한 대로 말을 툭툭 내뱉고 때로 빈정대는 말을 날린다는 의미라면 조금은 그랬을 수도 있다. 성의 있는 태도는 내 사전에 없었다.

어차피 친구가 몇 명 없었기에 어떻게 행동하든 별 상관이 없었다. 한마디로 잃을 것이 없었던 것이다. 나는 남들이 날 좋아하게 하려면 어떻게 해야 하는지 몰랐다. 사실 내 주변에는 인기 많고 호감 가는 사람들이 많았다. 사람들에게 좋은 인상을 주기 위해, 이 세계가 요구하는 온갖 법칙에 맞춰 살기 위해 타협하고 투자하는 이들 말이다. 우리 부모님과 남동생들은 기본적으로 호감 가는 사람들이었다. 나만 우리 집안의 돌연변이였다. 아주 어릴 때부터 착하고 무난하지 않은 여자애는 문젯거리가 된다는 사실을 이해하긴 했다. 그렇지만 내가 의도적으로 누군가에게 상처 주기 위해 못되게 군 적도 없다. 나는 그냥 나라는 인간이었다. 그것은 축복일 수도 있고 저주일 수도 있었는데 여성이 그냥 인간이라는 것은 그리 사랑스럽기만 한 특성이 아닐 수 있기 때문이다.

리얼리티 프로그램을 보다보면 누군가 눈을 똑바로 뜨고 카메라를 보며 이렇게 선언하곤 한다. "저는 여기 친구 사귀려고 온 거 아니거든요." 그렇다. 그들이 이 프로그램에 참가한 이유는 명백하다. 우승자가 되거나 남자의 선택을 받거나 유명해지고 싶다는 욕망을 실현하기 위해서는 방송에 출연해야 했기 때문이다. 어차피 방송에서 착하지 않은 면을 보이게 될 것이며 때론 악의적인 편집으로 더 강조될 수도 있다. 그러니 자기들이 왜 여기에 출연했는지 그 목적을 밝히고 자신의 행동을 미리 설명하는 편이 낫다. 하지만 막상 방송을 보면 그들이 그렇게까지 괴물은 아니라는 사실을 알게 된다. 그저 친구 한 명 더 사귀려고 이 프로그램에 참가한 것이 아닐 뿐이다. 모두에게 호감을 사야 한다는 부담으로부터 자유로워지고 싶은 것이다. 그리고 그들의 선언 덕분에 우리도 자유롭게, 죄책감 없이 그들을 싫어할 수도 있게 된다.

제이슨 라이트먼 감독, 디아블로 코디 각본의 2011년 영화 〈영 어덜트〉를 보자. 샬리즈 세런이 주인공 메이비스 게리 역을 맡았다. 거의 모든 영화평에서 이 여자 주인공은 비호감의 결정체라고 입을 모으며 그녀의 가슴 중앙에 비호감이라는 진한 주홍 글씨를 새겨넣었다. 이 영화평들을 토대로 이 여성을 관찰해보자. 다들 비호감이라고 칭하는 이 여성에게는 그다지 바람직하다고는 할 수 없는 기질이 있지만, 그것은 다분히 인간적인 기질이기도 하다. 메이비스는 아름답고 차가우며 계산적이고 자기중심적인데다 괴상한 습관을 수없이 갖고 있으며 다른 사람에게 관심이 없고 생활의 거의 모든 면에서 서툴다. 특히 여성이 이런 기질을 다수 보유하고 있을 때는 더욱 인정받을 수가 없는 것 같다. 꽤 많은 사람들이 한목소리로 합창하듯 그렇게 말하고 있으니 그 말이 맞는 듯하다. 어떤 리뷰에서는 이 메이비스라는 여자가 정신적으로 문제가 있음이 틀림없다고 평했다. 영화 비평가들은 아마추어 정신과 의사들이니 믿어야 하지 않겠나? 로저 이버트는 각본가인 디아블로 코디가 메이비스를 알코올중독자로 설정할 수밖에 없었을 거라고 말한다. 왜냐하면 "그런 맥락마저 없다면 메이비스는 그냥 미친 또라이이기 때문이다". 이버트를 비롯하여 수많은 비평가들은 메이비스라는 여자가 대체 왜 그 모양 그 꼴인지 설명하라고 요구한다. 그녀를 참아주기 위해서는 진단서가 필요하니 달라는 것이다. 그 여자는 왜 그런가? 하지만 정답은 이미 나와 있지 않은가? 메이비스가 인간이라 그렇다. 그러나 그 대답만으로는 충분하지 않은가보다.

그렇다면 누구나 좋아할 만한 호감 가는 성품이란 뭘까? 이것은 매우 정교한 거짓말이며 기술적인 연기이고 이 사회가 강요하는 행위규범이다. 이 규범을 따르지 않는 캐릭터는 사랑받을 수 없다. 사실 이 캐릭터를 비판하는 비평가들이 크게 잘못했다고 할 수도 없다. 그들 또한 우리 문화의 뿌리깊은 병폐에 물들어 있음을 보여줄 뿐이다.

그렇다면 애당초 왜 호감이 중요 쟁점으로 떠올랐을까? 실생활에서건 영화나 소설에서건 왜 우리는 어떤 사람을 두고 호감이 가는지 아닌지를 따지고 있을까? 그렇다면 비호감이란 뭘까? 독자나 관객이 쉽게 수긍할 수 있는 방식으로 행동하지 않는 다양한 캐릭터들에게 일단 붙이고 보는 수식어인가? 『케빈에 대하여』를 쓴 소설가 라이어널 슈라이버는 파이낸셜 타임스에 기고한 글에서 이렇게 말했다. "'호감' 산업은 두 가지 요소로 이루어진다. 도덕성과 애정이다." 우리는 캐릭터들이 올바르면서도 사랑스럽기를 바라고 있다.

어떤 이는 우리가 호감에 민감해진 이유가 소셜 미디어의 상태 업데이트나 사소한 일상 공유 게시물에 '좋아요'나 '마음에 들어요'를 누르는 인터넷 문화 때문이라고 말한다. 확실히 온라인에서는 무조건 칭찬하고 띄워주는 문화가 있긴 하다. 하지만 남들이 나를 좋아해주었으면 하는 욕망, 우리가 좋아하는 것들이나 좋아하는 사람을 드러내고자 하는 욕망이 단순히 인터넷에서 시작하고 인터넷에서 끝난다는 것은 근시안적인 시각일 뿐이다. 나는 심리학자 에이브러햄 매슬로가 우리 안에 끈질기게 살아 있는 이 욕망의 개념을 잘 설명해주었다고 생각한다. 우리는 사람들이 나를 좋아해주길 바란다. 어딘가에 속하고 싶어한다. 그래서 각자의 기질을 누르고 적절한 행위규범에 끼워맞추려고 한다.

나는 작가이자, 이 호감이라는 주제—즉, 호감 가는 사람이 되어 남들이 좋아해주길 바라고 어딘가에 속하고 싶어하는 문제—를 붙잡고 힘겨운 싸움을 해온 한 인간으로서, 내가 읽는 글과 내가 쓰는 글 안에서 이 호감이 어떻게 작용하는지 아주 오랫동안 깊이 천착해왔다. 나는 일반적으로 사람들이 별로 좋아하지 않는 특이한 인물들에 끌리곤 했다. 사회적으로 인정받지 못하는 방식으로 행동하는 이들, 마음속에 있는 말을 그대로 내뱉는 이들, 자기가 원하는 대로 저질러 버리고 그에 따른 크고 작은 결과를 받아들이는 멍청하고 못난 사람들이 좋다. 비행을 저지르고도 어떻게든 빠져나가는 캐릭터를 원한다. 추잡한 생각들을 하고 맹추 같은 결정을 하는 인물들을 원한다. 실수를 하고도 전혀 안타까워하거나 후회하지 않고 자기가 잘났다고 하는 인물들을 보고 싶다.

때로는 그 민폐 비호감 캐릭터가 사이코패스나 소시오패스 기질이 있어도 상관없다. 그렇다고 살인 같은 범죄까지 눈감아주고 싶다는 말은 아니다. 그래도 까놓고 말해서 『아메리칸 사이코』에서 패트릭 베이트먼은 미치도록 흥미로운 캐릭터가 아니었던가? 물론 그의 비호감인 면에는 정신과적 진단을 내려야 마땅하다. 그는 정신이상자에 속하는 병적인 악인이었다. 하지만 그에게는 독보적인 매력이 있었으니, 특히 그의 자의식 가득한 독백은 소설의 백미다. 연쇄살인범들도 사람이다. 그리고 그들도 좀 웃길 때가 있다. 소설 『아메리칸 사이코』에서 베이트먼은 이렇게 생각한다. "나의 양심, 나의 동정심, 나의 소망은 매우 오래전에 사라져버렸다(아마도 하버드에서 사라졌겠지). 만약 그런 것들이 존재했다면 말이다."

나는 원래 별로 인기가 없으나 지금보다 날 더 싫어할까봐 무서워 감히 내지르지 못하는 그런 말과 행동을 소설이나 영화 속 캐릭터들이 거침없이 해주었으면 좋겠다. 인물들이 모든 면에서 솔직했으면 좋겠다. 그냥 인간이었으면 좋겠다.

영화나 방송은 그렇다 치더라도 문학비평에서까지 호감 비호감을 따지는 건 무척 이상하다고 생각한다. 마치 우리가 항상 구애하고 싶어하는 사람들인 것처럼 느껴진다. 문학작품 속 캐릭터들이 별로 마음에 들지 않는다는 것은 그 캐릭터들이 우리의 변덕스럽고 각양각색인 기준을 맞추지 못한다는 것이다. 우리는 소설에서도 나와 유사한 누군가를 찾으려 하지만, 우리가 읽고 있는 책 속 캐릭터와 친구나 연인이 되고 싶은지 아닌지에 따라 문학적 가치를 매겨서는 안 된다.

솔직히 말해서 나는 소설이나 영화 속에서 이른바 '좋은 사람'이라는 평판을 얻는, 사람들이 호감을 표할 캐릭터들에게 묘한 거부감을 느낀다. 이디스 워턴의 『순수의 시대』에 나오는 메이 웰런드를 떠올려보자. 물론 메이의 '훌륭한 품성'이란 실은 작가 워턴이 올렌스카 백작부인을 향한 뉴랜드 아처의 열정을 더욱 난처하고 씁쓸하게 만들기 위해 고의적으로 선택한 극적 장치다. 어쨌든 메이는 어른들 말씀을 잘 따르고, 남들 눈에 크게 엇나가는 일 없는 바른 인물이다. 그녀는 흠잡을 데 없는 숙녀다. 몸가짐이 바르고 체면을 차릴 줄 안다. 한편 모든 사람이 메이의 라이벌이자 사촌인 올렌스카 백작부인을 무시하고 얕잡아본다. 그녀는 감히 사회적인 관습을 거부한 여인이고, 감히 불행한 결혼을 참지 않았던 인물이고, 감히 자신의 삶에서 진실한 열정을 원했던 여인이다. 그리고 그녀는 짝이 될 수 없는 남자에게서 그 열정을 찾는다.

어쩌면 우리도 그런 여자를 실제로 만난다면 거부감을 갖게 될 수도 있다. 하지만 올렌스카 백작부인은 자꾸 쳐다보게 된다. 왜냐하면 알 수 없고 흥미로운 인물이니까. 그녀는 관습에 복종하는 무리와는 한발 떨어져 있다. 우리는 메이의 몸에 밴 바람직한 행동거지와 사랑스러움과 순진무구함을 좋아해야만, 아니 적어도 좋다고 받아들여야만 할 것 같다. 하지만 작가 워턴의 인간 심리에 대한 치밀한 고찰과 탁월한 필력 덕분에 우리 독자들은 메이 웰런드에게도 이 세상 모든 사람들처럼 불쾌하고 정떨어지는 면이 있다는 것을 알게 된다. 모든 작가가 이디스 워턴처럼 통찰력을 지니고 있다면 문학작품 속 호감과 비호감 캐릭터 논쟁은 충분히 참을 만해질 것이다. 하지만 어쩌나, 그렇지는 못한걸.

메이 웰런드의 경우 그녀의 '착함'은 내러티브상 매우 중대한 역할을 한다. 훨씬 더 유해한 캐릭터는 그냥 아무 이유 없이 지루하게 착한 캐릭터다. 나는 지금까지도 어린 시절 읽은 '스위트 밸리 하이'라는 영 어덜트 소설 시리즈의 인기 많은 쌍둥이 자매 중 한 명인 엘리자베스 웨이크필드의 완벽함이 안쓰러워 눈물이 날 지경이다. 엘리자베스는 착한 우등생으로 언제나 올바른 선택만 한다. 때로는 본인에게 손해나는 선택일지라도 말이다. 성적은 항상 A 학점이다. 착실한 딸이고 성숙한 언니이자 다정한 여자친구다. 그리고 지겹다. 끔찍할 정도로 지루하다. 나는 제멋대로인 동생 제시카 편이다. 나는 『초원의 집』에서도 악역인 넬리 올슨이 좋다.

이 호감의 문제는 쓸모없는 논쟁으로 끝날 때도 많다. 착하고 모범적인 캐릭터는 사실 그들이 사회의 법칙대로 따른다는 것이 뭔지 알고, 그 법칙을 따르는 것에 매우 신경쓰고 있다는 것을 보여주기 위해 고안된 캐릭터일 수 있다. 이 호감 캐릭터 또한 비호감 캐릭터와 마찬가지로 줄거리를 형성하고 소설의 주제라는 더 큰 그림을 그리기 위해 사용된다.

문학비평에서도 작가들은 어떤 캐릭터가 별로 정이 가지 않는다는 말을 듣는다. 마치 그 캐릭터의 호감도가 작품성과 비례하는 것처럼 말이다. 특히 소설 속에 등장하는 여성들에게 그런 기준을 적용하려 한다. 실제 생활에서와 마찬가지로, 문학에서조차도 여자들에게 남자와는 다른 기준을 들이댄다. 실제로 만나면 기겁할 정도로 싫을 남자가 안티히어로로 불리며 전통적으로 호감 가는 범주에서 벗어나는 방식을 설명하는 특별한 기준이 된다. 예를 들자면 끝도 없다. 가장 먼저 『호밀밭의 파수꾼』의 홀든 콜필드부터 떠오르지 않는가? 그런 남자들은 좋아할 수 없지만 수수께끼처럼 흥미롭고 어둡고 고통을 안겨주며 매우 비열하게 행동할 때조차도 강렬하다. 필립 로스의 소설이 평단의 극찬을 받고 대중적 인기까지 끄는 이유가 바로 이 때문이다. 물론 그는 끝내주게 잘 쓰는 작가이지만 유독 남자들의 끔찍스러운 면들을 솔직히 까발리는 작가이기도 하다. 남자들의 신경증, 자기혐오(그리고 물론 인간미까지)가 책의 모든 페이지에 펼쳐져 있다.

하지만 여자가 호감 가지 않는 캐릭터일 경우는 어떤가? 전문 문학 비평가와 아마추어 서평가들 모두 비판적인 담론을 집중적으로 쏟아낸다. 왜 이 여자들은 관습을 무시하는가? 왜 그들은 더 좋은 사람이 되려고 노력하지 않나? 그래야 이 사회에 받아들여질 텐데? 클레어 메수드가 소설 『다시 살고 싶어』 출간 후 퍼블리셔스 위클리와 인터뷰를 했다. 이 소설의 주인공 노라는 단박에 좋아하기는 힘든 여자다. 입이 거칠고 고독과 소외에 몸부림치고 자신의 삶이 불만족스러워 분노에 가득차 있다. 인터뷰어가 이렇게 말한다. "그런데 저는 노라와 친구는 되고 싶지 않을 것 같아요. 안 그런가요? 보기 괴로울 정도로 우울하잖아요." 그렇다. 바로 이거다. 독자는 친구 좀 사귀어보려고 책을 펼쳤는데 이럴 수가! 책의 여자 주인공이 마음에 안 들어!

메수드는 이 질문을 듣고 인터뷰어에게 날카롭게 따진다.

맙소사, 무슨 질문이 그래요? 당신은 험버트 험버트와는 절친한 친구가 되고 싶나요? 미키 새버스와 친해지고 싶어요? 살림 시나이와 햄릿과는요? 크라프는? 오이디푸스는? 오스카 와오? 안티고네? 라스콜리니코프?• 조너선 프랜즌의 『인생 수정』에 나오는 캐릭터들과 친구하고 싶던가요? 데이비드 포스터 월리스가 쓴 『무한한 흥미』의 캐릭터들을 소개받고 싶어요? 핀천이 쓴 글에 등장하는 모든 인물과 수다를 떨고 싶은가요? 아니면 마틴 에이미스의 캐릭터들과는요? 오르한 파묵 소설에선요? 앨리스 먼로의 소설 속 인물들도 마찬가지예요. 만약 독자들이 친구를 찾기 위해 책을 읽는다면 아주 심각한 문제에 봉착하게 될 겁니다. 책에서는 인생을 찾아야 해요. 인생의 모든 가능성을 찾아야 합니다. 문학작품에 어울리는 질문은 "이 사람이 내 친구가 될 수 있나?"가 아니라 "이 사람이 생생하게 그려져 있는가?"입니다.

쉽게 호감 가지 않는, 어쩐지 싫은 캐릭터들은 가장 인간적인 사람들이자 가장 생생하게 살아 있는 사람들일지 모른다. 어쩌면 어디서 본 듯한 모습이고 우리의 숨겨진 모습이기 때문에 불편한 것인지도 모른다. 이 세상에서 이렇게 내 단점을 다 드러내며 사는 것이 두렵고 겁나서 그럴지도 모른다.

• 차례대로 블라디미르 나보코프의 『롤리타』, 필립 로스의 『새버스의 극장』, 살만 루슈디의 『한밤의 아이들』, 셰익스피어의 『햄릿』, 사뮈엘 베케트의 「크라프의 마지막 테이프」, 소포클레스의 「오이디푸스 왕」, 주노 디아스의 『오스카 와오의 짧고 놀라운 삶』, 소포클레스의 「안티고네」, 도스토옙스키의 『죄와 벌』의 주인공이다.

『소설은 어떻게 작동하는가』에서 제임스 우드는 말한다.

> 이 순간에도 소설의 캐릭터에 대한 어리석기 이를 데 없는 비평과 글이 나오고 있다. 캐릭터를 너무나 믿는 사람들과 너무나 안 믿는 사람들이 있다. 캐릭터를 너무 믿는 사람들은 단단한 편견 속에 갇혀 있다. 우리는 그들을 '알아야' 하고…… 그들은 반드시 '성장해야' 하고 '발전해야' 하고 착하고 괜찮아야 한다고 생각하는 것이다. 그러니까 소설 속 사람들이 우리와 아주 비슷하길 바란다.

우드의 말은 어느 정도 맞는다. 우리는 왜 이렇게 소설 속에서 호감 가는 인간을 찾으려고 하는가? 우리는 소설에서 이상적인 방식으로 행동하는 사람들이 사는 이상적인 세계를 찾고자 하는가? 캐릭터들은 우리 자신이 아니라 우리의 더 나은 버전을 반영해야 하는 것인가?

우드는 이렇게 말하기도 했다. "이 세상에 소설 속 캐릭터를 창조하는 것보다 더한 고행은 없다." 이 말에 약간의 과장이 들어가 있다는 건 알지만 나도 그것이 고행이라는 것을 증명할 수 있다. 개인적으로 지난 몇 년간 소설 속 캐릭터를 만드는 것보다 더 힘들다고 할 수 있는 일을 많이 겪었다. 그럼에도 불구하고 캐릭터 창조는 무척 어려운 일임을 인정한다. 독자들의 주의를 끌 만큼 흥미로운 인물을 창조하는 것은 생각보다 까다로운 일이다. 우리는 이들이 실제 있을 법한 인물이라는 확신을 주어야 한다. 동시에 우리 자신과는 가능한 한 거리를 두어야 한다. (조금 더 정확히 말하자면 나뿐만 아니라 내 인생의 모든 인물들과 되도록 거리가 있는 인물을 만들어야 한다.) 그러면서도 플롯을 이끌어가야 하고 플롯이 아니더라도 내러티브를 이끌어갈 정도가 되거나 우리 작가들이 툭툭 던지는 온갖 고난과 역경을 견뎌낼 수 있어야 한다. 그 캐릭터들이 짊어져야 하는 짐을 생각한다면 그들이 호감 가는 사람이 아닌 건 당연하다.

작가들은 흥미롭지만 호감 가지 않는 캐릭터를 창조해 독자들을 유혹해야 한다. 그럼으로써 독자를 이 불편하고 매력적인 작업에 끌어들여야 한다.

엉망진창으로 살고 있는 사람들이 내러티브를 이끌고 가는 소설, 민폐를 끼치고 거부감을 일으키는 여성이 내러티브의 중심인 소설을 읽고 싶은가? 그렇다면 최근 소설 중에서는 『배틀본』 『보물섬!!!』 『데어미』 『매그니피선스』 같은 소설들이 그 목표를 향해 신나게 달려가고 있다. 이 이야기들 속 여성들은 좋아할 수 없는 여자라는 운명에 처해 있다. 이들은 시시때때로 나쁜 선택을 하고 남들이 뭐라 하건 자기가 보고 느낀 대로 세상을 묘사하며, 근본적으로 가식을 떨지 못하고, 마치 책 속에서 걸어나올 것처럼 생명력이 넘친다.

이 여성들은 친구를 사귀기 위해 여기저기 기웃거리지 않고 그보다 더 중요한 다른 일 때문에 바쁘다. 세상 모든 사람에게 호감을 얻어야 한다는 억압에서 자유로우니 흥미롭고 현실적인, 완전한 자기 자신이라는 '실제 모습'으로 존재한다. 어쩌면 사람들이 날 좋아하느냐 좋아하지 않느냐로 전전긍긍하는 사람들의 마음 깊은 곳에는 '진실은 아픈 법'이라는 말이 도사리고 있을지 모른다. 우리가 소설이라는 안전한 세상에 몰입해 있는 동안에도 그 아플 수도 있는 진실을 어디까지 허락하느냐, 얼마나 상처받을 각오가 되어 있느냐를 신경쓰고 있는 것이다.

세라 러빈의 『보물섬!!!』에는 좋아할 수 없는 화자가 등장한다. 그녀는 뼛속까지 자기중심적이며 결과가 어찌되건 말건 자기 내키는 대로 행동하고 언제나 다른 사람보다 자기에게 더 이득이 돌아올 만한 선택을 한다. 그녀는 아동문학의 고전인 『보물섬』에 강렬하게 사로잡혀 이 소설의 핵심 가치들을 바탕으로 자신의 삶을 구성하려고 한다. '담대함' '결단력' '독립성' 그리고 '자기주장'. 화자는 스스로 초래한 재난을 겪고 또 겪지만 되돌아보거나 후회하는 법이 없다. 자신의 잘못에서 배우는 것도 없고 구원받지도 않는다. 소설 속에서 이런 캐릭터는 양해를 구하지도 않고 도덕 운운하는 설교를 늘어놓지도 않는다. 이렇게 통렬하고 이지적인 소설은 읽을수록 강렬해진다.

생각해보라. 『보물섬!!!』의 화자가 중심으로 삼고 따르려 하는 가치가 바로 '담대함' '결단력' '독립성' '자기주장'이다. 생각해보면 이런 특징들이야말로 호감 가지 않는 여성들이 자신의 인생을 끌어가는 특징이 아니었던가?

패멀라 리번의 『이제부턴 네가 해라』에서 스미지라는 여성은 폐암으로 죽어가면서 절친한 친구인 대니엘이 자신의 딸을 끝까지 키워주고 슬픔에 젖은 남편의 친구가 되어주길 원한다. 전반적으로 흥미로운 소설이지만 가장 빛나는 점은 스미지가 참 별로인 인간이라는 점이다. 그녀는 사실 친구가 있으면 안 될 것만 같다. 자기 뜻대로 사람을 휘두르고, 고집을 부리고, 잘못을 인정하지 않고 주변 사람들을 이용하려 한다. 그럼에도 불구하고 그녀에게는 평생의 친구가 있고 딸과 남편이 있고 그녀가 세상을 떠났을 때 진심으로 애도하는 사람들이 있다. 작가 리번이 이 캐릭터에게 부여한 인간적인 단점들을 끝까지 끌고 가는 점이 존경스럽다. 세상의 기준에 영합하지 않은 작가는 스미지가 죽어간다고 해서 갑자기 깨달음을 얻고 더 나은 사람이 되도록 만들지 않았다. 끝까지 스미지라는 인간을 있는 그대로 보여주려 했고, 그렇게 함으로써 이 소설은 더 문학성과 설득력을 갖춘 작품이 되었다.

『이제부턴 네가 해라』의 아마존 독자평에서 다나에 사비트리라는 독자는 이렇게 말한다. "나는 스미지라는 캐릭터를 절대 좋아할 수가 없었다. 그녀는 흔히 카리스마 있다고 하는 나르시시스트들에게서 볼 수 있는 경계성 인격장애를 앓고 있다고 생각한다. 그녀는 고약한 성격으로 남들을 괴롭히고 이용하면서 자기 뜻대로 움직이려 한다." 책을 그 자체로 판단하지 않고 캐릭터가 실제 생활에서 호감 가는 여성이냐는 기준을 끌고 와서 판단하는 것이다. 이번에도 비평가나 독자들은 정신과 의사 행세를 하려고 한다. 특히 소설에서 좋아할 수 없는 캐릭터가 나오면 파블로프의 조건반사처럼 즉각적으로 무슨 병이라고 진단내려버리는 것이다.

메건 애벗의 『데어 미』는 고등학교 치어리더들을 주인공으로 내세운 책이지만 독자들의 기대와는 전혀 다르게 흘러간다. 이 안에도 담대함, 결단력, 독립성, 자기주장을 신조로 삼고 행동하는 여성들이 가득하다. 『보물섬!!!』의 강렬한 원칙들은 『데어 미』에서도 눈길을 사로잡는데, 이것이 소녀들 사이의 아슬아슬한 친밀감을 드러내기 때문이다. 이 소설은 몸에 관한 소설이자 완벽함을 향한 열망을 보여주는 소설, 야망에 대한 소설인 동시에 다 드러내고자 하는 욕망에 관한 소설이다. 독자는 이 책에 등장하는 여성들에게 심각한 단점이 있음에도 불구하고 그들이 원하는 것을 얻기를 바라게 된다. 그것을 제 것으로 만드는 과정이 아무리 눈뜨고 못 봐주겠더라도 말이다. 이 소설의 주인공 베스와 애디는 친구이자 적이다. 그들은 서로를 배신하고 자기 자신도 배신한다. 그들은 악행을 저지르면서도 서로를 중력처럼 끌어당긴다. 베스는 술에 취해 애디에게 전화해 묻는다.

> 그때 같이 구름사다리에서 놀았던 것 기억나? 서로의 다리에 다리를 감고 있던 거? 이제 우리가 얼마나 강해졌는지, 아무도 우리를 이길 수 없고, 우리도 서로를 절대 이길 수 없을 거라는 걸 알았잖아. 우리는 셋을 세면 둘 다 손을 놓기로 했었는데, 너라는 여자는 언제나 날 속이고 나도 너를 가만히 내버려두니까. 나는 아래에서 널 올려다보면서, 교정하기 전 그 벌어진 이를 마음껏 내보이며 웃었잖아.

애디가 베스를 있는 그대로 바라보고 이해하고 사랑하고 있다는 걸 알게 되는 순간이다. 소설 속에서 베스와 애디는 끝까지 좋아할 수 없는 인물, 단점이 많은 인물로 남아 있지만 왜 그런 인간이 되었는지에 대한 구구절절한 설명이 없고 원인과 결과 사이의 뚜렷한 연관성도 없다. 호감형에 대한 전통적인 기준을 들이댈 수 없도록, 소설 속에 이렇게 정직하고 가슴 아픈 순간들을 간간이 집어넣는다.

리디아 밀레의 『매그니피선스』에서 주인공 수전 린들리는 남편의 비극적인 죽음 후에 이사하기로 한다. 드러난 사실로 보아, 우리는 그녀가 부정한 아내였다는 것을 알 수 있다. 그녀는 박제품이 가득한 삼촌의 별장을 유산으로 물려받고, 이 별장을 정리하며 별장뿐만 아니라 자기 삶의 질서도 정립하려는 시도를 한다. 수전의 딸은 직장 상사와 연애중이고 수전이 만나는 사람은 유부남이다. 그녀는 남편의 죽음에 책임을 느끼지만 이렇게 자기 자신과 타협하기도 한다. "과거에 놀았던 여자가 구원을 받았을까?" 그녀는 생각한다. "이것들 중 하나라도 그녀를 구원해준 것이 있었나? 누군가 그렇다고 인정할 수 있다면, 그녀도 인정해야만 할 것이다. 그녀는 걸레일 뿐만 아니라 살인자였다고." 수전은 남편의 부재를 깊이 실감한다. 바로 "아무데도 얽매이지 않은 자유"를 느끼는 것이다. 소설이 끝날 때까지 그녀는 마음껏 그 자유를 누린다. 자유를 온전히 받아들인다.

『매그니피선스』는 오직 수전의 경험으로 이끌어가는 소설이다. 그녀의 인식은 성숙하다고는 할 수 없지만, 자신만의 세계가 형성되어 있으며, 스스로를 위해 계속해서 진화한다. 우리는 40대 후반에도 성적 욕구가 강한 여성, 유산으로 물려받은 집에 점점 애착을 가지면서 세속적으로 변하고 그에 대해 전혀 부끄러워하지 않는 여성을 만나게 된다. 가끔은 문체가 너무 과장되고 수식도 많지만, 그럼에도 불구하고 자신의 불륜을 깊이 반성하지도 않고 주변 사람들을 계속해서 실망시키는 이 여성을 보며 우리는 강렬한 무언가를 느낀다. 아마 조금 더 평범한 소설에서라면 자기 자신에 대한 후회와 애도가 내러티브상에서 가장 중요한 부분이 되었을지도 모른다. 하지만 『매그니피선스』에서는 일반적으로 착하고 호감 가는 여성이 아닌 여인이 어떻게 계속 살아남으면서 애도나 후회가 아닌 감정을 발견해나가는지, 또한 일반적으로 좋은 인간인 주인공들이 가질 법한 감정의 덫에 빠지지 않는지를 볼 수 있다. 우리는 어디에서도 구경하지 못했던 특별한 자유를 볼 수 있다.

클레어 베이예 왓킨스의 소설집 『배틀본』에서도 쉽게 좋아하기 힘든 여성들이 등장한다. 모두 미국 서부가 배경이어서 어떤 면에서는 장소에 대한 소설집이라고 할 수 있다. 그러나 어떤 작품들은 여성과 그들의 힘에 대한 이야기이며, 그 힘이 어디에서 나오고 어떻게 인간적인 방식으로 실패하는지를 그리고 있다. '배틀 본'이라는 문구는 사실 네바다주를 대표하는 모토다. 그것은 투쟁 속에서 형성된 네바다주의 힘을 강조한다. 이 소설집에서 가장 인상적인 이야기라 할 수 있는 「론디네 알 니도」에는 맨 처음에 인용구가 나온다. 나는 소설 첫머리에 작가들이 집어넣는 인용구를 그리 선호하지 않는 편이다. 작가가 어떤 이야기에 미리부터 프레임을 정해버리는 것이 싫기 때문이다. 그러나 이 이야기가 시작되기 전에 나오는 『바가바드 기타』의 한 구절은 전혀 그렇지 않았다. "이제 나는 죽음이 된다. 이 세상의 파괴자가 된다." 우리는 앞으로 어떤 식으로건 멸망이 있을 것이라 예감하게 되고 그것이 어떤 식으로 펼쳐질지만 지켜보면 된다. 그리고 이런 여성을 만난다. "그녀는 결국 남자를 떠난다. 그녀는 그가 자신을 사랑하기는 하지만 충분히 사랑하지 않는다고 판단한다. 그의 사랑은 비뚤어진 사랑이라 그녀를 아프게 한다." 소설은 이 여성의 소녀 시절을 그리고 있다. 열여섯 살 소녀 리나는 이 소설의 화자인 '우리 소녀'의 친구로 그녀를 어디든 따라다닌다. 어느 날 밤 라스베이거스 호텔 방에서 소년들이 소녀들을 만나는 사건이 일어나면서 둘의 우정을 돌이킬 수 없이 바꾸어버린다. 그 사건은 이 문제 있는 젊은 여성이 잘못된 선택을 하지 않았으면 일어나지 않았을 일이기도 하지만, 그 선택으로 인해 모든 이야기가 생겨난다.

최근에 출간된 소설 중에서 명실공히 가장 진저리나게 싫은 여자 주인공을 든다면 아마도 길리언 플린이 쓴 『나를 찾아줘』의 에이미일 것이다. 그녀는 일반적인 상식선을 가볍게 뛰어넘는 엽기적이고 기발한 행각을 벌인다. 바람피운 남편 닉을 철저히 파괴하고 자기 손안에 넣기 위해 자신의 죽음을 날조하고 남편에게 살인죄를 덮어씌우려 하는 것이다. 에이미는 극도로 가까이하기 싫은 인물인데다가 잘못을 뉘우치거나 부끄러워하는 기색이라고는 눈 씻고도 찾아볼 수 없어 가끔은 독서 자체가 불편해지기도 한다. 작가는 사소한 장면을 통해 닉과 에이미에 대해서 조금씩 조금씩 알게 만드는 영리한 트릭을 사용해서 이들이 어떤 사람인지를 확실히 파악하기 어렵게 만든다. 우리는 이들이 괜찮은 사람들인지 아니면 끔찍한 인간들인지 잘 모른다. 다만 둘 다 약간의 문제와 약점이 있고 둘 다 끔찍하다는 것, 그래서 결국 같이 붙어 있을 수밖에 없다는 걸 알게 된다. 이렇게 끝까지 타협하거나 양보하지 않고 독창적인 캐릭터를 그려나가는 작가를 보는 것은 짜릿한 일이 아닐 수 없다.

『나를 찾아줘』의 서사 전반과 에이미의 감정 밑바닥에는 분노라는 감정이 흐르고 있는데, 그것은 여성들이 당한 불합리한 억압 때문에 서서히 고이게 된 것이다. 심리 스릴러 소설이지만 매우 정교하고 정밀한 캐릭터 연구서이기도 하다. 에이미는 모든 면에서 사람들이 좋아해야만 할 것 같은 여성이다. "똑똑하고 미인인데다가 친절하기까지 하다. 굉장히 많은 분야에 관심과 열정을 갖고 있으며 직업도 멋지고 사랑 넘치는 가족도 있다. 그리고 솔직히 말하자. 돈이 있다." 이 모든 걸 갖춘 에이미는 서른두 살에 싱글이다. 그리고 그녀는 닉을 만난다.

『나를 찾아줘』가 불편한 이유는 이 책이 징그러울 정도로 솔직하기 때문이고, 닉과 에이미가 서로를 사랑하고 미워하는 방식이 우리 중 많은 사람과 심하게 닮았기 때문이다. 진실은 아프니까. 아프다. 아프다. 정말 아프다. 에이미가 닉과의 첫 만남을 이야기할 때 우리는 비로소 에이미의 진심을 조금은 들여다볼 수 있게 된다.

> 그날 밤 브루클린 파티에서 나는 당시 인기 있던 여자, 닉 같은 남자가 원하는 여자를 연기하고 있었다. '쿨한 여자.' 남자들은 이것을 언제나 최고의 찬사처럼 말한다. 그렇지 않은가? 그녀는 쿨한 여자야. 쿨한 여자는 섹시하고 똑똑하고 재미있는 여자라는 뜻이다. 축구와 포커, 지저분한 농담, 트림을 좋아하고, 게임을 즐기며, 싸구려 맥주를 마시고, 스리섬과 항문성교를 좋아하며, 지

상 최대의 음식 프로그램을 진행하기라도 하는 것처럼 핫도그와 햄버거를 입속에 마구 쑤셔넣으면서도 어쩌된 일인지 xs사이즈를 유지한다. 쿨한 여자는 무엇보다도 섹시해야 하니까. 섹시하고 이해심 많은 여자. 쿨한 여자는 절대로 화를 내지 않는다. (……)
남자들은 정말로 이런 여자가 존재한다고 생각한다. 어쩌면 그들은 속은 건지도 모른다. 수많은 여자가 기꺼이 그런 여자인 척하고 있기 때문이다.

이는 소설 속 비호감 여성들에 대해 이제까지 잘 이야기되지 않은 진실이다. 그들은 그런 척하지 않는다. 그들은 자기 자신이 아닌 다른 누군가인 척 연기하지 않는다. 그들은 그럴 에너지도 없고 그러고 싶은 욕망도 없다. 그들에겐 메이 웰런드처럼 자신에게 요구되는 역할을 충실히 수행하고자 하는 의지가 없다. 『나를 찾아줘』에서 에이미는 남자가 원하는 여자, 사람들이 좋아하는 여자가 되고 싶은 유혹의 실체를 분석한다. 하지만 그녀는 그 유혹에 굴복하지 않고 '남자가 좋아하는 모든 개떡같은 것들을 하면서 불평 한 번 안 하는 그런 여자'가 되지는 않기로 한다. 우리가 좋아하지 못하는 여자들은 그런 여자가 되고 싶은 유혹을 거부하는 여자들이다. 대신, 그들은 자기 자신이 된다. 그리고 그 선택의 결과를 받아들인다. 그들로 인해 이 세상에는 읽고 싶은 이야기가 하나 더 탄생한다.

그렇게 우리는 우리를 잃었지

대개 젠더는 '이것 아니면 저것'이라는 이분법적인 프레임 안에서 논의되곤 한다. 남자는 화성에서 왔고 여자는 금성에서 왔다. 아니 그렇다고들 한다. 마치 남자와 여자는 태초부터 너무나 다르게 태어났기에 서로에게 가까워지는 것은 그야말로 불가능한 미션이라고 말하는 것만 같다. 젠더 문제를 이야기하다보면 화성과 금성이 실은 같은 태양계 안에 있으며 생각보다 가까운 행성이라는 사실을 잊게 된다. 사실 이 두 행성 사이에는 지구라는 하나의 행성밖에 없다. 안타깝게도 2012년까지 출간된 많은 책은 젠더에 관해 더 생산적인 논의를 할 수 있는 새로운 프레임을 제시해주지 못하고 있다. 오히려 편협한 시각으로 여성과 남성을 분리하여 바라보고 젠더 문제를 조금 더 신중하게 관찰할 수 있는 기회를 잃게 만든다.

여성들의 상황이 좋아진다는 것은 필연적으로 남성들의 상황이 나빠지는 거라고, 이 우주의 좋은 기운은 한정되어 있어 남자와 여자가 똑같이 나누어 가지기란 불가능하다고 말하는 것만 같다. 해나 로진의 흥미롭고 지적이지만 불편한 책 『남성의 종말: 여성의 지배가 시작된다』를 읽으면서 이런 느낌을 받았다. 제목처럼 남성의 몰락과 여성의 비상이 반드시 맞물려야 하는 것일까? 여성이 이전의 어떤 시대보다 잘해내고 있다는 부정할 수는 없는 사실이 곧 남성의 몰락을 의미할까? 여성에게 참정권이 부여되기 전, 성차별 방지법이나 동일 임금법이 만들어지기 전, 로 대 웨이드 판결•이 있기 전, 여성들의 인생을 그나마 참을 만한 것으로 만들어온 이러한 변화가 있기 전에 여성들이 어떤 삶을 살았는지 생각해보자. 이런 당연한 일들도 당시에는 엄청난 성과처럼 보였을 것이다.

로진은 누가 봐도 방대하고 꼼꼼하게 자료 조사를 했고 매우 설득력 있는 주장을 펼치고 있다. 특히 그녀가 우리의 기대를 뒤엎는 방식으로 젠더 논의를 진행해나간다는 점에 주목하고 싶다. 우리는 젠더를 말할 때 종종 터널 시야를 갖게 되고, 그 시야 안에서는 여성이 늘 불이익을 받는 것처럼 인식된다. (끝없는 '모든 걸 다 가져라'•• 토론이 그 예다.) 로진은 반대로 여성들이 교육계나 산업계나 문화 전반에서 주도

• 미국 대법원이 여성의 임신중지권을 인정한 최초의 판례. 제인 로가 임신중지를 금지한 텍사스주를 상대로 위헌 소송을 제기한 것이 계기가 되었다. 당시 피고인이었던 지방 검사의 이름은 헨리 웨이드로, 두 사람의 이름을 따 '로 대 웨이드 판결'로 불린다.

•• 처음엔 일과 가정을 양립시키려는 여성들의 노력을 대표하는 말로 쓰였으나, 점차 여성들에게 부과되는 많은 의무를 꼬집는 말로 쓰였다.

권을 쥐고 있는 모습을 보여주면서 반드시 그렇지는 않다고 말한다.

나는 『남성의 종말』을 읽으며 처음에는 회의적이었다. 하지만 로진은 특유의 설득력과 자료로 쉽게 우리를 끌어당긴다. 그러나 다분히 편파적이고 선별적인 데이터로 자신의 주장을 포장하기도 한다. 물론 세상의 어떤 저자나 비평가도 자료 선별에서 완벽하게 공정할 수는 없을 것이다. 하지만 이 책 『남성의 종말』은 좀 과하다 싶을 때가 많다. 「약국을 접수한 여자들: 여자들이 어떻게 경제를 재편했는가」라는 장에서 로진은 제약업계에서 두드러지는 여성의 성장세에 주목한다. "2009년 미국 역사상 최초로 이 업계에 종사하는 여성의 수가 남성을 앞질렀고, 그 비율은 지금도 50퍼센트대로 유지되고 있다." 물론 매우 고무적인 자료고 중요한 통계다. 하지만 제약업계 여성 평균 임금이 남성 임금의 77퍼센트라는 2010년 통계자료 또한 무시해서는 안 될 것이다. 우리는 노동력의 절반을 당당하게 차지하고 있으나 그 특권을 얻기 위해서 상당히 큰 대가를 치르고 있다.

이 장에서 로진은 제약업계에서 여성들의 괄목할 만한 성장을 강조하면서, 그들이 이 분야를 실질적으로 주도하고 있다고 말한다. 물론 한때 제약업계도 남성들의 분야였으니 먼길을 왔다. 하지만 오직 이 분야에서만 그렇다. 모든 주장에 관해서 반대 의견이 있을 수 있다. 여성들은 제약업계에서 잘해내고 있다. 하지만 과학계나 대부분의 이공계 분야에서는 완전히 반대되는 통계가 나오기도 한다.

『남성의 종말』에서 반복적으로 등장하는 테마는 여성의 야망이다. 여성들이 개인적으로나 직업적으로나 더 열심히 일하고 집중력이 더 뛰어나며 무슨 일이 있어도 책임을 완수하려는 의지가 강하다는 것이다. 많은 전문대학이나 대학에서 여학생 수가 늘어나는 데 반해, 남학생은 아예 입학하지 않거나 학위를 수료하지 않는 경향을 보인다. 로진은 이 통계에 만족하지 않고 왜 이러한 경향이 이어지는지 분석한다. 그녀는 남성들이 대학에 가지 않아도 되는 시절이 있었다고 말한다. 남자들은 공장에서 일하거나 집안 사업을 물려받거나 장사를 하면서 스스로를 책임지고 가족까지 부양할 수 있었다. 하지만 공장의 일자리가 인건비가 싼 해외로 넘어가고 경제가 악화되면서 제조업을 대체할 만한 다른 직업군이 등장하지 않아 남성들은 이 상황에 적응하지 못하고 있다. 다만 여기서는 말하지 않고 넘어간 중요한 사실이 있다. 어째서 여성이 더 야심이 넘치고 더 열심히 일하는 것일까? 다른 선택의 여지가 없기 때문이다. 우리는 투표하기 위해 목숨걸고 싸워야 했고, 집밖에서 일해보겠다고 기를 쓰고 싸워야 했고, 성희롱 없는 근무 환경에서 일하기 위해 싸워야 했고, 대학이나 학과를 스스로 선택하기 위해 싸워왔으며, 작은 자리라도 차지하기 위해 계속해서 나를 증명하고 또 증명해내야 했다. 여성들은 분명 이전보다 능력을 발휘하고 있다. 그러나 전 국무장관이자 2016년 가장 유력한 미국 대선 후보인 힐러리 클린턴은 아직도 패션에 관한 질문을 받는다. CNN은 여성 유권자들은 투표할 때 호르몬의 영향을 받는다는 기사를 아무렇지도 않게 내보낸다.

이어서 로진은 폭력을 논한다. 여성들이 강해졌다고 주장하며 "오늘날의 여성들은 그 어느 시대보다 살해당하거나 강간당하거나 추행

당하거나 강도를 당하는 빈도수가 낮아졌다"라고 말한다. 굉장히 듣기 좋은 뉴스이지만 로진의 다음 주장에는 어폐가 있다. "여성 폭력의 실상에 관한 2010년 백악관 보고서는 많은 페미니스트들을 불안에 휩싸이게 했다." 아니 왜 페미니스트들이 이 보고서를 보고 불안에 휩싸였다는 것일까? 여성을 대상으로 하는 폭력이 줄었다는 기사를 보고 페미니스트들이 불안해할 이유가 뭘까? 여성의 성공이 '페미니스트 어젠다'에 반대된다는 뜻일까? 또한 로진은 신고되지 않은 성적 학대와 성폭행이 얼마나 많은지는 조사하지 않고 발표된 통계만을 언급한다. 실은 여성이든 남성이든 폭력 피해에 대해서만은 100퍼센트 정확한 실태 조사 결과를 절대 받아볼 수가 없다. 성폭력이라는 사안에서 남성들의 경우도 마찬가지다. 그저 최선의 추측을 해볼 뿐이다.

로진은 "삽입 전까지의 행동(예를 들어 구강성교)을 포함할 뿐 아니라, 피해자가 유의미한 동의를 할 수 없을 정도로 정상적인 활동이 불가능한 상황(보통 만취 상태를 말한다)까지 강간의 정의가 확장된 것"을 여권신장의 또다른 예로 든다. 이것은 분명 성폭행의 범위를 넓게 인정한 의미 있는 발전임에 틀림없다. 그러나 우리는 지난 몇 년간 보수적인 정치인들이 성폭행과 임신중지에 대한 자신의 입장을 관철하기 위해 떠들어댄 이야기들을 알고 있다. 이들은 강간에도 여러 종류가 있으며 그중에는 합법적 강간도 있다는 주장까지 하고 있다.

인디애나주의 공화당 연방 상원의원에 출마한 리처드 머독은 2012년 토론에서 이렇게 말했다. "저는 이 문제를 오랫동안 고심해왔는데 결국 생명은 수정되는 순간 탄생하며, 신의 선물이라는 것을 깨달았습니다. 성폭행이라는 끔찍한 상황 가운데에서도 생명이 잉태되었다면, 그것은 하느님이 의도한 선물인 것입니다.” 나는 그가 사용한 단어 하나하나에 집착하면서 어떻게 신을 믿는다는 사람이 강간으로 인한 임신이 신의 의도라는 주장을 할 수 있는지 이해하려고 노력해보았다. 강간에도 여러 종류가 있는 것처럼 신에도 여러 종류가 있는 모양이다. 그렇다면 여성들은 신의 의도를 받아내는 수취인이고, 원치 않은 임신은 신의 의도이기에 인생을 바꾸어버리는 이런 짐을 견뎌야 한다는 말인가?

감히 이런 의견을 제시하는 사람은 머독뿐만이 아니다. 전 미주리주 공화당 하원의원인 토드 에이킨은 ‘합법적 강간’이 있다고 했고 이와 반대되는 개념으로 다분히 중복 어법이라 할 수 있는 ‘강제적 강간’이 있다고 했다. 텍사스주 하원의원인 론 폴은 ‘정직한 강간’이라는 것이 존재한다고 믿었고, 이 세상에서 수없이 벌어지고 있는 소위 부정직한 강간에는 눈을 감기도 했다. 전 위스콘신주 하원의원 로저 리버드는 어떤 여자들은 “강간당하기 쉽다”라고 말해 비난의 도마에 오르기도 했다. 강간의 이러한 새로운 정의가 남성의 전유물이라고 생각한다면 코네티컷 상원의원에 출마했다 낙선한 린다 맥맨이 ‘긴급 강간’이라는 개념을 소개했음을 기억해보자. 이런 해괴망측한 강간의 정의 시리즈만 봐도 우리 문화는 여전히 여성을 억압하려 하고 있으며 무작정 여성 인권이 나아졌다고 믿을 수는 없다는 걸 알 수 있다. 그나마 이런 발언으로 물의를 일으킨 사람들이 줄줄이 선거에서 패배해 현재 권력을 쥐고 있지 않다는 사실에 안심할 뿐이다.

『남성의 종말』 페이퍼백에는 새로운 에필로그가 첨부되어 있는데 상당 부분이 페미니스트에 대한 반발로 이루어져 있다. 로진의 상상 속에서 페미니스트들은 아직도 탄압과 굴종에 시달리고 있는 여성의 현실만을 강조하고 있는 것 같다. 로진은 페미니스트들도 이제 가부장제는 죽었다는 사실을 인정해야 한다고 주장한다. 하지만 그 말은 어불성설이며 이로 인해 한때 반어적인 해시태그 #RIPPatriarchy(#삼가명복을빕니다가부장제)가 트위터를 휩쓸기도 했다. 로진은 에필로그에서도 독자들과 전혀 득 될 것이 없는 쓸데없는 논쟁을 하는 것만 같다.

통계상으로 여성들의 삶이 개선되었다는 로진의 의견에는 잘못된 점이 없으나 이 정도면 충분히 나아졌다는 주장은 잘못되었다. '더' 나아진 것만으로는 충분하지 않고 겨우 이 정도에 안주해버리는 건 부끄러운 일이다. 가부장제가 아직 멀쩡하다못해 팔팔하게 살아 있다는 증거는 셀 수 없이 많다. (일단 앞에 소개한 전 의원들의 망언을 보자.)

책의 에필로그와 그 어조 때문에 퍽 괜찮을 수 있었던 책이 이상해져버려서 안타깝기 그지없다. 또한 여성이 전체 하원의 3분의 1이라는 문장은 뻔뻔스러울 정도로 잘못된 정보다. 제113대 국회에서 여성은 전체 535석 중에 18.3퍼센트밖에 차지하지 않았다.

물론 이 책의 모든 내용을 트집잡을 필요는 없을 것이다. 확실한 건 가부장제는 아주 잘 먹고 잘살고 있다는 사실이다. IT 업계는 여성혐오 관련 논란에 지속적으로 휘말리고 있다. 2013년 테크크런치 창업 컨퍼런스에서 두 명의 프로그래머가 '팃스테어(가슴 쳐다보기)'라는 이름의 앱을 들고 나왔다. 당신이 생각하는 바로 그것이 맞는다. 너무나 유치해 우리의 아까운 시간과 에너지를 쓸 가치도 없어 보이지만 일상 속의 여성혐오 때문에 우리 사회에서 이런 말 같지도 않은 일이 실제로 벌어지고 있다. 같은 해 하버드대학교에서는 디지털 기기의 발전에 따른 언론 산업의 위기를 진단하기 위해 「립타이드」라는 보고서를 발표했으나, 이들이 인터뷰한 이들은 거의 다 백인 남성이었다. 언제나 그렇듯이 다양한 목소리들을 수집했다면 훨씬 더 나았을 이슈를 이런 식으로 축소해버렸다. 이른바 '가정의 가치'를 주장하는 보수 가톨릭 단체인 '픽스 더 패밀리'는 「딸을 대학에 보내지 말아야 하는 이유」라는 글을 발표했다. 모두가 진심이었다. 전혀 풍자적이지 않았다.

이것은 그나마 사소한 것들이고, 질병이 아니라 증상이다. 이런 불쾌한 상황에 흥분하느라 미국을 비롯한 전 세계의 여성이 처한 더 중대한 문제를 놓쳐서는 안 된다. 우리가 정신 차리고 논의해야 할 것은 노스캐롤라이나와 텍사스와 오하이오에서 이루어지려 하는 '재생산권'의 축소다. 또한 빈곤층 여성들의 가정폭력과 성폭력 실태를 조사하기 위해 노력할 수도 있다. 저자의 말대로 가부장제가 정말 사망했다고 해도 아직도 많은 곳에 그 부고가 전달되지 못한 것 같다.

로진은 페미니스트들이 억울함을 내면화하고 있다고, 마치 우리가 고통받지 않으면 제대로 기능할 수가 없다는 듯이 가부장제와 억압의 개념을 꼭 쥐고 놓지 않으려 한다고 말한다. 한 명의 페미니스트로서 말하자면 나는 제대로 된 세상에서 아주 기쁘고 행복하게 살 자신이 있다. 로진은 이렇게 쓰고 있다. "여성은 진짜 권력에 가까이 갈수록 자신이 무력하다는 생각에 매달리는 경향이 있다. 이 시대 여성의 성공에 감격하는 것은 배신으로 여겨지기도 한다.” 이 문장의 오류는 『남성의 종말』 전체에 흐르는 오류와 같다. 이것 아니면 저것이라는 흑백논리, 미묘한 차이를 고려하지 않으려는 태도다. 소수의 여성들이 성공과 권력을 손에 쥐었다는 것이 가부장제의 사망을 증명하지는 않는다. 우리 중 몇 사람은 운이 좋았다는 사실을 증명할 뿐이다.

여성이 끊임없이 하찮은 존재로 취급받는 권력 구조의 문화적 해악으로 자꾸 돌아가는 것보다는 여성의 힘에 대해 논하는 것이 더 중요할 수 있다. 우리는 이미 그 권력 구조의 해악들을 뼈저리게 느끼고 있다. 그런 세상 안에 살고 있고 그것을 극복하려 노력하는 중이다. 하지만 이제 여성의 힘에 대해서 이야기해보자. 『포천Fortune』 선정 500대 기업 CEO 가운데 여성은 야후 CEO 머리사 메이어를 비롯해 스무 명이라고 한다. 4퍼센트에 달하는 수치다. 개정판 에필로그에서 로진은 신나서 이 숫자들을 언급하는데 마치 이렇게 말하는 것 같다. ‘그냥 제 환상 속에 살도록 내버려두세요. 이렇게 사는 것만으로도 바쁘거든요.’ 우리는 2013년 7월 기준으로, 전 세계를 통틀어 왜 여성 대통령과 총리가 고작 열아홉 명밖에 없는지, 왜 아직 미국에 여성 대통령이 나오지 못했는지에 대해 이야기해볼 수도 있다.

로진은 급진적인 페미니스트도 아니고 안티 페미니스트도 아니라고 하면서 빠져나갈 여지를 만들고 있는 것 같다. 이 책의 내용에 어떻게 반응하건 그 사람을 억울함과 울분만 품고 있는 사람으로, 자신이 상정한 진실을 보지 않으려고 고집피우는 사람으로 만들어버린다. 하지만 반대 의견 제시는 분노 표출이 아니다. 아직도 이 사회에 여성 혐오가 만연하고 여성이 피해를 입고 있다고 지적하는 행위는 분노가 아니다. 이 관점을 분노라 일축해버리는 건 여성이 처한 부당한 현실을 거부하는 것이고 다시 여성을 불평등한 자리로 밀어넣는 것이다. 로진의 의견에 동의하지 않았다고 해서 우리가 여성 인권의 발전에 눈 감고 귀 막고 있는 것도 아니다. 페미니스트들은 우리가 이룬 성공을 축하하고 특권도 인정한다. 다만 이쯤에서 만족하고 싶지 않을 뿐이다. 앞으로 더 해야 할 일이 많음을 잊지 않을 뿐이다. 여전히 권리를 위해 치열하게 싸우고 있는 여성들을 모른 척하고 지금 갖고 있는 것에서 위안을 찾고 싶지 않을 뿐이다.

이제 같은 해에 영국에서 출간된, 상당히 유머러스한 문체로 환호를 받았던 케이틀린 모런의 『아마도 올해의 가장 명랑한 페미니즘 이야기』를 살펴보자. 이 책에서는 역사적으로 여성은 이룬 것이 없다고, 여성은 아직 부상하지 못했다고 주장한다.

> 남자든 여자든 가장 급진적인 페미니스트 역사학자들—아마조네스와 모계 부족사회와 클레오파트라를 예로 드는 이들—도 여성이 지난 10만 년 동안 거지 같은 취급을 받아왔다는 사실을 숨기지는 못한다. 그냥 인정하자. 여성에게도 영광스럽고 창조적이며 남성과 동등했던 평행 우주가 존재하는 척 애쓰지 말자. 역사

는 남성의 전유물이다.

모런에 따르면 아직은 남성 지배에 유리한 사회 문화적 요인들 때문에 여성들은 아직 남성들만큼 성취할 기회를 갖지 못했다고 한다.

회고록이자 페미니즘을 다룬 책인 『아마도 올해의 가장 명랑한 페미니즘 이야기』에서도 젠더의 문제를 매우 선별적인 태도로 접근하며 자신만의 좁은 관점으로 모든 것을 말하려 한다. 이 책의 전반에 흐르는 주제는 '남자도 여자가 걱정하는 문제에 대해 걱정을 할까?'다. 상당히 솔깃하긴 하다. 가장 자주 인용되는 부분은 다음과 같다.

> 다 함께 이런 질문을 해보자. '남자들도 이 짓을 하고 있나? 남자들도 이 문제를 걱정하는가? 그들도 이 일에 많은 시간을 낭비하는가? 남자들도 '우리 편을 기죽게 해서는 안 된다'는 말을 듣고 있는가? 그들도 이 한심하고 지긋지긋하고 소모적인 논쟁에 관한 책을 쓰고 있는가?'

이렇게 단순명료한 사고방식에 합류하고 싶지 않은 사람이 어디 있겠는가? 하지만 이 책에서는(그리 혁신적이지는 않지만) 재미있는 페미니스트가 되기 위해서 타인에 대한 무신경함과 문화적 무지는 봐주어야 한다고 말하는 듯하다. 곳곳에서 작가의 자의적인 판단과 선별적인 태도가 드러난다. '남자들도 이 짓을 하고 있나?'라는 문구에 열광했다면 그 밑에 모런이 이 문장을 바탕으로 어떤 견해를 펼치고 있는지 살펴보자. "나는 '남자들도 이 짓을 하고 있나?'라는 질문을 근거로 하여 여성들의 부르카 착용 관습에 당당히 맞서기로 했다." 이 얼마나 생뚱맞은 판단인가? 갑자기 부르카가 왜 나오며 부르카에 대한 모런의 입장이 왜 중요한가? 로리 발보는 이집트 뉴스 앵커가 히잡을 쓰고 방송을 하기로 한 결정을 두고 이렇게 쓰고 있다. "여성에게 히잡을 쓰라고 강요하는 것과 쓰지 말라고 강요하는 것은 결국 똑같다. 그 결정은 궁극적으로 개개인에게 맡겨야 한다." 히잡이나 부르카에 대한 서구사회의 의견들이 뭐 그리 중요할까? 우리가 스스로 아무리 잘났다고 여겨도 무슬림 여성들을 대신해, 무엇이 그들을 압박하거나 압박하지 않는다고 말하며 최종 결정을 내려줄 수는 없다.

『아마도 올해의 가장 명랑한 페미니즘 이야기』에서 모런은 이렇게 쓰기도 한다. "나는 '거칠고 공격적인 페미니스트'라는 단어를 다시 내 것으로 만들고 싶다. 힙합 커뮤니티에서 '니거nigger'•라는 단어를 되찾았던 것처럼 말이다." 매우 당황스러운 발언이 아닐 수 없다. '거칠고 공격적인 페미니스트'가 N으로 시작되는 그 단어와 왜 같이 놓여야 하는지 이해할 수 없다. 나는 사람들이 이에 관해 아무 언급도 하지 않는다는 사실에 더 놀랐다. 오직 웃기고 재미있는 페미니즘을 위해서라면 이러한 인종차별적인 태도 앞에서도 침묵해야 한단 말인가? 이 책은 대체로 극찬을 받았고 뉴욕 타임스도 열을 올렸다. "『아마도 올해의 가장 명랑한 페미니즘 이야기』는 우리가 눈치채지 못했

• 흑인을 가리키는 모욕적인 말.

지만 우리 문화에 새겨져 있던 성차별주의에 대한 놀랍고 재미있는 책이다."

이 책의 리뷰들은 이제까지의 페미니즘을 다룬 글들은 유머가 부족했고 너무 진지하고 어렵기만 했다고 말하고 있다. 그래서 모런의 책에 담긴 유머가 더욱 찬양받는 것이다. 하지만 이 책을 읽으며 웃음이 터진다는 이유로 문화적 무지를 간과할 수는 없다. 모런은 자신이 잘 알지 못하는 경험에도 자신의 관점을 들이대면서 오히려 자신의 훌륭한 주장마저 약화시킨다. 이런 식의 글이 그렇다. "모든 여자들은 아기를 사랑한다. 모든 여자들이 마놀로 블라닉과 조지 클루니를 사랑하는 것처럼. 아니, 캔버스화만 신거나 레즈비언이거나 하이힐은 질색하거나 조지 클루니에 관심 없는 여자도 아기는 사랑한다." 물론 재기발랄하다. 그렇지만 사실은 아니다. 유머러스한 문장에 욕심을 내다가 여성을 일반화해버리고 여성의 취향과 다양성을 무시해버린 것이다. 모런은 페미니즘을 다른 모든 문화적 맥락을 무시하고 홀로 설 수 있는 사상처럼 표현하기도 했다. 그녀가 주장하는 페미니즘은 자기가 아는 세상이라는 단절된 공간 안에만 존재한다. 모런이 시야를 넓혀 다른 문화나 상황을 돌아보았다면 훨씬 더 좋은 책이 될 수 있었을 텐데, 실로 안타깝다. 『아마도 올해의 가장 명랑한 페미니즘 이야기』가 얼마나 많이 팔렸는지를 고려하면 좋은 기회를 놓쳤다고밖에 생각할 수 없다.

그러나 여러 방향으로 뻗어가며 문화적 한계라는 답답한 진공을 폭발시키려고 시도한 젠더에 관한 책도 있다. 케이트 잠브레노의 『여주인공들』의 마지막에 나온 문장을 보자. "나의 비평은 언제나 넘치는 감정에서 솟아난 것이다." 잠브레노의 글이 나를 사로잡은 이유는 그녀가 옹호한 그 에토스ethos를 한 편 한 편의 글에 풍부하게 담았기 때문이다. 그녀는 페미니즘 선언문이자 회고록이며 문학비평이기도 한 하이브리드 텍스트를 창조했다. 여러 장르의 혼융이 이 책의 가장 두드러진 특징이며 그녀는 다양한 장르를 통해 자신의 야망을 효과적으로 펼쳐낸다. 젠더 담론을 한 단계 끌어올리려 노력했을 뿐만 아니라 자기가 먼저 실행하는 모습을 보여주기도 했다.

그녀의 비평은 감정에서 우러나온다. 작가가 비평 뒤의 동기를 이렇게 담담하게 내보이는 것부터 신선하다고 할 수 있다. 보통 비평은 자신의 의도는 숨기고 객관성이라는 가면을 쓴 채 보호받는 경우가 많기 때문이다. 이 책 『여주인공들』에는 그런 거리감이 없다. 잠브레노는 비평도 얼마든지 주관적일 수 있다고 말한다.

잠브레노는 사적인 이야기와 정치적 관점 사이를 수시로 오가면서도 글의 논조를 흩트리지 않고, 책의 끝에서 말한 것을 명확히 구현해낸다. "인터넷에서는 새로운 스타일의 주관적 글쓰기가 가능하다. 대중문화와 문학비평을 잘 활용하여 자기 자신의 본모습과 욕망이 살아 있는 새로운 글쓰기에 도전할 수 있다." 어쩌면 이 책 내용의 대부분이 블로그 '나의 언니는 프랜시스 파머'에 먼저 실렸기에 이런 스타일이 가능했을지도 모른다. 잠브레노는 블로그라는 공간에서 자신의 삶과 문화적, 비평적 관심사를 자유롭게 쏟아놓았다.

모든 작가에겐 집착하는 바가 있다. 『여주인공들』은 페미니스트의 새로운 기반을 만드는 데 집착하는 듯하다. 잠브레노는 여성이 페미니스트이면서 동시에 여성스러울 수 있고, 여성의 경험을 침묵하게 하고 삭제해버렸던 꼬리표를 거부할 수 있다고 말한다. 자신의 개인사와 연애사와 여성 영웅들을 접목시키기도 한다. 파트너와 오하이오 애크런에 갔을 때 적응하기가 얼마나 힘들었는지, 연인을 따라 사는 곳을 옮긴다는 것이 얼마나 어려운 일인지를 토로하면서, 개인적인 경험과 내면 관찰을 토대로 남성 위주의 사회에서 여성 작가와 여성 예술가들이 어떤 방식으로 침묵당하고 삭제되었는지 분석하는 것이다.

『여주인공들』은 완벽한 책이 아니다. 이 책은 인종문제나 계급이나 이성애자의 특권 같은 문제에는 침묵을 지킨다. 그녀가 언급한 여성 영웅 대부분이 백인 이성애자 여성이기도 하다. 어떤 책도 모든 사람을 만족시킬 수는 없을 것이다. 하지만 이러한 통찰력과 필력을 보유한 잠브레노가 시야를 넓히고 문화 담론의 진공을 이보다 더 크게 폭발시켜주었다면 훨씬 더 근사한 책이 되었으리라 생각한다.

주노 디아스의 소설집 『이렇게 그녀를 잃었다』를 읽고 한동안 당혹스러웠다. 디아스는 이 시대 가장 각광받는 작가고 그의 재능을 부정할 사람은 없을 것이다. 이 작가는 글을 다루는 솜씨가 보통이 아니다. 생동감 넘치고 지적이고 강렬하다. 그는 단편이라는 형식을 어떻게 풀어가야 할지 알고 서사 구조에 우아함을 부여할 줄 안다. 풍부한 문화적 맥락을 소설로 형상화할 줄 알고 캐릭터들의 인간적인 결함을 있는 그대로 묘사하여 진정성을 획득한다. 이 책에 실린 아홉 편의 단편소설은 주인공 유니오르를 중심으로 그의 가족과 사랑했던 여인의 이야기로 이루어져 있으며, 유니오르는 사랑했던 여인을 잃고 상처받고 결국 혼자가 되어 자신의 과오가 부른 폐허 가운데 놓인다. 나는 이야기들과 풍부한 디테일과 독특한 목소리, 그리고 독자로 하여금 처음부터 끝까지 읽게 만드는 그 흡인력에 매료되었다. 그의 글은 중력처럼 독자를 잡아당겨 끝까지 붙들어놓는다. 그렇기 때문에 이 안에 숨겨진 문제를 서서히 발견하면서 더욱 혼란스러울 수밖에 없었다.

「오트라비다, 오트라베스」는 유부남인 유니오르의 아버지와 사귀고 있는 세탁소 직원에 관한 이야기다. 이민자의 경험과 사랑에 빠진 여성들이 하게 되는 선택, 이들의 끝없는 인내와 절망, 마지막까지 놓지 않는 희망을 너무나 아름답게 그린다. 이 소설은 최근 읽은 가장 매력적인 단편 중 하나다.

이 책의 모든 이야기에는 경탄할 부분이 있다. 「겨울」에서는 유니오르와 그의 형과 어머니가 처음 미국 땅에 도착했을 때 마주한 길고 황량한 겨울과 유니오르의 머리에 떨어지던 첫눈의 느낌을 황홀하게 묘사한다. 「미스 로라」에서는 형을 잃고 슬퍼하는 열여섯 살 유니오르와, 그가 바람을 피우는 상대인 중년 여성 미스 로라, 두 명 모두에게 깊은 동정심을 느끼게 된다. 마지막에 실린 단편 「바람둥이의 사랑 지침서」는 유니오르가 약혼자를 두고도 계속 다른 여인들과 바람을 피우다가 결국 약혼자와 헤어져서 후회와 슬픔에 젖는 이야기다. 깊고 솔직한 성찰에서 나온 날것의 고백이며, 유니오르는 자신의 과오를 낱낱이 고백하면서 회한을 몰아내려 한다.

그리고 이 책에는 성차별주의가 있다. 때로는 심각한 수준이다. 주노 디아스는 NPR 방송국과의 인터뷰에서 이렇게 말한 적이 있다. “여성이 한 명의 온전한 인간이라고 상상할 수 없는 환경에서 자랐습니다. 제 고향의 문화, 주변 사람들, TV에 나오는 인물들에 의해 여성이 남성보다 열등한 존재라는 사고를 주입받았지요.” 그가 자란 세계에서 받은 영향은 『이렇게 그녀를 잃었다』 전편에 드러나 있다. 이 소설집의 여성들은 그저 남자들에게 제공할 수 있는 육체일 뿐이다. 그들은 유니오르의 성적 쾌락을 위해서 존재하고 그로 인해 파멸한다. 물론 주인공 유니오르가 극악한 여성혐오증 환자이고 여성을 폄하하는 문화의 산물이며 여성들에게 충실하지 못하고, 이 책의 어느 누구도 여성을 이해하려 들지 않는다는 사실은 그다지 큰 문제가 되지 않을 수도 있다. 결국 이 책은 소설이고, 소설에서마저 인간이 완벽해야 한다면 우리가 인간적인 인간일 수 있는 공간은 남아나지 않을 것이다.

그럼에도 불구하고 나는 이 소설집에서 남자들이 한 번도 잘못의 대가를 치르지 않는다는 사실이 내내 꺼림칙하다. 그뿐인가, 이 소설집이 받은 비평에도 잘못한 남자들을 비난하는 어조는 없다. 디아스뿐만 아니라 우리 모두 여성이 남성보다 열등하다고 여겨지는 문화의 영향을 받았다. 디아스가 놀라운 감수성과 필력으로 캐릭터들이 자라온 환경, 어쩌면 모든 독자들이 처해 있었던 그 환경의 한계를 한 걸음 벗어나는 모습을 보여주었다면 작가로서의 역량이 얼마나 더 빛을 발했을지 궁금해진다.

우리는 늘 젠더에 대해 말하고 글쓰고 생각한다. 하지만 우리 자신의 문화적 관습과 세계관에 갇혀 있다보니 의도가 아무리 훌륭하고 접근 방식이 아무리 정교하다 해도 결국 '우리는 이렇게 다 지고 말았지'가 되어버리는 것 같다. 앞으로 이보다 더 나은 젠더 담론이 나올 수 있을지, 나아진다면 어떤 식으로 나아질지는 알지 못한다. 내가 아는 건 우리 안에 깊이 뿌리내리고 있는 이 상태를 극복하고 저항할 필요가 있다는 사실이다. 우리는 그저 어떤 소재를 있는 그대로, 재미있게, 웃기게 쓰는 데만 관심을 가져서는 안 된다. 조금이라도 더 낫게 쓸 수 있도록 주의를 기울여야 한다.

카타르시스를 원하는 사람들

고등학교 2학년이 끝나고 여름방학 때 다이어트 캠프에 간 적이 있다. 물론 자의가 아니라 타의에 의해서였다. 어떤 종류건 캠프 같은 데 가기엔 나이가 너무 많다고 생각하고 있었다. 그리고 그런 캠프에 갈 정도로 그렇게까지 뚱뚱하지는 않다고 여겼다. 3년 동안 나는 눈에 보이는 건 모두 먹어치워왔고 총 18킬로그램이 늘어 주위에서도 변화를 눈치채기 시작했다. 기숙사의 남자친구 방 트윈 침대에 나란히 누워 있었는데, 그가 나의 적당히 펑퍼짐한 엉덩이를 보며 듣기 싫은 소리를 했다. 내 엉덩이의 출렁거리는 살들을 목격한 같은 반 친구는 이렇게 말하기도 했다. "이년아, 미쳤냐?"

방학 때 집으로 돌아오자 부모님 또한 전보다 훨씬 두리뭉실해진 딸의 체형을 알아챘다. 그냥 넘어갈 리 없었고 자제력과 올바른 식습관에 대해 온갖 종류의 설교와 조언이 이어졌다. 아빠는 절제가 가장 중요하다고 말씀하셨다. '절제'는 우리 아빠가 가장 좋아하는 단어라고도 할 수 있었다. 물론 부모님의 뜻을 모르지 않았다. 부모님은 내가 꼬챙이처럼 너무 말랐을 때도 걱정했고 그렇지 않을 때도 걱정했다. 숲에서 남자아이들과 어떤 사건을 겪은 뒤로 나는 볼 한가득 트윙키 카스텔라를 쑤셔넣거나 야밤에 피자를 시키면서 내 가슴에 흉하게 뻥 뚫린 구멍을 메우거나 자꾸 삐져나오려는 시끄러운 소리들을 잠재우려 했다. 나는 부모님과 그들의 걱정을 모른 체했다. 먹기만 하면 그 순간은 해결되었다. 몸은 점점 커지다가 비대해졌고 남들 눈에 띄었으며 동시에 남들 눈에 띄지 않기도 했다. 여기서 중요한 것은 내 몸이 커질수록 안전하다고 느꼈다는 것이다. 나의 이 육중한 몸뚱이에는 나쁜 일이 생기지 않을 거야. 내 생각이 완전히 틀린 것도 아니었다. 폭식은 말하자면 생존 본능이었다.

다이애나 스페슐러의 『스키니』를 읽으면서 고등학생 때 참가했던 다이어트 캠프가 떠올랐다. 나는 사실 '스키니'하지 않기 때문에 이 책을 읽었다. 소설의 전체 줄거리는 20대 여성 그레이 래크먼이 아버지의 죽음에 충격을 받아 방황하다 노스캐롤라이나의 다이어트 캠프에서 카운슬러로 일하게 된다는 이야기다. 그레이와 아버지 사이에는 복잡한 사연이 있고, 그녀는 아버지와 오래전부터 소원하게 지냈으나 여러 부질없는 이유를 들면서 아버지의 죽음이 자기 탓이라 생각한다. 그녀는 뉴욕에서 오랫동안 사귀었던 코미디언 남자친구 미키와 자기처럼 식이장애가 있는 엄마 곁을 떠나 노스캐롤라이나의 다이어트 캠프로 도망가버린다.

하지만 자신을 평생 괴롭혀온 몸에 대한 집착, 날씬해야 한다는 강박과 폭식하는 습관은 떨쳐내지 못한다. 타인의 아이들을 잘 돌봐줄 능력이 없는 캠프 스태프들과 어린 캠프 참가자들 사이에서 그레이는 눈치보지 않고 하고 싶은 대로 한다. 때로는 자신의 공허함을 채우기 위해 이것저것 시도하기도 한다. 캠프에 참가한 아이들에게 마음을 열고 다가가보려 하지만, 아이들은 더 젊고 '쿨한' 카운슬러인 시나와 친해지고 싶어한다. 캠프 참가자들의 문제를 발견하고는 총관리자인 루이스에게 알리기도 한다. 그녀는 남들의 카운슬러 역할을 하기에는 여러모로 자격 미달이지만 그럭저럭 해나간다. 그레이는 다른 카운슬러들과 별반 다르지 않다.

『스키니』에는 몸에 집착하는 20대 여성의 슬픔과 자기혐오, 자신의 몸을 통제하려고 노력하는 그레이의 모습 외에 다른 이야기들도 있다. 우선 그레이는 이 캠프의 참가자인 이든이 자신의 배다른 여동생이라고 믿는다. 유언 집행자가 되어 아버지 재산을 관리하다 재산의 일부가 이든의 엄마에게 상속되었다는 사실을 발견한 그레이는 인터넷으로 이든을 찾고 그녀가 이 캠프에 온다는 사실도 알게 된다. 그레이는 여름 내내 이든과 가까워지려고 하지만 이든은 자기 안에 갇힌 10대 사춘기 소녀라 친해지기가 쉽지 않다. 그레이는 뉴욕에 남자친구가 있지만, 자격증 없이 이곳에서 트레이너로 일하는 베넷과 불장난 같은 연애를 하기도 한다. 이 캠프에서 일하는 스태프 중 자신에게 할당된 임무를 제대로 수행할 준비가 된 사람은 한 명도 없으나 다들 꾸역꾸역 해낸다. 못하면 그만이고. 베넷은 균형 잡히고 탄탄한 체형의 사내로 그레이는 그와 사귀면서 몸매에 대한 집착이 더욱 심해진다. 그녀는 점점 말라가다 나중에는 앙상할 정도가 되어버린다.

그녀는 밤마다 베넷의 방에 숨어들고 섹스로 괴로운 생각들을 잊어보려 한다. 낮에는 아름다움이 행복을 약속해주는 것처럼 외모를 가꾸는 데에 열중한다. "자유 시간에 중요한 일을 한다. 이에는 치아 미백제를 붙이고 가슴에는 셀프 태닝 크림을 바르고 이제 너무 커서 헐렁거리는 청바지를 입어보고 바지춤을 내려 엉덩이뼈가 갈라진 부분을 보며 감탄한다." 책을 읽다보면 그레이의 자아도취적 성향에 점점 매혹을 느끼게 된다. 베넷이 그레이에게 이렇게 말하는 장면도 있다. "너는 말이야. 뭐랄까, 너 자신과 사랑에 빠져 있는 것 같아." 그녀는 대답한다. "나에게 집중하고 몰두하는 건 자기도취나 자기애와는 달라."

내가 참가했던 다이어트 캠프는 매사추세츠주 버크셔산맥에 있었고 그림엽서처럼 아름다운 풍경으로 유명한 곳이었다. 그러나 아름다움은 보는 사람 눈 속에 있다고 했던가? 내 눈에는 그 아름다움이 들어오질 않았다. 내 생애 가장 돈 아깝고 괴로운 6주였다. 쪄죽을 듯 무더운 날씨였으나 에어컨은 없었다. 끝도 없이 걸어다녀야 했고 건물들 사이의 거리가 말도 못하게 멀었다. 우리 숙소는 언덕 꼭대기에 있었는데 말이 언덕이지 산에 가까웠다. 옷을 갈아입어야 하거나 몇 분만 누워 쉬고 싶거나 숙소에 물건 하나 놓고 오기라도 하면 에베레스트 등반 체험이라도 하는 것처럼 목숨걸고 산을 타야 했다. 힘들어 죽을 것만 같았다. 대부분의 시간을 야외에서 하이킹하고 수영하고 모기들에게 뜯기면서 보냈다. 체중 기록 시간이 가장 곤욕스러웠다. 신발을 벗고 체중계에 올라가서 숨을 참고 체중계가 몸무게를 짚어낼 때까지 기다린다. 감량 폭이 크면 축하와 격려를 받고, 큰 변화가 없으면 엄한 훈계와 모멸적인 시선을 견뎌야 한다. 하지만 사실 우리는 숫자에 신경도 쓰지 않았다. 다이어트 캠프에 간 아이들은 자기가 엄청 뚱뚱한지, 약간 뚱뚱한지, 통통에서 뚱뚱으로 가는 중인지에 쥐뿔도 관심이 없었다. 오직 부모들의 관심사일 뿐이었다.

운동과 다이어트가 주요 활동이지만, 다른 여름 캠프처럼 밤에는 행사가 있고 집에 편지 쓰는 시간도 있고 끼리끼리 모여 쑥덕거리기도 하고 눈이 맞기도 했다. 자, 이제 내가 그 캠프에서 배운 것을 말해주겠다. 담배를 배웠다. 첫 담배를 피우자마자 홀딱 반해버리고 말았다. 이것 말고 배운 것이 또 있다. 목구멍에 손가락을 넣어 토하는 법. 몸무게를 조금이라도 줄이기 위해 체중계 끝에 서는 법. 어린애들이 잠들면 나보다 몇 살 많지도 않고 몇 년 전엔 본인들도 캠프 참가자였던 대학생 카운슬러들이 숙소 뒤에 옹기종기 모여 술도 한잔씩 하고 담배도 피우고 키스와 그 외의 것들을 하기도 했다.

그때 우리가 그 주변을 맴돌고 있으면 카운슬러들은 가서 자라고 하기는커녕 와서 같이 놀자고 했다. 다들 이 캠프에 오기 전부터 그 정도 일탈은 장난이었지만 역시 밖에 나오니 스릴 만점이었다. 내가 처음 피운 담배는 벤슨&헤지스 멘톨이었다. 통나무 위에 앉아서 원래 피워왔던 것처럼 깊이 들이마시고 천천히 내뱉으니 뭔가 인생을 아는 어른이 된 느낌이었다. 그때 배운 담배는 이후 18년 동안 나와 함께했다. 그런 면에서 다이어트 캠프는 두고두고 내 인생에 영향을 미쳤다고도 할 수 있겠다.

우리가 몸에 집착하는 건 이상한 일이 아니다. 절대로 피할 수 없는 일이다. 우리는 이 몸으로 인생을 헤쳐간다. 몸은 고통과 쾌락을 가져온다. 우리를 보좌해주기도 하고 때로는 거추장스러운 짐이 되기도 한다. 몸이 우리를 배신하기도 하고 우리의 몸이 다른 이들에게 배신당하기도 한다. 나는 내 몸에 대해 항상 생각하는 편이다. 어떻게 보이는지, 어떻게 느껴지는지, 어떻게 하면 더 작아 보일지, 이 안에 무엇을 넣어야 하고, 실제로는 무엇을 넣는지, 이제까지 내가 몸에 무슨 짓을 했는지, 지금은 무엇을 하고 있는지, 다른 사람들이 이 몸을 어떻게 하는지 항상 의식하고 있다. 이런 생각에 늘 사로잡혀 있는 건 상당히 피곤한 일이다. 아마 뚱뚱한 사람만큼 자기에게 집착하는 사람도 없을 것이다. 『스키니』는 자신의 몸에 만족하지 않는 사람들이 얼마나 강박적으로 변해가는지를 보여주는 소설이다. 뚱뚱한 사람들 모두가 자신의 몸에 만족하지 않는다는 말은 아니지만, 실제로 그런 사람들이 많다. 날씬한 친구들도 나와 비슷한 수준으로 몸에 집착한다. 자기 몸을 싫어하거나 몸의 특정 부위를 싫어한다. 팔뚝, 허벅지, 턱, 발목 등 제각각 다르다. 그들은 미친듯이 다이어트를 하고 쫄쫄 굶으면서 우리의 통제 범위에서 벗어난 무언가를 통제하고 있다고 착각하다 지치기도 한다. 나는 자기 몸과 자기 자신을 아주 약간이라도 싫어하지 않는 여성을 단 한 명도 만난 적이 없다. 몸에 대한 집착은 불가피한 인간의 조건인지도 모른다.

『스키니』는 우리가 몸과 절대로 분리될 수 없으며 몸이 얼마나 쉽게 우리의 의지를 벗어나는지 말하기도 한다. 그해 여름 그레이는 의도와는 달리 점점 더 심한 거식증 환자가 되어간다. 몸무게를 약간만 줄이기 위해 시작했던 다이어트가 삶의 유일한 목표가 되어버린다. 아무것도 먹지 않고 하루종일 운동하고 달리고 에어로빅을 하고 극단까지 자기를 밀어붙인다. 뼈가 불거지고 옷이 헐렁해져서 기뻐하고 단식으로 인한 몽롱하고 붕 뜬 기분을 즐기기까지 한다. 베넷과 섹스할 때는 두 사람의 몸이 얼마나 유연하고 날렵하며 서로 잘 맞는지 놀라기도 한다.

> 나는 그의 위에 다리를 벌리고 무릎을 꿇은 자세로 올라앉아 손으로는 그의 귀를 잡을 수가 있다. 몸을 완전히 뒤로 젖히고 척추를 아치 모양으로 만들면 나의 머리카락이 그의 발끝에 닿기도 한다. 내가 반듯이 누워 있을 때 내 위에 올라오는 그의 다리는 코린트식 기둥처럼 단단하다. 내 머리는 침대 끝에 매달려 있고 두 발은 그의 어깨 위에 놓여 있다.

그레이는 베넷과의 육체관계에 탐닉하면서 자기 자신이나 내면의 슬픔은 대면하지 않으려 한다. 그들은 어쩌다 시간과 장소가 맞아 관계를 맺은 것뿐이다. 가끔 남자친구 미키를 떠올리긴 해도 사랑하는 남자와 스스로를 배신했다는 점에 대해 그리 죄책감을 느끼지도 않는다. 종종 우울해지지만, 우울하기 때문에 어느 정도 나쁜 짓을 해도 된다고 스스로 합리화한다. 슬픔은 행복이 허용하지 않는 자유와 방종을 허락한다. 그레이의 몸이 말라갈수록, 문장은 황홀경에 젖은 듯 가벼워진다. 마치 작가 자신이 더 자유로워지는 것만 같다.

내가 『스키니』를 재미있게 읽은 이유는 내 불행했던 다이어트 캠프가 떠올랐기 때문이기도 하지만, 여성의 신체 사이즈를 주제로 한 잘 쓴 소설을 만나기 힘들어서다. 동시에 나는 이 책이 읽기 힘들기도 했다. 아마도 내 입장에서는 그레이의 몸이 애초에 그리 뚱뚱하지 않았기에 그녀의 고민을 진지하게 받아들이기 어려웠을지도 모른다. 몸은 지극히 사적인 영역이고 각자의 몸무게 고민은 그 나름대로 심각하다. 하지만 이 세상에는 그냥 비만과 진짜 비만이 있다. 당신이 후자라면 그 태도가 옳건 그르건 전자를 비만이라 받아들이기 힘들다. 플러스 사이즈 전용 의류 매장인 레인 브라이언트나 애비뉴나 캐서린스에서 쇼핑해본 사람이라면 그저 평균 몸무게에서 13킬로그램 정도 더 나가는 사람을 동정할 마음의 여유가 없다. 그럴 일은 절대 없다. 이 책에는 두 가지 결정적인 약점이 있는데 그중 하나가 바로 평균 몸무게를 13킬로그램 초과한 사람이 130킬로그램은 초과한 사람처럼 다루어진다는 점이다.

항상 그런 것은 아니나 가끔은 작가와 글을 분리하기 어려워질 때도 있다. 나는 『스키니』를 읽기 전까지는 다이애나 스페슐러라는 작가에 대해 아는 바가 없었다. 책을 읽고 난 후 그녀의 실제 체형을 알아보기 위해 구글 이미지로 사진을 찾았다. 그 작가가 자신의 경험을 바탕으로 이 글을 쓴 것인지 뚱뚱한 사람의 심리를 상상해서 썼는지가 궁금했던 것이다. 컴퓨터 앞에서 이런 짓을 하는 사람이 나 혼자는 아닐 것이라 믿고 싶었다. 물론 내가 이 정도밖에 되지 않는 사람이라 부끄러웠지만 참을 수가 없었다. 사진 속 다이애나 스페슐러는 긴 머리의 아리땁고 날씬한 여성이었다. 물론 예전에는 이렇지 않았을 수도 있다. 그녀의 외모는 중요한 것이 아니다. 아니다. 여기선 중요하다. 우리는 지금 몸과 지방과 살의 배신에 대해 이야기하고 있기 때문이다.

대학원에 다닐 때 같은 과 동기가 인종에 대한 책을 읽었는데 백인 작가가 썼다는 것을 알고 더 신뢰를 갖게 되었다고 말한 적이 있다. 나는 진심으로 화가 나서 그 여자애의 귀싸대기를 날리고 싶은 충동을 참아야 했다. 이 사회에서 더 존중받고 권위를 인정받는 백인이 인종이라는 복잡한 주제를 꺼내기에 더 적합한 인류라는 말처럼 들렸기 때문이었다. 『스키니』를 읽으면서 이 책의 작가가 정말로 심각한 비만 여성이라면 이 책을 조금 다른 눈으로 볼 의향이 있다고 생각했더랬다. 비대한 여성, 출렁이는 살덩이에 푹 파묻힌 여성, 뚱뚱한 사람들의 실상과 이 살들의 압도적이고 전지전능한 힘에 대해 아는 사람이라면 이 경험을 더 실감나게 쓸 수 있다고 생각했다. 나는 이 책과 작가에게 더 많은 것을 원했다. 나는 이 문제에 대해서는 내가 더 잘 안다는 내면의 목소리를 무시하기로 결정했다.

『스키니』에서 그레이는 아버지가 돌아가신 후 스트레스성 폭식을 하면서 몸무게가 13킬로그램이 늘어난다. 더 많은 사연이 있으나 그레이가 뚱뚱해지는 것은 일차적으로 우울함 때문이다. 뚱뚱함에는 이유가 있어야 한다. 우리는 집안 내력을 따라가본다. 유전적인 이유가 없다고? 이상한 일이군. 그러면 왜 그렇게 자기 몸을 방치하는 것일까? 이유를 설명할 수 있어야 한다. 부모 대에서부터 뚱뚱했는지, 의학적인 문제가 있는지, 그저 의지박약인지, 먹성이 남달라서 그런지 알고 싶어 한다. 『스키니』에서는 그레이의 비만에 가족력이 있다는 것처럼 나오지만, 그것만으로는 이야기의 핍진성이 좀 떨어진다.

나는 뚱뚱한 사람들이 참회와 고행의 길을 걷는 '뚱보 놀리기' 프로그램을 다 보는 편이다. 〈비기스트 루저〉 〈루비〉 〈헤비〉 같은 이 분야의 대표적인 프로그램은 물론 작은 케이블 채널에서 하는 유치한 프로그램도 보고 최근에는 〈익스트림 메이크오버: 비만 탈출〉도 추가했다. 잘생기고 완벽한 몸매의 트레이너들이 비만 남녀에게 목이 쉴 때까지 소리를 지르고 다그치면서 하루에 여덟 시간씩 운동을 시키고 200칼로리만 섭취하게 하며 단기간에 눈부신 감량을 이루게 하는 모습을 지켜보는 건, 한마디로 변태적인 쾌감을 준다. 그중 한두 편에서 트레이너나 프로듀서들은 이 참가자들의 심리 상태를 보여주거나 가족력을 알아보면서 왜 이들의 몸무게가 127킬로그램, 아니 160킬로그램, 아니 270킬로그램에 달하는지 밝혀내려고 한다. 어디서부터 잘못되었고 누가 언제 왜 잘못했는지에 대해 같이 눈물 펑펑 흘리며 허심탄회한 대화만 나눈다면 살이 절로 빠질 거라고 믿고 있는 듯하다.

그들의 사연을 들어보면 남편이 죽었고 아이가 죽었고 부모가 이혼했고 아버지가 집을 나갔고 학대를 당했다고 한다. 이 모든 끔찍한 일들을 한 사람이 하나의 몸으로 견뎌왔고, 그는 마음을 달래기 위해, 적어도 무감각하게 만들기 위해 초콜릿 아이스크림 한 통과 치즈를 잔뜩 끼얹은 피자 한 판을 먹었다고 말한다. 이렇게 말하는 이도 있다. “내가 어쩌다 이렇게 되었는지 나도 잘 모르겠습니다.” 아니다. 그들은 안다. 언제나 이유가 있다. 〈비기스트 루저〉의 트레이너인 질리언 마이클스는 참가자들을 가슴속 응어리를 배출해 마음이 정화되는 과정, 말하자면 카타르시스로 밀어넣는 것을 무척 좋아한다. 그러면 시청률이 오르니까. 『스키니』의 그레이 또한 그러한 카타르시스에 닿으려고 하는 것 같다. 가능한 모든 방식으로 자기를 밀어붙여서 감정적 돌파구를 찾으려 한다. 하지만 나는 그녀가 그럴 수 있으리라고 장담하지 못하겠다.

가끔은 대담한 사람들, 혹은 무신경한 사람들이 내게 와서 어쩌다가 그렇게 뚱뚱해졌느냐고 묻는다. 대체 왜를 알고 싶어한다. “당신은 굉장히 지적이고 똑똑하신 분이잖아요.” 그렇다면 비만의 유일한 이유가 멍청함이라는 말인가? 얼굴이 예쁜데 그걸 살리지 못해서 아깝다고 하는 사람도 있다. 나는 어떻게 대답해야 할지 전혀 모르겠다. 물론 진실은 있다. 그 일이 일어났고 연이어 다른 일이 일어났으며 그 일은 끔찍했고, 나는 그런 일들이 절대로 다시 일어나지 않길 바랐고 뭔가 먹으면 안심이 되었다. 프렌치프라이는 맛있었고 타고난 게으름 또한 사태를 해결하는 데 도움이 안 됐다. 무슨 답을 해야 할지 도통 모르겠어서 그냥 아무 말도 하지 않는다. 이렇게 호기심으로 묻는 사람들에게 나의 감정을 모두 표출하여 카타르시스를 느끼고 싶진 않다.

『스키니』에는 그레이가 뚱뚱한 사람들에게 편지를 쓰는 장면이 나온다. 다른 캠프 참가자들도 써야 하는 이 편지는 영혼을 들여다보고 진실을 말할 수 있는 기회가 된다. 심리 상담을 받아본 사람들은 치유를 위한 편지 쓰기가 무엇인지 잘 알 것이다. 비만은 몸에 관한 것이라기보다 마음에 관한 것 아닌가? 캠프 총관리자인 루이스는 캠프 참가자들에게 뚱뚱한 사람들 앞으로 왜 뚱뚱한 사람들을 혐오하는지 설명하는 편지를 쓰라고 한다. "솔직히 누가 뚱보를 좋아하겠어요?" 루이스는 단정적으로 말한다. 그에 따르면 이 작업은 캠프 참가자들이 자신의 몸을 받아들이고 그 몸을 바꿀 수 있게 하는 첫번째 단계다. 이 편지에는 모두가 뚱뚱한 사람들을 어떻게 생각하는지에 관한 온갖 잔인한 말들(혹은 진실일 수도?)로 가득하다.

그레이는 이렇게 쓴다. "변명은 쓰레기다. 남 탓하기를 멈추고 가슴의 구멍을 메우기 위해 음식을 입에 쑤셔넣는 일을 그만두고 새로운 인생을 살든가, 아니면 처량하고 불편하고 땀이나 삐질삐질 흘리는 뚱보로 살든가." 이 편지는 내러티브에 무언가를 더하기 위해 사용된 것이 분명하다. 의도적으로 계획된 것이며 어쨌건 독자들이 반응하게 했으니 임무는 완수한 셈이지만, 내가 볼 때 이 소설은 이런 막간극이 없어도 상관없었고, 뺐다면 아마 더 나았을 수도 있기에 왜 이 편지 장면을 굳이 넣어야 했는지 의아해진다. 이 편지들은 체중 감량 리얼리티 프로그램에 나오는 피상적인 심리 분석의 순간들처럼, 독자들을 일종의 카타르시스에 도달하게 하기 위해 의도적으로 삽입된 것이다. 독자들이 고개를 끄덕이며 "그래. 나도 뚱뚱한 사람들에 대해서 이렇게 생각했어"라고 말할 수 있도록, 공감과 이해의 장소를 만들어낸 것이다.

이 편지들은 공허하고 제멋대로다. 뚱뚱한 사람에게는 딱 한 가지 존재 이유만 있고 뚱뚱한 사람들의 인생은 날씬한 사람들의 그것과는 완전히 다를 것이라 날씬한 사람이 상상해서 쓴 편지 같다. 일반적으로 날씬한 이들의 옷장 속 옷들이 조금 더 다채롭고 처음 만나는 사람들이 그들에게 조금 더 친절하다는 것 빼고는 틀린 얘기다.

그레이는 이런 편지를 쓰기도 한다. "안녕, 뚱뚱한 사람들. 당신들은 너무 뚱뚱해 걸을 수조차 없어 전동 휠체어를 사용하죠. 몸에 안 맞는 버스 의자에 끼여 앉아 있기도 하죠. 가끔 풍경을 보는 척하면서 걷다가 쉬는 것도 난 다 알아요." 나도 이 편지가 무슨 말을 하는지 안다. 나는 뚱뚱하지만 나에게도 눈이 있고 사람들을 판단한다. 얼마 전에 옷가게에 갔더니 전동 휠체어에 앉아 있는 심하게 뚱뚱한 사람 셋이 계산대 앞에 모여서 왁자지껄 웃고 떠들고 있었다. 그때 나는 생각했다. '자유롭게 돌아다니지도 못하는데 뭐가 저렇게 즐거울까?' 그리고 곧 죄책감을 느꼈다. 나는 사람들이 나를 보며 할 것이 뻔한 끔찍한 생각들을 떠올려보았다. 이 문제에 대해서는 모두 공모자고 소설 속 편지는 우리 모두가 공모자라는 것을 알려주는 기능을 한다.

나는 이 편지가, 혹은 이 소설이 이 세상의 모든 뚱뚱한 사람들의 보편적인 고민을 다루길 기대하지는 않았다. 그런 것이 있기나 할까? 다만 이 편지들이 가장 저급한 공통분모만 드러내고 있어서 실망스럽다. 그레이는 뚱뚱한 사람들이 자신처럼 환상적이고 역동적인 섹스를 할 수 있다고 상상하지 못하는 것 같다. 뚱뚱한 사람들은 그저 자신을 사랑해주지도 않는 사람 옆에 앉아 양볼 가득 음식이나 밀어넣고 있을 거라고 상상하나보다. 앞서 나는 이 책에 두 가지 약점이 있다고 말했다. 첫번째가 이 모든 드라마가 고작 평균에서 13킬로그램 더 나가는 사람에게 일어났다는 것, 두번째가 이 뚱뚱한 사람들에게 보내는 편지다. 어쩌면 같은 선상에 있는 문제일 수도 있다. 뚱뚱한 사람에 대한 작가의 이해가 딱 그 정도이기에 작가가 상상할 수 있는 가장 뚱뚱한, 그러나 미키나 베넷 같은 남자 혹은 독자에게 여전히 매력적이고 재미있을 수 있는 인물은 평균에서 13킬로그램 과체중인 여성이 아니었을까? 나는 주인공이 평균보다 45킬로그램 정도 더 나가는 여자였다면 훨씬 더 빛나는 작품이 되었을지 모른다고 생각하지만, 이 작가는 거기까지 가기는 두려웠던 것 같다. 이 뚱뚱한 사람들에게 보내는 편지는 표면적으로는 그레이가 썼지만, 뒤로 갈수록 작가 자신이 뚱뚱한 사람들에게 품었던 개인적인 편견을 고백하여 카타르시스를 느끼려는 듯한 인상을 준다.

『스키니』의 결말은 아름답지 않다. 캠프는 문을 닫는다. 참가자들은 조금 더 날씬해져서 각자의 삶으로 돌아가지만 일시적일 뿐이다. 그들은 자신의 문제를 직면하거나 건강한 식습관을 배우거나 어려운 상황에 대처하는 방법을 학습하지 못했다. 베넷은 집으로 돌아가고, 그레이는 뉴욕으로 돌아가지만 남자친구 미키와 재회하지는 않는다. 빠졌던 몸무게는 거의 다 돌아온다. 성급한 결말 때문에 그레이가 이 안에서 무엇을 배웠는지 알 수가 없다. 마지막 장면에서 그레이는 베넷과 텅 빈 방에 앉아 있다. 남자는 정확히 뭐라 꼬집어 말할 수는 없지만 그들 사이에 거리감이 생겼다고 느낀다. "아주 잠깐이지만 나는 내가 어디 있었는지 잊어버렸다. 내가 언제나 잊어버리고 싶었던 것을 잊어버렸다. 그리고 나는 마법처럼 가벼워졌다." 이 순간 무언가 심오한 변화가 일어났다고 받아들여야 할 것 같지만, 사실 그다지 설득력이 있지는 않다.

그레이가 뚱뚱한 사람들에게 보내는 마지막 편지를 보자. "왜 우리가 당신들을 경멸하는지 궁금하죠? 당신들은 우리가 숨기고 싶어하는 부분을 겉으로 다 드러내고 다니니까요." 여기에도 진실이 있다. 뚱뚱한 사람들은 그 망할 것들을 다 내보이고 다닌다. 축 늘어진 가슴과 퉁퉁 부은 발목과 두꺼운 허벅지가 모든 사람에게 다 보인다. 헤로인 중독자는 긴 옷으로 주삿바늘 자국을 숨길 수도 있지만 뚱뚱한 사람은 무언가 잘못되었다는 사실을 숨길 수가 없다. 뚱뚱한 이들에게는 비밀이 있고 그 비밀이 무엇인지는 모르지만, 일단 비밀이 있다는 것이 눈으로 보인다. 『스키니』를 다 읽은 우리는 그레이의 비밀은 알지만 정말 내밀한 비밀을 알거나 본 것 같지는 않다.

다이어트 캠프에서 나올 때 나는 몸무게를 꽤 감량한 상태였다. 식욕 떨어지는 음식과 쉴새없는 걷기 운동 때문이었다. 앉거나 눕지 못하고 젤로 푸딩이나 저칼로리 드레싱을 뿌린 샐러드와 구운 닭 가슴살만 먹으면 누구나 살을 뺄 수 있다. 그후 몇 주 동안은 다시 나 자신을 찾은 것 같아서, 다시 몸이 가벼워지고 자유로워진 것 같아서 기분이 좋았다. 학교에 가니 다들 놀라 날 칭찬해주고 날씬해진 몸에 대한 여러 가지 찬사도 따라왔다. 그 또한 기분이 좋았다. 하지만 나는 다시 먹기 시작했고 다시 내 몸을 가능한 한 크게 부풀리기 위해서, 내 안의 그 사나운 욕구를 잠재우기 위해서 애쓰기 시작했다. 변한 것은 별로 없었다. 나는 나만의 카타르시스를 찾지 못한 것이다. 아, 나는 얼마나 모든 것에 허기졌던가?

해피 엔딩에 대하여

행복은 순수문학에서 그리 인기 있는 주제는 아니다. 작가들은 행복과 만족감과 충족감을 가능한 한 재미있게 써보려고 애쓰지만 완벽에 가닿기에는 결이 부족하다. 우리가 평온한 삶의 보드라운 표면에 대해서 무슨 말을 할 수 있을까? 이 안에서 줄거리를 계속 끌고 나갈 소재들을 찾을 수 있을까? 어쩌면 우리는 행복에 어떤 복잡다단한 결과 질감이 있는지 보지 못하기 때문에 불행에 대해 쓰게 되는 건지도 모른다. 적어도 내게는 불행에 대해 쓰는 것이 더 쉽게 느껴진다. 어쩌면 그곳에 가서 어둠과 고통과 불행 속에서 뒹구는 것이 너무 편안해서 그런 것일지도 모른다. 불행은 나누면 반이 된다고 하니까. 소설 속에서 우리는 다 같이 불행할 수 있다.

나는 해피 엔딩에 대해서 오래 생각해왔다. 언제나 해피 엔딩을 생각한다. 항상 행복을 생각한다.

얼마 전 인터뷰중에 행복한 이야기나 해피 엔딩을 쓴 적이 있느냐는 질문을 받았다. 며칠 동안 그 질문을 곰곰이 생각해보았다. 나와 가까운 사람들에게서 그와 같은 말을 자주 들었다. 내가 쓴 거의 모든 이야기들은 행복한 이야기이고 어떤 면에서는 동화 같은 이야기라고도 할 수 있는데 왜 그럴까? 물론 나의 이야기에는 죽음과 상실과 배신과 암흑과 폭력이 등장하지만 해피 엔딩으로 끝날 때도 많다. 가끔 사람들은 오직 어둠만 보려 하기 때문에 행복을 인식할 수 없는 것 같다. 내가 쓴 단편소설들을 보니 구원받을 수 없을 듯한 환경을 견뎌내고 일종의 구원을 찾는 여성이 등장한다. 비록 불완전한 평화라 해도 그녀가 평화로울 수 있는 공간을 찾도록 도와준 영웅도 등장한다. 세부적인 사항은 변하지만 내 글은 자주 동화 같은 이야기 구조를 지닌다. 나는 결함이 있는 사람들이 서로를 상처 내는 방식에 매혹되는 만큼이나 해피 엔딩에도 매혹을 느낀다.

동화는 행복하게 끝난다. 이 안에는 인생의 교훈이 있으며 가끔은 아주 험난한 과정을 거쳐야 얻을 수 있다. 하지만 종국에는 행복이 기다리고 있다. 적어도 내가 좋아하는 동화에서는 그렇다. 소설 『길들여지지 않은 상태』는 내 나름의 방식으로 쓴 한 편의 동화다. 주인공은 동화 같은 삶을 살다가 납치당하고 동화는 삶은 난데없이 산산조각나버린다. 세상의 모든 이야기는 보통 한 문장으로 요약할 수 있다. 나는 해피 엔딩으로 시작했다가 그다음부터 흐트러지기 시작하는 것이 흥미롭다고 생각해왔다. 그냥 흐트러지는 정도가 아니다. 소설 속에서 주인공 미레유 듀발의 해피 엔딩은 모두 깨져버리고 나는 이 깨진 조각들을 어떻게 하면 이어붙일 수 있을지, 어떻게 하면 내 캐릭터들이 행복과 닮은 어떤 것으로 다시 돌아갈 수 있을지 고민해야 했다.

나는 『길들여지지 않은 상태』를 굉장히 재미나게 썼다. 매일 같은 시간 책상에 앉아 같은 작업에 몰두하고 장편의 스토리 라인을 만들어나가고 이야기의 속도를 조절하고 이야기가 숨쉴 공간을 만드는 과정이 모두 재미있었다. 사실 이 책의 초고는 해피 엔딩으로 끝나지 않는다. 하지만 완벽하지 않을지언정 행복한 결말의 여지를 주어야 실낱같은 희망이나마 엿보일 거라는 피드백이 있었다. 난 최선을 다했다. 그리고 모성애와 대리모와 필요에 의한 결혼과 너무 어리고 어리석어 무엇이 잘못인지 모르고 불완전한 선택을 하는 인물들에 대한 다음 번 소설을 구상하기 시작했고, 지금 이 소설은 무슨 일이 있어도, 때로 당위성이 부족하다 해도 반드시 행복한 결말을 맺게 하겠다고 생각했다. 개연성을 포기하지 않고 어떻게 거기까지 갈 수 있을지는 알 수 없지만 해보기로 했다. 어쩌면 이야기가 100퍼센트 현실적이지 않을 수도 있지만 그 또한 괜찮다. 리얼리즘도 상대적인 개념이다. 내 환상 속의 삶도 가끔은 너무나 사실적으로 느껴지니까.

현대미술은 현실과 환상을 결합하는 경우가 많다. 현대미술은 때로 설명하기 어렵고 맥락을 알 수가 없어서 오히려 영감을 주기도 한다. 2011년 인디애나폴리스미술관에서 화가 손턴 다이얼의 전시 〈냉혹한 진실〉이 열렸다. 다이얼의 스타일은 정의하기 어려운데, 그는 조각, 회화, 아상블라주•, 콜라주 등 여러 가지 기법을 활용해 사회 비판적이면서도 미적이고 격정적이고 본능을 일깨우는 듯한 작품들을 창조하고 있다.

1928년에 태어난 다이얼은 앨라배마주 남부 출신으로 경제적 궁핍에 시달렸다. 그는 일곱 살 때부터 풀타임 노동을 해야 했고 인종차별의 벽에 수없이 부딪혔다. 인종차별의 상처와 흔적은 그의 작품 전반에 나타나 있어 고뇌, 분노, 슬픔, 고통이 모두 손에 잡힐 듯하다. 불행을 뮤즈로 삼는 건 글쓰는 작가에게만 국한되는 게 아닌가보다.

특히 다이얼의 작품 규모가 인상적이다. 이 대작들은 벽 한 면이나 한 층을 모두 차지하기도 하는데, 마치 자신을 온전하게 표현하기 위해 그토록 넓은 공간이 필요했던 것만 같다. 어떻게 이런 작품을 창조했는지 감탄만 나올 뿐이다. 작품의 규모가 그의 고통과 감정의 크기를 강조하는 것 같다. 나는 작품의 규모를 보며 예술이 감정의 출구로 존재한다는 사실에 무한한 감사를 느꼈다.

대표작 〈트로피(인형 공장)〉는 〈냉혹한 진실들〉 전시회의 첫 작품 중 하나였다. 손턴 다이얼은 여인들의 손에 자랐고 그들의 여성성은 그의 작품세계에 큰 영향을 미쳤다. 〈트로피〉의 인형들은 화려한 색채로 장식되고 옷을 반만 걸치기도 했으며 대다수가 '트로피'처럼 금색으로 칠해졌다. 이 작품은 현대의 여성성에 대한 흥미로운 논평이다. 이 논평이 남성 작가로부터 나왔다는 점을 감안하면 훨씬 더 흥미롭다. 〈트로피〉 한 작품에서만도 살펴볼 부분이 무척 많은데 다이얼의 모든 작품이 그러하다. 디테일도 탁월하여 첫 작품 앞에만 계속 서 있어도 충

• assemblage. 일상의 소재 등 잡동사니를 입체적으로 콜라주하는 기법.

분하겠다 싶을 정도로 뜯어보면 볼수록 새롭게 발견할 수 있는 것들이 많았다. 인형들이 캔버스 위에 흩어져 있는 형태라든가 가슴이 드러난 형태라든가 혼란스러운 아상블라주 속에서 다리를 벌린 형태 들이 이 전시회의 전체적인 분위기를 형성하고 있었다. 다음 전시실로 가면서 나는 생각했다. '여기에 행복한 이야기는 없구나.'

다이얼의 작품에는 한 인간이 겪은 삶의 고통이 스며들어 있다. 〈냉혹한 진실들〉 전시회에 맞춰 출간된 조앤 컵스와 유진 W. 멧캐프가 엮은 책에서는 다이얼의 예술을 통해 인종, 계급, 젠더, 전쟁, 정치 등 인간의 모든 문제를 논할 수 있다고 말한다. 1993년 다이얼은 몰리 세이퍼와 〈60분〉 인터뷰를 했다. 그는 이 인터뷰가 자신의 예술을 소개할 기회라고 생각했지만, 세이퍼는 이 인터뷰를 어떻게 남부 토박이 흑인 예술가의 작품들이 미술 시장에서 급부상하여 백인 아트 딜러들이 앞다투어 사게 되었는지를 '탐색'하는 기회로 삼았다. 다이얼은 세이퍼에게 무방비로 공격당하고 엉뚱한 방향으로 끌려간다고 느꼈으며 실제로 그랬다. 그의 작품 〈이상한 과일: 채널 42〉를 보면 그가 얼마나 이 인터뷰에 분개했는지 알 수 있다. 나는 다이얼의 작품을 보며 미술의 내러티브 기능에 대해 생각할 수 있었다. 〈이상한 과일: 채널 42〉에는 한 흑인 남자가 TV 안테나에 흉측하고 이상한 과일처럼 대롱대롱 매달려 있다('채널 42'는 세이퍼와 다이얼의 인터뷰가 방송된 채널이다). 이 앞에 오래 서서 자세히 보면 새로운 디테일들이 보이지만 전체적으로는 다이얼의 분노와 좌절이 느껴진다. 그는 〈60분〉을 통해 자신의 예술세계를 대중적으로 알려 마침내 인정받을 수 있으리라 기대했다가 크게 좌절했던 것이다. 하지만 그는 자신의 어마어마한 실망감을 신랄한 유머로 표현해냈다. 다이얼은 이 작품으로도 성이 풀리지 않았는지 또 한 작품을 만들었다. 〈가격에 맞게 근사해 보이기〉는 더욱 어둡고 울분에 차 있다. 백인 노예 경매자들이 노예를 사고파는 이미지가 담긴 추상화로 섬뜩한 이미지들이 캔버스에 기이한 앵글로 펼쳐져 있다. 이 작품 역시 예술가의 분노와 그가 느낀 굴욕감에 대한 이야기다. 또 하나의 불행한 이야기, 해피 엔딩이 엿보이지 않는 불행 말이다.

전체적으로 강렬한 전시였다. 다른 전시실로 걸음을 옮기면서 나는 다이얼이 캔버스에 고통을 쏟아냈으며 예술가로서의 책임감을 갖고 고통을 미적으로 승화시키기 위해 노력했음을 느낄 수 있었다. 다이얼이 살아온 인생에 대해 알면 알수록 그가 자신의 경험을 작품에 그대로 반영했음을 이해할 수 있었다. 나는 여기서 해피 엔딩이 가능하리라 상상하지 못했다.

하지만 아직은 결론 내지 말자.

전시실마다 이런 대작과 크고 작은 조각품, 회화작품으로 가득차 있었고 그가 발견한 재료들이 그의 경험을 살려내고 있었다. 그러다 마지막 전시실에 이르렀다. 밝고 선명한 색감이 눈에 들어왔고, 나는 깜짝 놀라고 말았다. 이곳에는 구원, 승리, 희망, 행복, 그리고 기나긴 슬픈 여행 끝에 찾아오는 해피 엔딩이 있었던 것이다. 이 마지막 전시실의 작품은 다이얼의 영혼을 반영했고 그가 육체의 병을 어떻게 이겨냈는지를 나타내고 있었다. 모든 작품들이 황홀경에 도취된 것처럼 생의 축복을 노래하고 있어 나머지 작품들과 확연히 비교되었다. 온통 노란색으로 폭발할 것 같은 〈노란 정글 안 생명의 탄생〉에서 예술가는 생명의 탄생과 진화를 사색했다. 이 아상블라주에는 조화, 플라스틱 병뚜껑으로 만든 꽃, 차분한 자세를 취한 인형 들이 마치 수영장 스플래시존의 분수처럼 쏟아져나오고 있어 실제적으로나 비유적으로나 모든 것이 연결되어 있다는 느낌을 준다. 이 작품을 보면 예술가가 고통과 분노와 암흑과 불행을 탐험하고 싶었던 것만큼이나 행복을 탐험하고 싶었다는 사실을 알게 되면서 신선한 영감을 얻게 된다. 다이얼의 작품은 한 예술가의 경험 안에 빛과 어둠이 동시에 존재하고 똑같이 아름답게 표현될 수 있다는 사실을 말해준다.

나는 인생과 예술과 문학 속의 해피 엔딩에 대해 오래 생각해왔다.

돈 트립의 소설 『비밀의 게임』은 제목처럼 비밀에 관한 소설이다. 소설 속 캐릭터들 사이의 비밀이 있고 작가가 독자에게 감추는 비밀이 있다. 대부분의 플롯은 이 비밀이 한 번에 하나씩 감질나게 드러나는 식으로 이루어진다. 먼저 어떤 불륜 사건과 몇십 년 전의 살인 사건이 나온다. 섹스와 배신과 죽음이라니, 모든 재미있는 책의 공통 소재가 아닐 수 없다.

『비밀의 게임』에는 죽은 남자가 등장한다. 우리는 그가 어떻게 죽었는지 처음에는 모른다. 죽은 사람은 아버지이며 남편이자 연인이었다. 『비밀의 게임』에는 많은 이야기들이 있지만 주된 줄거리는 이 남자, 루스 웰드의 죽음 이후에 어떤 일이 벌어지는가, 이 죽음이 몇십 년간 뉴잉글랜드의 작은 마을 주민들에게 어떤 영향을 미치는가다. 우리는 누가 그 일을 저질렀는지 안다고 생각한다. 루스 웰드와 불륜을 저질렸던 에이다 바릭의 남편 사일러스 바릭이 가장 유력하지만 확신할 수는 없다.

이 이야기는 몇십 년에 걸쳐 다양한 인물의 시점에서 서술되지만 주인공은 만 다이어와 그녀의 어머니이자 루스 웰드의 딸인 제인 다이어다. 만은 할아버지의 살인자일지 모를 에이다의 아들 레이 바릭과 사귀려 하고, 제인은 아버지의 불륜 상대였던 에이다와 스크래블 게임을 한다. 워낙 작은 마을이므로 비밀도, 스크래블도 피할 수 없다. 독자들은 이 인물들이 무언가를 조금씩 알고 있다는 걸 파악하면서 책을 내려놓지 못하고, 작가는 이 조각들을 하나씩 이어붙여서 전체적인 그림을 맞춰가기 시작한다. 하지만 책을 읽으면서 해피 엔딩은 불가능하겠다고 느끼게 된다. 오랫동안 감추고 묵혀둔 비밀이 너무나 치명적이라서.

이러한 분위기 속에서는 이들에게 오직 불행과 아픔과 어둠만 있을 듯하다. 하지만 어두운 감정이 이야기를 압도하진 않는다. 그보다는 이 비밀의 당혹스러움 때문에 애처로운 분위기를 띤다. 나는 이 인물들 가운데 누구도 어떤 식으로든 해피 엔딩을 맞이할 수 없겠다고 생각했다. 하지만 책을 읽는 사이 인물들에게 깊이 빠져 이들에게 행복한 결말이 찾아오기를 바랐다. 각자 이 암흑에서 빠져나와서 길고 슬픈 여행을 마치고 구원, 구출, 승리, 희망, 행복, 해피 엔딩을 맞이할 것이라 믿고 싶었으나 그것이 가능하리라는 확신은 하지 못했다.

하지만 속단하긴 이르다.

『비밀의 게임』 결말에선 이 사건에 관련된 모든 사람에게 해피 엔딩이 찾아온다. 물론 우리가 기대하는 평범한 해피 엔딩처럼 보이지는 않을 수도 있다. 어떤 남자는 죽기 바로 직전 자신의 아들을 알아본다. 딸은 오랫동안 자신을 힘들게 했던 엄마를 이해하기 시작하면서 자신의 아이들에게 따뜻한 모정을 표현하는 데까지 나아간다. 아빠는 딸에게 자신의 유일한 사랑은 아내였으며 언제나 그랬다고, 그 사랑에 후회는 없다고 말한다. 어떤 여자는 마음의 평화를 찾아 고향으로 돌아가고 자기 자신을 사랑하려 한다. 이별한 남자는 누군가를 사랑할 마음의 준비를 한다. 『비밀의 게임』의 해피 엔딩은 미묘하고 불완전하지만 분명 존재하며 제 몫을 다한다. 사실 행복이라는 것 자체도 미묘하고 불완전한 것이 아닐까.

한 인간으로서도 그렇지만 특히 작가로서 나는 행복이 대체 무엇인지, 어떤 모습이고 어떤 느낌인지, 글로 어떻게 담아내야 할지 도무지 모르겠다는 생각이 든다.

슬픔, 아픔, 고통, 불행을 모르는 것 같진 않다. 이런 주제들에서 멀찍이 떨어져 있을 생각도 없다. 하지만, 하지만 말이다. 다이얼의 전시회를 감상하고 『비밀의 게임』을 읽은 후에는 어떻게 행복을 소설과 예술 속에 녹아들게 하고, 어떻게 행복을 더 완전하게, 더 복합적으로 이해할 수 있을지 깊이 고민하게 되었다. 부족한 건 우리의 상상력일 뿐 행복이 아무 영감도 주지 못하는 건 아니다. 나는 동화에도 삶의 본질이 있다고 믿고 싶다. 평온한 삶의 보드라운 표면만 다룬다고 해도 그 안에는 무언가 우리가 파고들 수 있는 것, 우리를 깨어나게 하는 것이 있다고 믿고 싶다.

성폭력에 면죄부를 주는 경박한 언어에 대하여

범죄가 있고, 흉악한 범죄가 있고, 극악무도한 범죄가 있다. 죄질의 문제다. 텍사스 클리블랜드에서 열한 살 소녀가 열여덟 명의 남자들에게 집단 성폭행을 당한 사건을 다룬 뉴욕 타임스 기사를 읽고 한동안 손이 떨려 아무것도 할 수 없었다. 이 사건이 이다지도 참혹한 이유는 피해자의 연령 때문이고, 이 사건의 실상 때문이며, 가해자들의 숫자 때문이고, 이 도시 사람들의 반응 때문이고, 이 이야기가 보도된 방식 때문이다. 이 범죄를 촬영한 영상까지 있다. 우리는 이런 일이 가능한 시대에 살고 있다. 입에 올리기조차 힘든 이 사건이 영상으로 떠돌고 방송된다.

이 기사의 제목은 '악랄한 폭행이 텍사스의 소도시를 뒤흔들다'이다. 기사만 보면 마치 사건의 피해자는 이 도시인 것 같다. 기사를 쓴 제임스 매킨리 주니어 기자는 가해자 남성들의 인생이 영원히 달라져버린 것, 이 소도시가 오명을 입게 된 것, 불쌍한 소년들은 앞으로 영영 학교에 돌아가지 못할지도 모른다는 것에만 주목했다. 열한 살 소녀, 아니 이 어린이에 관한 부분도 있긴 있었다. 스무 살 아가씨처럼 옷을 차려입었다고 말이다. 마치 성인 여성처럼 무언가를 '요구했을' 가능성이 있기에 열여덟 명의 남자들이 어린이를 강간한 것도 이해할 만하다는 의미를 내포하는 것만 같다. 또한 이 어린이의 엄마가 부재했다는 사실도 언급되었는데, 마치 엄마는 아이와 24시간 함께 있어야 하며 어린이에게 일어난 모든 끔찍한 사건은 그 엄마 탓이라는 식의 해석을 유도한다. 사건이 일어났을 때 이 소녀의 아빠가 어디 있었는지 묻는 사람은 없다.

기사의 전체적인 어조는 이렇다. 아, 이 얼마나 통탄스러운 일인가! 한 끔찍한 사건 때문에 수많은 사람들의 인생이 달라져버렸다. 당사자인 소녀, 아니 어린이에 대해서는 아주 작은 지면만 할애하고 있다. 이 사건은 열한 살 어린이의 육체가 갈가리 찢긴 사건이지, 이 마을이 갈가리 찢긴 사건이 아니다. 열한 살 아이의 인생이 산산조각난 이야기지, 아이를 강간한 남자들의 인생이 산산조각난 이야기가 아니란 말이다. 어떻게 이 사건의 본질을 못 보고 다른 이야기를 꺼낼 수가 있는지 이해하기 어렵다. 아니다. 어렵지 않다.

우리는 강간에 관련된 것들을 지나치게 수용하는 문화에서 살고 있다. 물론 많은 이들이 강간과 강간의 해악을 이해하고 있으나 여전히 '강간 문화'라는 단어가 필요한 시대에 살고 있다. 이 말은 여성을 향한 남성의 공격성과 폭력성은 용인될 수 있고 때로는 불가피하다는 사고가 우리 문화에 흘러넘치고 있음을 나타낸다. 린 히긴스와 브렌다 실버는 『강간과 재현』이라는 책에서 이렇게 묻는다. "어쩌다 강간과 성폭력이 이렇게 뿌리깊이 자리잡고 합리화되었을까? 남자와 여자 사이에 '자연스럽고' 불가피하게 나타나는 재현 방식이 그렇게 만든 것일까?" 어쩌다 이런 지경까지 왔는지를 이해하기 위해 꼭 필요한 질문이다.

우리는 어쩌면 성폭행의 공포에 면역이 되어버린 건지도 모른다. 너무나 자주 일어나고, 너무나 자주 그 심각성과 결과에 대한 고려 없이 대화를 나누기 때문이다. 마치 농담하듯이 이런 말을 할 때도 있다. "나 방금 강간 샤워했어."• 혹은 "내가 연봉 인상을 요구했더니 사장이 내 말을 완전 강간해버렸어."•• 강간이라는 단어를 모든 종류의 크고 작은 폭력을 묘사할 때 사용하는 비유적 표현으로 만들어버렸다. 이러니 기자라는 사람이 한 명의 피해자보다는 가해자 남성 열여덟 명의 운명을 걱정하는 르포를 쓰는 지경까지 간 것이다.

TV나 영화에서 성폭력을 너무 자주 다루는 것이 문제일지도 모른다. 성폭력과 가정폭력을 그린 장면들이 융단폭격처럼 쏟아진다. TV에서 어떤 식으로든 성폭행과 관계된 이야기가 나오지 않는 드라마를 본 적이 있는가? 과거에는 이러한 소재가 특정한 교육적 목적으로 사용될 때도 있었다. 〈베벌리힐스 아이들〉의 한 에피소드에서 켈리 테일러는 파티에서 데이트 강간을 당했던 일을 친구들에게 울면서 털어놓

• 부끄럽거나 괴로운 일이 일어난 후에 그 기억을 잊고 싶어 급하게 샤워했다는 뜻.
•• 묵살해버렸다는 뜻.

는다. 그 에피소드는 많은 젊은 여성들에게 성폭행이 반드시 모르는 사람에게 당하는 것이 아니라는 사실을 알리고 관련 논의를 이끌어냈다. 이 시리즈가 거의 끝나갈 무렵 시청률이 떨어지자 켈리는 이번에는 낯선 남자에게 강간을 당한다. 우리는 폭력이 일어나고 주인공은 트라우마와 환멸에 빠지고 누군가는 이에 대해 해명하는 패턴을 익숙하게 봐왔다. 우리는 이런 비슷한 이야기를 이미 여러 번 본 적이 있다.

라이프타임 채널에서 방송되는 거의 모든 드라마와 영화에서는 어떤 종류건 여성 대상 폭력이 소재로 나온다. 불필요할 정도로 자세히 묘사되는데, 실제로 보이는 것보다 더 많은 폭력을 암시함으로써 이상하게도 한 번 걸러진 느낌을 준다. 우리는 이러한 폭력의 묘사와 재현을 열렬하게 소비한다. 앞머리를 내린 왕년의 TV 스타가 등장하고 중간중간 유머러스한 생활용품 광고가 나오는 90분짜리 영화 안에서는 폭력이 일어난다 해도 그렇게 끔찍한 것이 아니기에 나도 모르게 안심되는 면이 있는 것 같다.

예전에는 드라마나 오락 프로그램에서 성폭행 소재가 교훈과 교화의 목적으로 쓰였지만 지금은 그렇지 않다. 시청률 효자 노릇을 하기 위해 쓰인다. ABC 방송국의 〈프라이빗 프랙티스〉 시즌 4에서는 야무지고 독립적이고 성적으로 자유분방한 의사 샬럿 킹이 성폭행을 당한다. 당연히 이 사건은 2월의 시청률 조사 기간에 일어난다. 밤늦게 하는 드라마였던 만큼 폭행 묘사는 거칠었다. 여러 편의 에피소드에 걸쳐 폭력과 그 예후에 대해, 한때 생기 넘쳤던 샬럿이 어떻게 껍데기 속에 갇혀버리는지, 어떻게 섹스를 두려워하게 되고 그녀의 육체가 강간의 기억에서 벗어나지 못하게 되는지를 보여주었다. 이 드라마의 또다른 캐릭터인 바이올렛은 자신 또한 강간을 당한 적이 있다고 용감하게 고백한다. 이 드라마는 민감한 주제를 세심하게 다루었다는 호평을 받았다. '샬럿 킹에게 무슨 일이 생겼는지 들었니?'라는 제목의 이 에피소드는 모든 시즌을 통틀어 가장 높은 시청률을 기록했다.

〈제너럴 호스피털〉은 다른 대부분의 주부 대상 일일 연속극과 마찬가지로 5년에 한 번씩, 혹은 시청률이 지지부진할 때 스토리라인에 성폭행을 집어넣는다. 에밀리 쿼터메인은 강간당했다. 에밀리 전에는 엘리자베스 웨버가 강간당했다. 엘리자베스 훨씬 전에는 그 악명 높았던 '루크와 로라'•의 로라가 루크에게 강간당했다. 하지만 그 사건이 큰 문제로 번지지 않았던 것은 로라가 루크와 결혼을 했기 때문이다. 〈제너럴 호스피털〉은 시청자에게 강간 피해자가 강간범을 사랑할 수 있다고 믿게 했다. 2010년의 일일 연속극 속 강간 이야기에는 반전도 있다. 이번에는 피해자가 남성, 마이클 코린토스 3세다. 포트 찰스의 조직폭력배 보스 소니 코린토스의 아들인 그는 이전에 여성에게 폭력을 가했던 인물인데, 감옥에서 남성 수감자에게 성폭행을 당한다. 물론 제작자들이 남성이 당하는 강간과 감옥 강간이라는 이슈를 끌어낸 것은 칭찬할 만하지만 딱 거기까지였을 뿐, 청소 세제와 아기 기저귀 광고 사이에 아무렇지 않게 등장하며 자극적인 소재로만 활용되었다.

• 드라마 역사상 가장 유명했던 커플 중 하나로 술 취한 루크에게 강간당한 로라가 그에게 사랑에 빠진다는 설정으로 비난을 받았다.

물론 왜 이렇게 자주 강간이 방송의 소재로 등장하고 우리가 왜 이렇게까지 강간에 무감각해졌는지에 대해 이야기하기 위해서는 일단 유명한 미국 드라마인 〈로&오더: 성범죄전담반〉부터 논의해야 할 것이다. 이 드라마는 여성과 어린이, 그리고 아주 가끔은 남성을 대상으로 한 세상의 모든 성범죄를 다룬다. 매주 폭력은 정교해지고 수위가 높아지며 점점 더 상상을 초월한다. 이 드라마가 방영되기 시작했을 때 로지 오도널은 자신의 쇼에 출연한 이 드라마의 배우 앞에서 꽤 당당하게 자기 의견을 표명했다. 그런 드라마가 왜 필요한지 이해할 수 없다고 말이다. 사람들은 그녀의 이의 제기를 무시했고 이 사건은 묻혀버렸다. 이 시리즈는 현재 시즌 15가 방영중이며 조만간 종영될 가능성은 없어 보인다. 로지 오도널은 수위 높은 성폭력을 소재로 하는 방송은 이미 너무 많고 불필요하다는 견해를 피력한 것이지만, 사람들은 그녀를 고상한 척하는 '잘난 척쟁이'라고만 평가했다. 나 같은 경우 〈로&오더: 성범죄전담반〉을 거의 한 번도 빼놓지 않고 보았으며 두 번 이상 보기도 했다. 이 사실이 나에 대해 무슨 이야기를 해줄지는 나도 잘 모르겠다.

아이러니하게도 '악랄한 폭행이 텍사스의 소도시를 뒤흔들다'라는 기사가 나오기 몇 주 전에 뉴욕 타임스는 「여성들에게 전쟁을 선포하다」•라는 기획 기사를 실었다. 그건 내가 늘 촉각을 세우는 주제이기도 했다. 일전에 나는 작가이면서 여성이기에 의도하건 아니건 나의

• 임신과 출산에 대한 여성의 자유를 제한하려는 공화당의 정치적 움직임을 다룬 기사다.

글이 정치적인 행위가 될 수밖에 없다는 내용의 에세이를 발표한 적이 있다. 우리가 매킨리 기자의 기사가 허용되고 발표되는 문화에 살기 때문이다. 실제 폭력과 그것이 말해지는 방식 사이의 거리가 너무나 멀어져버렸다. 우리는 강간에 대해 말하지만 조심스럽게 말하지 않는다.

우리 여성들은 이상하고 무서운 시대에 살고 있다. 여성은 언제나 이상하고 무서운 시대를 살아왔다고 생각한 적도 있다. 그러나 현대 여성은 이 상황이 특히 이상하고 무섭다고 느낀다. 왜냐하면 사회는 급격히 변하지만 여성을 대하는 방식에는 발전이 없기 때문이다. 우리는 아직도 선조들이 싸웠던 바로 그 문제로 고통받고 있다. 강간범 열여덟 명의 안위를 걱정하고 피해자를 비난하는 어조의 글이 '미국의 대표적인 일간신문'에 당당히 실리는 세상에 산다는 것만으로도 너무나 소름 끼친다. 열한 살짜리 아이가 피해자라는 걸 벌써 잊어버렸나? 어쩌면 사람들이 집단 성폭행의 트라우마를 전혀 이해하지 못하는 것인지도 모른다. 어떤 강간이 다른 강간보다 낫다 아니다를 따지려는 것이 아니다. 결국 강간은 강간일 뿐이다. 그러나 집단 성폭행은 특히 더 감당하기 힘들고 회복되기 어려운 고통이다. 상상해보라. 한 무리의 남자들이 돌아가며 자신의 욕망을 채운다. 개인과 집단이 한 여성의 육체를 그런 방식으로 유린해도 된다고 믿는다. 그리고 한 명이 강간할 때 다른 이들은 그 장면을 지켜보고 있다.

집단 성폭행은 육체적으로나 감정적으로 다시 살아가기 힘들 정도의 경험이다. 원치 않는 임신 가능성과 성병의 위험에 노출되고 질과 항문이 찢어지거나 흉터가 남는다. 생식기관이 회복 불가능할 정도로 손상되기도 해서 집단 성폭행의 피해자들은 임신을 해도 유산될 가능성이 높다. 심리적으로도 외상후스트레스장애, 불안, 공포에 시달리며, 사회적 낙인과 수치심과도 싸워야 한다. 환자의 예후가 좋지 않고 치료 및 회복 기간이 끝나지 않을 정도로 길다. 하지만 우리는 이런 것들에 대해서는 논의하지 않는다. 언제나 부주의하다. 마치 TV나 영화에서 사건 이후 피해자의 일상생활은 나오지 않는 것처럼 그렇게 깔끔하게 끝나버린다고 믿고 싶은 것일지도 모른다.

내가 여기에 관해 객관적으로 말할 수 있는 입장은 아니다. 하지만 내가 아는 바만 이야기하자면, 이 경험은 사람의 일생을 좌우할 정도로 크다. 그렇지 않은 척할 수도 없고, 그런 척한다고 해도 무엇이 달라질까. 어쩌면 매킨리는 오늘날의 많은 사람처럼 무감각해졌거나 일부러 이 잔인한 현실과 거리를 두려고 했을지도 모른다. 이렇게 강간 이미지가 넘쳐나고 모든 종류의 성폭력에 지나치게 관대한 '강간 문화'에 물들어 있는데도 집단 성폭행 피해자들의 경험과 고통은 드러나지 않는다. 정말 해야 할 이야기를 하지 않고 있거나 성폭력이라는 주제에 관해 올바른 방식으로 쓰고 있지 않다는 거다. '강간 문화'라는 용어를 너무 가볍게 쓰고 있기에 성폭력의 수렁에 빠진 문화에서 발생한 구체적인 문제를 말하지 못하게 된 건 아닌지 생각해봐야 한다. 혹은 몇십 년 동안 '강간 문화'라는 말로 개선된 것이 거의 없으니 이제 '강간범 문화rapist culture'라고 바꾸어 써야 하는 건 아닐까?

「당신의 친구들과 강간범들」이라는 에세이에서 세라 니콜 프리킷은 이렇게 쓰고 있다. "그렇다. 나는 강간 이야기들이 지겹다. 재미없고 지긋지긋하다고 생각한다. CNN 방송에 나오는 강간 뉴스가 지겹고 제저벨 닷컴•에 정기적으로 올라오는 강간 사연도 지겹다. 차라리 전국 방송 토론 프로그램이나 아침 라디오 쇼나 인기 많은 팟캐스트나 내년 미국 대통령 신년 국정 연설에서 '남자가 과연 성기를 계속 달고 다닐 필요가 있는가'라는 참신한 주제로 이야기 좀 해봤으면 좋겠다." 현상황에 너무 격분해서 나온 말이지만 시사하는 바가 있다. 프리킷은 이제부터 강간 이야기를 할 때 아예 프레임을 바꾸어야 한다고 주장한다. 이제부터 남근을 소유하고 휘두르는 남자들이 느끼는 비정상적인 자신감이 문제라는 뜻에서 강간 문화가 아니라 '남근 문화'라고 불러보자는 것이다.

나는 이 주제를 약간은 이기적으로 접근하고 있다. 나는 강간 문화를 염려하고 있고 우리가 의도했든 의도하지 않았든 이 문화를 지속시키고 있을까봐 우려된다. 그러나 나도 내 소설에서 성폭력에 대해 쓴다. 내가 작가로서 왜 여기에 집착하는지는 중요하지 않지만 나는 계속 똑같은 이야기로 돌아간다. 어쩌면 글쓰기가 상담이나 약보다 돈이 덜 들기 때문일지도 모른다. 매킨리의 기사를 읽으면서도 작가로서 나의 책임을 떠올리고 작가가 이 강간 문화를 지성적으로 비판할 수 있는 방법은 무엇인지, 소재만을 착취하지 않고 주제를 전달하려면 어떻게 해야 하는지를 고민중이다.

• 페미니즘과 관련한 뉴스를 게재하는 블로그.

마거릿 애트우드의 단편 「강간 판타지」에서는 에스텔이라는 한 여성이 자신의 강간 판타지를 이야기한다. 그 환상이란 강간을 당하는 것이 아니라 강간하려는 남자에게서 도망치는 것이다. 애트우드는 강간 판타지라는 것이 마치 친구들과 점심 먹으면서 가볍게 떠드는 수닷거리인 것처럼 잡지에서 다루어지는 현실을 비판한다. 이 소설은 강간 문화에 의해 형성된 우리의 편견—강간 판타지라고 하면 여성이 강간을 당하느냐의 여부부터 고려하는 것이 아니라 여성이 강간당한다는 것을 전제로 언제 당하느냐를 묻는 사회가 된 것—을 냉소적인 유머 감각을 발휘해 전복시킨다. 애트우드는 문학성을 타협하지 않고도 작가의 책임을 다하는 훌륭한 방법을 보여준다. 1977년에 발표되었지만 오늘 출간되었다고 해도 믿을 수 있을 정도로 매우 감각적인 작품이다. 강간 문화는 그 긴 세월 동안 변한 것이 없나보다.

나는 첫 장편소설인 『길들여지지 않은 상태』를 쓸 때부터 언제나 작가로서의 책임감을 의식했다. 이 소설은 아이티에서 일어난 잔인한 납치 사건에 관한 이야기이며 일부는 집단 성폭행과 관련이 있다. 이런 종류의 이야기를 쓸 때는 내 안의 가장 어두운 그곳에 들어가야만 한다. 글을 쓰다보면 때때로 현기증이 났고 내가 그곳에 들어가 글을 쓰고 상상할 수 있다는 사실에 구역질이 나기도 했다.

이런 글을 쓰면서도 내가 불필요한 일을 하는 것은 아닌가 싶다. 나는 제대로 쓰고 싶다. 하지만 이런 종류의 일을 어떻게 제대로 쓸 수 있을까? 폭력을 자극적인 소재로 이용하지 않으면서 어떻게 진정성 있게 쓸 수 있을까? 뉴욕 타임스에 그런 식의 기사가 발표될 수 있는 이 시대의 강간 불감증에 나 또한 일조하는 것은 아닐까? 강간을 대중문화의 소재 중 하나로 만드는 것은 아닐까? 아무리 노력한다고 해도 소설 속 폭력과 실제 세상에서의 폭력을 완전히 떼어놓고 생각할 수는 없다. 로라 태너는 『친밀한 폭력』에서 이렇게 말한다. "폭력의 재현을 읽는 행위는 독자가 기호와 실제 사이를 얼마나 분리하느냐에 따라 완전히 달라진다. 또한 폭력 묘사와 그 묘사가 상기시키고 변형시킨 실제 폭력 사이에서 얼마나 판단을 유보하는가에 따라." 그녀는 또 이렇게 쓰고 있다. "독자는 거리를 두고 자신의 몸에서 빠져나와 상상 속의 폭력 장면으로 들어가야 하는데, 그렇게 하면 폭력 표현이 실제 신체적 폭력을 희미하게 하고 피해자의 신체뿐만 아니라 고통까지도 지워지게 한다." 최근에 책이나 신문, TV나 영화에서 강간을 표현하는 방식은 강간의 실제적 현실과 강간의 영향력, 강간의 의미를 자주 잊게 만든다.

이런 우려에도 불구하고 나는 진실을 말해야만 할 것 같은 감정에 휩싸인다. 우리는 인종과 종교와 정치를 이야기할 때 단어를 신중하게 선택해야 한다고 말한다. 워낙 민감하고 까다로운 주제이기 때문에 내용뿐만 아니라 표현에도 주의를 기울여야 한다고 말이다. 이와 같은 태도는 나아가 폭력, 특히 성폭력에 대한 글을 쓸 때에도 적용되어야 할 것이다.

뉴욕 타임스 기사에서 '성폭행'에 관한 내용은 "그 소녀는 여러 명의 남성들과 강제로 섹스했다"에만 쓰였다. '강간'이라는 단어는 딱 두 번 사용되었는데 피해자와 관련된 문장에서 사용된 것도 아니었다. 이 기사는 언어를 신중하게 사용했다고 볼 수 없다. 이렇게 쓰인 언어들은 우리의 감수성에 혼란을 불러와 강간의 잔혹함과 범죄의 본질에서 멀어지게 한다. 페미니스트 학자들은 오랫동안 강간 다시 읽기를 주장해왔다. 히긴스와 실버는 말한다. "강간 다시 읽기는 그저 지금까지 침묵을 강요받아왔던 것에 귀를 기울여달라는 것이 아니다. 강간을 몸의 이야기로 끌어올리고 본래의 위치인 폭력으로 복구시켜야 한다. 강간은 엄연히 신체적·성적 폭력이다." 소설이건 논픽션이건 저널리즘에서건 강간 다시 쓰기 작업을 해야 하고, 이 범죄의 본질인 폭력성을 복구할 수 있는 방법을 찾아서 남성들이 이런 극악무도한 범죄를 저지를 핑계를 절대 만들지 못하게 해야 하며, 매킨리의 기사 같은 것들이 절대 쓰일 수도, 발표될 수도, 받아들여질 수도 없게 해야 한다.

열한 살짜리 소녀가 열여덟 명의 남성에게 집단 성폭행을 당했다. 중학생부터 스물일곱 살까지의 가해자들은 사진을 찍고 동영상도 찍었다. 그녀의 인생은 이제까지와 결코 같을 수 없을 것이다. 하지만 뉴욕 타임스는 우리가 지금 이 가련한 소도시에서 평생을 살아가야 하는 가해자 남자들도 걱정해야 한다는 식으로 기사를 썼다. 이는 죄질이 아주 나쁜 언어폭력이다.

살아남은 여자들

우리는 여성의 힘을 자주 이야기하지만 그 힘이 어떤 대가를 치르고, 어디에서 오고, 필요할 때 어떤 식으로 소환되는지는 간과하곤 한다.

2008년에 출간된 『헝거 게임』은 수잰 콜린스의 '헝거 게임' 시리즈 3부작 중 1권이다. 2009년에 2권 『캣칭 파이어』, 2010년에 3권 『모킹제이』가 출간되었다. 이 영 어덜트 소설은 출간 직후 베스트셀러가 되어 290만 부 이상 팔렸고 20여 개 언어로 번역되었으며 뉴욕 타임스 베스트셀러 리스트에 무려 100주 동안 머물렀고 특별판도 나왔다. 관련 상품 중에는 주인공 캣니스가 실제로는 기겁할 만큼 싫어할 캣니스 바비 인형도 있었다. 2012년 3월 개봉된 영화 〈헝거 게임: 판엠의 불꽃〉은 전 세계적으로 4억 6천만 달러라는 흥행 수익을 기록했다.

이 소설의 주인공은 10대 소녀 캣니스 에버딘으로, 힘이 꼭 필요한 상황을 마주하기 전까지는 자신이 가진 힘을 모른다. 원래 당찬 소녀였지만 힘을 내지 않으면 무너질 상황에서는 더욱더 강해진다. 그녀는 생존을 위해, 자기 자신과 가족과 자기편 사람들을 살리기 위해 싸워야만 한다.

나는 콜린스가 창조한 암울한 미래 세계와 그 세계를 사는 사람들에게 걷잡을 수 없이 빠져들기 시작했다.

나는 사실 책이나 영화나 TV 시리즈에 너무 많은 에너지와 시간을 투자하고 관심 정도가 아니라 취미나 집착으로까지 발전하여 내가 창조하지도 않은 어떤 인물에게 지나치게 감정이입하거나 응원하는 사람이 아니다.

아니, 그런 사람이 아니었다.

일단 이것부터 확실히 하고 넘어가야겠다. 나는 일편단심 피타 편이다. 어떻게 다른 남자에게 눈을 돌릴 수 있겠는가. 게일? 인정할 수 없다. 피타는 사랑이다. 그는 물건을 얼릴 수도 있고 빵도 구울 수도 있고 모든 것을 다 바쳐 한 여자만 사랑할 줄도 알고 힘도 무지막지하게 세다. 밀가루 한 포대 정도는 간단히 던져버릴 수 있다. 피타는 위안이고 희망이며 키스도 잘한다.

2011년 12월까지도 나는 『헝거 게임』이라는 소설을 잘 몰랐다. 유행하는 책이나 영화는 꿰고 있다고 자부하는 내가 어쩌다 이 책을 놓쳤는지 모르겠다. 그때 친구가 『헝거 게임』을 읽으면 소설 창작 수업에 도움이 될 거라며 추천해주었다.

가벼운 책은 헬스클럽에서 읽는 편이다. 나는 운동이 싫다. 물론 운동은 체력 향상에 좋고 체중 조절을 위해서 필요하고 구구절절 옳은 말씀인데 나는 운동만 하면 그냥 딱 죽어버리고 싶다. 그런 내가 러닝머신에 올라가서 내려오고 싶지 않았을 때 이 책과 사랑에 빠졌다는 사실을 알았다. 이 책은 나를 완전히 사로잡았다. 콜린스가 창조한 세상에서 나가고 싶지 않았다. 그리고 무엇보다 『헝거 게임』은 나를 감동시켰다. 너무나 많은 위기와 드라마가 있으며 모두 신비롭고 강렬하고 절망적이고 침울하다. 특히 이 책이 힘과 인내와 고통과 생존을 다루는 방식이 마음에 들었다. 책을 읽다가 헉하고 숨을 들이마시기도 하고 혼자 중얼거리기도 하고 갑자기 눈물을 쏟기도 했다. 남들이 보면 정신 나간 사람 같겠지만 신경 안 쓴다. 이 책을 읽을 때만큼은 체면 따위 안중에 없다.

'헝거 게임' 시리즈의 1권을 끝낸 후 3부작의 나머지 책들도 바로 찾아 읽기 시작했다. 이즈음 애착은 점점 강해져 나의 정신세계를 지배하기 시작했고 만나는 사람마다 붙잡고 이 책 이야기를 했다. 하루에도 몇 번씩 캣니스와 피타 생각에 빠져들었고 가끔 게일 상상도 하고 다른 강렬한 캐릭터들인 시나, 루, 스레시, 헤이미치, 피닉, 애니도 상상했다. 모든 상황이 희망 한 점 없어 보여도, 실제로도 없다고 해도, 이 인물들이 잘되기만을 바라고 기도했다.

상태가 점점 심각해지고 있던 시점에 첫 영화가 개봉했고 나의 집요한 사랑은 새로운 단계로 접어들었다.

나는 오매불망 영화 개봉만을 기다렸다. 자제가 되지 않았다. 다음

날 아침 수업이 있음에도 불구하고 자정에 영화를 보러 갔다. 같이 간 남자 사람 친구에게는 내가 영화를 보다 정신줄을 놓아도 비웃지 말라고 당부했다. 내가 스크린을 뚫고 들어갈 기세가 되리라는 것을 알고 있었고 이것으로 놀림받고 싶지는 않았다. 나는 작은 도시에 살고 있기에 밤 12시 개봉 영화를 보러 오는 사람이 별로 없을 거라 예상했지만, AMC극장은 열 개의 스크린에 모두 〈헝거 게임: 판엠의 불꽃〉을 상영했고 전 좌석이 매진되었다. 친구에게 우리가 이 극장에서 가장 연장자에 속할 거라고 농담했고 가끔 관객들 중에 희끗희끗한 머리가 보이면 절로 안심의 미소가 지어졌다.

극장에 앉아서 기다리는데 10대 청소년 관객들이 책과 캐스팅 이야기를 하고 또 요즘 애들이 하는 유의 이야기를 하기 시작했다. 물론 손에는 스마트폰이나 태블릿이 들려 있었다. '저애들은 내일 아침에 학교 안 가나?' 하는 생각이 들었다. 그때 영화가 시작되었고 나는 숨을 죽였다. 기대가 컸고, 그 기대와 희망이 할리우드 블록버스터라는 괴물에게 잡아먹히지 않기만을 바랐다.

실망하지 않았다. 영화를 보는 내내 뜨겁고 강렬한 감정이 용솟음쳤다. 아마 혼자 갔다면 이 펄펄 뛰는 감정을 날것 그대로 노출해 영화가 끝나고 고개를 들 수 없었을지도 모른다. 책에서 읽었던 장면들이 비슷한 느낌으로 커다란 화면에 재현될 때는 기립 박수를 치고 싶었다. 무대 디자인, 의상, 소품, 빛나는 주조연 배우 모두 훌륭했고 필요할 때는 원작을 충실하게 따랐다. 몇 가지 오류를 빼고는 연출과 영상미도 높았다. (딱 하나, 캣니스의 불꽃 의상이 대체 왜 저렇지?) 배우들의 연기도 탁월했다. 나는 더욱더 열렬한 피타의 팬이 되었다. 나는 영화라는 장르만이 줄 수 있는 흥분과 쾌감에 흠뻑 빠져서 집으로 돌아왔다.

비평적으로 본다면 몇 가지 결정적인 단점들이 있기도 하지만 〈헝거 게임: 판엠의 불꽃〉은 내가 비평가의 입장에서 볼 수 있는 영화가 아니다. 이 이야기 자체가 나에게 너무나 큰 의미가 있기 때문이다.

원작 '헝거 게임' 시리즈가 완벽하다는 말은 아니다. 문체는 흡인력 있고 구성도 뛰어나고 속도감도 있지만 문장력은 후속작으로 갈수록 조금씩 약해진다. 조연 캐릭터들이 입체적으로 표현되지 못했고 가끔은 앞뒤가 안 맞고 구성이 헐거워지기도 한다. 3권은 약간 서둘러 쓴 흔적도 보이고 콜린스의 선택에 개연성이 부족하다. 특히 죽는 캐릭터들에게서 죽어야만 하는 이유가 보이지 않는다. 또한 섹슈얼리티가 완전히 거세되어 있다는 점도 문제다. 친밀감은 항상 뜨거운 키스로만 나타나 우스울 지경이다. 헝거 게임이라는 세상 안에서는 10대들이 서로를 죽이거나 잔인한 방식으로 죽거나 고통받는 것은 당연시되지만 성적인 탐험을 하는 것은 받아들여지지 않는다는 사실도 불편하다.

이 극도의 잔인성과 공포감에 계속해서 충격을 받으면서도 서사 구조, 캐릭터들의 진심, 내가 사랑하는 피타와 캣니스를 향한 그의 헌신, 희망이라고는 없을 상황에서도 어떻게든 서로를 위한 방법을 찾아내는 모습에 감격한다. 이 책의 불완전함은 쉽게 용서할 수 있는데, 책에서 가장 중요한 부분에 진실이 담겨 있기 때문이다. 내가 발견한 그 진실이란 당신을 가장 사랑하는 사람은 당신이 눈치채지 못할 때도 항상 곁에 있어주는 사람이라는 것이다.

난 여성이 가진 잠재적인 힘에 매혹을 느낀다.

사람들은 내가 강인한 사람이라고 생각한다. 전혀 그렇지 않다. 하지만 나는 '헝거 게임' 시리즈의 주인공에게서 나의 모습을 보았다. 이 세 권의 소설에서 캣니스의 주변 사람들은 그녀가 강하길 원하고 그녀는 그들의 기대에 부합하기 위해 자기를 쥐어짠다. 그 과정에서 상처받고 다치는 한이 있더라도.

나는 풍부한 사랑과 단단한 유대감으로 뭉친, 완벽하진 않아도 훌륭한 가정에서 성장했다. 부모님은 내가 부모님을 밀어낼 때도 언제나 내 인생에 함께하려 했다. 나는 부족한 것이 별로 없었다. 하지만 나의 가장 큰 약점 중 하나이며 언제나 나를 부끄럽게 하는 것은 그 와중에도 나는 언제나 외로웠다는 것이다. 친구를 사귀고 싶었지만 다가가는 방법을 몰랐고, 어딘가 이상한 아이였으며 혼자만의 세계에 살고 있었다. 우리 가족은 이사를 자주 다녀 친구나 이웃을 사귀기는커녕 새 동네를 탐험할 기회조차 없었다. 외로움은 나에게 너무나 익숙한 일부가 되어버렸고, 나의 내면을 끝없는 욕구의 구덩이로 만들어버렸고, 나를 채워주는 것이라면 무엇이든 다 받아들이고 허겁지겁 집어삼키고 매달리게 만들었다.

이런 식이 되어선 안 된다는 걸 알지만 그랬다.

중학교에 다닐 때, 그러니까 아주 어릴 때, 남자를 좋아할 정도로 켰지만 그것이 무엇을 의미하는지는 전혀 모를 때 남자친구라고 생각했던 아이가 있었다. 그 아이도 내 앞에서는 내 남자친구라고 말했지만 학교에서는 모른 척했다. 이건 많은 소녀들이 잘 알고 있는 슬프고 멍청한 이야기다. 그래도 괜찮았다. 같이 있을 때 그 아이는 내 안의 텅 빈 공간을 채워주는 것처럼 느껴졌기 때문이다. 쓰레기 같은 자식이었으나 매력적이고 말을 잘했다. 나는 공부만 잘하고 어리숙하고 친구 하나 없었고 빼빼 말랐고 머리는 뻗쳐 있었는데, 그는 잘생기고 인기가 많았다. 나는 우리 관계의 현실을 받아들이기로 했다.

같이 있을 때 그는 나와 무엇을 하고 싶은지를 말하곤 했다. 허락받고자 하는 것은 아니었다. 나는 거부할 수 있는 입장이 아니었고 이렇게 하건 저렇게 하건 아무 상관도 없었다. 그저 그가 나를 사랑해주기를 바랐다. 그를 행복하게 해주고 싶었다. 내 몸으로 무언가를 하는 것이 그를 행복하게만 해준다면 무엇이든 하게 내버려둘 용의가 있었다. 내 육체 같은 건 아무것도 아니었다. 그냥 내 공허함을 감싸고 있는 살과 뼈일 뿐이지만 그가 나를 만지면 그 공허함이 채워졌다. 정확히 말해서 섹스는 하지 않았으나 그 외의 모든 것을 다 했다. 내가 더 많이 줄수록 그는 더 많이 가져갔다. 학교에서는 계속 나를 보고도 못 본 척 지나쳤고 그럴 때마다 죽을 것처럼 괴로웠지만 행복하기도 했다. 그가 행복하면 나도 행복했다. 내가 그에게 충분한 사랑을 준다면 그도 나를 사랑해줄지 모르니까. 어른이 되고 나서 생각한다. 왜 나를 그렇게 함부로 대하게 내버려뒀을까? 그 아이는 어쩌면 그렇게 이기적이었을까? 또 나는 뭐가 못나서 그런 아이에게 날 내던졌을까? 나는 너무 어렸다.

나는 언제나 모범생이었다. 성적표에는 항상 A가 찍혀 있고 반에서는 1등이었다. 순종적인 아이였다. 어른들에게 공손했고 동생들에게도 착한 누나였고 주일학교에도 다녔다. 이런 내가 뒤에서 부끄러운 짓을 하면서 우리 가족과 나머지 사람들을 속이는 건 하나도 어렵지 않았다. 착한 사람이 되는 건 나쁜 짓을 하기에 가장 좋은 방법이다.

그때는 '안 돼'라는 말도 떠오르지 않았고 안 된다고 말해야 한다거나 안 된다고 말할 수도 있다는 생각이 머리에 스쳐간 적도 없다. 그는 이제 나에게 섹스를 하자고 말하기 시작한다. 나는 안 된다고도 못했지만 하자고도 못했다. 나는 '그래'라는 대답을 하고 싶지 않았다. 안 된다고 말하고 싶었지만 그렇게 하면 그를 잃을 것 같았다. 그러면 나는 다시 혼자가 되어버릴 것이었다.

어느 날 우리 둘은 자전거를 타고 산속에 들어갔다. 큰길에서 1.5킬로미터 정도 들어가니 10대 남자아이들이 산속에 들어가서 할 만한 일들을 하는 버려진 오두막이 나왔다. 더러운 바닥에는 빈 맥주 캔과 쓰고 버린 콘돔 껍질과 구겨진 담뱃갑 들이 뒹굴고 있었다. 작은 벤치가 하나 있었고 창문 유리는 깨진 채 남은 부분도 갈색으로 변해 있었다. 안에는 그와 친한 남자애들이 몇 명 있었다. 그 아이들을 잘 알지는 못했지만 복도에서 본 적은 많았다. 모두 인기 많고 잘생긴 아이들이었다. 나처럼 말 없고 촌스럽고 어수룩한 여자애를 알 턱이 없는 아이들이었다.

처음에는 이 상황을 이해하지 못했다. 그 시절에도 안다고 생각하는 것들이 있었지만 너무 순진했다. 일이 어떻게 돌아가는지 깨닫자 이 남자애는 내가 그 친구들에게 오럴섹스를 해주길 원한다는 걸 알 수 있었다. 하기 싫었다. 그건 이 남자애와 내가 둘이서만 하는 친밀한 행동이니까. 하지만 나는 그를 행복하게 해준다면 해야 하고 할 수도 있다고 생각했다. 나는 여기서 나가자고, 나가서 다시 자전거를 타자고 말했다. 그렇게 얘기했다. 그때쯤 내가 안전하지 않다는 걸 이해했기에 어떻게든 이 상황에서 벗어나고 싶었다. 모두 나보다 덩치가 컸고 마침 내 불길한 느낌이 찾아왔다. 무서웠지만 어떻게 거부해야 할지 몰랐고 일단 그곳을 나와서 도망가려 했다. 나오자마자 풀숲에서 누군가 내 뒷덜미를 잡았다. 소리질렀다. 목이 터져라 소리를 질렀지만 내 목소리는 산속에 메아리가 되어 울렸고 아무도 나를 구하러 와주지 않았다. 단 한 명도 내 목소리를 듣지 못했다. 산속으로 너무나 깊이 들어와 있었다.

내가 남자친구라고 생각했던 그 남자아이가 나를 밀어 넘어뜨렸다. 옷을 벗겼다. 나는 아무 말도 못하고 누워 있었고 빼빼 마른 여자아이의 살과 뼈가 바닥에 닿았다. 양팔로 몸을 가리려고 해봤지만 잘 되지 않았다. 그건 원래 잘 되지 않는다. 남자애들이 맥주를 마시고 웃고 알아들을 수 없는 말들을 하면서 나를 내려다보았다. 나도 알 건 알았지만 남자아이 몇 명이 모여 여자애 하나를 죽이려고 할 때 무엇을 하는지는 몰랐다.

나는 매주 빠지지 않고 교회에 나가는 착한 아이였다. 신앙심도 깊었다. 그때는 하느님을 믿었고 그래서 기도했다. 내가 나를 살릴 수는 없으니 하느님이 와서 살려달라고. 생각나는 것이 주기도문밖에 없어서 주기도문을 열심히 외었다. 하느님, 이 남자애들이 마음을 바꾸게 해주세요. 하지만 그렇게 하지 않으셨다. 그때 드디어 내 입에서 "안 돼!"라는 말이 터져나왔고 그제야 내 목소리를 찾았으나 너무 늦어버렸다. 이미 나를 벌레만도 못하게 여긴 남자애에게 내 첫사랑이 짓밟혔고 나의 첫 모든 것이 허비됐다.

그 아이들은 나를 몇 시간 동안 데리고 있었다. 당신이 상상할 수 있는 최악의 상황이 벌어졌다고 보면 된다. 충격이 몸에서 빠져나가지 않았다. 차마 그 망할 자전거를 타진 못하고 질질 끌면서 그 남자애가 나를 사랑한다고 믿었던 스스로를 저주하며 혼자 집까지 걸어왔다. 나는 착한 아이였기에 그날 완전히 다른 사람이 된 채로 집으로 돌아와서도 방으로 올라가 나를 추슬렀다. 모두가 아는 그 착한 아이인 척 행동했고 부모님 눈에도 여전히 그 착한 아이로만 보였다. 그날 무슨 일이 일어났는지 말할 수가 없었다. 나는 문제를 일으키기 싫었고, 우리 부모님은 엄한 분들이었고, 결혼하기 전에는 섹스를 해서는 안 된다고 했고, 나는 늘 착한 아이였다. 그래서 그렇게 했다. 나는 진실을 속으로 삼켰고 그후 내 안의 텅 빈 공간은 점점 더 커졌다.

어떤 일에서 살아남았다고 해서 그 사람이 강하다는 뜻은 아니다.

최악은 다음날 학교에 가야 했다는 것이다. 가고 싶지 않았지만 다른 방법이 없었다. 나는 착한 학생이었으니까. 그래서 프랑스어 수업에 들어가 맨 끝에서 두번째 자리에 앉아 있었다. 모든 것이 불편했다. 수업이 시작되기 직전에 그 남자애가 뒤에서 내 어깨를 잡았고 나는 심장이 떨어져나갈 것만 같았다. 그는 일어나서 내 옆에 기대섰다. 그리고 말했다. "이 걸레야." 모두가 그 말을 들었고 킬킬거리며 웃었다. 그때부터 다들 나를 걸레라고 부르기 시작했다. 교실에 들어와 앞에 선 선생님마저 나를 다르게 보는 것 같았고, 선생님도 나를 걸레라고 부를 것만 같았다. 빠져나갈 수 없는 덫에 걸린 기분이었다. 그래도 나는 손가락 하나 움직이지 않고 등을 똑바로 펴고 수업에 집중하려고 했지만, 내 귀에 들려오는 말이라고는 '걸레'라고 쉬쉬하는 소리뿐이었다. 내 생애 그렇게 치욕감을 느낀 적은 그전에도 그후에도 없었다. 그해에 '걸레'는 내 별명이 되었다. 그 남자아이들은 그날 산속에서 일어난 일에 대해 제각각 다른 이야기들을 하고 다녔다.

2011년 6월, 메건 콕스 거든은 월스트리트 저널에서 최근 영 어덜트 소설이 너무 무겁고 어둡게 흐르는 경향이 있고 아직 그런 상황을 이해할 만큼 성숙하지 못한 어린 독자들에게 불필요할 정도로 과격하고 잔혹한 상황을 펼쳐 보인다고 썼다.

> 만약 책이 이 세계의 거울이라면 최근 10대 대상의 소설들은 요술의 집 거울방처럼 실제 현실을 흉하게 뒤틀린 형상으로 보여주고 있는 것 같다. 물론 예외도 있지만 분별없는 어린 독자들이 선하고 아름다운 이미지보다는 가장 끔찍한 종류의 잔혹과 상실과 폐허의 이미지 들에 둘러싸이게 될지도 모른다.

영 어덜트 소설의 일부가 무겁고 어둡다고 지적한 점은 옳지만, 그녀는 장르의 다양성을 무시했고 잔혹하거나 끔찍하지 않은 수많은 소설들이 나오고 있다는 사실도 무시했다. 더 불편한 건 그녀의 글에 10대 독자들에게는 티 없이 순수한 현실만을 보여주어야 한다는 전제가 깔려 있다는 점이다.

이 글이 발표되자 그 즉시 10대 독자와 작가들의 반박글이 올라왔다. 작가 셔먼 알렉시는 이렇게 썼다. "이 세상에는 슬프고 외롭고 화가 나서 책을 읽는 10대 독자들이 수없이 많다. 그들은 끔찍한 세상에 살기 때문에 책을 읽는다. 몇몇 어른들의 주제넘은 참견에도 불구하고 어둡고 위험한 책들이 자신을 구원해줄 거라 믿기 때문에 책을 읽는다."

나는 아주 오래전에 인생은 아무 준비가 되어 있지 않은 어린 영혼에게도 감당하기 벅찬 상황을 들이민다는 것을 배웠다. 자상한 부모님 밑에서 부족함 없이 자라고 있던 착한 딸들에게도 말이다. 당신 또한 전혀 예상치 못한 순간 숲속의 소녀가 될 수 있다. 다른 사람들이 마음대로 붙여준 이름 때문에 진짜 이름을 잃을 수 있다. 당신 같은 소녀들이 등장하는 책을 찾기 전까지는 이 세상에 혼자밖에 없다고 생각할 수도 있다. 내가 책을 읽은 여러 가지 이유 중에는 구원도 있었다. 책을 읽고 글을 쓰는 것은 언제나 내 인생의 가장 어두운 경험에서 나를 끌어내주었다. 이야기들을 읽고 있으면 나를 잊어버릴 수 있었다. 다른 결말과 더 나은 세상을 상상할 수 있었다.

내가 '헝거 게임' 3부작을 좋아하는 이유는 이 책이 그 나름대로 한 편의 동화고 내가 언제나 동화를 찾고 있는 사람이어서일지도 모른다.

'헝거 게임' 시리즈를 읽다가 거든의 글을 떠올리긴 했다. 이 소설 속 캐릭터들이 겪어야만 하는 트라우마와 그것의 매정함과 보여진 정도와 결과에 충격받기도 했기 때문이다. 가끔은 이렇게 생각한 적도 있다. '에이, 해도 해도 너무하네.' 그럼에도 불구하고 나는 세상을 조금 안다고 할 수 있고 고통에는 한계가 없다는 사실 또한 잘 안다. 이 소설 속 고통에는 한계가 없고 고통의 결과들이 있다. 여기엔 모든 일이 다 잘될 거라고 깔끔하게 결론 내는 소설, 더 나아지기 위해 무엇을 해야 하는지 보여주지 않고 막연히 잘될 거라고 말하는 소설에서는 빠진 것들이 있다. '헝거 게임'에서는 조금이라도 나아지려면 나의 모든 것을 걸어야 한다.

내가 이 책을 사랑하는 이유는 10대 취향의 멋진 남자 주인공 피타와 달달한 로맨스 때문이 아니다. 강단이 있고, 내가 공감할 수 있는 방식으로 지극히 인간적인 여성 캐릭터를 그리고 있기 때문이다. 캣니스는 분명 히로인Heroine이지만 알고 보면 문제 많은 히로인이다. 그녀가 자신의 힘을 알지 못한다는 점이 특히 나를 매혹시킨다. 그녀는 다른 소설 속의 소심하고 불안정해 보이길 강요받는 여성 캐릭터들 같지 않다. 그녀는 용감하지만 약점도 있다. 히로인이지만 두 명의 남자를 사랑하고 그 사이에서 갈등하는 소녀이기도 하다. 혁명이라는 임무를 감당할 수 있을지 확신하지 못하나 스스로를 의심하면서도 끝까지 최선을 다한다.

캣니스는 견딜 수 없는 것을 견딘다. 상처받고 다치는 모습을 보여준다. 가끔은 까닭 없는 고통을 겪기도 하지만, 인생이란 디테일만 다를 뿐 원래 살아남으려고 애쓰는 사람에게 저마다 견딜 수 없는 상황들을 내던지지 않던가? '헝거 게임' 3부작은 어둡고 잔혹하지만 결국은 희망을 제시한다. 더 나은 세상, 더 나은 사람이 될 수 있다는 희망, 한 여인에게 더 나은 인생이 올 수 있다는 희망, 그녀의 힘을 이해하고 그 힘을 굽히지 않아도 된다고 말하며 가장 어두운 기억과 가장 아픈 상처까지도 어루만져주는 남자와 함께할 수 있다는 희망이다. 물론 나는 '헝거 게임'을 사랑한다. 이 3부작 소설은 견딜 수 없는 것을 견디고 살아남은 자들에게 그들이 그토록 갈구하는 희망이 있다고 말하는 소설이다.

안전하다는 착각

그 남자나 그 남자의 친구들을 닮은 남자를 볼 때가 그렇다. 남자의 숨결에서 맥주 냄새를 맡을 때, 폴로 향수 냄새를 맡을 때, 거친 웃음소리를 들을 때, 모여 있는 남자들 옆을 지나가는데 주변에 아무도 없을 때, 영화나 TV에서 공격당하는 여성들을 볼 때, 숲에 가거나 우거진 숲의 한가운데에서 운전할 때, 이 익숙한 경험에 대한 글을 읽을 때, 공항 검색대를 통과하거나 매번 여행을 떠날 때마다 추가 보안 검색을 당하느라 한쪽에 서 있게 될 때, 섹스를 하는데 뜻하지 않게 팔목이 내 머리 위쪽에 붙박일 때, 특정한 연령대의 소녀들을 볼 때 나는 그렇게 된다.

날카로운 고통이 몸 한가운데를 관통한다. 속이 뒤집힌다. 구토를 하러 간다. 식은땀을 흘린다. 사람들을 피해 조용한 장소로 들어간다. 관절이 아프도록 주먹을 꽉 쥔다. 살아남고자 하는 본능적인 반응이다. 나는 숨을 깊게 들이마시고 내쉰다. 한 번. 아니면 두 번이나 세 번. 그때와 지금은 얼마나 다르고 그때로부터 얼마나 많은 시간이 흘렀는지 생각한다. 내가 더이상 그 산속에 있던 여자아이가 아니라는 사실을 상기해야만 한다. 다시는 그렇게 되지 않으리라는 사실도 상기해야만 한다. 그건 아주 오래전 과거일 뿐이다.

그렇게 하지 않으면 안 되기 때문이다.

1954년 의회에서 TV의 폭력성과 선정성에 관한 심리가 최초로 열렸고 그 이후로 방송과 폭력에 대한 논의는 계속 진행중이다. 1996년에는 TV에 프로그램 등급을 평가할 수 있는 칩을 심어야 한다는 방송통신법이 통과되었다. 현재의 방송 프로그램 등급제는 1997년 1월 1일부터 시행된 것으로 부모가 자녀들이 시청하는 프로그램을 모니터하면서 적합성을 구분하도록 도와준다.

프로그램의 내용에 따라 연령별로 시청자를 분류하는데 전체 관람가 등급인 G부터 청소년 관람 불가 등급인 MA까지 있다. 어린이들이 폭력, 욕설, 성적인 장면에 노출되지 않도록 하는 기준이다. 이 기준은 누군가가 곁에서 어린이들이 무엇을 보고 있는지 모니터하거나 강제적으로 적용할 수 있는 경우에만 효과가 있다. 케이블 수신기와 시중에서 판매되는 TV들은 부모가 자녀가 시청하기에 부적절하다고 판단한 채널이나 프로그램을 잠글 수 있게 했지만 부모의 관리에도 한계가 있다.

그렇다면 이러한 프로그램 등급제와 시청 지도 기준들이 얼마나 효과적으로 지켜지고 있을까? 「등급과 시청 지도: 새로운 등급제 적용」에서 조앤 캔터는 설문 조사 결과 "부모의 경고나 조금 더 엄격한 미국 영화협회의 등급 정보MPAA는 오히려 자녀의 호기심을 더 자극한다"는 결과가 나왔으며 "어린이들은 실제로 폭력적인 내용을 접하고 싶어서가 아니라 시청 제한을 거부하고자 하는 욕망 때문에 잠금 설정에 호기심을 갖는다"라고 했다. 아이들조차도 금단의 열매를 맛보고 싶어 한다는 이야기다. 혹은 금단의 열매를 맛보면 안 된다는 소리를 듣고 싶어하지 않는다는 뜻이다.

프로그램 등급제는 마치 공항 검색대처럼 연극적인 행위다. 우리 인생에 영향을 미치는 모든 것을 제한할 수 있을 것처럼 느끼게 해주고 그럴 수 있을 거라는 확신을 주기 위해 고안된 하나의 착각일 뿐이다.

우리 모두 아이들이 안전하기를 바란다. 우리도 안전하기를 바란다. 이것이 가능한 척하고 싶고 그래야 한다.

나는 인터넷에서 '트리거 워닝'•이라는 문구를 보면 오히려 그 밑에 무슨 내용이 나올지 알고 싶어진다. 나 또한 이 금단의 열매를 맛보고 싶어하는 것이다.

게다가 나는 이 경고 문구가 나를 구하지 못하리라는 사실도 잘 알고 있다.

• 자살, 학대 등 트라우마를 떠올릴 가능성이 있는 내용이 포함되어 있음을 알리는 경고.

'트리거 워닝'이라는 문구는 마구잡이 정보와 글이 넘쳐나는 인터넷에 마련된 등급제나 보호 기준이라 할 수 있다. 인터넷이라는 카오스에 일종의 질서를 제공하고자 하는 것이다. 앞으로 불쾌한 내용이 나올지도 모르니 조심하라는 경고, 당신의 안 좋은 기억이나 트라우마나 민감한 경험을 상기시킬지도 모르니 피하라는 경고다. 이 앞에서 우리는 선택해야 한다. 마음을 단단하게 먹고 계속 읽어갈 것인가 아니면 스스로를 보호하기로 하고 눈을 돌릴 것인가?

페미니스트 커뮤니티도 이 트리거 워닝 문구를 자주 사용하는 편이다. 특히 성폭행, 성폭력, 폭력에 대해 논하는 온라인 포럼에서 자주 나온다. 커뮤니티들은 이 경고 문구를 사용하며 이렇게 말한다. "이곳은 안전한 장소입니다. 우리는 당신이 회상하고 싶지 않은 과거를 떠올리지 않을 수 있도록 보호합니다." 커뮤니티의 멤버들은 원하기만 한다면 보호받을 수도 있다고 착각하게 된다.

이 트리거 워닝 문구는 다른 모든 곳에도 적용될 수 있다. 지난 몇 년간 나는 이 문구가 거식증, 빈곤, 자해, 따돌림, 이성애 규범성•, 자살, 비만인 차별, 집단 학살, 노예제, 정신질환, 노골적인 성적 논의, 동성애, 동성애 혐오, 중독, 알코올중독, 인종문제, 홀로코스트, 장애인 차별, 댄 새비지••의 글 등 모든 주제에 쓰이는 경우를 보았다.

확실히 우리 인생에는 이런 경고 문구가 필요한가보다.

그러나 어떤 사람들에게는 세상의 모든 것이 안 좋은 기억을 떠오

• 이성애만이 옳다고 주장하며 성 소수자들을 억압하는 배타적인 태도.

•• 작가, 섹스 칼럼니스트. 성에 관한 노골적인 이야기를 주로 썼다.

르게 하는 계기가 될 수 있다. 그 사람의 겉모습만으로는 절대 알 수 없는 것들이 있다. 우리 인생에는 이런 불편한 진실도 있다.

우리에겐 모두 남들이 모르는 나만의 역사가 있다. 그 역사를 극복했다고 생각할 수도 있다. 과거는 과거일 뿐이라고 생각할 수도 있다. 그 순간 어떤 작은 일이 일어나고 누군가의 악의 없는 말이나 행동 하나에서 나는 극복하려면 아직 멀었다는 사실을 깨닫는다. 과거는 이미 당신과 한몸이다. 그런데 어떤 사람들은 이 진실을 인정하고 싶어하지 않는다.

나에겐 그런 안 좋은 과거를 회상하게 하는 트리거가 특별히 없다고 생각했다. 왜냐하면 나는 강한 사람이니까. 나는 강철처럼 단단하니까. 그 강한 겉표면 안쪽에 말랑말랑한 속살이 있었지만 피부 또한 여러 겹이니 누구도 뚫을 수 없다. 그러다가 내게 이런 상처를 촉발하는 계기들이 엄청나게 많다는 것을 깨달았다. 내 안에 더이상 공간이 남지 않을 때까지 꾹꾹 쑤셔넣고 있을 뿐이었다. 그러다 댐이 무너져 버렸고 나는 이것들을 소화하는 법을 배워야 했다. 몇 년 동안 전문가의 도움을 받았다.

그리고 나에게는 글이라는 도구가 있었다.

트리거 워닝에 대해서는 이미 뜨거운 논의가 있어왔고 양측 모두 확고한 입장을 견지한다. 이 경고 문구가 비효율적이고 비실용적일 수도 있지만 보다 안전한 온라인 공간을 확보하기 위해 꼭 필요하다는 의견도 있다.

이 경고 문구를 믿지 않는 것은 강간이나 성폭력 생존자들을 존중하지 않는 태도라는 주장도 여러 번 나왔다. 반면 불필요한 응석일 뿐이라는 주장 역시 많았다.

이것은 누구도 이길 수 없는 토론이다. 너무나 많은 사람들의 피부 밑에 너무나 많은 역사가 흐르고 있다. 이런 문구 삽입은 효과도 없고 비현실적이라는 의견과 안전한 인터넷 공간을 만드는 데 꼭 필요하다는 의견 두 가지 모두를 수용할 수 있는 사람은 그리 많지 않을 것이다.

안전에 대한 우리의 욕구는 강하지만 막상 해결하기는 어렵다.

살다보면 내 단단한 피부 껍질을 다 벗겨버리고 그 밑에 무엇이 있는지를 까발리게 하는 일들이 있다. 하지만 나는 이 경고 문구를 믿지 않는다. 사람들이 과거를 완전히 피할 수 있다고 생각하지 않는다. 다른 사람들의 과거를 추측하는 것이 가능하다고 믿지도 않는다.

트리거 워닝에는 어떤 기준도 없고 보편적인 지침도 없다. 일단 시작은 했다 치자. 하지만 어디쯤에서 멈추어야 하는가? '강간'이라는 단어의 언급 자체가 트라우마를 유발할 계기가 될 것인가? 아니면 강간이 이제 막 나오려는 시점부터 경고해야 할 것인가? 생생하게 묘사하기 전에 경고를 해야 할까? 하기 힘든 말을 꺼낼 때마다 이 경고를 해야 하는 것일까? 그리고 생생한 묘사란 과연 무엇일까? 누가 그것을 결정하는가?

모든 게 너무나 헛되고 무력하며 가끔은 사람을 무시하는 것처럼 느껴진다. 경고 문구를 보면서 이렇게 생각한 적도 있다. '당신이 뭔데 내가 보호받아야 한다고 생각하지?'

과도하게 사용되는 트리거 워닝 문구는 검열처럼 여겨지기도 한다. 그들의 생각에 어떤 경험이나 관점은 대중이 받아들이기에는 너무나 부적절하고 너무 적나라하고 너무 거친 것이다. 작가인 나는 사람들이 이렇게 말할 때 신경을 곤두세운다. "이건 경고 문구가 있어야 했던 글이야."

이 경고 문구의 불문율도 이해할 수가 없다. 이것을 늘 염두에 두고 있으면 쓰고 싶은 방식대로 글을 쓸 수가 없다. 쓰면서도 계속 의심하거나 재고해볼 것이고 완급 조절을 하게 될 것이다. 나는 그렇게 하고 싶지 않다. 절대로 그럴 용의가 없다.

작가는 독자들이 껍질 속에서 안전하게 보호받도록 만들어줄 수가 없고 그렇게 해서도 안 된다.

이렇게 생각해볼 수도 있다. 어쩌면 이 경고 문구는 사람들이 상처를 떠올리게 하는 그 수많은 것들을 마주하는 법을 배우고 도움을 받을 수 있는 기회를 놓치고 무조건 그 문제를 회피하게 만드는 것일 수도 있다. 상처를 극복하기 위해 전문적인 도움을 받는 것이 어마어마한 특권이라는 사실을 알기 때문에 하는 말이다. 나의 상처 부위를 쑤셔서 피를 흘리게 만들고 끔찍한 장소에 데려다놓고 고통스러운 기억들을 떠올리게 하는 트리거들을 어떻게 다루어야 하는지를 배우는 것은 크나큰 가치가 있다.

상처를 치료하지 않고 덮으며 살아갈 수는 없다. 아무리 좋은 의도라 하더라도 이 트리거 워닝이 피를 멎게 해줄 수는 없다. 이 문구가 상처에 앉은 딱지를 더 딱딱하게 해주진 못한다.

나는 안전한 세상을 믿지 않는다. 믿을 수 있으면 좋겠지만 그럴 수가 없다. 나는 용감하지 않지만 내가 무엇을 두려워하게 될지는 안다. 나는 앞으로도 모든 걸 두려워할 것이다. 그러나 그런 두려움 안에도 자유가 있다. 그 자유는 내가 두려움 없이 하고 싶은 말을 하고, 하고 싶은 행동을 하는 것처럼 보이게 해준다. 나는 과거에 철저하게 무너졌기에 그런 일이 다시 일어나지 않도록 준비할 수 있다. 가끔은 나 자신을 위험한 상황에 몰아넣기도 했다. 나는 이렇게 생각했다. '내가 어떤 일을 겪었는데, 이 정도쯤 아무것도 아니야.' 남들의 눈에는 보이지 않는 나만의 인고의 시간들은 내 글에서 울림이 된다. 나는 '꿋꿋하게 견디기'라는 주제에 어쩌면 심할 정도로 매혹된다. 삶이란 산다기보다 견디는 것이라는 생각을 많이 하는 편이기 때문일 것이다.

한 사람의 지성인으로서 인터넷 세상에 이런 경고 문구가 필요하다는 사실은 이해한다. 고통스러운 경험이 너무 자주 피부를 뚫고 나오려고 대기중이라는 사실도 이해한다. 나 자신이 그렇게 산산이 뜯겨나가는 것을 보고 느끼는 건 괴롭고 무서운 일이다.

어쩌면 이 경고 문구와 관련된 나만의 진실은 이것일지도 모른다. 이미 난 모든 것을 겪었기에 인터넷에 나오는 단어나 말은 나를 해칠 수 없다. 이 트라우마를 유발하는 트리거나 그에 따른 연상작용과 마음의 상처 따위는 내게 일어났던 실제 사건에 비하면 아무것도 아니다.

이 생각을 넘어서기가 힘들다. 나는 그 문구를 보아도 안전하게 느껴지지 않는다. 보호받는다는 느낌도 들지 않는다. 그에 반대되는 예가 이렇게 넘치는데도 아직도 안전과 보호막을 철석같이 믿고 있는 사람이 있다는 사실이 놀라울 따름이다.

어쩌면 내가 실패해서인지도 모른다.

그럼에도 불구하고.

어떤 공간에서는 우리가 안전할 수 있다는 환상을 믿어야 한다는 것도 인식하고는 있다. 성경이 무신론자들을 위해 존재하는 게 아니듯, 이 경고 문구도 믿지 않는 우리 같은 사람들을 위한 것이 아닐 것이다. 이 문구는 내가 아니라 실제로 안전을 필요로 하고 믿는 사람들을 위해 만들어진 것이다.

믿지 않는 우리 같은 사람들은 할말이 그리 많지 않다. 우리 또한 다른 사람들이 보호를 원할 수도 있다는 사실을 인정하고 받아들여야만 한다.

그럼에도 불구하고 여전히.

나는 가끔 총에 맞은 듯한 충격을 받을 것이고 나를 겨누는 그 총의 방아쇠 앞에는 언제나 손가락이 있을 것이다. 아무리 열심히 피하려 노력해도 표적이 되지 않을 방도는 없다.

망가진 남자들

미국의 여러 지역을 옮겨다니며 살았지만 띄엄띄엄 꽤 오랜 세월을 보낸 곳이 바로 네브래스카주다. 어렸을 때 그곳에 살았고 어른이 되어서도 거주할 기회가 있었다. 네브래스카는 허스커•의 나라다. 하느님이 계시고 허스커님들이 계신데 가끔은 그 순서가 글쎄, 뒤바뀔 때도 있다. 경기 당일 메모리얼 스타디움은 네브래스카주에서 세번째로 큰 도시가 된다. 25년 동안의 감독 생활을 마치고 오래전에 은퇴한 톰 오즈번은 여전히 전능하신 하느님 아버지 오른편에 앉아 계신다. 현재 그는 네브래스카주립대학교 링컨 캠퍼스 스포츠팀 의장으로 재직하고 있으며 과거 하원의원 선거에서 가볍게 당선되어 6년 동안 공화당 하원의원직을 역임한 적도 있다. 네브래스카 풋볼의 전성시대였던

• 네브래스카주립대학교 링컨 캠퍼스에 속한 풋볼팀 콘허스커스의 상징.

1990년대에 네브래스카는 그의 지휘 아래 1994년과 1995년에 전국 우승을 거머쥐었고 1997년에는 준우승을 했다. 그리고 오즈번은 하느님보다 약간 더 높은 위치로 올라갔다. 네브래스카에서 톰 오즈번은 펜실베이니아주립대학교의 조 파테르노•와 같다. 다 같이 아멘.

1990년대에 네브래스카 풋볼 선수들은 거칠기로 유명했다. 로런스 필립스는 사건 사고를 몰고 다니는 악동이었고 여러 차례 문제를 일으켰다. 그중 한 번 이상은 여성 폭력과 관련 있었으나, 그가 뛰어난 러닝백이라는 사실이 그가 뭉개버리겠다고 한 여성의 얼굴보다 더 중요한 듯했다. 그 시절 네브래스카 선수들은 너무나 자주 경찰에 입건되는 바람에 범법이 두번째 스포츠가 되어버릴 지경이었다. 언론은 지나가는 말로 감독인 오즈번에게 선수들의 '불량배 논란'에 대해 어떻게 생각하느냐고 물었고, 그는 인간이란 완벽하지 않은 존재이기에 선수들의 장점만을 본다고 대답하곤 했다. 이 선수들이 약물과 알코올 문제와 폭력과 성폭행 혐의를 모면한 것도 한두 번이 아니었다. 왜냐하면 필드에서 풋볼을 움직일 수 있었고, 메모리얼 스타디움을 이번주와 그다음주에도 가득 채울 수 있었으며, 우리 팀을 이번과 다음번에도 결승에 올려놓을 수 있었기 때문이다. 그들은 우리를 교회로 데리고 갈 수도 있었다. 아멘.

전국에서 이런 주가 네브래스카뿐이었을까? 그렇지 않다. 펜실베이니아만 그런 것도 아니었다. 풋볼계 대학 선수들과 프로 선수들은 온

• 펜실베이니아주립대학교의 전설적인 풋볼 감독.

갖 종류의 범법 행위를 저지르고도 아무렇지 않게 빠져나갔고 우리는 그들의 행태에 익숙해져야만 할 것 같았다. 왜냐하면 오늘도 내일도 우리는 이 망가진 남자들이 수백만 팬들의 희망을 안고 달리는 풋볼과 야구와 농구와 하키 경기를 볼 것이기 때문이다. 우리는 그들을 응원하고, 티셔츠를 사고, 평생 쓰고도 남을 돈이 있거나 앞으로 그렇게 될 사람들을 더 큰 부자로 만들어준다. 펜실베이니아주립대 코치 제리 선더스키의 성폭행과 학교 관계자들의 은폐가 폭로되었을 때 우리는 분노했고 여론은 걷잡을 수 없이 악화되었다. 당연히 그랬다. 하지만 운동선수, 감독, 범죄, 침묵과 관련해서 아직도 분노해야 할 일이 너무나 많이 생긴다. 그런데 우리 문화에서는 운동선수들을 신처럼 떠받들며 그들이 설령 죄를 짓는다 해도 우리가 숭배한 대가이니 대수롭지 않게 넘어간다. 아멘.

피의자 무죄 추정의 원칙이라는 것이 있다. 범죄의 가해자로 기소된 사람이라도 유죄가 확정될 때까지는 무죄의 가능성을 열어두어야 한다는 것이다. 가끔은 그래야 한다는 것이 참 힘들다.

제리 선더스키 사건처럼 전국적으로 논란이 된 사건에서는 무죄 추정의 원칙을 적용하기가 어렵다. 유명인들은 범죄자 혐의를 받으면 먼저 여론 재판이라는 혹독한 대가를 치러야 한다. 법정에 들어가기 훨씬 전부터 속죄가 시작된다.

나는 억지로나마 제리 선더스키에게도 무죄 추정의 원칙을 적용하려고 했으나 2011년 말 NBC 뉴스 〈록 센터〉에서 밥 코스타스와 그가 인터뷰한 영상을 보고 말았다. 나는 사실 유명한 성인 남성이 무려

10년이 넘는 기간 동안 열 명이 넘는 소년들을 상습 성폭행할 수 있으리라고 믿고 싶지 않았다. 명예와 권력만 있으면 그런 흉악한 범죄를 저지르고도 빠져나갈 수 있다는 현실을 믿고 싶지 않았다. 도덕성과 실력을 갖춘 명문 풋볼팀 코치로 알려진 감독이 그 정도까지 타락할 수 있으리라고 믿고 싶지 않았다. 목격자가 어린 소년들이 강간당하는 걸 지켜보면서도 말리거나 윗사람들에게 알리지 않고, 그저 그 소년들의 아버지에게 전화를 거는 것 외에는 아무것도 하지 않았다는 사실을 믿고 싶지 않았다. 대학 당국이 몇 년이나 이 범죄를 은폐하려고 애써왔다는 사실도 믿고 싶지 않았다.

소아성애자 혐의를 받는 사람이 전국 방송에서 자신을 변호하려 하다니 한마디로 무식해서 용감하다는 생각밖에 들지 않았다. 아무리 우리의 사법 체계가 유죄로 확정되기 전까지는 무죄로 추정한다 할지라도 이렇게 유명한 인물이 법정 바깥에서 자신의 무죄를 주장하려 할 때는 제한이 있어야 할 것이다. 그런데 전혀 그런 것이 없었다.

다른 사람들과 마찬가지로 나도 이런 간단한 법 상식은 〈로&오더: 성범죄전담반〉이라는 드라마를 통해 습득했을 뿐이니 나의 법 상식은 알팍하기 그지없다. 그래도 〈로&오더: 성범죄전담반〉을 보면 피고측 변호사들이 고객에게 절대로 자신을 직접 변호하지 말라고, 한마디도 하지 말라고 말한다. 특히 언론에는 절대 입을 열지 말라고 신신당부한다. 무죄건 유죄건 피고가 전문가의 중재 없이 정리되지 않은 언어로 말하면 유죄로 보일 확률이 높다. 제리 선더스키는 지옥불에 떨어진 것이나 마찬가지였고 나는 대체 왜 변호사들이 이 남자가 방송에서 떠들도록 내버려두었는지 궁금했다.

NBC 방송에서 밥 코스타스와 제리 선더스키의 전화 인터뷰를 시청했다. 일련의 사건들에 이미 지극한 혐오를 느꼈지만, 선더스키의 인터뷰를 보면서 느낀 바가 많았다. 거기에는 망가진, 완전히 망가진 남자가 있었다. 그가 중죄를 저지른 범인이 맞는다면—나는 그가 유죄라 생각하고 법원도 그렇게 판단했다—선더스키는 아주 오랜 세월 동안 망가진 남자였을 것이다. 의도하지 않았다 해도 그는 그 인터뷰에서 자신이 얼마나 망가진 남자인지 있는 그대로 드러냈다.

아니면 죄가 들통났기 때문에, 앞으로는 소년들에게 다가갈 수도, 더이상 엘리트 스포츠계에 발을 붙일 수도 없게 되었기 때문에 그렇게 무너졌을 수도 있다. 15년 동안 쌓아올린 명성이 송두리째 날아가는 건 분명 충격적인 사건일 테니까. 무엇이 한 남자를 이 정도까지 망가뜨렸는지 그 전후 사정을 정확히 알 수는 없다.

죄인이 어떤 식으로 말하는지 알고 싶다면 제리 선더스키가 지난 수년간 이 소년들에게 행한 그 부적합한 행동을 설명하는 목소리를 들으면 될 것이다. 그의 목소리는 불안하게 떨리고 있었다. 나는 그가 자기 범죄가 얼마나 중한지 깨달아서 그랬다고 믿고 싶다. 그는 이 소년들과 샤워하고 그들의 신체를 만진 것을 마치 정상적인 행동인 것처럼 말하고 있다. "이 어린 소년들, 미성년자들에게 성적으로 끌렸습니까?"라는 질문을 받자 선더스키는 대답은 안 하고 질문을 되풀이한다. 죄인이건 아니건 대부분의 사람들은 이런 질문을 받으면 간단히 '절대 아닙니다'라고 말할 테지만 그는 이렇게 말한다. "그 미성년자들에게 성적으로 끌렸냐고요? 나는 어린 친구들을 좋아합니다. 같이 있으면 좋죠. 하지만 아닙니다. 나는 그 소년들에게 성적으로 끌리지는 않았습니다." 몇 문장을 말한 후에야 부정한다.

나는 성폭행과 성적 학대 혐의에 대해서만은 피해자에게 유리한 해석을 하고 싶다. 피해자 증언에 더 무게를 두고 싶다. 그렇다고 해서 내가 무고하게 기소된 사람에게 동정심을 갖지 않겠다는 뜻은 아니지만, 만약 나에게 선택권이 있다면 무조건 피해자 편에 설 거라는 뜻이다. 내가 법정에서 판결을 내리지 않아도 되어 천만다행이다. 나는 이 문제에 대해서만은 완전히 공평할 수가 없다. 너무 내 이야기 같아서다.

관련된 사람들 누구도 이 상황에서 빠져나오기는 쉽지 않을 것이다. 선더스키가 이 어린 소년들을 성적으로 학대했건 아니건, 양쪽 모두가 입은 피해는 회복할 수 없이 깊다. 선더스키와 그의 주변 남자들 모두 망가진 남자들이다. 피해자들을 내버려두었던 남자들, 몇 년씩이나 못 본 척한 남자들, 은폐와 공모의 죄를 저지른 남자들. 모두 철저히 망가진 남자들이다.

인터뷰가 방송된 이후 더 많은 피해자들이 용기를 내어 선더스키를 성폭행 혐의로 고소했다. 선더스키와 변호사측은 이 피해자들을 비방하면서 공허한 변호를 하고 있다. 그들은 전형적인 '피해자측 비난하기' 전략을 취하는데, 이는 망가진 남자들이 곧잘 취하는 대응책으로 그들의 실체가 뚜렷하게 보이는데도 불구하고 피해자에게 잘못이 있는 것처럼 보이게 하려는 것이다.

선더스키 재판 과정을 지켜보면서 우리 모두 그가 얼마나 망가진 인간이고 또 얼마나 많은 사람을 망가뜨렸는지 두 눈으로 똑똑히 확인했다. 펜실베이니아 법정에서 밝혀진 사건의 전말은 구역질이 나는 동시에 너무나 가슴 아팠다. 아직은 말하기 이르지만 피해자들에게 이것으로 정의 실현이 이루어졌을지도 모르고 그렇게 되길 희망해볼 수도 있다. 하지만 추악한 행위는 이미 저질러졌고 과거를 돌이킬 수는 없다. 재판은 끝났다. 펜실베이니아 풋볼팀은 아마도 대대적인 변화를 거치게 될 것이다. 내년이면 어김없이 해피 밸리에서, 링컨에서, 대학이 위치한 도시 곳곳에서 새 풋볼 시즌이 시작되면서 한때 만천하에 드러났던 흉측한 진실을 그럴싸한 가리개로 덮어버리려고 할 것이다. 건장한 청년들이 서로 몸을 세게 부딪치고 우리는 열렬히 응원할 것이다. 이 청년들이 필드 밖에서 무슨 짓을 하고 다니는지는 별로 신경쓰지 않을 것이다. 우리는 어쩔 수 없이 제리 선더스키와 피해자들을 잊게 될 것이다. 원래 세상이 그런 법이니까. 앞으로도 우리의 시선을 끄는 사건 사고는 늘 벌어질 테니까.

2013년 6월 9일 텍사스에서 한 아버지가 딸이 성폭행당하고 있는 현장을 목격했다. 아버지는 그 자리에서 범인을 때려죽였다. 돌아올 수 없는 강을 건넜다. 그러나 재판은 없을 것이다. 이런 경우 정의는 빠르고도 잔인하게 적용된다. 사람들은 이 아버지를 영웅이라 부르고 있다. 우리 대부분은 아마도 똑같이 할 것이고 그런 광경 앞에서는 눈앞에 뵈는 게 없을 것이다. 그 아버지는 고통과 슬픔에 젖어 있었다. 그 남자를 죽일 생각까지는 없었던 것이다. 그는 자신의 딸을 구하려 했고 적어도 구할 수 있는 만큼은 구했다. 그는 기소되지 않았다. 이 이야기들은 망가진 남자들이 어디에나 있다는 사실을 보여준다. 센트럴 텍사스의 목장에도 있고 폿볼계 인사들 사이에도 있고 필드에도 있고 사이드라인에도 있다. 그리고 그 망가진 남자들 옆에는 그들 때문에 망가져버리는 여자들이 있다. 모든 면에서 참담한 광경이다.

세 개의 커밍아웃 이야기

우리는 아직도 유명인들이 보이지 않는 벽장 밖으로 걸어나와야 하는 시대에 살고 있다. 이 벽장은 사실 유명인들의 사생활을 구석구석 알아야만 만족하는 대중이 만든 것이다.

우리는 모든 것을 알고 싶어한다. 정보의 시대이니만큼 정보의 홍수 속에 살고 있으니 알고자 하는 것은 당연한 권리라고 느낀다. 또한 우리는 분류하기, 구분 짓기, 정의 내리기를 취미로 삼고 있다. 당신은 남자입니까, 여자입니까? 민주당입니까, 공화당입니까? 기혼입니까, 미혼입니까? 게이인가요, 스트레이트인가요? 이런 질문에 대한 답을 알지 못하면 어찌해야 할지 모른다. 더욱이 그 대답이 특정한 카테고리에 딱 맞아들어가지 않으면 매우 당황하기까지 한다.

특히 유명인들이 성적인 취향을 증명할 수 있는 확실한 증거를 대지 않으면 우리의 분류 욕망은 더욱 커진다. 적지 않은 유명 연예인들이 끈질긴 '게이 루머'에 시달리는데 그들은 대체로 어느 카테고리에 넣어야 할지 애매한 사람들이다. 우리는 마치 이들을 분류하는 것이 우리 인생에 큰 영향을 미치는 것처럼, 마치 완벽한 분류 작업이 우리에게 맡겨진 중책인 것처럼 궁금해하지만 사실 그래봤자 바뀌는 건 하나도 없다. 이를테면 리키 마틴이 게이이건 아니건 내 인생에 달라지는 건 없다. 그 정보로 충족되는 것은 딱 하나, 나의 호기심뿐이다.

사람들의 분류 욕망 때문에 어떤 유명인이나 공인들은 자신의 의지에 상관없이 아우팅당하기도 한다. 때로는 인권을 압박하는 법안을 통과시키려던 정치가들이 그 표적이 된다. 하원의원 에드워드 슈록은 2004년 '결혼보호법'에 찬성 의사를 밝혔을 때 동성애자임을 아우팅당했다. 물론 이런 사람은 한두 명이 아니다. 이런 사람들을 강제로 아우팅한 사람들은 더 위대한 선을 위해서, 혹은 그 사람의 위선을 밝히기 위해서 그랬다고 말한다. 마치 사생활을 지킬 권리와 커밍아웃 여부와 커밍아웃 시기에 대한 결정권은 도덕적으로 흠이 없는 사람들에게만 주어진다는 듯이 말이다.

부분적으로는 사생활 보호의 문제다. 어떤 정보까지를 우리 자신을 지키기 위한 권리라고 할 수 있을까? 사생활을 지키기 위해서는 어느 선까지 보호되어야 할까? 다른 사람의 삶에 대해 알권리를 어디까지로 봐야 할까? 다른 사람들이 스스로를 위해 그어놓은 선을 넘어갈 권리가 있을까?

소위 공인이라고 하는 사람들은 그 경계가 아주 희미하다. 사생활 침해를 대가로 그들은 부와 명예와 권력을 얻었을 테니까. 그렇다면 그건 정당한 거래인 걸까? 유명한 사람들은 자신의 노력과 재능으로 어떤 위치에 오르려고 노력할 때 앞으로 사생활을 포기해야 한다는 사실을 인식했을까?

이 정보화 시대에 우리는 다양한 경로로 개인 정보와 사생활을 내보인다. 우리는 누가 묻지도 않았는데 아침에 무엇을 먹었는지 밝히고 지난밤에 어딜 갔는지 누구와 함께 있었는지 등 온갖 소소한 일상을 공유한다. 소셜 미디어 아이디를 만들 때나 온라인 쇼핑을 할 때도 개인 정보를 노출한다. 별다른 고민이나 숙고 없이 이런 정보들을 넘겨준다. 우리가 이제까지 너무 많은 것을 너무나 많은 사람들과 공유하고 있었기에 노출은 자연스럽게 이루어진다.

개릿 카이저의 『프라이버시』는 사생활을 주제로 한 에세이를 엮은 책으로 법적인 관점, 여성주의적인 관점, 계급의 관점 등 다각도에서 사생활을 살펴보고 있다. 그는 우리에게 얼마나 사생활이 없는지, 우리가 우리의 사생활에 얼마나 무신경한지, 다른 이들의 사생활을 얼마나 무신경하게 침범하는지 이야기한다. 그는 이렇게 쓴다.

> 우리는 프라이버시를 하나의 권리라고 말하고 있지만 어쩌면 하나의 시험대로, 또 이 문명이라는 광산의 한 마리 카나리아로 보기도 한다. 우리가 인간의 육체와 영혼을 어디까지 양도할 수 없는 권리로 인정하느냐에 따라—그 사람을 우리의 혈족처럼 곁에 생생하게 살아 있는, 존엄과 위엄을 지켜주어야 하는 한 인간으로 보는지 아닌지에 따라—그 카나리아는 죽기도 하고 살기도 한다.

대중은 방송이나 문화계 유명 인사들도 그들 곁에 있는 사람들에게는 둘도 없이 소중한 존재라는 사실을 잊곤 한다. 그들이 실제로 피와 살로 이루어진 인간이라는 사실도 잊는다. 그들이 뛰어난 능력 덕분에 유명해지면서 양도할 수 없는 권리까지 내놓았다고 가정해버린다. 별다른 의심 없이 그렇게 한다.

카이저의 가장 놀라운 주장은 프라이버시와 계급이 본질적으로 얽혀 있다는 것이다. 특권을 가진 사람들은 그렇지 않은 사람들보다 프라이버시를 가질 기회가 더 많다고 주장한다. 카이저는 이렇게 쓴다. "사회적 지위란 그 사람이 사적인 공간에서 공적인 공간으로 이동할 수 있는 자유의 정도에 따라 정의할 수 있고 그가 사생활을 지키는 시간과도 비례한다고 할 수 있다."

사생활과 특권의 관계는 인종과 젠더와 성 정체성까지 확대된다. 예를 들어 여성이 임신을 하면 사생활이 점점 더 줄어드는데, 만삭에 가까워질수록 현재 상태가 점점 더 겉으로 드러나기 때문이다. 카이저는 임신한 여성을 언급하며 이렇게 말한다.

> 그녀는 몸이라는 성소에서 일어나는 매우 친밀한 환경에서 시작된 사적인 경험을 하고 있으나 명백히 외적인 발언을 하고 있는 상태가 된다. 하지만 그것을 가릴 방법도 없고 그 모습을 보며 사람들이 갖게 되는 감정을 부정할 수도 없게 되며, 그녀는 우리의 집단적 미래를 형상화하고 개인의 과거를 대표하게 된다.

어떤 식으로든 신체가 남들과 상이한 모습일 때는 프라이버시를 타협해야만 한다. 프라이버시는 특권층이 즐기고 또 당연히 여기는 또하나의 혜택이라 할 수 있다.

이성애자는 섹슈얼리티의 프라이버시를 누릴 수 있다. 사생활을 밝혀야 한다는 걱정 없이 선택한 사람과 연애하고 결혼하고 사랑할 수 있으며 드러내도 그다지 부정적인 결과가 따라오지 않는다.

최근 몇 년간 유명인들이 소리소문 없이 커밍아웃을 시작했다. 남성의 경우 인터뷰중에 가볍게 자신의 남성 파트너에 대해 언급한다거나 스스로를 '게이 맨'이라 칭하기도 하고, 여성은 시상식에서 자신의 여성 파트너에게 감사를 전한다. 유명인들이 이렇게 차분히 커밍아웃하면 대중의 반응도 상대적으로 조용하다. 이들은 커밍아웃하면서 이렇게 말하고 있는 것이다. "이건 저에 대해 여러분이 아는 여러 가지 사실 중 하나일 뿐입니다."

2012년 7월 유명 저널리스트 앤더슨 쿠퍼가 데일리 비스트에 글을 쓰는 작가이자 게이 인권 활동가 앤드루 설리번에게 보낸 메일을 설리번이 블로그에 올리면서 커밍아웃을 하게 되었다.

쿠퍼는 이렇게 썼다.

> 사실 저는 게이가 맞습니다. 이제까지 그래왔고 앞으로도 그럴 겁니다. 그리고 저는 더할 나위 없이 행복하고 편안하며 스스로가 자랑스럽습니다.
>
> 내 인생의 이 부분에 대해서 언제나 친구들과 가족들과 동료들에

게 솔직히 밝혀왔어요. 여기가 완벽한 세상이라면 사실 나를 모르는 다른 사람들에게는 전혀 상관 없는 일이라고 생각하지만, 그래도 당당히 밝히고 인정받는 행위에도 가치가 있다고 믿습니다.

쿠퍼의 커밍아웃 이후 다양한 반응들이 나왔다. 그저 어깨를 으쓱하면서 쿠퍼의 성 정체성은 충분히 짐작했고 공공연한 비밀이었다고 말하는 사람도 있었다. 한편에서는 이런 커밍아웃이 꼭 필요하다고 말했다. 그가 말했던 것처럼 당당히 밝히고 인정받아야 하는 것이라고 말이다.

유명인들이 커밍아웃을 하거나 하지 않으면 대체로 이런 반응들이 나온다. 그들에게는 평범한 일반 사람들이 지켜야 하는 의무를 넘어서는 더 큰 의무가 있다는 것이다. 어떤 유명인은 다른 유명인보다 지지 기반이 적어 커밍아웃을 했을 때 더 큰 대가를 치러야 한다는 사실은 고려하지 않고 당연하다는 듯이 커밍아웃을 요구하기도 한다. 우리가 충분히 근사한 라이프스타일을 즐기고 있는 유명 연예인을 걱정해야 한다고 말하는 것이 아니다. 다만 어떤 이유에서든 남성 파트너와의 결혼을 비밀로 지키고 싶어하는 사람이 있다면 그의 뜻을 존중해야 하지 않겠냐는 뜻이다. 이성애자에게 주어지는 양도할 수 없는 권리가 동성애자에게는 허락되지 않는다는 사실을 생각해보자는 것이다.

『프라이버시』에서 카이저는 말한다. "권력과 명예를 가진 개인은 공적인 의무 때문에 사생활이 제한되기도 한다." 연예인이나 유명인들이

답하고 싶지 않은 사생활에 대한 질문을 피해 갈 때 계속 답변을 강요당하는 모습을 보게 된다. 그들은 아마 여러 이유로 머뭇거릴 것이다. 사생활을 보호하고 싶어서일 수도 있고 커리어를 지키고 사회적 지위와 사랑하는 사람을 보호하고 싶어서일 수도 있다. 대중은 이유에는 관심 없다. 그들은—우리는—알아야만 한다.

동시에 우리는 복잡한 문화적 풍조 안에서 살고 있다. 열일곱 개 주에서는 동성 결혼을 허가했으나 스물아홉 개 주에서는 동성 결혼을 불허하는 법안을 유지하고 있다. 세상은 발전하고 있지만 모든 사람에게 평등한 권리를 보장하는 길은 멀고 더디다. 우리가 사는 세상은 우리가 바라는 만큼 진보적이지 않다. 앤더슨 쿠퍼 같은 유명인의 커밍아웃은 모든 인간의 인권을 보장하는 데 한 걸음 더 가까워지는 것이다. 적어도 한 사람이 더 이렇게 말한 것이다. "나 여기 있습니다. 나는 중요합니다. 나는 인정받고 싶습니다." 쿠퍼는 어떤 기준으로 보나 '괜찮은 타입의 게이'다. 백인이고 미남이고 성공했고 남성적이다. 최근 몇 년 동안 큰 문제 없이 커밍아웃한 유명인들인 닐 패트릭 해리스, 맷 보머, 재커리 퀸토 같은 남자들 또한 같은 조건을 갖추었다. 이들은 좋은 예가 된다. 너무 도드라지지 않고 너무 게이스럽지 않다.

그럼에도 유명 게이 남성들은 공개적으로 지지받아야 한다. '게이'라는 단어가 여전히 비방으로 사용되기 때문이다. LGBT 청소년 열 명 중 아홉 명은 학교에서 왕따나 괴롭힘을 당했다고 고백하며, 이들의 자살률은 평균보다 두세 배 높다. LGBT 청소년이 겪는 따돌림과 괴롭힘은 당연한 듯 퍼져 있고 2010년 댄 새비지와 그의 파트너 테리

밀려는 LGBT 청소년들을 위해 이 지옥 같은 청소년 시기만 넘기면 인생이 훨씬 더 살 만해진다는 내용의 동영상을 제작해 유튜브에 올렸다. 이와 비슷한 수천 개의 영상이 만들어졌고, 어두운 터널을 통과하면 빛이 보인다는 내용의 방송만을 제작하는 재단도 생겼다.

쿠퍼 같은 유명인이 지지받아야 하는 또하나의 이유는 아직도 동성 결혼이 합법화된 주가 얼마 없기 때문이다. 2013년에야 대법원이 1996년에 통과된 연방 결혼보호법에 위헌 판결을 내렸다. 연방 결혼보호법은 동성 결혼을 인정하지 않고 이성 결혼시 주어지는 1138개의 법적 혜택을 허가하지 않는다. 스무 개가 넘는 주에서 결혼을 남성과 여성의 결합으로만 정의하는 법안을 지키고 있다. LGBT 커플이 아이를 입양하지 못하는 주도 있다. 지역에 따라서는 성적 지향 때문에 직업을 잃을 수도 있고 가족과 친구와 지역사회의 외면을 받을 수도 있다. 물론 상황은 조금씩 나아지고 있으나 너무 천천히 이루어지고 전국적으로 확산되지 않는다.

LGBT들은 증오 범죄의 표적이 되기도 한다. 텍사스의 젊은 레즈비언 커플인 메리 크리스틴 차파와 몰리 올긴은 비면식범으로부터 머리에 총을 맞았고 올긴은 사망했다. 워싱턴 D.C. 북동쪽에 살던 게이 커플은 아파트에서 두 블록 떨어진 곳에서 동성애 혐오적인 욕설을 내뱉던 세 명의 폭행범에게 기습당했고, 그중 한 명인 마이클 홀은 턱뼈가 부러져 병원에 입원했으나 의료보험이 없는 상태였다. 오클라호마주의 에드먼드에서는 누군가 게이 남성의 차에 동성애 혐오 욕설을 쓰고 불을 질렀다. 인디애나주의 인디애나폴리스에서는 어떤 사람이 차를 타고 지나가며 게이 바에 총을 쏘았다. 증오 범죄는 도처에 도사리고 있다.

물론 나아지고 있다. 그런 것 같다. 잘못된 시간에 잘못된 장소에 있지 않으면 괜찮은 것 같다. 그런데 문제는 그 잘못된 장소가 이 세상에서 가장 안전하다고 느껴야 할 집이 될 수도 있다는 점이다.

미국 최초의 여성 우주인 샐리 라이드가 2012년 7월, 예순한 살로 별세했을 때 그녀의 곁에는 27년간 같이 살았던 여성 파트너가 있었다. 라이드가 사망한 뒤 그녀의 파트너는 배우자에게 마땅히 돌아가야 하는 연금을 지급받지 못했다. 샐리 라이드는 우주로 날아가 별에 닿을 수 있었지만 여기 지구에서 그녀와 고락을 함께한 동반자는 인정받지 못했던 것이다. 2012년 공화당 대통령 후보였던 밋 롬니는 이런 트윗을 남겼다. "샐리 라이드는 위대한 개척자였습니다. 저를 포함해 수백만의 미국인들이 그녀의 우주 비행에서 영감을 받았습니다." 뮤지션 마운틴 고츠는 이 트윗에 이렇게 반응했다. "그녀와 27년 동안 함께한 동반자가 연금을 받지 못한다는 건 너무나 야비하고 그로테스크한 일 아닌가요?" 야비하고 그로테스크한 일이 맞는다. 하지만 샐리 라이드는 자신의 죽음으로써 성 소수자들에게 공개적으로 지지를 표명하게 되었다. 그녀는 이미 영웅이었지만 더욱 위대한 영웅이 되었다.

게이 중에도 '괜찮은 타입의 게이'가 있고 벽장에서 한발 나오라며 따뜻한 격려를 받는 LGBT들도 있지만, 특정한 기준에 부합하지 않을 경우 무시당하는 것은 여전히 문제로 남는다. 진보적인 뉴욕시에 살고 있는 앤더슨 쿠퍼 같은 사람이 커밍아웃하는 것은 상대적으로 쉽고 앞으로도 그는 성공적인 삶을 살아갈 것이다. 그를 지지해주는 가족이 있고 환영하는 커뮤니티가 있다. 하지만 평범한 사람들의 커밍아웃은 그와는 달리 어렵고 복잡하게 진행된다. 소위 플라이오버 주•라고 하는 지역에서 커밍아웃하는 것이 어떤 일인지 우리는 잘 알지 못한다. 그건 절대 쉽지 않을 것이다.

2012년 7월 앤더슨 쿠퍼보다는 인지도가 낮은, 그러나 어쩌면 잃을 것은 더 많은 뮤지션 프랭크 오션이 SNS를 통해 커밍아웃했다. 성공을 거둔 앨범 '채널 오렌지'의 가사를 한때 사랑했던 남성을 생각하며 썼다고 밝혔고 문화계는 오션의 커밍아웃을 중요하게 다루었다.

흑인으로서, 특히 동성애 혐오가 심하기로 악명 높은 R&B와 힙합 커뮤니티의 일원으로서 프랭크 오션이 커밍아웃하기 위해서는 좀더 큰 결단과 용기가 필요했을 것이다. 자신의 인생을 건 모험이었을지도 모른다. 그러나 그는 자신의 음악만은 편견을 초월하리라 믿었고 아직까지 그 모험은 순항하고 있는 듯 보인다. 힙합계의 거물 러셀 시먼스와 가수 비욘세와 래퍼 50 센트를 비롯한 많은 이가 오션을 지지한다고 밝혔다. 그는 공개적으로 성 소수자들을 지지했다. '채널 오렌지'는 평단의 찬사와 대중적 성공을 모두 거머쥐었다.

물론 오션은 힙합 그룹 오드 퓨처의 일원이기도 하다. 그의 친구이자 종종 협업하는 힙합 뮤지션인 타일러 더 크리에이터의 데뷔 앨범 '고블린'에는 게이 비하 욕설이 213번 나온다. 타일러 더 크리에이터는

• 미국 동서부를 가로질러 비행할 때 거쳐가는 주라는 뜻으로 중부지방을 비하해 이르는 말.

여러 차례 자신이 동성애 혐오자가 아니며 게이 친구들이 많다고 주장해왔다. 그는 게이 팬들이 '패것'•이라는 단어의 사용을 허락했다며 자신을 변호하기도 했다. 하지만 그것은 집단적 무감각일 뿐이다. 나는 타일러 더 크리에이터라는 사람을 직접 알지는 못한다. 그는 동성애 혐오자일 수도 있고 아닐 수도 있다. 다만 그가 언어를 신중하게 다루지 않고 있다는 건 안다. 그는 입으로 무언가를 말할 수 있다는 이유만으로 그걸 꼭 말해야 한다고 믿는다. 한 앨범에 욕이 213개 나온다는 사실은 창작자로서의 상상력 빈곤을 드러내는 것인데도 별로 부끄러워하지 않는다.

앞으로 나아가는 발걸음마다 이렇게 진보를 막는 바보 멍청이들이 포진해 있다.

우리의 문화적 풍토가 복잡하고 대의를 위해 무엇이 필요한지는 알고 있지만, 가끔 어떤 이들에게 책임이 더 과하게 부과되는 것은 불합리하다는 생각이 든다. 유명인들은 커밍아웃하면서 우리를 대신해 없던 길도 만들어야 하고 다른 사람들의 희망까지 어깨에 짊어져야 한다. 카메라나 라디오 앞에 서 있어 커밍아웃이 조금 더 쉬운 사람들은 더 많은 사람들이 더 나은 세상에서 살아야 한다는 믿음을 갖고서 소수자들과 연대하고 있다.

2011년 아이오와 의회에서 레즈비언 커플의 아들 재크 월스는 두 어머니 슬하에서 자란 것이 어떤 경험이었는지 이야기했다. 이 똑똑한

• faggot. 남자 동성애자를 비하하는 속어.

남학생은 아이오와 동성 결혼 합법화를 지지하기 위해 연설했다. 그의 태도는 열정적이었고 연설에는 호소력이 있었다. 그가 두 어머니에게 얼마나 자랑스러운 아들이었을지 눈에 선했다. 이 모습을 담은 동영상이 인터넷에 공유되며 화제가 되었다. 나는 그 영상을 볼 때마다 감동하지만 화도 난다. 왜 퀴어들은 남들은 당연하게 갖는 권리를 위해 항상 이렇게 온몸을 내던져 싸워야 하나? 이성애자 부모의 자녀 중 어느 누구도 법원에 가서 자기의 부모가 훌륭한 시민이었다고 설득할 필요는 없다. 동성 부부가 넘어야 할 장애물은 비정상적으로 높지만 이런 젊은이들은 그 높고 험한 장애물을 뛰어넘으려 한다.

우리는 유명인인 게이들과 또다른 퀴어들이 커밍아웃해서 주목받기를 바라는 것 같다. 그래서 세상을 바꾸기 위해 우리가 해야 하지만 하기 힘든 일들을 그들에게 대신 떠넘기고, 우리가 지고 싶지 않은 짐들을 대신 짊어지게 하고, 우리가 서고 싶지 않은 자리에 대신 서달라고 요구하고 있는지도 모른다. 개개인이 큰일을 하기는 어려울지라도 누군가 '게이'라는 말을 모욕적으로 사용할 때조차 입을 다물고 침묵한다면 우리는 허물어진다. 결혼의 평등한 권리를 지지하는 사람에게 투표하지 않으면 우리는 허물어진다. 타일러 더 크리에이터 같은 뮤지션을 옹호하면 우리는 허물어진다. 이런 것들이 지역사회를 허물고 인권을 허문다. 여러 크고 작은 부당함 중에 작은 부당함과라도 싸울 수 있다면 싸워야 한다.

대의, 더 큰 사회적 정의를 위해 과연 나는 어디까지 희생할 수 있을지 생각조차 하지 않을 때도 많다. 우리는 어떤 입장을 취할 것인가? 우리는 롤모델이 우리를 대신해 완벽한 역할을 해주기를 바란다. 상황이 나아진 걸 알지만 갈 길이 멀다는 것도 안다. 『프라이버시』에서 카이저는 이렇게 말했다. "프라이버시를 침해당하는 일이 반복적으로 일어나고 그것이 누적되면 결국 무력해지고 만다." 이렇게 사생활을 침해당하다 속수무책이 된 유명인들이 대의를 위해 자신의 프라이버시를 희생하는 것을 우리는 볼 용의가 있고 심지어 보고 싶어한다. 그렇다면 우리는 어느 정도까지 사생활을 침해당하고 어디까지 무력감을 느껴야 대의를 위해 나설까? 내게는 가장 궁금한 질문이다.

남성의 기준을 넘어

또다시 같은 자리다.

『뉴욕 타임스 북 리뷰』에서 메그 월리처는 「두번째 책장」이라는 글을 발표하며 또다시 '여성 소설' 문제를 들고 나왔다. 그녀는 남자와 여자, 남자가 쓰는 책과 여자가 쓰는 책, 이 책들이 받는 차별에 대해 참으로 오랫동안 계속되어온 논란을 다시 한번 꺼냈다.

출판계의 젠더 문제와 문학적 신뢰성에 대해, 그리고 (남성 중심의) 문학계에서 여성들의 책이 관심과 비평을 덜 받고 있는 작금의 현실을 월리처만큼이나 명확하고 심도 있게 짚어낸 글들은 예전에도 많이 나왔고 나는 그 사실이 안타깝다. 얼마든지 더 재미있는 주제로 글을 쓸 수 있는 재능 있는 작가들이 문학계의 차별 문제가 얼마나 심각하고, 얼마나 부당하고, 얼마나 지대한지에 대해 쓰느라 아까운 시간을 허비하고 있는 것이다.

미국이 출판계뿐만 아니라 정치권에서도 피임이나 재생산권을 놓고 시대착오적인 논쟁을 하고 있는 나라라는 사실을 고려하면 확실히 윗물이 맑아야 아랫물이 맑다는 것을 실감하게 된다. 그야말로 여성혐오의 낙수 효과가 아닐 수 없다. 입법부에서 시작된 여성 비하는 우리 주변에서 시도 때도 없이 나타난다. 〈두 남자와 1/2〉의 제작자는 여성 시청자 위주의 방송이 너무 많이 제작된다면서 이렇게 말한다. "알았어요, 여성분들, 당신들 생리한다 이거죠. 방송이 아주 질의 전성기네요. 음순 포화 상태로군요." 2012년 내셔널 매거진 어워드에서 보도, 피처 기사, 인물 기사, 에세이, 비평, 칼럼, 논평 분야의 최종 후보에 여성 후보는 단 한 명도 끼어 있지 않았다. 매일 하루도 빠짐없이 새로운 젠더 문제가 등장한다. 그런데 어떤 남성들은 사회에서, TV에서, 출판계에서 매일 벌어지고 있는 이런 여성 차별 문제에 더이상 관심을 두지 않으려 한다.

우리가 이미 알고 있는 것들에 대해 분노할 시간은 끝났다는 것이다. 사람들의 반응은 정해진 안무처럼 뻔하다. 여성이 용감히 문화계 성차별 문제를 언급하고 나선다. 그러면 누군가 이렇게 말한다. "그래요. 당신 말이 옳아요." 하지만 상황을 개선시키기 위한 행동은 전혀 하지 않는다. 이렇게 말하기도 한다. "그건 제가 관여할 문제는 아니네요." 그리고 이것이 그리 큰 문제가 아니며 과민 반응이라는 말도 한다. 어떤 사람들은 작품을 내는 비율 자체가 다르다는 핑계를 대면서 문제를 회피하려고 한다. 어떤 이들은 이렇게 말한다. "증거를 조금 더 대보세요." "숫자로 말해줄 수 있나요?" "그렇지 않습니다." 누군가는 이렇게 말한다. "똑같은 불평 좀 그만합시다." 이렇게도 말한다. "문제는 충분히 이야기했고요. 이제 해결 방안에 대해 이야기합시다." 아무런 변화도 일어나지 않고 한참 후에 또다른 여성이 성차별 문제를 언급한다. 똑같은 대답들이 무한 반복된다.

해결 방법은 있다. 변명을 늘어놓지 않으면 된다. 여성들이 출판계를 휘어잡고 있다는 말을 안 하면 된다. 젠더 불평등에 대해 목소리를 낼 수 있는 대형 출판사에서 불평등을 정당화하지 않으면 된다. 성별에 관계없이 최고의 글만 출판하고 있다는 말을 앵무새처럼 되풀이하지 않으면 된다. 탁월한 여성 작가들이 많다는 증거는 셀 수 없이 많다. 더 많은 여성 작가의 작품을 출간해야 한다. 여성들이 당신의 출판사나 언론사에 글을 잘 기고하거나 발표하지 않는다면 왜 그런지 묻고 혹 불편하더라도 답을 구하려고 애써라. 여성 작가들에게 더 열심히 손을 뻗어라. 그 여성이 당신의 청탁이나 부탁에 응하지 않는다면 다른 여성들을 찾아라. 계속 그렇게 하라. 다양한 글을 읽고 폭넓은 평가 기준을 마련하라. 남성 작가들의 책과 여성 작가들의 책이 동등하게 비평의 대상이 되는지 확인하라. 자격이 충분한 여성들을 수상 후보에 올려라. 당신의 분노를 잘 처리하라. 편견을 잘 다루어라. 젠더 문제를 무시하려 드는 이들에게 저항하라. 노력하고 노력하고 더이상 필요 없을 때까지, 우리가 더이상 이 대화를 하지 않아도 될 때까지 노력하라.

변화하려면 의도와 노력이 필요하다. 그 두 가지만 있으면 바꿀 수 있다. 이렇게나 간단하다.

사실 '여성 소설'이라는 용어는 너무나 모호해서 거의 쓸모가 없다. 보통 이런 유의 책표지는 파스텔 색감이고 잘 꾸민 여인들의 실루엣을 보여주거나 손가락 혹은 팔다리를 애매하게 벌린 그림을 쓴다. 『뉴욕 타임스 북 리뷰』에서 클로이 샤마는 이렇게 말한다. "책표지에 여성의 뒤태 사진을 쓰는 것이 유행처럼 번지고 있다." 그녀는 최근 출간되는 책 표지에 여성의 목덜미와 등이 지나치게 자주 나온다며 마치 여성의 얼굴을 보면 큰일나는 줄 아는 것 같다고 말한다. 샤마는 이렇게 결론을 낸다. "성적인 것이 팔리기 때문이다. 그리고 누군지 모르는 이런 막연한 여성의 신체 사진은 실제로 다수의 여성들이 고용되고 여성이 주 소비층인 출판업계의 여성성을 강화하고 여성과 남성이 분리되도록 한다." '여성 소설'이란 특정 독자에게 읽히는 특정 책을 팔기 위해 만들어진 이름이다. 나도 작가이긴 하지만 내 책의 마케팅 방향과 책표지 디자인까지 직접 관여할 수는 없다. '여성 소설'과 그 명칭에 따라붙는 느끼한 책표지는 마케팅적인 선택으로 책의 내용이나 작가, 혹은 그 모두를 나타내는 것일 수도 있다. 분명한 것은 우리가 여성과 남성과 글 모두를 다양한 방식으로 모욕하는 독단적인 카테고리에 매여 있다는 사실이다.

여성 작가들이 쓴 책이 있고 남성 작가들이 쓴 책이 있다. 그러나 이상하게도 여성이 쓴 책 혹은 특정한 주제의 책만이 이 '여성 소설'이라는 이름 밑으로 들어가는데, 결혼이나 교외 생활, 부모 역할 등 이른바 여성적인 경험을 소재로 하면 더욱 그렇다. 하지만 왜 이런 것들이 여성적인 경험일까? 여자 혼자 결혼하고 여자 혼자 아이를 만들고 기타 등등을 모두 여자 혼자 하는 것일까? 여성 소설은 남성 소설처럼 중요한 사회적 이슈를 다루지 않고 내밀한 개인의 이야기를 다룬다고들 말한다. 책을 읽어보면 전혀 그렇지 않음을 알 수 있지만 오해는 쉽게 사라지지 않는다. 에디터이자 작가 루스 프랭클린은 말한다. "무엇보다 근본적인 문제는 여성들은 남성 캐릭터가 주인공인 남성 작가의 책을 읽지만 남성들은 여성 작가가 쓴 여성이 주인공인 책을 읽지 않는다는 사실이다. 교외 생활을 소재로 한 남성 작가의 소설(이를테면 조너선 프랜즌의 소설)은 사회에 대해 이야기한다고 여겨지는 반면 교외 생활을 소재로 한 여성 작가의 소설(이를테면 메그 월리처의 소설)은 오직 여성에 관한 이야기로 여겨진다."

어떤 경험에 대한 내러티브는 남성의 시점에서 관찰되었을 때 조금 더 문학성 있는 작품으로 평가받는다. 예컨대 존 업다이크와 리처드 예이츠의 작품은 대부분 가정이 배경이고 여성을 중심으로 이루어지니 '여성 소설'이라고 부를 수도 있을 것이다. 이 책들 또한 아마존에서 '여성 소설' 라벨이 붙기는 하지만 순수문학으로도 분류된다. 작가가 남성이기 때문에 조금 더 무게가 실리고, 같은 주제로 여성이 쓴 소설들은 부정확한 카테고리 안에 들어가 내용까지 폄하된다.

제임스 설터의 소설집 『어젯밤』에는 온통 여자와 남자와 결혼과 불륜 때문에 괴로워하고 사랑에 실패한 사람들이 가득하다. 매우 매혹적인 책이며 주로 여성의 시각과 체험을 중점적으로 다룬다. 아내가 남편에게 게이 연인과의 관계를 끝내라고 요구하는 이야기도 있는데, 여기서 느껴지는 분노와 절망은 매우 생생하다. 또다른 단편에서는 몇 몇 친구들이 고민을 털어놓는데 유독 한 명이 시큰둥하다. 독자인 우리만 그 여인이 죽을병에 걸렸다는 것을 안다. 그녀는 친구들 앞에서 하지 못했던 아픈 이야기를 처음 보는 택시 운전사에게 말하지만 운전사는 그런 이야기를 듣고도 그녀의 얼굴이 예쁘다는 생각부터 한다. 또 한 여성은 파티에서 시인을 만나는데 시인이 아니라 그의 개에게 반해버린다. 어떤가? 이런 이야기들은 이를테면 『올리브 키터리지』를 쓴 엘리자베스 스트라우트의 소설과 그렇게까지 다를 바 없지 않은가?

남성 소설과 여성 소설 사이에는 차이점보다는 유사점이 더 많이 존재한다. 작가들이란 그저 이야기를 해주고 싶은 사람들이다. 왜 우리는 이 명백하고 당연한 사실을 자꾸 잊어버리는 걸까?

언제부터 남성이 기준이 되어버렸을까? 언제부터 남성이 쓴 글이 더 권위를 갖게 되었을까? 아마도 '문학 기득권층'이 이런 결정을 내렸을 것이다. 너무나 오랫동안 남성이 이 분야를 주도하고 있었고 남성들 스스로 자기들의 작품을 가치 있다고 평가했으며 권위 있는 상을 휩쓸고 비평가들의 관심을 독점했다.

남성 독자층이 우리가 따라야 하는 기준이 되어서는 안 된다. 탁월함이 기준이 되어야 한다. 만약 남성과 기득권이 탁월함을 인정하거나 판단할 수 없다면(혹은 그러지 않으려 한다면) 우리는 그 과실을 떠안지 말고 그 기준을 떠나보내야 한다. 남성 독자층을 우리의 목표로 삼는 한 우리는 어디에도 갈 수 없다.

어떤 작품에 업신여기는 느낌을 담아서 '여성 소설'이라는 딱지를 붙이곤 한다. 여기서 '여성'이 폄하의 언어가 되었다는 점이 싫다. 일부 여성 작가들이 자기 작품에 이러한 '여성 소설' 딱지가 붙을까봐 전전긍긍하는 것이 싫다. 우리는 여성으로서 쓰고 싶은 것을 쓸 뿐인데 왜 부끄러워해야 하나?

나는 내 소설이 여성 소설로 분류되어도 크게 상관없다. 내 글이 어떤 글인지, 어떤 글이 아닌지 나는 알고 있으니까. 다른 이들의 독단적인 기준이 내 글의 본질을 변화시키진 못한다. 남자들이 내 책을 읽지 않아도 상관은 없다. 하지만 오해는 하지 말아주셨으면. 남성 독자들도 물론 내 책을 읽어주면 좋겠다. 성별에 관계없이 모두가 내 책을 읽었으면 좋겠으나 내가 쓰고자 하는 글에 관심이 없는 사람들을 붙잡고 제발 읽어달라고 빌지는 않을 것이다.

독자들이 어떤 주제는 읽을 가치가 없다고 결정한다면, 겉표지로 책을 판단한다면, 이를테면 책표지가 핑크색이라서 그 책을 읽지 말아야겠다고 느낀다면, 잘못은 작가에게 있는 것이 아니라 독자에게 있다. 책을 선택하는 기준이 그렇게 편협하고 깊이가 없다면 그 사람이 무지한 것뿐이다. 우리 여성 작가들이 어떤 종류의 책을 쓰건, 우리 책이 어떤 식으로 마케팅되건, 그런 독자들의 무지까지 뜯어고쳐줄 수는 없다.

바로 이 지점에서부터 적극적으로 토론을 시작해야 한다. 문제는 여자가 아니다. 어떻게 남자들이 (독자로서, 비평가로서, 편집자로서) 더 훌륭하고 넓은 독자층이 되어줄 것인가다.

독서는 나의 가장 순수한 취미 중 하나다. 나의 트위터를 팔로우하는 사람이라면 알겠지만 나는 매일 책에서 어마어마한 기쁨과 행복을 건져올리고 있다. 무거운 책이건 가벼운 책이건 상관없이 나는 다 읽는다. 거의 매일 트위터로 내가 읽는 책에 대해 수다를 떠는데 출판계를 걱정하지 않고 오로지 책만 갖고 이야기하는 즐거움이 얼마나 큰지 모른다. 책 읽기가 내 첫사랑이고, 앞으로도 나의 영원한 사랑이면 좋겠다.

책들이 이 세상에서 자기 자리를 찾지 못해 싸우고 있는 이 안타까운 현실을 걱정하느라 독서의 순수한 기쁨을 잃는 일이 없으면 좋겠다.

이 문제에 관심을 갖는 사람이 많지는 않을 테지만 그렇다고 해도 출판계의 젠더 문제라는 이 어려운 질문을 계속해야 한다. 우리가 충분히 노력하고 행동하면 충분히 변화할 수 있으며 더 나은 기준을 가질 수 있다는 이 멍청한 희망을 놓고 싶지 않기 때문이다. 계속해서 이 문제를 꺼내다보면 언젠가는 더이상 할말이 남지 않을 수도 있으며 그때는 우리가 쓰고 읽는 소설 자체에 대해서만 이야기하게 될지 모른다. 그때가 되면 오직 중요한 것은 출판계 성차별 따위가 아니라 독서의 순수한 기쁨이 될 것이다.

훌륭한 책을 읽다보면 이런 생각이 든다. 출판계에 대해서 이야기하느라 정작 책 자체에 대해 이야기할 시간은 부족하다고. 우리가 무엇이 가장 중요한지를 잊어가고 있는 건 아닐까.

해서는 안 되는 농담

6학년 때 우리 반에 정말 익살스럽고 웃긴 남자아이가 한 명 있었다. 이제부터 그를 제임스라고 부르기로 하자. 제임스는 우리 반 개그 담당으로 모든 것을 농담으로 받아칠 줄 알았다. 우리 모두 그 아이를 무척 좋아했는데 그 아이의 우스갯소리는 어른을 능가할 정도로 위트가 넘쳤기 때문이다. 내가 그 농담의 희생양이 되지 않기만을 바라면서 언제나 그 아이의 다음 멘트를 궁금해했다. 그리고 언제나 빵빵 터졌다.

1986년 1월 28일 아침 10시 38분, 우주왕복선 챌린저호가 이륙했다. 우리는 과학 시간에 그 발사 장면을 생방송으로 보았고 정규 수업시간에 TV 방송을 보는 것은 상당히 이례적인 일이었다. 과학 선생님은 흥분을 감추지 못했다. 그는 과학에 관련된 것이면 뭐든지 사랑했고 굉장히 열심히 가르치는 선생님이었다. 또 뉴햄프셔주의 교사였던 크리스타 매콜리프가 챌린저호의 우주 비행사 일곱 명 중 한 명으로 탑승해 있었기에 더욱 남 일처럼 느껴지지 않았을 것이다. 그날은 신비로운 우주가 더이상 멀게만 느껴지지 않았다. 선생님은 별에 닿고 싶어하는 분이었다.

이륙한 지 73초 만에 챌린저호는 폭발했다. 우리 모두 작은 TV 화면으로 이 우주선이 불길에 휩싸이고 짙은 연기가 하늘을 가득 메우는 광경을 보고 말았다. 우주선이 조각조각 흩어져 바다로 추락했다. 도무지 현실 같지가 않았다. 교실은 침묵에 잠겼다. 모두들 놀라서 아무 말도 하지 못했다. 과학 선생님의 눈시울이 붉어졌고 무슨 말이라도 해보려 했지만 침조차 삼키지 못했다. 반 아이들과 나는 안타까운 시선만을 교환했다. 아나운서는 그들이 아는 사실만을 전달하기 시작했다. 그때 제임스가 키득거리더니 말했다. “우와, 저 바다에 사는 물고기들 엄청 죽었겠네.” 과학 선생님은 이성을 잃었고 제임스를 호되게 나무랐다. 그해 내내 제임스는 과학 시간을 편치 않게 보냈다. 그는 농담할 수 있는 것과 농담할 수 없는 것 사이에 그어진, 보이지 않는 선을 넘어버린 것이다. 나는 그날을 절대 잊지 못한다. 제임스의 인기는 차갑게 식어버렸다. 그 아이는 너무 성급했고 너무 심했으며 비극 앞에서 농담해서는 안 된다는 사실을 미처 몰랐다.

부적절한 유머는 사실 가장 웃긴 농담일 수도 있다. 우리 모두 웃지 않아야 하는데도 나도 모르게 웃게 되는 유머가 적어도 한 가지는 있다. 나 또한 나를 웃게 하는 모든 것이 자랑스럽지는 않지만, 나를 웃게 하는 동시에 불편하게 하는 능력을 지닌 코미디언을 존경하는 편이다. 그러한 모순은 생각할 거리를 많이 남긴다. 스탠드업 코미디언 패트리스 오닐이 마흔한 살이라는 이른 나이에 사망했을 때 뉴욕 타임스의 에이드리언 니콜 르블랑은 오닐이 그러지 말아야 하는 것도 매우 솔직하고 대담하게 말했다고 평했다. 르블랑은 선 넘는 것을 겁내지 않았던 그를 이렇게 설명한다. "오닐은 이 사회의 흉한 진실을 드러내길 원했고 그 방식에는 품격이 있었다." 대부분의 코미디언들은 품격을 잃지 않으면서도 이 복잡한 현실의 모순을 짚어내 우리를 웃게 하고 생각하게 하고 느끼게 하려고 노력한다.

오닐의 팬들은 그의 말에 동의하지 않으면서도 웃었다고 말했다. 그는 모든 것에 대해 농담했는데 그 방식이 세련되었기 때문이다. 오닐을 비롯한 많은 코미디언들에게는 깨지 못할 금기란 없고 터부시될 만한 주제도 없다. 이 선이란 것도 매우 미묘하고 끊임없이 변해서 그 위에서 떨어지지 않고 잘 버티기만 한다면 가끔 심한 말을 해도 용서받을 수 있는 것이다.

나는 대니얼 토시와 그가 구사하는 코미디의 팬이 아니며 그의 타깃 시청자도 아니다. 나는 그의 존재나 농담 스타일에 큰 관심이 없는데 그럴 필요가 없기 때문이다. 그는 뻔뻔한 여성혐오자이지만 꽤 많은 사람이 그를 웃기다고 생각하는 걸 보면 그에게도 뭔가가 있긴 할 것이다. 하지만 그가 아무리 웃기다고 해도 그의 유머에는 품격이 결여되어 있다. 그는 똑같은 말이라도 조금 더 세련되게 하는 법을 알지 못하기 때문에 아슬아슬한 선 위에 서 있을 때나 날카롭게 받아쳐야 할 때 갑자기 지루해져버린다.

코미디 센트럴 방송국에서 방영하는 그의 쇼 〈토시. 0〉의 한 에피소드에서 그는 시청자들에게 여성의 아랫배를 살짝 만져보라고 권한다. 다른 사람의 사적 공간을 침범하고 적정선을 넘는 것이 왜 웃긴지 도통 이해할 수가 없다. 나 또한 여성이고 내가 듣기로는 우리 여자들에게는 전혀 웃기지 않았다. 그런데도 이 사건을 보며 멈칫해야 했다. 그의 열성팬들이 실제로 여성의 아랫배를 살짝 만지는 영상을 유튜브에 올리기 시작했던 것이다. 어떻게 된 일인지 팬들은 이런 행동이 충분히 받아들여질 만하다고 생각한 모양이다. 왜냐하면 그들이 좋아하는 코미디언이 그렇게 하라고 했으니까. 공공연하게건 은연중에건 사람들은 누군가의 허락을 받으면 정도를 넘는 행동까지 하게 된다.

이제까지 토시가 보여주었던 대체로 미성숙하고 유치한 유머 스타일 때문에 래프 팩토리•에서 벌어진 강간 유머 사건을 듣고도 그리 놀라진 않았다. 강간 농담은 그의 주무기 중 하나다. 그가 신나게 강간 유머를 하고 있는데 세트장에서 객석의 한 젊은 여성이 소리쳤다. "솔직히 강간 유머는 전혀 웃기지 않아요." 참으로 성숙하신 토시는 그때 이렇게 대응했다. "그래요? 만약 저 말씀을 한 분이 지금 당장 여기서 다섯 명의 남자에게 강간을 당하면 웃기지 않겠어요? 지금 당장요. 만약 여러 명의 남자가 여자를 그냥 확 덮친다면…… 어찌될까요?"

어찌될까, 정말? 만약 강간이 웃기다면 집단 성폭행은 더 웃길 테니 강간 유머 다음에 나올 수 있는 것은 집단 성폭행 유머밖에 없다.

• 미국의 전설적인 코미디언들을 배출한 할리우드 최고의 스탠드업 코미디 클럽.

강간 유머는 여성이 아직도 남성과 동등한 존재가 아니라는 사실을 일깨워주기 위해 고안된 것이다. 여성의 신체와 재생산의 자유가 법과 대중의 담론하에 왈가왈부되는 것처럼 여성의 다른 이슈들도 아직 그러한 것이다. 여성이 여성혐오나 강간 유머에 부정적으로 반응하면 '예민하다'는 말을 듣거나 '페미니스트' 딱지가 붙는데 이 딱지는 최근 '헛소리를 한마디도 참지 못하는 여성'을 가리키는 용어가 되어버렸다.

강간 유머가 웃길 수도 있겠지만 지금 현재 나로서는 도저히 이해할 수가 없다. 유머란 주관적인 것이라지만 그 정도로 주관적일까? 내게는 강간 유머를 듣고 웃는다거나 어떤 식으로든 그것을 듣고 참을 수 있을 만한 마음의 여유가 없다. 나에게 강간은 너무 심각하고 무거운 주제다. 강간에는 어떤 속성이 있을까? 치욕스럽고 모욕적이며, 신체적·정신적으로 고통스럽고, 화가 나고, 가끔은 진부하기까지 하다. 대부분의 여성에게 성폭행은 하나도 웃기지 않다. 이 사건과 거리를 두고 "나도 아주 옛날에 집단 성폭행을 당했지. 완전 골때리는 일이었어"라고 웃어넘길 수 있을 정도로 인생을 천년만년 살 수도 없다.

우리는 수정헌법 제1조를 잘못 해석해 표현의 자유라는 개념이 우리에게 선사한 것을 왜곡하고 있는 건 아닐까? 우리는 억압이나 처벌의 공포 없이 자신을 표현할 자유가 있다. 하지만 결과를 전혀 고려하지 않고 표현할 자유는 없다.

토시의 발언을 문제삼았던 여성은 녹화중에 나가버렸고 그녀의 친구가 그 이야기를 텀블러에 올리면서 인터넷에 퍼져나갔다. 토시는 급하게 사과하는 척하긴 했으나 아무 맥락 없이 그 말만 올라간 것은 문제가 있다고 설명했다. 당연히 엄청난 비난를 받았다. 그는 자기가 잘못한 게 없다고 생각하는 것이 확실했다. 그의 어정쩡한 사과는 자신의 행동에 책임을 지겠다는 태도가 아니라 누군가를 화나게 해서 미안하다 말하고 넘어가려는 태도다. 그는 앞으로도 강간 유머에 문제가 있다고 생각하지 못할 것이다. 내가 말했듯이 총체적 난국이다.

많은 코미디언들이 다른 이들이 말하기 두려워하는 것을 말한다는 데 자부심을 갖고 있다. 그들은 무엇이든 할 수 있고 무엇이든 생각할 수 있으며 무엇이든 말할 수 있는 특권을 가진 미국 문화를 대표하는 사람들이다.

'이 세상의 끔찍한 것들'에 대해 말하면서 유머를 사용하지 않으려는 사람들은 두려워서 그런 것이 아닐지 모른다. 어쩌면, 어쩌면 그들에게 상식이란 게 있어서, 양심이란 게 있어서 그럴지도 모른다. 가끔 다른 사람들이 두려워하거나 말하기 꺼리는 것들을 말해버리는 사람들은 그냥 개자식들일지도 모른다. 누구나 얼마든지 개자식이 될 자유가 있다. 하지만 결과에 책임지지 않을 자유는 없다.

토시는 그 여성이 야유했다고 말했지만 나는 그 여성이 용감히 일어나 자신의 입장을 취했다고 생각한다. 우리는 살면서 크건 작건 수많은 부당함을 목격하면서 생각한다. 끔찍해. 하지만 그에 대해 아무것도 하지 않는다. 아무 말도 하지 않고 다른 사람들이 알아서 싸워줄 때까지 기다린다. 우리는 침묵을 지킨다. 침묵이 더 쉽기 때문이다.

'Qui tacet consentire videtur'는 라틴어로 '침묵은 동의를 의미한다'라는 뜻이다. 우리가 아무 말도 하지 않거나 아무것도 하지 않는 것은 나를 향한 이런 범죄를 용인하는 일이 된다.

그 여성이 일어나서 "아니요. 강간은 웃기지 않아요"라고 말했을 때 그녀는 성폭력과 여성 문제에 대한 느슨한 태도를 장려하는 문화에 동조하지 않겠다는 입장을 취한 것이다. 이 세상에 강간 유머라는 것이 있기 때문에 남자들이 대니얼 토시에게 거리낌없이 이런 트윗을 보내는 것이다. "당신한테 화내는 것들은 남자랑 절대 못 자고 강간당해야만 남자랑 하게 되는 페미니스트년들뿐이에요." 이것은 어떤 여성이 강간이 웃기지 않다고 담대하게 주장할 때 나올 수 있는 가장 멍청하고 동물적인 반응이다. 이런 남성들의 세계에서는 평범한 성생활을 하는 여성은 강간 유머도 웃어넘길 수 있어야 하는 것이다. 만족한 질은 길르앗의 향유•가 아닌가.

어떤 통계들을 보며 우리는 울분을 터뜨릴 수밖에 없다. 우리 문화에 성폭력이 얼마나 만연해 있는지 여성들이 길거리 성폭력을 당했을 때 피해 사실을 제보하는 홀라백이라는 웹사이트까지 존재한다. 성폭력 문제가 너무나 심각해 우리에겐 '성폭력 인식의 달'이라는 것도 있으며 성폭력 희생자들을 지원하는 수많은 단체도 있다. 우리는 '강간 문화'라는 말이 존재하는 사회에 살고 있다. 실제로 그 문화 자체가 존재하기 때문이다. 인식하건 하지 않건 그 풍조는 점점 악화되고 있다. 강간 유머는 '단순한 농담'이나 '스탠드업 코미디'가 아니다. 성폭력에 대한 유머는 성폭력을 묵인하게 만든다. 그런 범죄를 절대로 저

• 성경의 「예레미야」에서 나온 구절로 상처를 치료하는 향기로운 향료. 여기서는 성적으로 만족한다면 불만 없이 모든 걸 이해하는 여성이 된다는 뜻으로 쓰였다.

지르지 않을 사람은 끝까지 하지 않을 것이다. 그러나 무엇이건 허용만 된다면 끔찍한 짓을 저지를 사람들은 이런 농담을 농담으로만 받아들이지 않는다. 만약 일부 남성들이 여성의 아랫배를 살짝 만지는 장면을 동영상으로 찍어도 된다고 생각했다면, 그중에 대니얼 토시가 강간이 웃기다고 생각한다는 이유로 여성들의 의사를 무시하는 사람도 있지 않겠는가?

내가 진짜 놀란 건, 정말 불편했던 건 바로 이 점이다. 그의 쇼를 보고 있던 그 수많은 사람 중에 오직 딱 한 명만 일어나서 확신을 갖고 "이제 그만해요"라고 말했다는 것.

크리스 브라운을 너무나 사랑해서 그가 자기를 때려도 괜찮다고 말하는 젊은 여성들에게

당신이 지금 무슨 말을 하는지 알고 있는가? 정말 진심인가?

당신은 그냥 농담이라고 생각할 수 있다. 나도 "하하, 남자가 내 몸에 손을 댄다니 너무 어이없어. 그런 일이 일어날 리가 없잖아?"라는 뜻으로 당신이 그냥 농담하는 것이라 믿고 싶다. 확실히 우리는 서로 웃음 포인트가 다른 것 같다. 당신은 가정폭력에 대해 농담하는 것이 정말로 재미있다고 생각할지도 모른다. 나는 지금 당신에 대해 판단하려는 것이 아니다.

나는 당신이 농담한 게 아닐까봐 두렵다. 진심이 약간이라도 섞여 있을까봐 두렵다.

당신은 지금 기꺼이 폭행을 당하겠다고 말하고 있다. 자신의 존엄을 희생할 용의가 있다고 말하고 있는 것이다.

대체 왜?

당신은 한 젊은 남자의 음악과 카리스마와 춤 실력, 그리고(혹은) 그의 멋진 외모라는 조합에 완전히 반해버렸다. 충분히 이해할 수 있다. 모두가 자기만의 취향이 있으니까. 하지만 당신은 지금 아무리 찰나일지라도 그토록 거룩한 크리스 브라운•의 관심을 받았으면 폭력을 당해도 괜찮다는 건가? 유명인이란 당신이 전혀 모르는 한 인간에 불과하다. 당신의 삶이 보잘것없으니 유명세라는 허황된 망상을 위해서 폭행마저 자청하는 것인가?

'BDSM'••을 즐기는 사람들에게는 '동의'라는 것이 기본 전제로 깔려 있다. 동의는 인간의 모든 상호 관계에 존재해야 하는 것이지만, 몸과 마음을 그런 방식으로 다른 사람에게 맡길 때는 훨씬 더 중요한 의미를 띤다. 이렇게 말할 수는 있다. "날 아프게 해주세요" 혹은 "나를 모욕해주세요" 혹은 "나를 지배해주세요". 그러면 그쪽에서 응할 것이다. 하지만 잊지 말아야 할 점이 있다. 형태나 방식에 상관없이 "그만하라"라고 말하면 그 고통이나 모욕이나 지배가 끝나야 하고 어떤 이의도 제기되어선 안 된다. 굉장히 강렬하고 완벽한 순간이다. 언제든 내가 이전의 동의를 철회한다면 그 고통이 끝난다는 사실을 안다는 건 매우 기분좋은 일이다. 통제할 수 없는 것처럼 느껴지는 상황에서 통제권을 갖는 건 아주 좋은 일이다.

• 팝 음악계의 슈퍼스타이자 사고뭉치로 알려진 1989년생 가수. 2009년, 당시 연인이었던 리애나를 폭행한 사건으로 구설수에 올랐다.

•• Bondage(구속), Discipline(훈육)/Dominance(지배), Sadism(가학)/Submission(굴복), Masochism(피학)의 약자로 가학적·피학적 성적 행위나 상호 관계를 가리키는 말.

하지만 크리스 브라운 같은 사람은, 적어도 그가 이제까지 보여준 모습대로라면 멈추라고 말한다 해도 멈추지 않을 것이다. 학대에는 끝이 없다. 동의라는 전제가 없다. 당신은 어떤 통제력도 갖지 못할 것이다. 내가 선택했기에 참는 것이 얼마나 기분좋은지 알지 못할 것이다. 당신에게는 선택권이 주어지지 않고 앞으로도 그럴 것이다. 이 차이를 알겠는가?

나는 개인적으로는 크리스 브라운이라는 사람을 모른다. 직접 만난 적도 없고 앞으로 만날 일도 없을 것이다. 그의 음악을 알고 있고 가끔은 들을 만하다. 하지만 내가 듣기에는 대부분 부자연스럽고 프로듀싱이 과하다. 그는 꽤 매력적인 외모를 갖고 있기도 하다. 솔직히 말해 내 취향은 절대 아니지만 굳이 내 취향일 필요도 없다. 당신 또한 내가 매력적이라고 생각하는 사람을 보며 고개를 저을지 모른다. 지금 내가 알고 있는 건, 크리스 브라운이 당신에게 중요한 사람이고, 그가 육체적이건 감정적이건 당신을 흥분시킨다는 사실이다. 너무나 흥분시켜서 아주 잠깐이라도 그가 내뿜는 빛 가운데 머물기 위해서라면 당신이 무엇이든 할 수 있을 것 같다는 사실이다.

크리스 브라운이 여자친구 리애나를 사정없이 때린 그 유명한 폭행 사건의 경찰 조서를 읽어본 적이 있는가? 너무나 끔찍하고 생생하여 그 조서만 읽어도 2009년의 그 밤에 무슨 일이 있어났는지 눈앞에서 직접 본 것처럼 알 수 있을 것이고 그 사건이 일회성은 아니었으리라고 추측할 수 있다. 만약 여러분이 크리스 브라운과 '함께 있게' 된다면 후회하게 될 가능성이 높다. 그후에도 그는 분노를 통제하지 못하는 모습을 여러 차례 보여주었기 때문이다. 그는 당신을 진심으로 걱정하거나 후회하지도 않을 것이다. 이제까지 늘 그래왔으니 그것이 그의 본모습일 가능성이 매우 높다.

우리 문화가 너무나 오랫동안 여성을 함부로 다루어온 나머지 젊은 여성들이 유명 연예인의 관심을 얻기만 한다면 학대를 당해도 괜찮다고 생각하게 된 이 현실에 눈물이 난다. 우리 사회가 여러분을 망쳐놓은 것이다. 전적으로 그렇다.

우리가 당신을 망쳐놓았다. 크리스 브라운이 여자친구를 죽기 직전까지 때리고도 고작 집행유예를 받고 2012년 그래미 무대에 한 번도 아니고 두 번이나 올라서 그렇게 된 것이다. 그가 그 시상식에서 올해의 베스트 R&B 앨범상을 받아서 그렇게 되었다. 그에게 재기할 권리가 없다고 말하는 것이 아니지만 그는 조금도 뉘우치는 기색을 보이지 않았다. 그는 자신의 나쁜 남자 페르소나를 자랑스럽게 전시했고 대중을 비웃었다. 그는 언제든 문제를 일으킬 수 있는 팝 음악계 악동이다. 이는 변명이 아니라 설명이다.

우리가 당신을 망쳐놓았다. 찰리 신이 켈리 프레스턴에게 '실수로' 총을 쏘고, 섹스를 거부한 UCLA 학생의 머리를 때리고, 전 아내 데니즈 리처즈를 죽이겠다고 협박하고, 또다른 전 아내 브룩 뮬러에게는 칼을 휘둘렀음에도 불구하고, 계속 영화에 출연시키고 TV 쇼에 출연시켜 돈을 끌어모으게 만들어서 그렇게 되었다. 우리가 당신을 망쳐놓았다. 성범죄를 저질러 30년 이상 미국 입국이 금지된 로만 폴란스키 감독에게 아카데미상을 두 번이나 주어서 그렇게 되었다. 우리가 당신을 망쳐놓았다. 숀 펜이 마돈나를 폭행하고도 계속해서 비평가들의 극찬을 받으며 영화를 찍게 하고 두 번이나 아카데미상을 주어서 그렇게 되었다.

(유명한) 남자가 여자를 함부로 대하고도 법적, 직업적, 개인적으로 아무 문제 없이 살도록 내버려두어 여러분의 판단력을 흐리게 해버렸다.

남자들은 그럴 수도 있다고, 한 번도 아니라 여러 번 우리는 당신에게 말하고 있었다. 유명한 남자건, 악명 높은 남자건, 전혀 유명하지 않은 남자건 남성이 여성을 학대할 수 있다고 믿게 내버려두었다. 그럴 때마다 못 본 척했고 핑계를 만들어냈다. 남자들이 하는 나쁜 행동이 괜찮다고 했고 심지어 멋지다고까지 했다. 우리는 당신에게 이 사회에 젊은 여자를 위한 자리는 없다고 말했다. 우리는 이런 메시지들을 너무나 자주, 정기적으로, 일관되게 전달함으로써 당신에게 눈을 똑바로 뜬 채로, 팔을 벌린 채로 폭력적이고 끔찍한 세상으로 달려가도 된다고 말하고 있었는지도 모른다.

진심으로 미안하다.

당신이 동의라는 권리를 행사하지 않고 고통받을 용의가 있다고 했을 때 난 그리 충격받지는 않았다. 나 자신을 포함해 우리 모두 나쁜 남자들의 카리스마에 취약하다. 나 또한 리처드 프라이어 같은 남자에게 끌리는 나를 보며 내가 얼마나 나쁜 페미니스트인지 절감한다. 그는 코미디 천재다. 그가 복잡한 인종문제를 유머러스하게 공략하는 방식에 감탄한다. 그런데 프라이어는 자기가 사랑하는 여자를 학대했다.

그의 사생활에도 불구하고, 탁월함은 인정할 수밖에 없다. 아니 그렇다고 나에게 말해왔으나, 문득 그 여성이 받은 상처를 상상했고 그 상처에 대해서는 우리가 거의 말하지 않는다는 사실을 떠올렸다. 어쩌면 그것이 가장 슬픈 일일지도 모른다.

블러드 라인

로빈 시크의 싱글 〈Blurred Lines〉에서 그는 '굿 걸'에게 그녀가 원하는 것을 주겠다고 감미롭게 노래한다. 말하자면 기절할 정도로 환상적인 섹스 말이다. 그녀가 원한다고 인정하지 않더라도 주겠단다. 이 노래는 귀에 쏙쏙 박히게끔 잘 만들어진 노래다. 2013년 여름을 대표하는 노래라고 하는 사람들도 있다. 하지만 〈Blurred Lines〉는 여성의 '노'가 '예스'를 의미한다는 구시대적 믿음을 부활시킨 노래이기도 하다.

비평가들은 이 노래에 깔린 성폭력의 뉘앙스에 반발했다. 그들이 틀린 말을 하고 있지는 않다. 로빈은 그냥 안단다. 여자여, 당신이 원한다는 걸. 그냥 잘 안단다. 그러니까 잔소리 말고 그가 주는 걸 받아라. 남자와 여자는 밀고 당기는 게임을 하고 있는 것일까? 〈Blurred Lines〉는 현재까지 로빈 시크의 최대 히트곡이다. 또다른 싱글 〈Give

It 2 U〉에서는 나쁜 남자 이미지를 더욱 강화하면서 자기가 여성들을 위해 준비한 선물이 있다고 말하는데, 다름 아닌 그의 성기다. 비판이 쏟아졌지만 시크는 크게 개의치 않는 모습이었다. "여성의 신체는 아름답습니다. 남자들은 언제나 그들의 뒤를 따라다니고 싶어하죠." 아마 그래서인가보다. 남자들은 자신들이 원하는 것을 원한다.

인정하기는 싫지만 나는 이 두 곡을 좋아한다. 저절로 흥이 나 춤추고 싶고 흥얼거리고 싶다. 이 노래들은 들으면 기분좋아지도록 잘 뽑아낸 팝 음악이 맞는다. 하지만 나는 요즘 나오는 대부분의 팝 음악을 즐기는 방식으로 이 노래들을 즐긴다. 그러니까 내가 감정이 있는 존재라는 사실을 잊어야만 한다. 나는 가벼워져야만 한다.

카녜이 웨스트가 'Yeezus'라는 앨범을 발매했다. 매우 강렬하고 야심찬 앨범으로 사운드는 적대적이지 않으면서 적당히 공격적이다. 처음 이 앨범이 나왔을 때 나는 그 노래들을 계속해서 들었다. 이 앨범을 사랑하고 싶었으나 가사 때문에 도저히 그럴 수가 없었다. "리더가 있고 추종자가 있지. 하지만 나는 빨아주는 사람이 되기보단 중심이 될래." 〈New Slave〉라는 곡의 가사다. 여성 비하적인 가사가 차고 넘친다. 그중에는 〈Blood on the Leaves〉 같은 명곡도 있어서 이 앨범을 전부 다 거부할 수도 없다. 우리는 계속 좋은 실력과 나쁜 행동이라는 불편한 조합을 마주하게 된다.

그냥 노래일 뿐인데, 뭘. 안 그런가? 이 아티스트들은 그저 자신을 표현하고 있을 뿐이다.

나 또한 작가이고 창작의 자유가 필요하다는 것을 인정한다. 심지어는 조금 웃긴 강간 유머를 들을 때도 있었다. 에버 메이너드가 모든 여성들은 강간 공포를 피할 수 없다고 말할 때도 좀 웃겼고 완다 사이크스가 강간을 피하기 위해 뗐다 붙였다 할 수 있는 질을 갖고 싶다고 했을 때도 웃었다. 물론 난 강간 농담을 싫어하지만 검열은 더 싫어한다. 이중에서 하나를 선택해야 한다는 사실이 싫다.

픽업 아티스트• 켄 호인스키는 그의 책 『게임을 넘어서』를 출판하기 위해 펀딩 사이트인 킥스타터에서 크라우드펀딩을 받았다. 그 책을 통해 여자 앞에서 수줍어하거나 어색해하는 남자들에게 자신의 기술을 나누어주겠다고 했다. 꽤 많은 사람이 호인스키의 프로젝트에 펀딩하기 시작했을 때, 그가 한 조언 때문에 반발이 일었다. 그 조언은 확실히 문제가 있어 보였다. 그는 '예스'와 '노'의 선을 흐리고 있었다. 그럼에도 불구하고 킥스타터는 펀딩 프로젝트를 취소하지 않았다. 킥스타터는 한참 후에야 사과했고 이런 유혹의 달인이 자사 사이트에서 펀딩하지 못하도록 하겠다고 약속하면서 성폭력 방지 단체 RAINN Rape, Abuse & Incest National Network에 금전적 후원을 하기도 했다. 그러나 어찌되었건 호인스키는 책을 출간할 것이고 여성을 인간이 아닌 정복의 대상으로 여기는, 여성의 '싫어'를 '아마도'로 제멋대로 해석하는 픽업 아티스트 무리에 합류할 것이다.

남자들은 자신들이 하고 싶어하는 것을 대놓고 원한다.

우리 사회의 문화는 남자들이 원하는 것을 제공해주는 문화다. 남

• 여성을 유혹하는 것을 직업으로 내세우는 이들.

자 고등학생이 모델 케이트 업턴을 졸업 무도회에 초대하면 대단한 녀석이라는 찬사를 받는다. 비욘세의 남성 팬이 콘서트 무대에 올라가 그녀의 엉덩이를 때리기도 한다. 왜냐하면 엉덩이가 거기 있으니까, 그녀의 엉덩이가 탐스럽게 생겼으니까, 만지고 싶으니까. SF 소설 인터넷 커뮤니티를 들어가보면 여성들이 오프라인 행사에서 얼마나 성희롱을 당하는지에 대한 글들이 곧잘 올라온다. 행사에 참석한 수많은 여성들은 남자들이 자신을 더듬고 추파를 던지고 호텔방까지 유인하고 난데없이 안아서 번쩍 들어올리기도 했다고 말한다.

남자들은 원하는 것을 얻는다. 그리고 여자들에게 그것을 가볍게 넘기라고 강요한다.

여성이자 페미니스트로서, 수만 가지 형태의 크고 작은 여성혐오가 존재하고 있고 그것이 분명 나의 상상 속에서만 일어난 일이 아니라는 사실을 알면서도 그냥 웃어넘기기는 어렵다. 가볍게 넘기라는 말을 듣는 것이 힘들다. 가볍게 넘어가면 그 망할 것들을 계속하라고 놔두는 꼴이 되니까. 문제는 이런 일이 하나씩 일어나는 것이 아니라 그 모든 일이 동시다발적으로, 반복적이고 지속적으로 일어나고 있다는 것이다.

바로 이런 노래들 말이다. 지나가는 장난이고 농담이란다. 예뻐서 한번 안아본 건데 어때? 그냥 가슴 한번 만진 건데 어때? 웃고 넘어가요. 당신은 아름다우니까요. 남자가 외모로 칭찬 좀 할 수도 있지, 뭘 그래요? 과연 그럴까? 이것은 훨씬 심각하고 근본적인 사회적 질병의 증상들이다. 이 문화에서 여성은 남성의 변덕과 욕구를 만족시키기 위해 존재하고 여성의 가치는 계속해서 폄하되거나 무시되어버린다.

아니면 이런 식으로 말할 수도 있겠다. 이것이 바로 우리가 현재 살고 있는 세상이라고. 여성혐오의 스펙트럼은 굉장히 넓다. 한쪽 끝에는 대중문화에서의 여성혐오가 자리잡고 있고, 중간에는 여성의 뜻을 존중하지 않는 행태가 있고, 다른 쪽 끝에는 이 모든 여성혐오가 활개칠 수 있는 분위기를 조용히 만들어주는 이 나라의 입법자들이 있다.

2013년 텍사스, 오하이오, 노스캐롤라이나주 의원들은 여성의 재생산권과 임신, 출산의 자유를 다시 한번 완전히 짓밟으며 여성의 임신중지 가부, 수술 장소, 태아의 정의를 자기들끼리 정하려 한다.

여성을 대상화하는 문화, 여성의 품위를 손상시키고 여성의 자립성과 사적인 공간을 가볍게 무시하도록 종용하는 대중문화를 웃으며 지지하는 문화는 곧 임신중지 제한법을 제정하려고 오늘도 열심히 땀흘리며 달리고 있는 저 입법자들을 선출하는 문화다. 혹은 이 의원들이 임신중지 제한법을 통과시키려고 오늘도 열심히 땀흘리며 달리는 바람에 다른 남자들도 쉽게 여성을 대상화하게 된 걸까? 이것은 여성혐오의 낙수효과일까? 닭이냐 달걀이냐, 무엇이 먼저일까?

2013년 6월 30일 뉴욕 타임스의 토론란에는 이런 화제가 나왔다. “만약 더 많은 여성들이 임신중지수술을 할 수밖에 없었던 과거를 털어놓는다면 임신중지권을 지지하는 인구가 늘어날까?” 나는 이 질문을 보자마자 몸을 부르르 떨었다. 여성들은 과거의 아픔을 털어놓으면서까지 아무 관심도 없는 사람들을 계몽시키기 위해 노력해야 하는 것일까? 더 위대한 선을 위해 개개인이 희생할 수 있다고는 하지만 아무리 그래도 이 정도까지는 아닐 것이다.

여기 한 여성의 이야기가 있다. 누구인지는 중요하지 않다. 당신의 친구, 여동생, 엄마, 이모 누구든 될 수 있다. 그녀가 임신을 했다. 계획하지 않은 임신이었으나, 경제적으로나 정서적으로나 안정되어 있어 남자친구와 함께 '그래, 한번 해보자'고 결정했다. 그녀는 원한다면 임신중지를 할 수 있다고 믿는 임신중지 합법론자였지만, 임신 소식을 듣는 순간 자신의 몸에 생명이 자라고 있음을 느꼈다. 아마도 그녀는 이제까지 임신중지 합법론자였듯 앞으로도 그럴 것이며, 만약 그녀와 남자친구가 아이에게 좋은 삶을 약속하지 못한다면 임신중지수술을 받았을 것이다. 이런 그녀가 임신 27주에 부엌에 있다가 하복부에 통증을 느끼며 쓰러졌는데 하혈이 멈추지 않는다. 남자친구와 급히 병원으로 향한다. 의식을 잃는다. 일어났을 때 그녀 안에 있던 아이는 사라졌다. 그녀의 생명과 아이의 생명 중 하나를 선택해야 했기 때문이다. 그녀가 이후 수년 동안 잘못된 선택이 내려졌다고 생각하며 산다고 해보자. 이것이 바로 임신과 출산의 자유에 대한 이야기다. 이것은 한 여성의 삶과 가치관에 대한 이야기다. 선택은 이루어졌다. 선택할 수는 없었다. 만약 이 여성이 생명의 고귀함을 위해 이 선택권조차 주어지지 않는 주에 살았다고 생각해보자. 그녀가 생명의 거룩함 때문에 죽었다고 생각해보자. 그때는 누가 그녀의 이야기를 대신해줄 것인가?

만약 그녀가 이 이야기를 꺼내고 싶지 않다면 어떨까? 너무 개인적이고 고통스러운 기억이라 남들 앞에서 말하고 싶지 않을 수도 있다. 게다가 고백이 효과적이긴 할까? 감동하는 이들도 있겠으나 그들은 이미 임신중지를 찬성하는 이들일 것이고 재생산권을 깎아내리는 법안을 지지하는 사람들이 아닐 것이다. 감동받지 않는 사람들은 그녀가 아픈 과거를 고백해도 똑같을 것이다. 그녀의 이야기는 그저 하나의 슬픈 사건이 되고 사람들은 잠깐 동정한 다음에 그다음 슬픈 이야기로 넘어갈 것이다. 여성과 임신에 관한 슬픈 이야기는 많고많을 테니까.

로빈 시크는 여자가 무엇을 원하는지 알고 있다고 노래한다. 그래, 괜찮다. 넘어가자. 대니얼 토시는 팬들에게 여성의 아랫배를 가볍게 만지는 장면을 녹화하라고 말했다. 그래, 넘어가자. 켄 호인스키는 열 번 찍어 안 넘어가는 나무는 없다고 했다. 텍사스 주지사 릭 페리는 웬디 데이비스 민주당 상원의원을 두고 이렇게 말했다. "그녀는 싱글 맘의 딸입니다. 또한 10대에 엄마가 되었습니다. 그런데도 하버드 법대를 졸업하고 텍사스주 상원의원이 되었습니다. 그런 그녀가 살아오는 동안 모든 생명에게는 태어날 기회가 주어져야 하고 모든 생명이 중요하다는 사실을 배우지 못했단 말입니까? 안타깝기 그지없습니다." 그래, 넘어가자. 오하이오에서는 임신중지수술을 받고자 하는 여성들은 반드시 초음파검사를 해야 하고 수술 후 합병증이 있을 때는 종합병원이 아닌 개인 병원을 찾아가야만 한다. 이런 갖가지 법안을 만드는 전국의 입법자들은 다 여성을 보호하고 싶어서라고 말한다. 알았어요, 알았어. 알았다고요. 남자들은 여자를 보호하고 싶어하니까요. 여자 엉덩이를 움켜잡고 싶을 때는 빼고 말이죠.

그냥 가볍게 넘기란다. 남자들은 원하는 것을 원하니까. 그리고 자기들의 욕망을 나조차도 따라 부를 수밖에 없는 근사한 음악으로 만들어낸다. 예스냐 노냐, 그 사이의 선은 흐리다더니[blurred lines] 정말 그렇다.

백마 탄 왕자님이냐 무단 침입자냐

우리는 모두 동화 속 왕자와 공주 이야기를 알고 있다. 한 남자와 여자가—당연하다. 여자와 여자의 이야기나 남자와 남자 이야기는 찾아보기 힘드니까—어떤 고난을 극복하고 그후로 오래오래 행복하게 산다. 언제나 오래오래 행복했다고 한다.

나는 사실 이런 동화 같은 이야기를 즐긴다. 나는 냉소적인 사람이지만 모든 사람에게 각자의 해피 엔딩이 있을 거라 믿고 싶고 특히 나에게 그 해피 엔딩이 찾아와주면 참 좋겠다는 생각을 하기 때문이다. 하지만 나이가 들고 세상을 알아갈수록 이 동화 같은 이야기들은 여성에게 아주 많은 것을 요구한다는 것을 깨닫게 된다. 동화 속에서 반복적으로 등장하는 멋진 왕자님들 중에는 정말 반할 만큼 흥미롭고 매력적인 인물이 없다. 대부분의 동화 속 이야기에서 왕자님은 무작정 멋있다고 하지만, 그 단조로움 안에서 어떤 개성이나 취향이나 지성을 찾아보기란 쉽지 않다. 하지만 우리는 그러거나 말거나 괜찮다고 믿어야 한다. 왜냐하면 그는 멋진 왕자님이니까. 그 정도면 출중한 편이니까.

우리에게 친숙한 이런 이야기들의 디즈니 버전에서도 멋진 왕자님에 대해서는 특별히 해줄 말이 없는 것 같다. 〈인어공주〉의 에릭 왕자는 멋진 여성을 눈앞에 두고도 딱 한 번 들었던 예쁜 목소리에 집착해 자신이 가진 것은 인정하지 못한다. 〈백설공주〉의 왕자는 공주가 혼수상태가 될 때까지 나타나지도 않는데, 얼마나 상상력이 부족하면 그렇게 죽은 듯이 누워 있는 모습만 보고도 사랑에 빠진다. 〈미녀와 야수〉에서 벨은 아버지에 의해 야수에게 넘겨지고 자신을 기본적으로 소유품이라 여기는 남자의 시선을 견뎌내며 자기 자신을 희생한다. 그리고 야수와 사랑에 빠진 다음에야 그 야수가 알고 보면 잘생긴 왕자님이라는 사실을 발견하게 된다.

동화 속 이야기들을 잘 보면 공주가 왕자를 찾아낸다. 그런데 항상 치러야 할 대가가 있다. 이후로도 영원히 행복하게 살려면 절충과 타협이 필요하다. 일반적으로 동화 속 이야기에서 대가를 치르는 사람은 남자가 아니라 여자다. 여성이 견디고 이겨내야 하는 것, 그것이 희생의 본질일까?

'트와일라잇' 시리즈를 살펴보자. 이 네 권의 책은 뱀파이어들과 늑대인간들과 젊은 여성 벨라와 알고 보면 늙은 뱀파이어 에드워드 사이의 격정적인 사랑에 관한 이야기다. 하지만 '트와일라잇' 시리즈는 새로운 종류의 동화일 뿐이다. 에드워드 컬런에게 특별히 강렬하거나 끌리는 면이 있을까? 물론 그는 눈부실 정도로 멋있다고 한다. 이론적으로는 매력적이어야 마땅하다. 그런데 그의 머릿속에는 딱 하나의 관심사만이 들어 있는 듯싶다. 벨라를 사랑하고 벨라가 내리는 모든 결정에 간섭하는 것. 우리는 그의 집착에 가까운 통제와 헌신이 어쩐지 매력적으로 다가온다고 믿어야 한다. 우리는 그가 멋진 왕자님이라고 믿어야 한다. 그가 살아남기 위해 피를 마셔야 하는 단점이 있더라도 말이다. 에드워드의 집착과 뱀파이어어의 본능을 받아들이고 타협하는 쪽은 언제나 여성인 벨라다. 결국 벨라도 뱀파이어로 변해 불멸의 존재가 되는 것이 '그후로 오래오래 행복하게 살았습니다'라는 결말을 위해 벨라가 치러야 할 대가다. 우리는 벨라도 그 결말에 동의했다고 믿어야 한다. 벨라도 에드워드를 맹렬히 사랑하기에 자신을 뱀파이어로 만들도록 한 것이다. 우리는 에드워드가 그런 희생을 할 정도의 가치가 있는 남자 주인공이라고 믿어야 한다.

E. L. 제임스의 소설 '그레이의 50가지 그림자' 시리즈 3부작은 어둡고 에로틱한 반전을 숨긴 현대판 동화라 할 수 있다. 이 3부작은 원래 이 소설과는 직접적인 관련이 없는 '트와일라잇'의 팬들이 연재한 팬픽에서 시작되었다. 동화에 뿌리를 두고 팬픽에서 시작한 '그레이의 50가지 그림자'는 에로티카•이면서 주류 출판업계에서 성공한 최초의 시리즈라 할 수 있다. 물론 앤 라이스의 '슬리핑 뷰티' 3부작을 잊어서

• 로맨스 중에서도 주로 성애를 다루는 하위 장르.

는 안 되겠지만.

팬픽과 에로티카가 새로운 장르는 아니나 '그레이의 50가지 그림자' 3부작에는 뭔가 특별하게 독자들의 상상력을 자극하는 면이 있었다. 이 책들은 일단 에로틱하고, 너무 터무니없어서 재미있으며, 이 멋진 왕자님이라는 작자가 가진 심각한 문제가 우리 문화를 반영하기에 거슬리기도 한다.

'그레이의 50가지 그림자'는 어리고 아름답고 똑똑한 대학생 아나스타샤 스틸이 아픈 친구 케이트의 학생 기자 일을 대신하게 되면서 시작된다. 아나스타냐, 혹은 아나는 시애틀까지 가서 아찔한 미남이자 음산한 분위기를 풍기는 수수께끼 같은 억만장자 크리스천 그레이라는 남자를 인터뷰하게 된다. 학보에 그에 대한 기사를 쓰기로 했기 때문이다. 첫 만남에서 아나는 말을 더듬거리면서 어색하게 인터뷰를 진행하는데 크리스천이 지나치게 잘생겼기 때문이다. 그럼 그렇지. 그는 아나에게 자신을 위해서 일해달라고 부탁한다. 그들은 농담을 주고받는다. 그리고 위대한 사랑이 탄생한다. 그러나 문제가 있다. 문제는 꼭 있어야 한다. 장애물이 있어야 한다. 이것이 바로 동화 속 이야기가 진행되는 수순이다.

책 세 권의 분량 동안 아나와 크리스천은 관계를 발전시키려 해보지만 크리스천의 BDSM 성향(혹은 작가 E. L. 제임스의 상상 속 BDSM)이 걸림돌이다. 그는 '평범한' 연애에는 관심도 없고 평범한 사랑에 빠질 수도 없으나 아나는 '평범한' 연애를 욕망한다. 온갖 종류의 드라마가 펼쳐지고 이야기가 진행될수록 이 드라마들은 점점 더 괴상해지는데 이상하게도 읽다보면 중독된다. 미친 전前 서브미시브•의 등장! 미세스 로빈슨이란 별명을 가진 연상의 전 애인이자 미스트레스••! 싸움을 걸어대고 성희롱하는 보스! 복잡한 가정사! 헬리콥터 사고! 방화사건! 아이고 세상에!

크리스천을 만났을 때의 아나는 극의 진행에 편리하게끔 자위 한 번 해보지 않은 스물한 살의 처녀로 설정되었다. 그럼 그렇지. 물론 크리스천이 아나에게 채찍을 보여주는 장면은 매우 극적인 장면으로, 그는 먼저 그녀의 손목을 잡고 침실로 들어가 적절한 방법으로 순결을 빼앗으려고 한다. 그는 여자의 삐딱함은 참아줄 수 있지만 처녀성은 참아줄 수 없다. 크리스천은 아나를 번쩍 들어올리며 말한다. "우리는 지금 당장 이 상황을 바로잡아야 해." 퍽이나 첫 섹스를 하는 모든 처녀가 듣고 싶어하는 말일 것이다. 끝날 것 같지 않은 이 장면에서 크리스천은 첫 섹스를 아나에게 맞추기로 한다. 그는 유두를 자극하는 것만으로도 아나가 오르가슴을 느끼게 한다. 그렇게 애무를 조금 더 하자 크리스천은 더이상 참을 수가 없어진다. 그는 팬티를 벗고 급하게 콘돔 포장지를 찢는데 그의 거대한 성기를 바라보고 있던 아나는 어쩔 줄 모르는 표정이다. 그녀는 너무 순진하고 순수하니까. 크리스천은 말한다. "걱정하지 말아요. 당신 것도 커지니까." 이런 글을 처음 읽었다면 아직 충분히 살아봤다고 할 수는 없다. 얼마 후 크리

• BDSM에서 수동적이거나 복종하는 역할을 맡는 사람.

•• BDSM에서 지배하는 역할을 맡는 여성.

스천은 아나를 "뚫고 들어간다". 두 사람은 동시에 오르가슴을 느끼고 두 사람 사이의 심각한 걸림돌이었던 그녀의 처녀성 문제는 평화롭게 해결된다.

그리고 이 책은 곧바로 열정적인 (것 같은) 섹스 장면으로 뒤덮이고 사이사이 두 사람의 상이한 욕망 때문에 일어난 말싸움이 첨가된다. 크리스천은 평범한 관계를 거부하고 아나는 원한다. 또한 이 두 사람의 관계와 관련이 있기도 하고 없기도 한 우스꽝스러운 사건들이 일어난다.

많은 여성들이 무언가에 매달리기 시작하면, 언론은 곧바로 광분하며 이 새로운 여성성의 신비를 이해해야 한다고 말한다. 특히 그 무언가가 여성의 욕망과 관련이 있다면(마치 여성의 욕망은 획일적인 것처럼) 이 광분의 정도는 더 심해진다. 모든 주요 언론사들이 이 '그레이의 50가지 그림자' 시리즈에 대해 적어도 한 편 이상의 '비평 기사'를 내보냈다. 이 책이 특정 연령대의 독자들에게 열광적으로 읽혔다는 이유로 폄하의 의미가 다분한 '엄마들의 포르노'라는 라벨을 붙이기도 했다. 이런 일이 일어나면 우리는 이것을 꼭 유행이라 불러야 하고 특별한 분석 가치도 없을지 모를 일시적으로 유행하는 소설에 대해 질릴 때까지 분석하는 기사를 써댄다. 여성들이 드디어 자신들을 흥분시키는 무언가를 찾았다는 것은 매우 주목할 만한 사건이다. 아니면 '그레이의 50가지 그림자'에 대한 열렬한 반응은 그만큼 현대 여성의 욕구가 충족되지 못한다는 우울한 현실을 반증하는 걸까?

대부분의 논의는 에로틱한 요소에 집중된다. 매우 노골적이고 비현실적인 섹스가 등장하고 언제나 세상에서 가장 강렬한 오르가슴으로 끝난다. 아나와 크리스천은 비행기에서, 엘리베이터에서, 자동차에서 섹스를 한다. 그들은 여러 다른 침대 위에서 섹스하고 크리스천의 놀이방이자 아나가 '고통의 빨간 방'이라고 부르는 방에서도 한다. 이 던전에는 그녀가 생전 처음 보는 온갖 장비들이 갖춰져 있다. 아나는 생각한다. '16세기로 시간 여행을 온 것 같아. 스페인에 종교재판받으러……' 안으로 들어가니 짙은 버건디색 벽에 커다란 나무 십자가가 걸려 있으며 천장에는 철망이 걸려 있고 어마어마한 양의 밧줄과 체인과 패들과 이런저런 채찍과 섹스토이 들이 있다. BDSM은 이들의 섹스보다는 이 장난감들의 사치스러운 디스플레이에서 도드라진다.

이 장면은 실제 세상에서 이루어지고 있는 BDSM과 E. L. 제임스가 상상한 세상의 BDSM이 얼마나 다른지를 잘 나타낸다고도 할 수 있다. '그레이의 50가지 그림자 : BDSM=맥도날드 : 음식' 이런 등식이 성립될 수 있다.

나는 왜 이 책이 이렇게 선풍적인 인기를 얻었는지 충분히 이해할 수 있다. 동화 같은 면이 있어서가 아니다. 꽤 흥분되는 순간들이 있다. 아마 당신 또한 이 책의 어떤 부분을 읽고 흥분하게 될 것이다. 크리스천 그레이의 독재적인 성향에도 불구하고 이 3부작은 독자들에게 성적인 경험에서 가장 중요한 것은 여성의 쾌락이라고 믿게 한다. 거의 모든 섹스 장면에서 크리스천은 아나를 쾌락에 젖게 하기 위해 무척 애쓴다. 그는 그녀의 몸에 모든 종류의 성적인 관심을 쏟는다. 이 책은 여성의 오르가슴을 아주 자세히 자주 묘사하고 있으며 그런 면에서 크리스천 그레이가 지상 최고의 연인인 것은 확실해 보인다. 이 정도면 소소하게 꿈꿔볼 만한 근사한 판타지다.

하지만 더 깊이 들여다보면 문제가 눈에 띄기 시작한다. 이 책은 결국 아나가 크리스천을 그의 내면에 있는 악마로부터 구출해 그를 변화시키거나 구원하려고 노력하는 내용이다. 그녀는 죄악에 빠진 소년을 구원으로 이끄는 착한 처녀 역할을 맡았다. 역사상 한 번이라도 여자가 남자들을 변화시키는 것이 가능하기라도 했던 것처럼 말이다. 사랑에 빠진 아나는 생각한다. '한때 로맨틱한 왕자님이라고 생각했고 빛나는 황금 가운을 입은 기사라고 생각했던 이 남자, 아니면 이 사람이 말한 대로 어둠의 기사라고 생각했던 이 남자. 이 남자는 영웅이 아니야. 그저 심각한 정신적 문제를 가진 남자일 뿐이야. 그는 나까지 그 암흑 속으로 끌고 들어가려 하고 있어. 내가 이 사람을 빛으로 인도할 수는 없을까?' 나는 아나를 구석으로 끌고 가서 이렇게 말하고 싶었다. "얘, 이 남자를 빛으로 이끌 수는 없어. 꿈 깨."

이 커플이 마주하는 모든 시험과 뜨거운 섹스가 끝나면 우리는 이 3부작이 한 젊은 여성에 관한 이야기이자 그녀가 오래오래 행복하게 사는 이야기라고 생각한다. 하지만 진실은 그렇지 않다. 아나의 성적 자각은 크리스천이 인간성을 되찾아주는 손쉬운 도구가 된다. '그레이의 50가지 그림자'는 한 남자가 쓰레기 같은 자신을 참아줄 용의가 있는 여자를 마침내 찾아내 평화와 행복을 얻는 내용이다.

'그레이의 50가지 그림자'는 로맨스 소설이나 동화처럼 무척 단순하고 형식적인 구조를 취한다는 면에서 쉽게 읽히는 매력적인 책이지만 엉망으로 쓰여서 더욱 웃기는 책이기도 하다. 나는 이 책의 우스꽝스러움을 얼마든지 받아들일 수 있었고 마음껏 웃고 또 웃으며 읽었다.

아나에게 구역 반사•가 없다니 얼마나 다행인가? 아주 가끔 아나는 크리스천의 아래로 내려가는데 엄청나게 두꺼운 그의 성기를 입으로 기쁘게 하는 데는 아무런 문제가 없는 것 같다. 그녀는 정액을 삼키기까지 한다. 남자라면 옆에 두고 어디 도망 못 가게 하고 싶은 여자가 맞는다.

크리스천은 로맨스 소설에 자주 나오는 무척이나 말 많은 남자 중 하나로 이 세 권의 책에서 내내 자기가 아나에게 무엇을 하고 있는지, 무엇을 원하는지, 앞으로 무엇을 할 것인지 계속해서 이야기한다. 그의 말 때문에 이 책의 분량은 엄청나게 늘어난다.

그중 한 권에서 아나는 "피노 그리지오 화이트 와인 한 잔"을 달라고 부탁한다. 나는 그 문장을 떠올릴 때마다 배가 아플 정도로 웃을 수밖에 없는데 이보다 게으른 실수는 찾아보기 힘들기 때문이다.•• 이 책에는 아우디 협찬 광고도 등장한다. 크리스천은 아우디를 몰고 그가 가장 좋아하는 '서브미시브'에게 아우디를 선물하고 아나와 사귈 때는 아우디 두 대를 선물한다. 그의 자비로움은 끝이 없다. 크리스천은 아나에게 값비싼 옷들을 사준다. 라펠라 란제리, 맥북, 아이패드,

• 혀뿌리나 목젖 주위를 건드리면 구역질이 나는 현상.

•• 피노 그리지오 자체가 화이트 와인이라는 뜻이기 때문에 굳이 화이트 와인을 붙일 필요가 없다.

블랙베리, 비싸고 구하기 힘든 책들을 사주고 또 사주며 요트에서 허니문을 보내기도 한다. 만약 당신에게 물질적인 판타지가 있다면 이 책은 그 욕구를 충족시켜줄 것이다.

이 이야기의 일부는 이메일 교환을 통해 이루어진다. 다시 말해서 우리는 아나와 크리스천이 주고받은 이메일들을 볼 수 있고 그 말은 곧 이 커플이 사랑에 빠지는 과정에서 나타나는 모든 시시한 농담도 듣는다는 뜻이다. 이 이메일만으로도 책값을 낼 가치가 있다.

1권에서 크리스천이 아나에게 자신의 라이프스타일을 소개하려고 할 때 작가는 크리스천의 도미넌트(지배자)/서브미시브(피지배자) 계약서를 서너 번이나 언급한다. 독자가 한 번 봐서는 그 요지를 파악할 수 없다는 듯이. 이 계약서는 작가가 인터넷에 떠돌아다니는 것 중에 하나를 고른 것 같다. 이 계약서의 조항은 모두 서브미시브 행동 규칙에 대한 것들이다. 꾸미기, 수면, 위생, 의상, 식이, 처신, 성적 행동. 1권에서는 지겨울 정도로 오랫동안 아나와 크리스천이 이 계약을 협상하는 장면이 나온다. 할 것인가 말 것인가? 아나는 그 계약서에 절대 사인하지 않는데 이 장면은 이 커플이 얼마나 다른지를 반복적으로 보여주는 장치가 된다.

아나가 얼마나 말로 혹은 생각으로 자주 "이럴 수가"라고 하는지 세다 세다 지쳐버렸다. 반복되는 대사와 행동이 너무나 많아 이 3부작으로 술 마시기 게임을 한다면 간이 남아나지 않을 것이다. 아나가 "이럴 수가!"라고 할 때마다 원샷! 아나가 세상 둘도 없이 멋진 크리스천의 외모에 대해 생각할 때마다 원샷! 아나가 입술을 깨물 때마다 원샷! 그리고 그때마다 크리스천은 그녀를 덮치고 싶어한다. 크리스천이 아나를 때리고 싶어서 손을 움켜쥘 때마다 원샷! 아나가 크리스천을 '수수께끼 같다'거나 '알 수가 없다'라고 할 때마다 원샷! 아나가 세상 둘도 없이 멋진 크리스천의 외모에 대해 생각할 때마다 원샷! 이 세상의 모든 여자들이 크리스천을 욕망에 가득찬 눈으로 바라보고 말을 더듬을 때마다 아나가 소유욕을 느끼는 장면에서 또 원샷! 그리고 이야기가 갑자기 본론을 벗어날 때마다 원샷! 밤을 새워도, 술이 다 떨어져도 게임은 끝나지 않을 것이다.

이러한 어설픈 반복을 수습하기 위해 도입된 장치는 아나의 두 친구다. 한 친구는 그녀의 무의식이고 다른 친구는 그녀 안의 여신으로 둘 다 의인화되어 있다. 이 여인들은 아나를 물끄러미 쳐다본다. 안경 너머로 그녀를 훔쳐본다. 황홀해하고 한숨을 쉬고 웃고 고개를 끄덕이거나 아나의 마음 상태를 비춘다. 예를 들어 1권의 마지막에서 크리스천과 아나가 섹스를 하려 할 때 이런 묘사가 나온다. "나의 무의식은 미친듯이 자신을 밀어냈다. 내 내면의 여신은 원시적인 욕망의 리듬에 몸을 맡긴다. 그녀는 받아들일 준비가 되어 있다."

아나의 내면의 여신처럼 나도 이 책을 받아들일 준비가 되어 있었다. 한편 불편한 자각이 찾아오기도 했다. 이렇게 허접스러운 무언가를 읽으며 즐거워한다는 사실 말이다. 대부분의 사람들처럼 나 또한 모순덩어리에 불과하니까.

'그레이의 50가지 그림자'가 워낙 어설프고 웃겨서 재미있는 지점이 있고 이 책이 너무 무책임해서 화가 나는 지점도 있다.

크리스천은 동화 속 멋진 왕자님의 조건에는 잘 부합한다. 그는 허무맹랑할 정도로 부자고 잘생겼으나 그 외에 특별한 점이 거의 없다. 이때 E. L. 제임스는 이 멋진 왕자님을 복잡하게 만들기로 결심했다. 우리가 동화에서 만나왔던 너무 지루해서 하품 나오는 그 평범한 멍청이들을 능가할 무언가를 갖추게 하고 싶었다. 그리하여 크리스천에게는 어두운 과거사가 생겼으니 바로 엄마가 마약중독자였던 것. 그는 이 정보를 뜨거운 밤을 보낸 후 아나가 그의 옆에서 잠이 들기 전에 가볍게 흘린다. "나를 이 세상에 나오게 한 여자는 마약중독자 창녀였어, 아나스타샤. 잘 자." 이 정도면 아나의 호기심을 충족시켜줄 거라 생각하지만 결국 자신이 먼저 본인의 어두운 과거를 모두 공개하기 시작한다. 엄마의 남자친구에게 학대받았던 일, 엄마의 방치, 굶주림. 엄청난 트라우마가 있고 그는 과거를 받아들인다. 예상대로 크리스천의 과거가 현재를 형성했고 그 과거의 그림자가 이 책에서 일어나는 모든 사건을 만들기도 한다. 나의 유치한 표현을 용서해주시길. 크리스천 그레이는 그 과거 때문에 밤의 제왕이 되어야 한다. 통제 욕구 때문에라도 '도미넌트' 역할을 맡아야만 한다.

2권에서 우리는 크리스천 그레이가 여자를 지배하는 것을 좋아하고 어두운색 머리 미인을 선호한다는 것도 알게 된다. 어머니를 닮았기 때문이다. 그는 상담심리학자 플린 박사와 이 문제를 상담한다. 플린 박사는 현대의 일반적인 상담심리학자를 벗어난 모습으로 가끔 등장한다. 사람들이 BDSM에 빠지게 되는 이유에는 여러 가지가 있지만, 작가는 망가진 사람들이 자신의 감정적 문제를 해결하기 위해

BDSM에 빠져든다고 단정한다. 하지만 이 라이프스타일을 병리적인 것으로 간주하는 것은 타당하지 않다. 이것은 BDSM 커뮤니티에 대한 정확한 초상이 아니며 다양한 성향들에 관해 잘못되고 부당한 메시지를 전달한다.

'그레이의 50가지 그림자'는 방송인과 비평가들이 BDSM에 대해 발언할 기회도 열어주었다. 엘런 드제너러스는 BDSM 라이프스타일에 대해 무지하면서 무조건 조롱하고 조소하는 태도를 취했다. 회초리와 체인이라니, 너무 웃긴다. 혹은 소름 끼치고 괴상하다. 성적인 표현의 다름을 인정하지 않는 사람들은 이 문제를 유머로 접근하는 것이 가장 쉬운 방법이라고 보는 듯하다. 케이티 로이피 같은 비평가는 오늘날 독립적인 여성이 남성에게 사실은 지배받고 싶어하지만 그 욕망을 인정하는 건 두려워하기 때문에 '그레이의 50가지 그림자'가 인기를 끌었다고 평하기도 한다. 로이피는 별 관련 없는 텍스트를 모아 억지로 연결시키면서 자신의 주장을 강조하는 전형적인 안티 페미니스트 입장을 취한다. 『비서』와 『O양 이야기』 같은 작품들을 보자. 짜잔. 여성이 성적으로 굴복하길 원한다는 반박할 수 없는 증거들이 있지 않은가? 로이피는 실재하는 서브미시브 여성들에게 그들의 욕망에 대해 말해달라고 하지 않는다. 그녀는 서브미시브가 가진 성적 욕망의 복잡성을 이해하려 하지 않고 이 잘 팔린 시리즈와 현대 여성의 성을 연결시키려고만 한다.

'그레이의 50가지 그림자' 논의에서 BDSM 라이프스타일을 실제로 하고 있으며 이 주제에 대해 지적이고 윤리적으로 발언할 수 있는 사람들이 포함된 경우는 극히 드물다. 이 사람들이 가까이에 존재하고 쉽게 찾을 수 있는데도 그렇다. 그 대신 자기가 하는 말도 잘 알지 못하는 사람들이 BDSM에 대해 모욕적이고 부정확한 추측을 풀어냈다. 그 이유는 작가가 이 라이프스타일 전문가가 아니었고(인터넷 검색을 많이 한 것은 맞는다), '트와일라잇' 팬픽으로 독자들을 끌기 위해서는 이런 조금 다른 성향이 좋은 미끼가 된다는 걸 아는 정도의 사람이었기 때문이다.

'그레이의 50가지 그림자'에 대한 나의 흥미는 딱 여기까지다. 이 시리즈는 기본적으로 지배-피지배의 학대 관계에 성공적으로 안착하는 방법을 제시해주는 책일 뿐이다. 이 3부작은 가장 어두운 종류의 동화 속 이야기이다. 통제적이고 집착적이며 경계성 인격장애를 가진 남자의 학대 성향을 독자들에게 아주 그럴싸해 보이게 만들었다. 달콤한 섹스라는 설탕을 숟가락 가득 퍼 넣어서 덜 쓴 약으로 만들었다.

소재의 참신함에 대해서만은 얼마든지 칭찬해줄 수 있다. '트와일라잇'도 비슷한 교훈을 준다. 에드워드는 벨라를 독점하기 위해 사랑이라는 이름으로 세상 끝까지 간다. '그레이의 50가지 그림자'에서도 아나의 인생과 아나의 결정과 아나와의 관계를 통제하려는 크리스천의 욕구에는 한계가 없다. 데이트를 시작하기 전부터 이미 뒷조사를 했다. 그는 핸드폰 위치 추적기를 통해 그녀의 행방을 알아낸다. 이것은 절대로 이해할 수 없는 행동이지만 그냥 넘어간다. 그는 부자이고 부자들은 원래 이렇게 기술적으로 사람들을 스토킹하니까. 그는 아나가 언제 얼마나 먹는지도 체크하고 그녀가 마시는 술의 종류와 여행하는 방법과 그녀가 친하게 지내는 사람과 그녀가 그와 있을 때의 몸가짐까지 통제하지만 우리는 그래도 괜찮다고 믿어야 한다. 왜냐하면 이 사람에게는 문제가 있으니까. 이 사람은 그녀를 사랑하니까.

크리스천은 이제까지 모든 서브미시브들에게 사인을 받아냈던 기밀 유지 계약서에 아나도 사인하길 바라는데, 이 계약서에는 아나가 친구들이나 사랑하는 가족에게도 크리스천과 있었던 일을 절대 말할 수 없다는 법적 조항까지 있다. 아나는 이 계약서에 사인하는데, 어찌되었건 아무에게도 이야기하지 않을 것이기 때문이라고 크리스천에게 말한다. 이렇게나 고분고분하고 착한 여자다. 사실 이렇게 희생자를 고립시키는 것은 학대하는 자들의 지능적인 전략이다. 하지만 우리는 크리스천이 아나를 온갖 화려한 생활 안에 고립시키는 것이 로맨틱하다고 생각하게 된다. 프리미엄 고밀도 순면 시트가 깔린 침대에서 잔다고 해도 감옥은 감옥이다. 하지만 연약해져 있을 때 그 감옥은 충분히 견딜 만하고 유혹적이라고 믿게 된다.

1권에서 아나는 조지아에 사는 엄마에게 가려고 한다. 크리스천이 같이 가자고 하지만 아나는 거절한다. 당연히 아나도 혼자 조용히 생각할 시간과 공간이 필요했을 것이다. 과연 이 BDSM 라이프스타일을 감당할 수 있을지 고민한 다음에 결정하고 싶었을 것이다. 크리스천은 이런 상황에서도 어떻게든 개입하고 싶어 비행기를 일등석으로 업그레이드해준다. 우리는 이것이 로맨틱한 행동이라고 생각해야 할 것 같지만 사실은 소름 끼치는 일이다. 왜냐하면 그가 그녀의 여행 일정과 비행기 시간을 알아내어 묻지도 않고 바꾸어버렸기 때문이다. 그리고 역시 아무 말 없이 조지아로 날아가 그녀를 만난다. 왜냐면 그녀와 한시도 떨어져 있을 수가 없기 때문이다. 그는 자기가 원하는 것을 아는 남자다. 중요한 것은 오직 그의 욕구뿐이다.

이야기가 전개될수록 크리스천의 질투는 심해진다. 그는 아나가 다른 남자와 같은 공간에만 있어도 미칠 듯이 질투하고 그녀가 그에게 관심을 기울이지 않으면 화를 내거나 못마땅해한다. 둘이 크리스천의 가족을 만나러 갔을 때 아나는 약간 이해할 수 없는 모습으로 크리스천에게 저항하고, 화가 난 그는 그녀를 벌주기 위해 보트 창고로 끌고 간다. 그녀의 입에서 본능적으로 나온 말은 이것이다. "제발 때리지 말아요." 사실 그녀가 언제 어떤 식으로든 맞을 수 있다는 공포는 이 3부작 중에 한 번 이상 나온다. 그의 '미친'(이라고 쓰고 '실연당한'이라고 읽는다) 전 서브미시브의 남자친구가 죽고 그녀가 정신적 공황 상태에 빠지자 크리스천은 아나를 위해 경호원을 고용해준다. 이것은 그가 가능한 모든 방법으로 아나의 세계를 통제할 수 있는 기회가 된다. 아나가 취직하자 크리스천은 아나가 일하는 회사를 통째로 사버린다. 그녀를 '보호하기' 위해서다. 3권에서 신혼여행을 갔을 때 아나는 누드 비치에서 토플리스•로 선탠하기로 한다. 당연히 크리스천은 자기 여자가 남들 앞에서 맨살을 드러내는 것을 용납할 수 없다. 그녀는 그의 서브미시브가 아니고, 그들이 신 앞에서 부부가 되었고, 그녀는 그의 아내

• topless. 상반신, 가슴을 드러낸 차림새.

가 되었는데도 그는 난동을 피운다. 이후 그들이 호텔방에서 사랑을 나눌 때 그는 그녀가 해변에서 토플리스를 하지 못하게 가슴에 키스 마크를 남겨버린다. 이제 그녀는 신혼여행 기간에 토플리스는커녕 비키니도 입지 못하게 되었다. 열여섯 살 철부지 소년처럼 말 그대로 영역 표시를 한 것이다.

크리스천 그레이는 섹스를 무기로 사용한다. 일상생활에서는 그녀를 복종하게 만들 수 없지만 섹스를 하는 동안에는 그녀를 복종하게 만들 수 있어서 진심으로 기뻐한다. 이 젊은 남녀의 모든 섹스 신에서 섹스가 끝나면 아나는 지쳐 스르르 잠들고 움직일 수가 없으며 쾌락의 여운에 젖어 팔다리의 힘이 빠져 있다. 합의된 BDSM 관계에서 이처럼 역동적인 섹스는 괜찮다. 언제나 환영이다. 그러나 이 3부작의 밑바닥에 깔린 중요한 전제는 아나가 BDSM 관계를 원치 않는다는 것, 적어도 크리스천이 원하는 종류의 섹스는 원치 않는다는 것이다. 물론 그녀는 이 야릇한 성관계를 즐기긴 하지만 자신이 크리스천의 서브미시브로 이용되는 것에는 전혀 관심이 없음을 계속 확인시킨다. 그들의 관계는 굉장히 불안하다. 아나는 '트와일라잇'의 벨라처럼 정복당하고 크리스천 그레이는 의기양양한 정복자가 된다.

이렇게 한 번씩 강압적이고 가학적인 행동을 당하고 나면 아나는 당연히 분개하지만 화는 그리 오래가지 않는다. 시간이 흐르면서 그녀는 이 반은 미친놈인 왕자님에게 사랑받기 위해 자신이 진정 원하는 것을 양보하기로 한다. 우리는 아나가 합리적인 기대와 자기 기준을 갖고 크리스천에게 '저항'하기 때문에 그녀가 독립적인 사람이라고 믿어야 하지만, 그는 그녀가 세운 기준을 멋대로 무시해버리고 결국 그녀는 그를 내버려둔다. 그녀는 그의 모든 무단 침입을 용서한다.

또한 이 시리즈는 각 권에서 '위험에 빠진 여성'의 비유에 크게 의존하고 있다. 아나는 심각하건 아니건 어떤 종류의 위험을 만나고, 그때마다 그녀가 연약한 여성이고 왕자님에게 구출받아야 한다는 것을 상기시킨다. 그때마다 크리스천은 아나를 와락 움켜잡고 만약 그녀에게 무슨 일이 생긴다면 자신이 어떻게 될지 모르겠다고 말한다. 사전에서 '상호 의존적'이란 단어를 찾으면 아마 이 커플의 그림이 선명하게 그려질 것이다.

나는 오락을 목적으로 한 독서를 옹호한다. 야하고 에로틱한 책과 다양한 성적 취향에 따른 행위도 좋아한다. 하지만 여성의 복종은 타도한다. 3권에서 아나는 마침내 그를 인정하고 결혼 서약을 하고 영원한 행복을 꿈꾸게 되었음에도 불구하고 그가 여전히 억압적이며, 옹졸하고, 어린애 같은 행동이 지겹도록 계속되리라는 것을 알게 된다. 그때부터 이 동화 속 멋진 왕자님은 모든 매력을 잃는다.

이 3부작의 어마어마한 인기를 생각하면 그저 술술 읽히고 섹스 신이 뜨겁다고 해서 이 책의 단점을 무시하고 넘어가서는 안 될 것이다. 이 책의 전체적인 어조는 너무나 파괴적이고 파급력이 어마어마하기 때문에 경계해야 한다. 이 책은 남녀 관계에서 여자는 참을 수 있을 때까지 참아야 하고, 왕자님에게 사랑받기 위해서는 계속 참아야 한다는 기성 사회의 메시지를 더욱 공고하게 한다.

'그레이의 50가지 그림자'는 동화 속 이야기다. 남자와 여자가 있고 그들은 같이 어려움을 극복해야 했고 결국 그 장벽을 넘게 되며 '그 후로 오래오래 행복하게 살았습니다'로 끝난다. 하지만 여자가 치러야 하는 대가가 당혹스러울 정도로 크다. 얼마나 많은 여성이 대가를 치를 용의가 있는지를 생각해보면 이 당혹감은 더욱더 커진다.

3부

인종과 엔터테인먼트

1960년대 미시시피, 튀긴 음식의 위안과 다른 케케묵은 이야기들

남동생들과 나는 백인들 때문에 불쾌하거나 열받는 일이 생기면 서로를 쳐다보고 이렇게 말한다. "거참, 오늘 로즈우드의 날이군." 다른 말을 보탤 필요도 없다. 〈로즈우드〉는 1923년 플로리다주에서 인종차별이 가장 심하고 흑인 인구가 많았던 마을 로즈우드를 배경으로 한 영화다. 섬너라는 도시 근처에 사는 백인 유부녀가 몰래 만나던 애인에게 폭행을 당한다. 몸에 난 상처를 남편에게 설명할 방법이 없었던 그녀는 강간을 당했다고 말하고 동네 사람들이 이렇게 끔찍한 짓을 한 사람이 누구냐고 묻자 이 백인 여성은 예상대로 이렇게 소리친다. "깜둥이 놈이요."

마을의 백인 남자들은 이성을 잃고 군중심리에 빠져 무고한 흑인 남성에게 폭력을 휘두르고 로즈우드 마을 사람들을 처절하게 괴롭힌다. 광기에 휩싸인 백인들은 집을 부수고 공공기관을 파괴하고 마을을 지옥으로 만든다. 서브플롯에 정말 가슴 아픈 이야기가 많지만 기본 줄거리는 악의 없는 거짓말 때문에 돌이킬 수 없는 비극이 발생했다는 것. 잠깐, '악의 없다'라…… 과연 그럴까? 생각할수록 분하고 끔찍하고 속이 다 울렁거린다. 견딜 수도 없을 만큼 끔찍한 이 모든 것이 실화에 근거하기 때문이다. 〈로즈우드〉를 본 후 친구에게 이렇게 말했다. "나 앞으로 사흘 동안은 백인들 얼굴 못 볼 것 같다." 친구는 대답했다. "에이, 그래도 그건 아니지." 물론 친구는 백인이었기에 그렇게 대답할 줄 알았다. 다행히 그날은 금요일이라 주말에 집에서 한 발짝도 안 나갈 수 있었고 월요일에는 이 세계와 다시 접촉할 준비가 되어 있었다.

〈로즈우드〉가 내게 사흘 동안의 자발적인 흑백 분리 정책을 요구했다면 〈헬프〉는 3주, 아니 그 이상을 요구했다.

흑인들의 경험(혹은 흑인들의 경험에 대한 백인들의 해석)에 대한 역사극을 보는 일은 내가 또하나의 노예 이야기를 읽고 싶지 않은 것과 같은 이유로 점점 더 힘들어지고 있다. 해도 해도 너무하기 때문에, 심해도 너무 심하기 때문에, 보다가 화병이 날 것 같기 때문에, 과거라기엔 너무 최근 일이고 내 일처럼 너무 가깝게 느껴지기 때문에 그렇다. 〈로즈우드〉나 〈헬프〉 같은 영화를 보면 내가 다른 시대에 다른 부모 밑에서 태어났더라면 나 또한 최저 임금보다도 못한 임금을 받아가며 목화를 따거나 백인 여성의 아기를 키우거나 내 의지로 어찌할 수 없는 수많은 제약과 환경을 참으며 살아야 했을 거란 생각에 등골이 오싹해진다. 더 나아가, 바뀐 게 별로 없다는 사실이 날 힘들게 한다. 이렇게 복잡하고 고통스러운 인종문제의 역사를 수정주의적 관점으로 채색한 이야기를 기꺼이 소비하고 있다는 것이 너무나 불편하다. 역사를 아는 것은 중요하지만, 가끔 어떤 과거를 알고 나면 무력해지거나 희망을 잃는다.

처음 〈헬프〉의 예고편을 보았을 때 나는 원작 소설을 읽지 않은 상태였다. 예고편에서 처음 본 장면은 하녀복이었고, 바로 그때 저 영화를 보면 화가 솟구치리라는 걸 알았다. 그 익숙하고도 익숙한 인종차별 시대 남부 지역의 온갖 요소들이 나오는 영화 예고편을 다 보았을 때 나는 헛된 분노만 키웠다. 그다음 한 달 동안 인터넷 창을 열기만 하면, TV만 켜면 이 예고편이 나왔고 아마존에 들어가보면 원작의 개정판이 또다시 베스트셀러 상위권에 진입해 있었다. 보아하니 다들 이 책을 못 읽어서 난리인 것 같았다. 나는 영화를 보고 난 후 친구에게 책을 빌려서 읽었고 더 크게 분노했다.

〈헬프〉는 희망과 용기를 주는 가슴 뭉클한 영화로 평가받고 있다. 맞는 말이다. 당신이 1960년대의 흑인에 대한 편협하고 오만하고 인종주의적인 묘사를 보고 가슴이 뭉클해지는 사람이라면 말이다. '헬프• 들'을 고용했던 백인 여성을 향한 지나치게 연민어린 시선, 과장되고

• 가사 도우미.

부정확한 사투리, 인권 운동의 진실을 멋대로 누락시킨 스토리에 마음이 훈훈해지는 사람이라면 얼마든지 그럴 것이다. 하지만 『엔터테인먼트 위클리』에서 마사 사우스게이트가 지적한 대로 "사실 역사의 중심은 흑인이고 백인이 '도우미'였다. 흑인 인권 운동의 기획자, 지도자, 운동가, 가장 밑바닥에서 활동한 노동자는 백인이 아니라 아프리카계 미국인이었다". 나는 이렇게 평가한다. 영화 〈헬프〉는 현실과는 아예 다른 우주를 만들어낸 공상과학영화다.

할리우드는 전통적으로 '마법의 니그로'를 매우 사랑해왔다. 백인 위주의 서사에 단골손님으로 나오는 이 지혜로운 흑인은 백인 주인공이 인생의 진실을 발견하고 앞으로 나아가도록 옆에서 돕는다. 매슈 휴이가 2009년에 발표한 칼럼 「사회적 문제들」에서 이 현상을 이렇게 짚었다.

> 마법의 니그로는 할리우드 영화의 전형적인 캐릭터로 발전했다. 일반적으로 중하층 계급의 교육 수준이 낮은 흑인이지만 불가사의하고 신비로운 마법의 힘을 갖고 있어 어딘가 고장나 있는, 매번 실수하고 방황하고 상심하는 백인들(거의 대부분 백인 남성이다)을 일으켜 속죄와 구원이라는 미국의 신화 안에서 능력 있고 성공적이며 만족스러운 인간으로 재탄생시킨다.

(예: 〈사랑과 영혼〉 〈베가 번스의 전설〉 〈언브레이커블〉 〈의적 로빈 후드〉

〈벌들의 비밀 생활〉〈섹스 앤 더 시티 1〉〈그린 마일〉〈코리나 코리나〉 등등)

〈헬프〉에서는 이런 마법의 니그로가 한 명도 아니고 두 명도 아니고 열두세 명이나 나와서 마법의 힘을 이용해 더 나은 세상을 만든다. 그들은 자신의 노예 생활 이야기를 유지니아 '스키터' 펠런에게 나누어주어 풋내기 유지니아가 미숙함과 불안감을 벗고 자신감 넘치고 인종문제에 눈뜬 독립적인 커리어 여성으로 태어나게 해준다. 마법의 니그로를 상당히 좋아하는 영화팬들에게조차 낯부끄러운 상황이다.

〈헬프〉를 상영하는 극장에는 관객들이 가득했다. 서너 명씩 친구들과 함께 온 여성들이 대부분이었고 완독한 듯한 원작을 품에 꼭 안고 온 관객들도 많았다. 프로젝터 작동 불량으로 영화가 시작될 때까지 꽤 오랜 시간 기다려야 해서(나가라는 경고였을까) 내 주위 여성들의 이야기를 엿들을 수 있었다. 〈골든 걸스〉• 애청자 세대의 여성들은 대체로 호의를 품은 채 이 책을 얼마나 재미있게 읽었고 얼마나 기대되며 얼마나 오랫동안 개봉을 기다려왔는지 말했다. 그 부인들이 '좋았던 그때 그 시절'에 향수를 느끼고 있을지도 모른다는 생각이 들었고, 그렇다면 지금 나는 잘못 앉아 있는 것일지도 모른다고 생각했다. 그들은 매우 들떠 있었다. 영화가 시작되자 나와 같이 앉아 있던 관객들은 환호했고 영화가 끝나자 역시 박수 치며 환호했다. 감동적인 장면이 나왔을 때도 박수를 쳤고 불편하거나 슬픈 장면이 나오면 숨을 들이쉬거

• 1985년부터 1992년까지 방영된 시트콤으로 60대 백인 노부인들의 이야기.

나 안타까운 신음소리를 내거나 혀를 끌끌 차기도 했다. 영화의 시작부터 끝까지 열광적으로 반응했다. 나의 인간성에 대한 믿음이 시험대에 올랐다. 나는 이 극장 안의 유일한 흑인이었는데 내가 살고 있는 지역의 특성상 어쩔 수 없는 일이었다. 영화가 끝나고 차로 돌아가면서 나는 〈헬프〉가 아주 큰 성공을 거둘 것이고 돈도 많이 벌어들일 것이며 대단한 호평을 받게 되리란 사실을 뼈아프게 예감했다.

만약에 뇌를 아파트에 놓고 이 영화를 보러 간다면(아니면 자동차 글러브 박스에 잠깐 넣어두고) 〈헬프〉는 꽤 괜찮은 영화다. 제작진이 훌륭하다. 탄탄한 연기력을 자랑하는 시실리 타이슨, 앨리슨 재니, 시시 스페이섹과 같은 조연진도 영화를 잘 받쳐주고 있어 캐스팅도 거의 흠잡을 데 없다. 비올라 데이비스와 옥타비아 스펜서 두 명 다 아카데미상 후보에 올랐는데 물론 훌륭한 연기를 선보였으면서 동시에 할리우드는 마법의 니그로를 연기하는 흑인 여성들에게 상 주기를 무척 사랑하기 때문이다. 스펜서는 아카데미 여우조연상을 받았고 충분히 그럴 자격이 있었다. 어떻게 그리 재능 넘치는 배우들이 대거 이 영화와 계약했는지 궁금했지만 캐스팅은 문제가 아니었다. 다른 이들이 지적했던 대로 〈헬프〉는 더 심각하고 고질적인 문제를 품고 있는데, 그중 하나는 두 차례나 토니상 여우주연상을 수상하고 아카데미상 후보에도 올랐던 비올라 데이비스가 이번에도 하녀로 나온다는 것이다.

언제나 눈부신 연기를 보여주는 데이비스는 사고로 하나뿐인 아들을 잃고 평생 하녀나 유모로 일하며 열일곱 명의 백인 아이를 키운 아이빌린 클라크라는 나이든 하녀 캐릭터에 진정성과 무게감을 부여했다. 아이빌린 클라크는 떠나버린 아들을 그리워하면서도 엘리자베스 리폴트의 집에서 엄마에게 방치된 뚱뚱하고 평범한 딸 메이 모블리를 헌신적으로 돌본다. 아이빌린은 마법적인 힘으로 이 어린 백인 아이들을 감싸서 자존감 높은 아이들로 키운다. 메이 모블리가 울적해할 때마다 아이빌린은 노래하듯 말한다. "너는 착해, 너는 똑똑해, 너는 중요한 존재야." 그녀는 흑인을 인간 이하로 취급하는 나이 어린 백인 여성의 이야기를 들으면서, 집 바깥에 있는 화장실을 쓰면서, 자식 잃은 슬픔을 이겨내면서도 백인 아이들에게 한결같은 사랑과 애정을 쏟아붓는다. 마법이다. 마법이다. 마법이 아닐 수 없다. 영화 후반부에 아이빌린은 저지르지도 않은 잘못 때문에 해고당하면서도 어린 메이 모블리에게 영감의 화신이 되어준다. 왜냐면 그것이 바로 마법의 니그로가 맡은 역할이므로. 왜 그런 놀라운 마법을 백인을 위해서만 사용하고 자신을 위해서는 사용하지 않는지 모르겠지만 말이다.

스펜서가 완벽하게 연기한 미니 잭슨은 '멋진' 하녀로 (여기서 '멋진'은 '건방진'과 같은 의미로 쓰인다) 영화 초반부에는 얌체 같고 심술궂고 사회적 영향력이 있는 '주니어 리그'의 회장 힐리 홀브룩(브라이스 달라스 하워드 분) 밑에서 일한다. 힐리 홀브룩은 다른 잔인한 짓도 많이 하지만 그중에서도 모든 백인 주택에 '유색인종' 하인들이 사용할 별도의 화장실을 설치해야 한다고 주장해 유명해진다. 미니는 자신의 니그로 마법을 이용해 힐리의 나이든 엄마를 돌보다 해고당한 후에 셀리아 푸트의 집으로 일하러 간다. 잭슨시의 주니어 리그 여성들은 당시에 백인 쓰레기나 하는 짓으로 간주되던 혼전 임신을 했다는 이유로 셀리아를 따돌린다. 미니는 또 한번 신비로운 니그로의 마법으로 셀리아가 유산의 아픔을 이겨내게 하고 요리도 가르쳐주지만 영화의 끝에서는 미니가 셀리아 덕분에 폭력적인 남편을 떠나는 것처럼 나온다. 그토록 강인한 미니가 혼자서는 남편을 떠날 수 없었던 것처럼 말이다. 셀리아는 미니를 위해 저녁을 차리고 '헬프'를 백인들처럼 같은 식탁에 앉게 하기까지 한다. 와, 대단하셔라. 이때 미니가 묻는다. "혹시 제가 여기서 쫓겨나는 건가요?" 그러자 셀리아의 남편이 대답한다. "아니, 이 집에서 평생 일할 수 있어." 그 말을 들은 미니의 얼굴이 기쁨과 환희로 빛난다. 이 〈헬프〉라는 공상과학영화의 세계에서는 평생 동안 백인 가족의 노예로 몇 푼 안 되는 돈을 받고 뼈빠지게 일하는 것이 복권 당첨이며 흑인 여성이 받을 수 있는 최고의 선물인가보다.

에마 스톤은 미시시피대학을 졸업하고 고향인 잭슨시로 돌아온 스키터를 연기했다. 스키터는 지역신문에 취직해 가사에 관한 칼럼을 쓰지만 더 큰 야심이 있는 인물이다. 그 사실을 어떻게 알 수 있느냐면 엄마에게 반항하고 남편 찾기가 자신의 우선순위가 아니라고 강조하기 때문이다. 그녀의 우선순위는 흑인 어른 여성들에게 목소리를 찾아주는 것이다. 잭슨시로 돌아온 스키터는 평생 동안 당연하게 여겨왔던 여러 사회적 관습에 반기를 든다. 친구들이 당당하게 '헬프'들을 막대할 때 스키터는 조용히 앉아서 아무 말도 못하지만 얼굴은 찡그리고 있다. 그녀의 찡그린 얼굴을 통해 우리는 인종차별이 아주아주 나쁜 것이며 착한 남부 소녀들은 이 유모들을 잘 대해주어야 한다는 사실을 알게 된다.

스키터는 백인들의 집을 청소하고 백인들의 아기를 돌보는 삶을 사는 이 하녀들의 이야기를 책으로 만들어보겠다는 멋진 아이디어를 생각해낸다. 이 캐릭터는 사실 시건방지기 이를 데 없지만 스톤이란 배우 자체는 매우 매력적이고 믿을 만하다. 하지만 아직 세상 물정 모르는 이 어린것이 감히 마법의 니그로들이 살아온 고생스러운 세월을 고백하게 하고 영혼의 치유를 받게 해 구원으로 이끄는 모습을 상상하면 우스울 뿐이다. 아이빌린이 스키터에게 우리가 같이 있는 모습을 보이면 안 된다고 하자 스키터는 그제야 짐 크로 법•을 대충 훑어보더니 배운 것은 다 무시하고 그 앞에 확연히 펼쳐진 진실은 보이지도 않는 듯이 아이빌린에게 미시시피에서 흑인 하녀로 살기란 정말 어떤 것인지 이야기해달라고 조른다. 〈헬프〉의 마지막에서 스키터는 아이빌린과 미니를 '보호하기' 위해 뉴욕에서 구한 꿈의 직업을 거절하고 고향에 남기로 한다. 이타적이고 훌륭한 행동으로 봐줘야 하겠지만, 이런 제스처는 영화가 끝까지 생색만 내고 있음을 드러낼 뿐이다.

〈헬프〉는 아무 생각 없이 머리를 비우고 보면 재미있게 볼 수 있는 영화지만 사람의 감정을 쥐락펴락하는 영화이기도 하다. 2시간 17분이라는 러닝타임 동안 나의 영혼이 쪼그라들고 죽을 것 같은 때가 너

• 미국에서 1876년부터 1965년까지 시행됐던 법으로, 공공장소 내 흑인과 백인의 분리와 차별을 명시했다.

무 많았다. 나는 이 영화의 모든 것에 절망했다. 내 주변의 관객들은 영화를 보는 내내 훌쩍훌쩍 울기도 했다. 물론 나의 눈도 완전히 말라 있지만은 않았다. 하지만 나는 다른 이유로 울었다. 이 모든 흑백 분리 정책, 부당함, 비극적인 소재가 이용당하고 있어서 영화의 끝으로 갈수록 감독이 마치 내 가슴을 열어 심장을 뜯어낸 다음에 그 위에서 폴짝폴짝 뛰어서 납작하고 너덜너덜한 근육덩어리로 만들어놓으려고 작정한 것 같았다. 심장 육포. 관심 있으시려나?

이 영화는 사람의 감정을 갖고 놀지만 굉장히 조심스럽게 갖고 놀기 때문에 잘 알아채지 못할 수도 있다. 〈헬프〉는 1960년대 초반 인종차별이 만연한 남부를 굉장히 건전하게 보고 있다는 느낌을 준다. 가끔 불쾌한 진실들도 나오지만 가벼운 유머와 감동적인 눈물의 순간으로 덮어버린다. 이 영화는 1960년대 미시시피에서 백인이건 흑인이건 상관없이 여성들의 삶은 힘들었지만 견딜 수는 있었다고, 왜냐하면 다들 그렇게 살았기 때문에 괜찮다고 말한다.

〈헬프〉라는 공상과학영화의 세계에서는 믿기 어려운 일들이 많이 일어난다. 물론 그런 일은 대부분의 영화에서 일어나지만, 최근 나오는 영화들은 더 심해진 것 같다. 다만 〈헬프〉 안에서 벌어지는 잘못에 더 화가 나는 이유는 우리 모두 알 만한 건 알기 때문이다. 우리는 우리의 역사를 알고 있다. 이렇게 눈감고 지나갈 수 없을 정도로 우리는 많은 걸 알고 있다.

뇌를 갖고서 영화 〈헬프〉를 보러 간다면 이 영화는 아마 상상보다 훨씬 더 최악일 것이다. 〈헬프〉를 비평가적인 관점에서 보는 것은 매우 고통스럽다. 미니는 셀리아 푸트에게 프라이드치킨 만드는 법을 가르치면서 이렇게 말한다. "치킨을 튀기고 있으면, 사는 게 조금은 나아지는 기분이 들어요." 튀긴 음식을 준비하며 위안을 찾는다는 이 대사가 책으로 만들어지고 또 이 시대에 영화로 만들어진다는 사실은 현재 우리가 인종문제에 대해 어디까지 왔는지를 알려준다. 우리는 어디에도 도달하지 못했다. 이 대사뿐만 아니라 여러 대사 때문에 나는 소름이 끼쳤고 눈물이 났고 손으로 얼굴을 가려야 했다. 불편했다는 표현은 최대한 포장해서 말한 것이다.

사소한 것들도 신경을 거스른다. 하녀들의 과장된 남부 사투리는 마치 흑인 영가들을 부르며 불행한 삶을 헤쳐나가려 몸부림을 치는 주눅든 흑인들을 떠올리게 할 정도다. 아이빌린의 집에는 얼마 전에 세상을 떠난 아들의 사진들이 있고 그 옆에 백인 예수의 그림이 있다. 메드거 에버스•가 총을 맞아 사망하여 JFK가 그의 장례식에 참석하는 장면에서 카메라는 JFK가 메드거 에버스나 다른 인권 운동가가 아닌 엉뚱한 사람과 만나는 사진을 비춘다. 다른 서브플롯에서도 이런 일이 다반사인데, 스키터의 어린 시절 유모였던 콘스탄틴(시실리 타이슨 분)은 27년 동안 일해온 백인 가정에서 해고를 당하자 너무 절망한 나머지 상사병으로 죽어버리는 것으로 그려진다. 그녀에게 삶의 의지란

• 1963년에 암살당한 흑인 인권 운동가.

백인들의 화장실 바닥을 박박 닦고 백인 아이들의 엉덩이를 닦아주는 데서 솟아난다는, 그런 말을 하고 싶었던 걸까?

백인이건 흑인이건 남성들은 대체로 이 영화에서 배제되어 있다. 백인 남성들은 1960년대 미시시피 인종문제에 어떤 책임도 없다는 판정을 받은 것 같다. 당시에 백인 남성들 밑에서 일하던 흑인 여성들이 흔히 겪었던 성추행, 성폭행, 성희롱에 대해선 어떤 언급도 없다. 엉덩이를 움켜잡는 장면 하나도 없다. 흑인 린치에 대한 이야기도 없다. 아이빌린이 어떻게 아들을 갖게 되었는지를 알려주지 않기에 상상에 맡기는 수밖에 없다. 워낙에 마법 같은 존재이기에 성모마리아처럼 잉태하나보다. 우리에게 얼굴 한 번 보여주지 않는 미니의 남편은 아내에게 함부로 구는 폭력적인 남자다. 통화중 그 남편이 폭력적 언사를 사용하는 목소리가 나오고 영화 끝부분에 미니의 멍든 얼굴이 나오지만 그런 폭력을 행사한 남자인 리로이는 절대로 볼 수가 없다. 여기에 건방진 태도를 가진 여성들이 폭력을 통해 길들여진다는 기이한 서브플롯도 추가된다. 여타의 대중문화에서처럼 흑인 남성들은 묘사가 된다고 해도 굉장히 음울하고 무의미한 방식으로 그려진다. 이 영화는 노골적으로 흑인 남성의 부재라는 신화에 일조한다. 흑인 여성이 젊은 백인 여성과 어울리는 행동의 결과는 치명적이라기보다 그저 불편한 일처럼 얼버무려져 넘어간다. 백인 여성들은 집안에서는 독재자로 묘사되지만 〈위기의 (남부) 주부들〉처럼 매우 부자연스러운 삶을 살아가고 있기에 관객들은 그들의 엽기적인 행동까지도 동정할 수 있게 된다.

나는 인종문제가 영화나 소설에서 그리 효과적으로 다루어지지 못하고 있는 이 현실에 점점 익숙해지고 있다. 그럼에도 불구하고 〈헬프〉의 극본에 대해서만은 그냥 넘어갈 수가 없는데 그저 내가 느끼는 분노와 울분 외에 무언가 더 있기 때문이다.

처음에는 이렇게 문제가 많은 작품이 300만 부 이상 팔린 베스트셀러이고 100주 넘게 베스트셀러 목록에 올라 있었으며 대형 영화사에 의해 영화로 만들어졌다는 사실에 화가 나서 그렇다고 생각했다. 하지만 내 마음에 차지 않는 책이 잘되는 경우는 수도 없이 많고 그럴 때마다 잠 못 잘 정도로 괴로워하지는 않는다. 또한 이 책이나 이 영화가 꽤 괜찮은 구석도 있다는 사실을 부정할 수도 없다. 나는 아주 가끔이었지만 중간중간 웃기도 했고 울컥하기도 했다.

나는 나 자신이 진보적이고 마음이 열린 편이라고 생각한다. 하지만 나에게도 편향성이 있을 것이고 『헬프』를 읽고 영화를 보면서 내가 얼마나 편향되어 있었는지 아프게 실감할 수밖에 없었다. 정말 심각한 문제는 『헬프』를 쓴 작가가 백인 여성이라는 사실이었다. 영화 시나리오는 백인 남성들이 썼고 백인 남성이 연출했다. 이렇게 생각하는 것이 잘못되었다는 것도 안다. 하지만 난 생각한다. '그 사람들이 어떻게 감히?'

다른 점을 쓴다는 것은 매우 어려운 일이다. 이 다른 점을 제대로 표현하는 것은 매우 매우 어렵다. 문화 유용을 이기고, 스테레오타입을 피하고, 역사를 수정하거나 축소하지 않고, 타자성과 차이점을 깎아내리거나 사소하게 여기지 않는 것은 꽤 어렵다는 뜻이다. 작가들은 항상 이렇게 묻는다. '어떻게 제대로 쓰지?' 그리고 인종문제에 다가갈 때, 나와 다른 문화적 배경과 경험을 가진 사람들의 삶에 대해 상상하고 그것을 재구성해야 할 때는 더욱 철저히 냉정하게 여러 번 질문해봐야 한다. 다른 것을 쓰려면 더 섬세한 균형 감각이 필요하다. 어떻게 그 균형 감각을 찾을 수 있을지 나도 잘은 모르겠지만.

나는 인종, 젠더, 섹슈얼리티 등을 소재로 글을 쓰고 있기에 내가 백인 남성이나 라틴계 레즈비언 등 나와 전혀 닮지 않은 사람이 주인공인 이야기를 쓸 수 없다는 말은 듣고 싶지 않다. 잘만 쓴다면 소설에선 무엇이든 가능하다. 그리고 그걸 재미있게 만들 수 있다. 자신이 아는 것 이상을 쓰기 위해 도전하는 것도 작가의 책임이다. 하지만 인종문제를 정면으로 돌파하는 작품을 쓰는 백인들에 대해서만은 나답지 않을 정도로 자꾸 삐딱하게 보게 되고 트집을 잡게 된다. 이 문제의 책과 영화에서 아무것도 얻지 못했다면 나에게도 노력해야 할 부분이 있는 것이다.

모든 작가가 이 '다름'을 언제나 올바르게만 쓸 수는 없을 것이다. 하지만 조금 더 노력을 기울이길 바란다. 『헬프』를 읽으면 나와 다른 인종과 차이점에 대한 글을 쓸 때 노력하지 않는 작가들도 있다는 것을 알 수 있다. 캐서린 스토킷은 흑인 여성들에 대해 쓰려고 노력했으나 충분히 노력하지 않았다. 그녀의 묘사는 모욕적인 게 아니라면 페티시즘적이다. 이 책에서 아이빌린이 자신의 피부색을 바퀴벌레에 비교하는 부분이 나온다. 바퀴벌레, 우리가 아는 그 징그럽고 소름 끼치는 벌레 말이다. 아이빌린은 바퀴벌레를 보면서 이렇게 말한다. "3센티

미터도 넘는 저 커다란 바퀴벌레 좀 봐, 완전 까맣구나. 나보다 더 새까매.” 이것은 그저 조야한 문장이고 특히 다름에 대해 쓸 때는 이런 식으로 써서는 안 된다. 만약 어떤 백인 작가들이 검은 피부를 바퀴벌레에 비교하는 것 이상으로 잘 쓸 수 없다면 아마도 그 소재는 그 일을 조금 더 성실히 해낼 수 있는 작가에게 넘겨야 할 것이다. 『헬프』에서 스토킷은 흑인 여성을 쓰지 않았다. 흑인 여성들을 캐리커처로 만들어 약간의 진실과 실제 경험을 섞어 왜곡되고 역겨운 결과물을 만들어냈다. 작가는 자신이 안다고 착각하지만 잘 모르는 것을 쓰지 말고 제대로 아는 것만 써야 한다는 주장이 있다. 그 근거로 『헬프』를 들면 될 것이다.

살아남은 장고

〈장고: 분노의 추적자〉를 보기 전 〈헬프〉 때만큼 긴장되었다. 너무나 많은 흑인의 경험이 백인 작가와 백인 감독의 관점에서 서술되고 (마치 흑인의 역사를 가장 잘 이야기할 수 있는 사람들이 그들인 것처럼) 그럴 때마다 그들은 별 노력을 하지도 않았으면서 그 노력으로 찬사를 받고 싶어한다. 또한 그들의 관점과 성찰이라는 것도 발전이 없고 갈수록 질이 떨어져 눈에 띄게 노화하고 있다.

예상했던 대로 내가 갔던 〈장고: 분노의 추적자〉 시사회 관객 중에 흑인은 단 한 명, 나뿐이었다. 영화가 시작되면 다섯 명의 노예가 끌려가는데 당연히 맨발이고 최소한의 천조각만 걸쳤다. 등에는 고문의 흔적으로 어깨부터 허리까지 죽죽 그어진 흉터가 그대로 드러난다. 노예 영화에서는 꼭 카메라가(혹은 감독이) 이 노예들의 무너진 몸을 참으로 정성 들여 묘사하는데 그런 시각적인 증거를 꼭 눈앞에 디밀어야 관객들이 탄압과 구속의 공포를 이해한다고 믿는 것 같다.

그날 밤, 몸을 덜덜 떨고 있는 이 노예들과 노예 감독관은 자신을 치과 의사라고 칭하는 닥터 킹 슐츠(크리스토프 왈츠 분)와 만난다. 닥터 킹 슐츠는 굉장히 멋지고 시크하게 자기가 찾고 있는 브리틀 형제를 알아볼 수 있는 장고(제이미 폭스 분)라는 노예를 찾고 있다고 말한다. 슐츠는 매력이 넘치고 정중하며 세련된 매너와 말투를 소유한 유럽인으로 거칠고 무식한 미국 노예 상인들과 대비된다. 헐벗은 채로 족쇄가 채워져 한데 구속된 남자들이 한밤의 추위 속에서 떠는 장면이 나오긴 하지만 이 초반의 몇 장면에는 유머러스한 구석이 있다. 그나마 이렇게 웃을 수 있어서 다행인 건 이런 재치 넘치는 말장난 뒤에 대기하고 있는 불편한 역사를 잠시라도 잊을 수 있어서다.

협상 비슷한 것을 거친 슐츠는 장고를 사고 다른 노예들을 풀어준다. 이 노예들은 노예 상인을 해치워버리고 어디인지 모를 곳으로 다들 흩어진다. 물론 이 이야기는 그 노예들 이야기가 아니니까. 슐츠와 장고가 나란히 말을 타고 텍사스로 가자 주민들 모두 말 탄 흑인 남자를 신기하게 쳐다본다. 이 어울리지 않는 한 쌍은 술집에 자리를 잡지만 술집 주인이 노예들은 말을 타는 것도 금지고, 술집에 출입하는 것도 금지라 말하며 보안관을 부르러 간다. 이로부터 여러 줄기의 줄거리 중에 첫번째 이야기가 펼쳐진다. 이 영화는 액션과 유머가 적절히 배합된 액션 활극이자 가슴 찡한 러브스토리를 표방하고 있다. 혈투 장면도 부족하지 않게 나온다. 총알이 인간의 살을 뚫을 때의 소리가 난 뒤 핏줄기가 아치 모양을 그리며 흩어진다. 그래도 이 이야기를 따라가다보면 해피 엔딩이 기다리고 있을 것이라는 느낌이 오며, 그 과정 중에 우리는 각본도 쓰고 감독도 맡은 쿠엔틴 타란티노가 자기만의 스타일리시하고 파격적인 예술 세계를 창조했다고 믿게 된다.

처음부터 내 주변의 관객들은 시종일관 유쾌하게 웃어젖혔다. 문제는 엉뚱한 지점에서 웃어버린다는 점이었다. 때로는 캐릭터들이 '깜××'라는 단어를 주고받을 때 킥킥거리는 웃음소리가 나왔다. 이 단어가 시도 때도 없이 나올 때는 좌중에 웃음이 터지더니 막상 절묘하게 웃긴 장면에서는 오히려 조용해졌다. 이를테면 장고가 캘빈 캔디(리어나도 디캐프리오 분)에게 장고의 동업자 킹 슐츠가 미국 생활을 몰라도 너무 몰라서 도망간 노예의 돈을 갚아주려 했다고 설명할 때가 그랬다. 이런 신랄하고 거침없는 유머가 자신과 닮은 사람들을 겨냥할 때 관객들은 침묵에 빠졌다. 나는 편집증에 걸릴 것 같았다. 이 사람들은 눈치보지 않고 이 단어를 맘껏 내뱉는 것이 신나서 저리 웃는 것인가? 〈헬프〉의 관객들처럼 이 사람들도 그때 그 시절에 향수를 느끼는 것인가?

다른 방향에서 이야기해볼 수도 있다. 〈장고: 분노의 추적자〉를 보며 분노가 치솟은 이유는 교양 때문도 아니고 정치적 올바름 때문도 아니다. 예술은 자유로울 수 있고 자유로워야 하며, 인간의 경험을 각각 다른 방식으로 해석할 수 있어야 하고, 그 해석이 불편하다 해도 어쩔 수 없다. 나의 분노는 순전히 개인적인 것일 수도 있다. 나 또한 노예가 되었을 수도 있다는 현실 때문에 생기는 인간적인 불쾌함이다.

대저택이건 목화 농장이건 아마 나는 그 마을 최악의 노예로 뽑혔을 것이다. 그래서 노예에 대해 더 몸서리를 쳤을 수 있다. 〈장고: 분노의 추적자〉의 예술적 완성도를 놓고 왈가왈부하고 싶지도 않다. 일단 그 전에 팔이 아플 때까지 타란티노의 얼굴에 주먹을 날려주고 싶은 걸 참느라 손을 부들부들 떨고 있을 테니.

어쩌면 이 영화를 두 번이나 보면서 느꼈던 감정을 가장 잘 묘사하는 단어로 '기분 나쁘다'는 말은 그리 어울리지 않을지도 모른다. '기분 나쁘다'는 너무너무 약하다. 요즘 나온 영화는 다들 후져서 자주 기분이 나쁘다. 〈장고: 분노의 추적자〉는 날 실망시키고 짜증나게 하고 화나게 하고 격분시킨다.

이 영화에서 쏟아지듯 사용되고 있는 깜××에 대한 논의 없이 이 영화를 논한다는 것도 불가능하다. 타란티노는 아마도 깜××가 영어의 새로운 접속사가 되었다고 믿는 모양이었다. 접속사, 그러니까 두 개의 단어나 구와 절이나 문장을 잇는 단어 말이다. 공식적으로 말하겠다. 나는 깜××란 단어를 혐오하고 웬만해서는 사용하지 않는다. 이 단어는 언제나 경멸적으로 쓰이며 흑인들의 위치를 상기시키기 위해 사용되는, 열등감을 주입하는 단어였다. 단연코 어떤 환경에서도 나 자신이나 유색인종을 칭할 때 그 단어를 사용하지 않았고 사용할 생각도 없다. 그게 바뀔 일은 없을 것이다.

세 시간에 가까운 러닝타임 동안 깜××란 단어는 총 110차례 나왔는데 타란티노는 그것이 역사적으로 정확하기에 정당화된다고 믿는 듯하다. 만약 타란티노가 처음부터 끝까지 역사적 정확도를 기준 삼아 〈장고: 분노의 추적자〉를 만들었다면 그나마 이건 변변찮은 변명이라도 수긍하려고 했을 것이다. 하지만 이 영화에는 너무도 이상한 이런 장면도 나온다. 빅 대디(돈 존슨 분)가 운영하는 농장에서 일하는 한 여자 노예는 바로 옆에서 다른 노예가 매질을 당하려 하는데 즐겁게 나무 그네를 타고 있다. 타란티노가 깜××를 일부러 많이 넣어서 시나리오의 핍진성을 높이려고 했다면 나는 그가 솔직하지 못했거나 그의 역사적 정확성이라는 것이 자의적이고 선별적이었다고밖에 말할 수 없다.

물론 깜××는 우리 역사의 일부였으며 현재도 일부다. 이 단어가 최초로 쓰였던 기록은 1600년대까지 거슬러올라가며 그 이후 법적 서류부터 예술과 오락 분야와 우리의 토착어에도 항상 등장해왔다. 미국 대통령들과 대법원과 일반 시민들은 이 단어를 편안하게 사용했다. 랜들 케네디는 『니거: 이 문제적 단어의 이상한 이력』이라는 책에서 이렇게 말한다. "백인 위인들 중에서 흑인들을 낮춰 부르기 위해 깜둥이라는 단어를 사용해본 사람들의 리스트를 뽑아본다면 너무 길어서 끝나지도 않을 것이다. 이 안에는 다분히 이질적인 인물인 리처드 닉슨과 플래너리 오코너도 포함된다." 다수가 지적했듯이 깜××는 여전히 자주 사용되고 있으며 힙합 가수나 래퍼들의 입에만 자주 오르내리는 단어는 분명 아니다. 백인들은 이 단어가 죽지 않도록, 아니 아주 잘 살아남도록 무척 노력한다. 노예나 흑인 역사를 다룬 모든 영화에 꼭 이 단어를 수십 번씩 집어넣으며 우리 모두가 과거에 얼마나 끔찍한 인간이었는지를 상기시키고 아직 이 문제가 해결되려면 멀었다는 것을 알려준다. 하지만 TV 미니시리즈 〈뿌리〉는 러닝타임이 열 시간을 넘어가는데도 깜××란 단어를 쓰지 않고도 충분히 노예제의 현실을 정확하게 묘사했다.

애초 내가 이 영화의 타깃 관객이 아니라는 사실은 잘 알고 있었다. 인종차별과 노예제도는 〈데이브 셔펠 쇼〉에서 풍자될 때 빼고는 나한테는 크게 재미가 없다. 나는 사실 노예제 이야기에 지쳤다. 그것을 생각하고 그것에 대해 이야기하고 그것에 대해서 읽고 그것에 대한 영화를 보는 것 전부 다 지겹다. 어떤 방식으로든 노예제를 다룬 책이나 영화가 나왔다는 소식을 들으면 맥이 쭉 빠진다. 아직도 할말이 남았단 말이야?

하지만 〈장고: 분노의 추적자〉는 사실 노예제에 대한 영화라고 할 수 없다. 노예제는 편리하고 쉽게 활용할 수 있는 장치일 뿐 이 영화는 1800년대를 배경으로 한 스파게티 웨스턴 영화이다. 〈바스터즈: 거친 녀석들〉에서 제2차세계대전을 이용했던 것처럼 타란티노는 다시 한번 본인의 개인적 역사와는 아무 상관 없는, 소외 계층의 트라우마 가득한 경험을 찾아냈고 다분히 한계가 있는 특권적 위치에서 그 경험을 이용해 폭력적이고 웃길 듯 말 듯한 광대극을 만들며 허영심과 과시욕을 채웠다.

여타의 웨스턴 영화처럼 〈장고: 분노의 추적자〉는 제멋대로인 인간들을 다룬다. 이 영화는 가끔은 괜찮지만 대체로 짜증스럽다. 다른 타란티노의 영화들이 자기 탐닉적으로 좋은 것처럼 딱 그 정도로 좋다. 이 남자는 자신의 특기를 알고 있으며 영화와 영화 만드는 것을 사랑하고 자신이 영화를 얼마나 사랑하는지 보여주는 영화를 만든다. 할리우드는 이유가 무엇이 되었건 타란티노가 본인이 사랑해 마지않는 이런 영화 장르에 경의를 바치는 자기지시적 행태를 마음껏 하도록 용인한다.

나 또한 이 영화의 어떤 부분은 즐겁게 보기도 했다. 이 영화의 음향효과는 이상할 정도로 흠잡을 데 없었다. 화를 죽이기 위해서 무언가 집중할 것이 필요했기에 음향효과에 귀를 기울였는데 기술성과 예술성은 그곳에 집약된 것 같았다.

배우들의 연기도 안정적이고 연출과 무대 디자인도 견고하다. 대본 또한 이 정도면 짜임새가 훌륭하여 비평가들의 호평을 받고 아카데미 각본상 후보에 오를 만하다. 맛깔스러운 대사들도 종종 등장한다. 장고와 닥터 킹 슐츠가 빅 대디 소유의 농장으로 가게 되고 빅 대디가 노예 베티나에게 자유의 몸이 된 장고를 어떻게 대해야 하는지를 가르치자 그녀는 이렇게 답한다. "그러면 백인처럼 대하면 되겠네요?" 물론 그 말을 들은 빅 대디는 허둥지둥하면서 "아니, 그건 아니지"라고 답하고 베티나는 혼란스러워하며 말한다. "그렇다면 주인님이 무슨 말씀을 하시는지 전 모르겠네요."

바로 이런 점 때문에 타란티노가 통하는 것이다. 이런 풍자적인 대사와 희화적인 장면들로 관객들을 자기만족에 이르게 하면서 화나는 점들을 잊게 한다. 예술성이 충분하면 메시지는 간과해도 된다고 믿게 한다. 나 또한 메시지를 간과하려고 해보았지만 타란티노가 나를 내버려두지 않았다. 이 영화에 그럭저럭 만족하고 마음 편히 즐기려고 할 때마다 그는 또다시 제멋대로 역겨운 선택들을 하고 나는 타란티노가 아주 심각한 인종주의자임에 틀림없다고 가정할 수밖에 없다.

크리스토프 왈츠는 언제나 그렇듯이 현실을 폭로하는 역할을 맡는다. 그는 미국인의 문화를 이해하는 데 어려움을 겪는 유럽인 캐릭터로 그의 눈을 통해 노예제의 부조리를 드러내며 이 영화에 인간 말종이 아닌 백인이 적어도 한 명은 있다는 것을 보게 해준다. 하지만 그 역시도 노예제에 연루되어 있고 이 시스템을 통해 이득을 취한다. 슐츠는 장고에게 브리틀 형제를 잡아야 그를 풀어주겠다고 말한다. 슐츠는 노예제가 자신의 목표에 부합하지 않을 때는 노예제를 혐오한다. 이것은 아마 노예제 시대에 많은 백인들이 겪었던 딜레마일 것이다. 장고에게는 슐츠를 도울지 말지를 선택할 수 있는 권리가 없다. 우리는 이 사실을 받아들이고 슐츠를 믿고 가야 하는데, 그가 멋진 인간이라서가 아니라 그나마 차악이기 때문이다.

아마도 타란티노는 1800년대에 모든 사람이 노예제 유지에 한몫을 담당했다는 사실을 전하고 싶었던 것 같지만 이 관점 전달에는 반도 성공하지 못했다. 자, 이제 이 영화의 영웅, 장고 이야기를 해보자. 제이미 폭스는 꽤 괜찮은 역할로 준수한 연기를 선보이지만 그의 캐릭터가 일차원적이라 무척 안타깝다. 그의 캐릭터가 조금만 더 풍부하고 다면적이었다면 자유를 찾는다는 것이 과연 어떤 의미인지 조금 더 깊이 파고들어갈 수 있었을 것이다. 하지만 장고는 그저 백인들을 죽이는 것에 대해 몇 마디 웃긴 대사를 칠 뿐이다. 자기 옷을 고를 기회에(감사합니다요, 나으리) 연극 의상 같은 우스꽝스러운 새파란색 양복을 고르는 바람에 관객들은 이 단순한 깜××를 보며 웃게 된다. 영화의 후반으로 가서야 그는 자아실현을 하고 자신의 존엄을 되찾는다. 그냥 그렇게 간단하게 끝난다.

이 영화의 주인공 장고의 목표는 단 하나다. 사랑하는 아내, 노예시장에서 팔려간 브룸힐다(캐리 워싱턴 분)를 찾아서 자유롭게 해주는 것이다. 이 영화를 사랑 이야기라고 평하는 이들도 있지만 그것은 단순하고 순진한 소망일 뿐이다. 브룸힐다는 이 영화의 다른 유색인종 등장인물들과 마찬가지로 그냥 부수적인 역할로 나온다. 그녀의 등장 시간은 너무나 짧고 대사도 별로 없다. 몇 장면에서 장고가 멀리서 그를 보고 환히 웃고 있는 브룸힐다를 상상할 뿐이다. 그녀가 독일어를 할 수 있어서 슐츠를 기쁘게 해주는 장면이 나오지만, 당시 실제 흑인 여성이 독일어를 배웠을 가능성이 얼마나 있을까?

타란티노는 실제 모습은 보이지도 들리지도 않는 여주인공의 고통을 묘사하는 데 과도한 러닝타임을 할애한다. 브룸힐다는 상표가 붙여진 채 팔려나가 태형을 당하고 뜨거운 상자 속에 들어가는 벌을 받는가 하면 주인의 저녁식사 테이블에서 손님들에게 흉터를 보여주는 굴욕을 당한다. 이 와중에도 그녀는 예쁘거나 힘들어하거나 예쁜 모습으로 힘들어한다. 그들의 이야기가 이 영화의 중심이 되어야 함에도 불구하고 우리는 장고와 브룸힐다가 서로 사랑을 나누는 장면은 거의 볼 수가 없다.

내가 노예제에 대해 아는 것 하나는 어떤 흑인들은 살아남기 위해서 해야 할 일을 했고 가끔 그 시스템의 일부가 되어야 했다는 점이다. 타란티노 영화에 자주 출연하는 새뮤얼 L. 잭슨은 굉장히 보기 불편한 캘빈 캔디의 오른팔 역할인 스티븐으로 등장하는데, 그는 집사이자 집 관리인이며 주인에게 신경질을 내기도 하는 남자다. 백인들만큼이나 나쁜 놈이기 때문에 우리는 스티븐을 싫어해야 할 것 같고, 새뮤얼 잭슨은 이 역할을 꽤 설득력 있게 해내어 정말로 스티븐이 미워진다. 하지만 왜 스티븐이 그렇게 잔인한 인간이 되었는지에 대한 설명은 없다. 왜 그가 항복할 수밖에 없었는지, 왜 장고와 브룸힐다와 이 영화의 다른 노예 들을 볼 때처럼 그를 볼 때도 동정을 느껴야 하는지에 대해 아무런 설명이 없다.

〈장고: 분노의 추적자〉는 불합리한 노예제에 통쾌한 한 방을 날리는 복수 판타지일까? 아니다. 이것은 백인의 판타지다. 백인들이 중요한 인물들로 등장하고 흑인은 부수적인 인물이다. 언제나 그랬지만 타란티노의 오만함은 하늘 높은 줄 모른다. 장고는 백인에 의해 자유를 얻고 위엄을 되찾는다. 백인 남성의 도움으로 아내와 만난다. 〈장고: 분노의 추적자〉는 자신의 자유를 되찾는 흑인에 관한 영화가 아니라 자기 내면의 인종차별을 극복하고 죄책감을 이겨나가는 백인 남자에 관한 영화다.

흑인들에게는 사실 노예제 복수 판타지가 없다. 만약 있다 해도 백인들은 그 그림 안에 없을 것이다. 나의 노예제 복수 판타지는 형벌이나 감금 걱정 없이 파리에서 오랫동안 머물며 책을 읽고 글을 쓰는 것이다. 이것은 내 방식으로 나의 존엄을 찾는 것과 관련 있을 것이며 여기에는 관대한, 그러나 노예제라는 악행에 똑같이 관련되어 있었던 백인들의 아량과 호혜와는 상관없을 것이다.

나는 아이티 이야기도 덧붙이고 싶다. 1월 1일은 새해 첫날이자 아이티의 독립기념일이다. 1804년 1월 1일, 장자크 데살린은 13년간의 노예 혁명을 끝내고 라틴아메리카에서는 최초로 아이티를 독립국가로 선언했다. 그 이후로도 아이티는 질곡을 겪었지만 국민들은 자유로웠다. 노예제라는 과거의 유산을 극복하려고 노력하면서도 최대한 자유롭게 살았다. 아이티 혈통을 가진 1세대 미국인으로서 나는 우리 선조들이 자유를 위해 싸운 이야기들을 들으며 자랐고, 아이티 국민은 그 어떤 짐을 지고 살아간들 스스로 자유를 쟁취했다는 사실을 알았다. 나는 아이티인이다. 하지만 미국에서 자랐다. 나의 외모만 보면 나의 혈통을 알지 못할 것이다. 나는 미국에서는 흑인이다. 나와 피부색이 같은 많은 사람들에게 노예제는 끔찍하고 피할 수 없는 과거의 일부다. 〈장고: 분노의 추적자〉는 우리에게 이 고통스러운 현실에 대한 새로운 시각을 제공해주는 대신 아무리 많은 변화가 일어났어도 그들은 여전히 똑같다는 점을 알려주고 있을 뿐이다.

고난의 서사를 넘어서

해티 맥대니얼은 1939년 〈바람과 함께 사라지다〉의 유모 역을 연기해 흑인 최초로 아카데미상을 받았다. 맥대니얼은 압도적으로 훌륭한 배우이나 어찌되었건 그녀의 커리어는 거의 하녀나 유모 연기로 점철되어 있었고, 그것은 그 시대 대중문화에서 흑인 여성이 맡을 수 있는 유일한 역할이기도 했다. 2012년 옥타비아 스펜서도 그해의 히트작이자 문제작이며 아카데미 네 개 부문 후보에 올랐던 〈헬프〉의 하녀 미니 잭슨 역으로 아카데미상을 받았다. 피상적이라 해도 인종차별 폐지 이후의 미국에 대한 여러 서사가 나왔으나, 아카데미에서 특별히 선호하는 흑인 영화라는 것이 엄연히 존재하는 것 같다. 물론 예외는 있지만 비평가들의 극찬을 받은 흑인 영화는 대체로 흑인의 시련과 고난과 노예 생활을 그린 것들이다.

2013년 우리는 흑인들의 피지배자로서의 고난과 역경이라는 주제로 나온 영화가 퍼레이드를 하는 모습을 지켜볼 수 있었다. 〈오스카 그랜트의 어떤 하루〉의 각본과 감독을 맡은 라이언 쿠글러는 2009년 1월 1월 오클랜드의 급행열차 관리 경찰에게 살해당한 오스카 그랜트의 마지막날을 따라간다. 리 대니얼스의 〈버틀러: 대통령의 집사〉에서는 34년간 백악관에서 흑인 집사로 살아온 세실 게인스의 삶을 조망한다. 게인스의 이야기를 통해 우리는 흑인들의 미국이 어떠했는지, 인종차별이 폐지되기까지의 지난함과 또 어떻게 한 인간이 그 시기를 존엄하게 버텨왔는지를 알 수 있다. 그러나 뭐니 뭐니 해도 흑인 고난 역경 영화의 절정은 바로 〈노예 12년〉이라 할 수 있다. 이 영화는 할리우드 최대 축제를 겨냥하여 개봉되었기 때문에 평단의 상찬을 넘치도록 즐길 수 있었고 미국 흑인 노예제 잔혹사를 적확하게 묘사한, 반드시 보아야만 하는 '필수 감상 영화'가 되었다.

노예제 영화에 대한 이런 수사는 참으로 의아하다. 이미 1800년대 초반부터 노예제에 대한 작품들이 나오고 있었다. 노예제에 대해서 무슨 할말이 더 남아 있을까? 노예제 영화가 확연한 공포물이라는 인상 외에 무엇을 더 내놓을 수 있을까? 그래도 〈노예 12년〉에는 다른 장치들이 있다. 일단 원작의 출처가 다르다. 자유인으로 살다 납치되어 12년 동안 노예로 살아야 했던 실존 인물 솔로몬 노섭이 직접 쓴 자서전을 바탕으로 삼고 있다. 평론가 미셸 딘이 문화 전문 사이트 플레이버와이어에 이런 글을 썼다. "만약 다른 배경을 거론하지 않을 때, 〈노예 12년〉이 주목할 만한 영화인 이유는 흑인이 자신의 경험을 직접 쓴 글을 원작으로 한, 현재까지는 유일한 영화이기 때문이다." 또한 흑인 감독이 진두지휘한 대형 영화사의 첫번째 노예 영화이기도 하다. 이러한 점을 간과해서는 안 될 것이나 원작과 감독의 차별성에도 불구하고 〈노예 12년〉은 노예제 서사에 새로운 통찰력을 제공해주지는 못한다. '이런 이야기를 말하고 싶다'는 제작자의 욕구 외에 특별히 영화의 존재 이유를 정당화해주는 건 없다.

나는 〈노예 12년〉을 보기 전에 일부러 리뷰를 읽지 않았다. 아무런 편견 없이 깨끗한 백지 상태에서 영화를 보고 싶었다. 여기서 고백한다. 나는 이 영화에 특별한 인상을 받지 못했고 이 영화에 쏟아진 찬사들을 이해할 수도 없다. 이 영화는 너무나 지긋지긋할 정도로 악랄하다. 인간을 노예로 만드는 이 잔혹한 현실을 아무런 포장 없이 있는 그대로 표현하고 있다. 인간의 존엄성을 앗아가며 육체적, 성적, 감정적 폭력을 휘두른다. 이 영화에서 묘사하고 있는 현실이 너무나 거칠고 매정하기 때문에, 이 영화가 뛰어나다는 말이 뛰어나게 매정하다는 뜻인가 하는 생각까지 들었다. 나는 한 번 이상 울기는 했으나 감동을 받아 운 것은 아니다. 나는 그저 상처를 입었을 뿐이다. 그런 잔학한 행위를 목격하면 으레 그렇듯이 말이다.

〈노예 12년〉을 그럭저럭 괜찮은 영화라고 할 수는 있다. 만약 노예제와 그 역사에 대해서 아는 바가 없다면 한 번은 볼만한 가치가 있는 영화라고도 할 수 있다. 배우들의 연기는 소름 끼칠 정도로 뛰어났다. 감독 스티브 매퀸은 예술성을 발휘했으나 그 예술성을 드러내는 방식은 부적절했다. 노예 농장의 아름다운 풍경을 시적으로 비추는 롱테이크나 정지된 듯한 장면 등의 화려한 촬영 테크닉은 이 영화

안에서 큰 의미를 갖지 못한다. 영화는 중간에 너무 늘어지고 참을 수 없을 정도로 지루하며, 너무 지루해지기 바로 직전 또 한차례의 견디기 힘든 폭력이 나온다.

흑인 여성들의 고난은 남성 서사를 말하기 위해 동원된다. 노섭 또한 지옥 같은 시대의 희생자였지만, 여성들이 더 자주 온갖 수난을 겪었고 그 장면을 지켜볼 수밖에 없는 노섭은 점점 불행해진다. 그의 고통은 조금 더 의미심장하고 심오한 무언가로 그려진다. 어쩔 수 없다. 이건 그의 이야기니까. 하지만 그렇다면 이 영화는 왜 이 남자만이 아닌 다른 인물들에게도 포커스를 맞출까?

짧은 장면 안에서도 놀라운 연기를 보여준 아데페로 오두예가 연기한 엘리자는 노예제 시대에 흔히 그랬던 것처럼 사랑하는 두 아이와 생이별을 당한다. 엘리자는 애통함에 몸부림친다. 세상 어떤 것도 위로해줄 수 없는 슬픔 때문에 깨어 있는 대부분의 시간 동안 운다. 솔로몬은 우는 그녀에게 살아남아야 한다고, 그래야만 한다고 냉정하게 말하고 돌아선다. 어느 누구도 그녀의 고통을 공감해주지도 인내해주지도 않아 그녀는 또다시 팔려버린다. 솔로몬은 이러한 사건에 거의 영향을 받지 않은 것으로 보이는데, 대체 왜 이런 서브플롯이 이렇게 자주 들어갔는지 알 수가 없다.

영화의 중반부에 솔로몬은 잔인한 노예 소유주 에드윈 엡스(마이클 패스벤더 분)에게 팔려간다. 엡스는 한마디로 미친 인간 말종이다. 그는 팻시(루피타 뇽오 분)의 잔인한 포식자로 이 여인에게 집착하는 동시에 학대한다. 팻시의 고통은 모든 이들이 고통받는 이 영화 안에서도 가장 충격적이다. 너무나 극심한 고통 속에서 팻시는 솔로몬에게 제발 이 고통이 끝날 수 있게 죽여달라고 빌기도 한다. 그는 이 부탁을 거절한다. 이 행동은 이해할 수 있지만 잔인하다.

〈노예 12년〉이 백인 여성들 또한 노예제에 공모했다는 사실을 드러내는 데 성공했다는 점은 주목해야 한다. 엡스의 아내이며 이 저택의 주인마님 메리 엡스(세라 폴슨 분)는 남편만큼이나 소름 끼친다. 에드윈 엡스는 팻시가 주변에 보이지 않을 때 질투에 눈먼 연인처럼 행동하고 그 감정을 아내에게 숨기지도 않는다. 그러자 이 주인마님은 남편의 마음을 빼앗은 팻시에게 매 순간 분노를 표출하고 잔인해질 수 있는 기회를 단 한 번도 놓치지 않는다.

노예제 영화는 대체로 굴욕당하는 검은 피부에 페티시를 갖고 있으며 〈노예 12년〉도 예외가 아니다. 노예들이 조금만 실수해도 채찍을 맞는 장면이 수차례 등장한다. 솔로몬이 처음 노예로 잡혔을 때도 그는 매질을 당하며 '자신의 주제'를 배운다. 노예들은 목화를 많이 따지 못했다고 벌을 받는다. 가장 끔찍한 장면은 팻시가 몸을 씻기 위해 이웃 농장에 비누를 빌리러 간 죄로 매질을 당하는 것이다. 엡스는 너무 분노한데다 질투에 눈이 멀어 직접 팻시를 채찍질하려 하지만 차마 하지 못하고 채찍을 솔로몬에게 넘겨준다. 솔로몬은 이런 끔찍한 짓을 절대로 하고 싶지 않지만 다른 선택의 여지가 없다는 사실도 안다. 솔로몬은 주인 대신 벌을 주기 위해 최선을 다하지만 엡스는 만족하지 않고 솔로몬에게서 채찍을 빼앗아서 팻시에게 직접 채찍질을 가한다. 이 장면의 거의 마지막에 그녀는 등이 거의 다 벗겨지고 피가 흘러 실신하기까지 한다. 이 장면은 매우 강렬하지만, 팻시의 역경을 강조하기 위해 설계된 장면이 아니기에 불필요하다고도 느껴진다. 이 장면은 마치 이 상황에서 가장 고통스러운 사람은 팻시가 아니라 솔로몬인 것처럼 오직 솔로몬의 고통을 강조하기 위해 들어간 것이다.

미국 노예제 시대에는 누구라도 처절한 시련을 겪었기에 그 아픔을 깎아내리고 싶지는 않다. 흑인 남녀 모두 비극적인 시대의 희생자였다. 솔로몬 노섭의 이야기가 특히 더 보기 불편하고 힘겨운 이유는 자유의 몸이든 아니든 모든 흑인이 그런 위험한 상황에 빠질 수 있음을 보여주고 있기 때문이다. 그러나 내가 〈노예 12년〉을 보며 분노한 이유는 여성의 고통이 오직 남성의 내러티브를 풍부하게 하기 위해 사용되었기 때문이다. 이 영화에는 내러티브와 크게 관련이 없는 강간 장면도 등장한다. 팻시가 에드윈 엡스의 밑에 무력하게 누워 있다. 구역질 나는 장면이고 그런 효과를 거두었으니 매퀸의 연출이 훌륭했다고 할 수 있다. 하지만 이 장면이 영화에 꼭 들어가야 하는가? 이 극의 주인공이 팻시가 아니기에 다분히 불필요한 장면이다. 여성들이 노예제 시대에 강간을 당했다는 사실을 또 한번 보여주는 것 외에 어떤 의미가 있는가?

솔로몬 노섭은 수많은 우여곡절과 위기 끝에 뉴욕의 가족들에게 그가 살아 있다는 편지를 전하게 되고 드디어 다시 자유의 몸이 된다. 그런데 이 순간도 이 영화의 다른 장면들처럼 이상할 정도로 고요하게 진행된다. 이때 무언가 큰 감동과 자유를 느껴야만 할 것 같은데 대체 뭘 느끼라는 것인지 전혀 모르겠다. 솔로몬이 엡스의 농장을 떠나기 전 팻시는 그의 품으로 뛰어들고 서로를 끌어안는다. 우리는 이후 이 불쌍한 여인 팻시에게 어떤 일이 일어났는지 알지 못하고 그저 상상에 맡기는 수밖에 없는데, 팻시는 솔로몬이 자유를 되찾는 과정에서 주변 인물로 존재하는 역할을 이미 수행했기에 눈앞에서 사라지면 그만인 것이다.

〈노예 12년〉에 대한 나의 이러한 부정적인 반응은 어쩌면 '지겨워서'라고도 말할 수 있다. 나는 노예제나 노예제로 인한 고난의 서사에 진력났다. 불가항력적인 상황 앞에서도 참으며 무너져가는 흑인들의 육체와 정신을 그리는 이야기는 충분히 보고 들었다. 할리우드 잔칫상에 흑인이 한자리 차지하는 건 왜 이렇게 힘든 것일까? 흑인 영화는 그들이 원하는 내러티브 안에 들어가야만 작품성을 인정받는 것일까? 〈러브 앤드 바스켓볼〉이나 〈더 베스트 맨〉 〈더 베스트 맨 홀리데이〉가 아카데미상 후보에 오를 만한 영화는 아닐지 모른다. 이 영화들은 현대 흑인들의 경험을 잘 살렸지만 진지한 영화에서는 제외되곤 한다. 제작자들은 할리우드의 취향을 잊지 않고 잘 기억해놓았다가 입맛에 맞는 것들만 입에 넣어주려 한다. 그리고 이런 고난의 서사를 따뜻하고 열광적인 비평가들의 찬사로 샤워시켜준다. 그야말로 악순환이다.

노예제를 말하거나 흑인 경험의 연대기를 쓰는 유일한 방법이란 있을 수 없다. 노예제와 고난의 서사가 더이상 공유되어서는 안 된다는 이야기가 아니라 이런 종류의 서사는 충분히 나오지 않았느냐는 이야기다. 관객들은 더 다양한 흑인 영화들을 볼 준비가 되어 있다. 조금 더 정교한 내러티브, 현대사회를 살아가는 흑인들의 이야기, 조금 더 예술적인 실험이 가미된 영화를 보고 싶어하며 더 많은 흑인 시나리오 작가와 감독들이 이런 시련과 고난의 서사 외에도 다른 주제에 창의적인 재능을 쏟을 수 있기를 바란다. 우리는 더 많은 것을 받아들일 준비가 되어 있으나 이제까지 수없이, 너무나 오래 보아왔던 그 이야기를 또다시 보라고 강요받는다.

하지만 모든 사람이 이런 변화를 원하는 것은 아닌가보다. 〈노예 12년〉은 아카데미 아홉 개 부문에 노미네이트되었고 2013년 아카데미 여우조연상, 각색상, 작품상을 받았다.

타일러 페리의 도덕관

타일러 페리•는 도덕적인 이야기를 하는 것을 좋아한다. 그는 영화나 연극에서 자신의 세계관을 유머를 가미해 보여준다. 때로는 마디아••로 분장하기도 하고, 진실된 삶이란 무엇인가를 배우는 부유한 남자가 되기도 하고, 흔들리는 결혼생활을 헤쳐나가고 있는 친구 곁을 지켜주기도 한다. 그리고 그 과정에는 항상 교훈이 있다. 부부간의 신뢰, 용기, 신념을 배우는가 하면, 잘못하면 지옥에 떨어진다는 교훈도 배운다. 타일러 페리는 그가 믿는 신이 이 세상 모든 곳에 존재하고 있다고 믿게 만든다.

• 미국의 영화배우이자 감독, 코미디언. 다수의 각본상과 감독상을 수상했다. 2011년에는 『포브스』 선정 미국 최고 수익 엔터테이너로 꼽혔다.

•• '마디아' 시리즈는 1990년대부터 타일러 페리가 연기해온 노부인 캐릭터가 주인공인 영화로 2022년 기준 총 열두 편이 제작되었다.

그는 스물두 살 때부터 연극과 영화의 극본을 썼다. 시작은 평범하게 동네 극장에서 첫 연극을 올렸고 10년도 채 되지 않아 그의 연극은 치틀린 서킷•에서 가장 꾸준히 관객을 모으는 극이 되었다. 2005년 그는 첫 영화 〈미친 흑인 여자의 일기〉의 각본을 쓰고 제작, 감독했다. 그때부터 페리는 박스오피스에서도 흥행을 거두기 시작했고 그의 영화들은 5억 달러 이상을 벌어들였다.

페리의 성공은 여러 가지 이유에서 주목할 만하다. 특히 그가 할리우드의 진짜 힘은 창작물의 판권 소유에 있다는 사실을 이해하고 있었다는 점에서 말이다. 페리는 자신의 영화 대본을 직접 쓰고 감독하며 제작하고 주인공으로 출연한다. 현재도 몇 편의 TV 프로그램을 제작중이고 라이언스게이트 영화사와 유리한 배급 계약을 체결하기도 했다. 타일러 페리는 타일러 페리 스튜디오의 소유자이자 경영자인데 미국에서 흑인이 회장인 제작사는 거의 없다. 미다스의 손인 오프라 윈프리와 협업하기도 했고 친구들 중에는 영향력 있는 '거물'이 다수 포함되어 있다. 이렇게 타일러 페리는 성공 가도를 달리고 있으며 백인이 주도하고 있기로 유명한 이런 업계에서 흑인이 이 정도의 성공을 거두었다는 것은 분명 대단한 일이다. 하지만 사람들이 아무리 페리의 성공이 수많은 이에게 영감이 된다고 말해도 나는 이 이상의 평가는 하지 못하겠다.

간과할 수 없는 문제가 있기 때문이다. 타일러 페리는 노동자 계층

• 흑인 예술인이 공연하는 극장, 클럽을 이르는 말.

흑인 여성과 흑인 남성을 등에 업고 성공을 거두었으면서도 그들을 이용하고, 그들에게 자신의 교훈을 가르치고, 자신의 논점을 설파하고, 그들을 농담의 대상으로 삼는다. 페리의 많은 영화에서 여성은 신뢰할 수 없는 존재로 그려진다. 여성들은 학대를 당하건 중독자가 되건 불륜을 하건 항상 끝에는 벌을 받는다. 그의 영화에 '선량한' 여성들도 등장하긴 하지만 나쁜 여자들이 더 많다. 그에게 나쁜 여자들이란 자신의 삶 또는(그리고) 결혼에 만족하지 않는 여성들로, 이들이 더 큰 만족을 찾으려 시도했을 때는 반드시 대가를 톡톡히 치른다. 여기에 함축된 메시지는 바로 이것이다. '네가 가진 것에 만족하지 왜 그랬니?'

〈타일러 페리스 템테이션〉은 화려한 출연진이 돋보이는 영화다. 저니 스몰렛 벨, 랜스 그로스, 버네사 윌리엄스, 브랜디 노우드가 출연하고, 좀 이상하긴 하지만 킴 카다시안도 출연하여 우리 모두의 예상대로 끔찍한 발연기를 선보인다. 이 영화에 대한 기대는 전반적으로 높았는데, 수년 동안 연극과 영화와 TV 쇼의 대본을 쓰고 연출하고 제작해온 타일러 페리가 이제야 여러 작품에서 보여주었던 평범함을 벗고 비범한 무언가를 탄생시킬지 모른다는 낙관적인 전망이 있었던 것이다.

확실히 〈타일러 페리스 템테이션〉은 페리의 영화 중에서는 가장 잘 다듬어진 영화지만 크게 다른 이야기를 선보이지는 못한다. 이 영화는 여전히 어색한 연기와 이해할 수 없는 연출(이를테면 버네사 윌리엄스의 '프랑스식' 억양이라든가), 허술한 대본, 엉성한 편집으로 가득하다. 브라이스 역의 랜스 그로스가 쉰 목소리로 "주디스"라고 계속 외치는 부분도 괴상하기 짝이 없다. 내가 참가한 시사회에서는 관객들이 이 부분에서 모두 웃기 시작했다. 웃기려고 만든 장면은 아니었다.

하지만 〈타일러 페리스 템테이션〉의 진짜 문제는 이런 사소한 요소가 아니다.

영화가 시작되면 결혼생활 상담사가 전문가답지 않게 외도를 고민 중인 고객에게 (외도로 인생을 망친) 자신의 '여동생'에 대한 이야기를 해준다. 주인공 주디스는 브라이스와 어린 시절에 만나 사랑에 빠져 결혼한 뒤 워싱턴 D.C.에서 살고 있다. 그녀는 고급 데이트 서비스 회사에서 상담사로 일하고 브라이스는 작은 약국에서 약사로 일한다. 이 부부는 소박한 아파트에서 소박하지만 원만한 관계를 유지하며 살아간다.

영화를 보면 주디스가 그다지 만족스러운 삶을 살고 있지는 않다는 걸 눈치채게 된다. 그러나 남편이 2년째 그녀의 생일을 잊고 넘어가 실망한다거나 브라이스에게 자기만의 회사를 차리려면 10년에서 15년은 걸릴 거라고 불평할 때를 제외하곤 그런 불만을 직접적으로 표현하지는 않는다.

이때 할리라는 잘생기고 부유한 남자가 등장하는데 처음에는 주디스의 상사인 재니스와 사귄다. 주디스와 만나기엔 참으로 편리한 설정이지만 타일러 페리는 여기서 플롯을 더 그럴듯하게 발전시킬 생각은 없는 듯하다. 주디스와 할리는 서로 끌리게 되고 영화의 제목이기도 한 유혹이 시작되나, 주디스는 유부녀이고 '착실한 여자'이기 때문에 고민 끝에 거부한다. 하지만 남자는 빈정거리는 말, 꽃다발, 의미심장한 시선으로 여자를 끈질기게 유혹한다. 어쨌거나 이 영화는 도덕극이니 선과 악의 갈등을 보여준다.

마침내 할리는 '사업상의 목적'으로 자신의 전용기에 주디스를 태워 늘 죄의 관문으로 등장하는 뉴올리언스로 날아간다. 주디스는 결혼의 의무를 잊고 일탈의 즐거움을 느끼며 이국적인 도시에서 데이트를 한다. 돌아오는 비행기에서 주디스는 할리의 육체적 접근에 분명 '안 된다'라고 말하며 밀쳐내지만, 이 두 사람은 약간은 강간처럼 보이지만 합의하의 섹스라고 포장된 그 일을 끝낸다. 주디스의 인생이 낭떠러지로 떨어지는 순간이다. 또한 페리표 도덕극의 클라이맥스이기도 하다. 여인이여, 당신은 추락할지어다.

〈타일러 페리스 템테이션〉의 결말에서 주디스는 형벌을 받는다. 그것도 아주 혹독한. 그녀는 말 그대로 생지옥으로 떨어져 야한 옷을 입고 매일 술에 절어 살며 직장도 그만둔 채 엄마와도 멀어지고 결혼생활도 내던지고 자신의 인생도 내던진다. 그녀는 할리에게 맞다가 착한 남자이자 성실한 남편 브라이스에게 겨우 구출되기도 한다. 그러나 여기서 끝이 아니다. 주디스는 HIV에 감염되고 이혼당하고 절망에 빠져 절뚝거리며 교회로 발걸음을 옮기는 반면 브라이스는 아름다운 새 아내를 얻어 어린 아들과 알콩달콩 행복하게 살아간다. 그는 여전히 전 아내의 약사로서 주디스의 모습을 지켜본다.

이 부도덕한 도덕극이 펼쳐지면서 여러 요소가 개입한다. 성생활, 동의, 남성과 여성이 소통하는 방식, 야망, 행복, HIV에 대한 다양한 메시지들이 야만적인 방식으로 펼쳐진다.

페리의 영화 대부분이 그렇듯이 현재의 위치에 만족하는 선한 흑인 남성이 도덕적 기준이고 우리는 그것을 나침반 삼아 삶의 방향을 정해야 한다. 페리는 지옥으로 가는 길이 사적인 행복과 직업적인 희열로 포장되어 있다고 믿게 만든다. 야망은 위험하고 믿을 수 없다. 여성의 야망은 특히 위험하다.

페리는 성실하고 평범한 노동자 계층의 삶을 집착적일 정도로 찬양하는 데 일가견이 있지만 그 자체는 문제가 아니며 오히려 존중받아야 한다. 문제는 그 동기가 진실해 보이지 않는다는 점이다. 페리는 무언가를 찬양하기 위해서 다른 무언가를 짓밟는 방식을 취한다. 노동자 계층으로 만족하며 살다가도 그 이상을 갈망하게 되는 것은 본질적으로 악한 것이 아니다. 그러나 페리는 그런 식으로 느끼게 만든다. 페리의 영화에서 부유한 사람들은 대체로 악인으로 그려지는데, 페리가 노동자 계층 관객 덕분에 막대한 부를 축적한 사실을 감안하면 그야말로 아이러니한 일이다.

이번에도 페리는 노동자 계층의 본분으로 돌아가야만 진리와 구원과 겸손을 얻을 수 있다는, 수없이 반복해온 이야기 구조를 그대로 따르고 있다. 〈미친 흑인 여자의 일기〉를 보자. 부유한 변호사 찰스가 바람을 피우고 18년 동안 같이 산 아내를 매몰차게 내쫓는다. 아내 헬렌은 노동자 계층인 친정 식구들의 도움을 받아 홀로 서게 되고 역시 노동자 계층 남성인 올랜도와 서서히 사랑에 빠진다. 페리의 관점을 관철하기 위해서는 캐릭터에게 엄벌이 내려져야 하므로 찰스는 철저히 망가진다. 화난 고객으로부터 총을 맞아 척추를 다치고 애인에게 배신당하며 그의 곁엔 전 아내 헬렌만 남는다. 찰스는 헬렌의 희생과 도움, 그리고 신의 가호로 다시 걷게 되고 조강지처와 화해하고 싶어하지만, 그녀는 남편과 이혼하고 올랜도에게 달려간다. 또다시 노동자 계층 남자가 승리했다.

〈패밀리 댓 프레이스〉에서 야심 넘치는 안드레아는 공사장 인부로 일하는 남편과 살고 있지만 만족하지 못하고 삶에서 무언가를 더 원한다. 그녀는 부유한 상사인 윌리엄과 불륜을 저지르고 성공과 사랑을 모두 움켜쥐려고 한다. 불륜과 가족의 비밀과 사업 관계가 얽히고, 안드레아는 결국 돈 한푼 없이 작은 아파트에서 아들과 둘이 살아가며 전남편은 하는 일마다 잘 풀려 승승장구한다. 다시 한번 노동자 계층 남자가 영웅이 되었다.

〈굿 디즈〉는 페리의 최신작으로 부유한 웨슬리 디즈는 세상이 옳다고 믿는 대로, 주변 사람들의 기대에 맞춰 살아간다. 그러다 자기 소유 건물의 청소부이며 싱글 맘인 린지를 만나고 자신의 인생에서 뭔가가 빠져 있었음을 알게 된다. 많은 영화에서 나왔던(이를테면 〈헬프〉) '마법의 니그로'에 기대는 대신 '매력적인 마법의 하녀' 서사를 그에 맞게 활용한다. 이번에도 역시 웨슬리의 돈 많은 엄마는 악인이고 역시 돈 많은 형은 성격 비뚤어진 알코올중독자다. 뻔히 예상이 되는 대로 웨슬리는 자기의 일을 그만두어 사람을 위험에 빠뜨리는 부귀영화를 뒤로하고 린지와 그녀의 딸과 함께 떠나 자기 자신을 발견하기로 한다. 물론 이번에도 (이상적인 해방의 장소는) 아프리카다.

페리는 돈과 명예와 지위만 경계하는 것이 아니다. 성적으로 언제나 순결해야 하고 특히 여자라면 욕구를 자제해야 한다. 아내가 남편과 새로운 체위를 시도하는 건 못마땅하지만 남자라면 원하는 것은 무엇이든 손에 넣을 수 있어야 한다. 페리는 외도하는 인간과 나약한 인간에게 가장 어울리는 형벌은 HIV라고 믿게 만든다. 이렇게 자기의 무지를 자랑스럽게 내보일 만큼 빈곤한 상상력을 가진 남자인 것이다.

어쩌면 그의 영화를 보며 즐거운 이유는 현실과 괴리되어 있기 때문일지도 모른다. 그러나 그의 영화에서 가장 심각한 문제는 자신의 목적에 부합시키기 위해 현실을 완전히 재구성해버리며 그 과정에서 개연성을 던져버린다는 것이다.

〈타일러 페리스 템테이션〉에서 그의 선택들은 실제 현실과는 명백히 배치된다. 요즘 사람들은 점점 더 늦게 결혼하는 추세인데 반해, 주디스와 브라이스가 어린 시절에 만나 사랑에 빠져 10대 후반에 결혼하고 그후 같이 대학교를 졸업하고 대학원을 다녔다는 설정은 아무리 생각해도 설득력이 부족하다. 2006~2010년 미국 가구 변화 조사에서 평균 초혼 연령은 여성 25.8세, 남성 28.3세였다. 흑인 여성들의 초혼 연령은 조금 더 낮아 25세 정도지만 4년제 대학을 졸업한 여성이 25세에 기혼일 가능성은 훨씬 더 낮다. 하지만 이 영화에서는 이러한 의심을 잠시 유보하고 그냥 이 어린 부부가 일찍 결혼해 행복하게 살고 있다고 가정해야 한다.

〈타일러 페리스 템테이션〉의 세상에서는 이혼을 예외로 설정해놓고 있으며 이 또한 현실과 대비된다. 미국에서 결혼은 자주 빨리 끝나버리며 결혼 지속 기간에 대한 통계는 주디스와 브라이스의 편이 아니다. 주디스가 결혼 이상의 무언가를 더 바랐거나 결혼 바깥에 있는 무언가를 욕망했다는 것이 악덕 중에 악덕이라는 개념은 시대착오적이고 어리석기 그지없다.

또한 여전히 1980년대에 살고 있는 사람처럼 HIV를 다루는 방식 또한 경악스러울 지경이며 그가 이 질병에 대해 얼마나 무지한지를 드러낼 뿐이다. 자기 영화의 주 관객층인 흑인 여성의 HIV 감염률이 이례적으로 높다는 사실을 무시하고 자신의 편협하고 주관적인 도덕관을 위해서 거리낌없이 HIV를 소품처럼 이용한다. 페리가 자신을 사랑하는 관객들에게 저지르는 이런 모진 행태는 견디기 힘들 정도다.

질병통제예방센터에 따르면 흑인 여성의 에이즈 감염률은 백인 여성보다 스무 배 높다. 흑인/아프리카계 미국 여성 32명 중에 1명이 평생에 한 번은 HIV에 감염될 수 있다. 반면 히스패닉/라틴계 여성은 106명 중에 1명이고 백인 여성은 526명 중에 1명이다. 매우 충격적인 통계다. 따라서 흑인 커뮤니티에서는 HIV 예방, 치료, 사회적 낙인이 매우 중요한 이슈이고 그런 만큼 민감하고 주의깊게 다루어야만 한다. 윤리적이고 인도적으로 이 질병을 다루는 방법을 고민해야 하지만 타일러 페리에게는 그런 개념이 전혀 없어 보인다. 그의 작품을 아무리 봐도 페리가 이러한 방면의 경험을 잘 다룰 수 있을 거란 확신이 들지 않는다.

질병통제예방센터에 따르면 HIV 유병률은 도시 빈민가의 가계 수입과도 밀접한 관련이 있다. 교육 수준과 소득수준이 높을수록 HIV

감염률이 현저히 낮아지므로 인구 통계학적으로 주디스와 브라이스의 위치에 있는 사람들이 HIV에 감염될 확률은 굉장히 낮다. 하지만 언제나 그랬듯이 타일러 페리는 옳고 그름에 상관없이 자신의 철학에 이익이 되는 것을 취하고 어떠한 대가를 치르건 자기가 정확히 원하는 것을 얻어낸다.

〈피플스〉 시사회에 참석해보니 관객 대부분은 흑인이었다. 나는 이날 처음 타일러 페리 프로덕션의 타깃 관객층과 함께 영화를 보게 되었다. 시사회 한 시간 전부터 줄은 극장 밖까지 이어져 거의 주차장 근처까지 도달했다. 백 명 이상의 사람들이 어쩔 수 없이 발길을 돌렸을 것이다(물론 모두 페리의 최신 프로젝트를 오랫동안 기다려왔기에 실망을 감추지 못했다). 무사히 시사회장에 들어간 관객들은 소리까지 지르며 기뻐했다.

아무리 페리의 메시지에 문제가 있고 대본이 엉성하고 연출이나 제작상의 빈틈이 있어도 흑인들은 크고 작은 스크린에서 자신과 닮은꼴을 볼 수 있어서 기쁜 것이다. 어쨌거나 그는 이 흑인 엔터테인먼트 업계라는 문화적 사막의 오아시스였다.

〈피플스〉는 흑인 여성 감독 티나 고든 치즘이 각본을 쓰고 연출한 영화로, 그녀는 닉 캐넌과 조이 살다나가 출연한 〈드럼라인〉의 각본가이기도 하다. 〈피플스〉의 캐스팅은 그보다 더 화려하다. 크레이그 로빈슨, 케리 워싱턴, 데이비드 앨런 그리어, S. 에파사 메커슨, 다이안 캐럴, 멜빈 반 피블스 등이 총출연한다. 로빈슨이 연기한 웨이드 워커는 착하고 호감 가는 남자로 동거중인 변호사 여자친구 그레이스 피플스(케리 워싱턴 분)를 놀라게 해주려고 새그 하버에 있는 그녀의 본가를 찾아가지만 알고 보니 그녀의 가족들은 그의 존재조차 모른다. 서로 어색하게 인사를 하고 로빈슨이 이 집안의 대장인 그레이스의 아버지이며 연방법원 판사인 버질 피플스(데이비드 앨런 그리어 분)에게 잘 보이려고 하는 와중에 소동이 벌어지고, 그러면서 서로의 본모습을 조금씩 알게 된다는 이야기다.

〈피플스〉는 이미 보아온 익숙한 주제를 다루긴 해도 꽤 잘 만들어진 영화다. (기본적으로 〈미트 페어런츠〉 같은 영화다.) 물론 역작은 아니다. 페리가 감독한 영화들과 마찬가지로 이 영화에 투입된 화려한 배우들은 자기에게 주어진 별 의미 없는 역할을 수행해야 했다. 하지만 그 한계 안에서도 온몸을 던져 연기하여 처음부터 끝까지 우리를 즐겁게 해준다. 치즘의 연출은 훌륭하다. 캐릭터들은 평범하지만 흑인 문화에서만 알아들을 수 있는 음흉한 농담들을 잘 활용하고 흑인들의 형제애를 얄밉게 조롱하고 있다.

나는 〈피플스〉가 잘되어 타일러 페리가 재능 있는 흑인들의 인큐베이터 역할을 맡도록 자극을 주기를 바랐다. 이 영화를 보고 나자 치즘이 대본을 쓰거나 감독한 영화를 더 찾아보고 싶어졌다. 그녀가 지금도 앞으로도 활발하게 활동하길 희망하고 페리가 다른 재능 넘치는 흑인 아티스트들에게 비슷한 기회를 주길 바라고 있다.

애석하게도 이 영화는 폭삭 망했다. 나는 이 영화가 흥하길 기대했다. 이 영화가 그만큼 훌륭해서라기보다는 그즈음에 개봉한 다른 영화와 견주면 제법 볼만한 영화였기 때문이다. 개봉 첫 주 이 영화는

2000개 이상의 극장에서 개봉했으나 겨우 460만 달러만을 벌어들였고 둘째 주는 더욱 심해서 210만 달러의 수익만 올렸다. 2013년 5월은 〈피플스〉 같은 영화에 그리 좋은 타이밍은 아니었다. 초여름 블록버스터인 〈아이언맨 3〉와 〈위대한 개츠비〉 〈스타트렉 다크니스〉가 연이어 개봉했던 것이다. 그래도 이 영화는 이보다는 잘되었어야 했다. 3D와 CG로 한껏 부풀린 여름 영화들 속에서 적어도 대항마 정도는 되었어야 했다. 그러나 관객들은 '타일러 페리 프로덕션'이라는 보증수표에도 넘어가지 않았다. 이 영화의 흥행 실패는 관객들이 페리가 과거에 관객들에게 제공해주었던 보다 극적인 드라마와 뻔한 메시지를 반긴다는 사실을 의미할 뿐이었다. 아니면 또다시 마디아로 분장해 웃겨주든가.

이 모든 현상을 지켜보며 나는 페리가 정확히 어디를 겨냥하고 있는지, 그리고 왜 그가 그렇게 인기가 많은지를 다시 심각하게 생각해보았다. 타일러 페리의 영화가 도덕적 훈계와 여성 억압에도 불구하고 인기가 많은 것이 아니라, 바로 그 점 때문에 성공했다는 가능성을 고려할 수밖에 없었다. 삼키기 힘든 약이다. 그는 자신의 관객들을 아주 잘 파악하고 있으며 그들이 원하는 것, 그들이 기대하는 바로 그것을 입에 떠넣어준 것이다. 페리가 그들이 원하는 것—과장되고 식상한 흑인 남성과 흑인 여성 캐릭터와 도덕적 메시지—을 주지 않자 그들은 응답하지 않았다. 박스 오피스는 거짓말을 하지 않는다.

이는 이제까지 비판한 페리 영화의 단점보다 더 복잡한 이슈일 것이다. 그렇다. 타일러 페리는 엔터테인먼트 업계에서 여러 가지 이유로 매우 문제적인 인물이다. 하지만 자신의 관객들에게 그들이 필요로 하는 것의 일부를 주었다. 비평가 토드 길크리스트는 무비스닷컴에 이렇게 썼다. “그는 오늘날의 영화 제작자 중 누구도 하지 않는 방식으로 인간관계의 거짓 없는 순간들을 끄집어내서 강조한다.” 어쩌면 나 또한 영화 속에서 스쳐지나가는 ‘거짓 없는 순간’을 보았기에 앞으로도 타일러 페리의 영화를 보게 될지 모른다. 어쩌면 타일러 페리가 잠재력을 더 발전시켜 흑인들에게 조금 더 고급스러운 작품을 만들어줄 책임을 느낄지 모른다는 희망을 놓지 못하고 있는지도 모른다. 그러나 너무 과한 책임을 지우는 것인지도 모르겠다. 나는 다양성이 살아 있는 영화, 다양한 인종의 다양한 경험을 살린 영화가 지금보다 더 많이 나오길 열망한다. 그래도 무엇인가 있는 게 없는 것보다는 낫지 않을까? 그것이 아무리 별것 아니라 해도 아예 없는 것보다는 나을 테니 쥐고 있어야 한다는 사실이 날 씁쓸하게 한다.

어느 흑인 청년의 마지막 하루

〈오스카 그랜트의 어떤 하루〉의 시카고 시사회가 열리기 세 시간 전, 기대에 가득찬 팬들이 극장 건물 주변을 에워싸고 있었다. 다들 가장 멋진 옷을 꺼내 입고 한참 동안 머리도 매만지고 화장도 공들여서 한 티가 났다. 시사회가 끝나면 시나리오 작가이자 감독인 라이언 쿠글러와 주인공 옥타비아 스펜서와 마이클 B. 조던의 무대 인사와 시네마 토크가 예정되어 있었다. 제시 잭슨 목사가 영화와 배우를 소개하면서 이 영화가 2013년 선댄스 영화제에서 심사위원 대상을 받았다는 설명을 덧붙였고, 이 영화는 '트레이번 마틴의 하루를 실시간'으로 보는 것과 같다고 말한 후 배우들과 시네마 토크를 이끌었다.

근래에는 완성도 높은 흑인 영화를 만나보기 힘들었다. 그래서 역량 있는 흑인 작가이자 감독인 쿠글러의 〈오스카 그랜트의 어떤 하루〉 같은 영화 시사회가 열리면 흑인 관객들은 마침내 시나리오도 탄탄하고 연기도 훌륭하고 연출도 안정적인 영화를 즐길 수 있을 거라는 기대감에 부푼다. 물론 각본 연기 연출, 이 삼박자의 조화는 모든 영화제작자가 꿈꾸는 성배겠지만 최근 개봉된 흑인 영화에는 특히 더 닿기 힘든 이상향처럼 보이기도 한다. 최근의 흑인 영화는 몇 가지 카테고리로 분류할 수 있는데 먼저 〈소울 플레인〉 같은 황당한 코미디 영화가 있고 에디 머피나 아이스 큐브가 만드는 따뜻한 가족 영화가 있고, 인종 관련 문제를 정면으로 다루는 영화가 있고, 당연히 타일러 페리의 영화가 있다. 좋건 나쁘건 모든 흑인 영화는 큰 부담을 안고 있다. 우리의 선택지가 많지 않다보니 모든 사람들을 모든 면에서 만족시키는 영화가 되어야 하기 때문이다.

〈오스카 그랜트의 어떤 하루〉 같이 경찰(공권력)의 만행을 소재로 한 영화는 일찍부터 화제가 된다. 2009년 1월 1일 오클랜드의 라틴계 밀집 지역인 프루트베일역 급행열차 경찰대에 소속된 요하네스 미설은, 샌프란시스코에서 친구들과 새해 전날 축하 파티를 하고 오클랜드로 돌아가던 흑인 청년 오스카 그랜트의 등에 총을 쏘았다. 이 사건이 일어나기 몇 시간 전 이 교통경찰은 기차 안에서 다툼이 벌어졌다는 신고를 접수하고 출동하여 그랜트와 그의 친구들을 기차에서 강제로 끌어내렸다. 그다음에 일어난 일에 대해선 당사자마다 설명이 다르지만 이 작은 다툼은 곧 심각한 비극을 불러왔다.

이 청년이 총격을 당하는 장면을 목격한 시민들이 디지털카메라와 핸드폰으로 그 장면을 녹화하고 사진을 찍었으며 이 영상들은 삽시간에 퍼져나갔다. 이 동영상과 뉴스를 통해 도시에 사는 무고한 흑인 청년의 어이없는 죽음을 확인한 오클랜드 시민들은 격렬한 규탄 시위를 벌였다. 이들의 분노는 오랫동안 사그라들지 않았다. 거의 1년 동안 수없는 평화 시위가 일어났고 때로는 폭력 시위로 번지기도 했다. 그로부터 4년이 흘렀지만 그랜트의 살해 장면을 찍은 영상들은 여전히 인터넷에 떠돌고 있으며 목격자들의 증언도 계속 이어지고 있다.

〈오스카 그랜트의 어떤 하루〉의 첫 장면에서 오스카(마이클 B. 조던 분)와 여자친구 소피나(멜로니 디아즈 분)는 함께 새해 다짐을 하고 있다. 그리고 화면은 새벽 2시 15분의 텅 빈 역을 비춘다. 오스카와 친구 몇 명이 바닥에 앉아 있고 그들을 경찰관이 둘러싸고 있으며 이 젊은이들과 경찰이 동시에 소리를 지른다. 핸드폰으로 촬영한 영상은 흔들리고 희미하지만 그 순간 일어난 일에 대해선 한 치의 거짓말도 용납하지 않는다.

그리고 영화는 처음부터 그 순간까지 일어나는 사건들을 시간 순서대로 따라간다. 오스카는 잘생기고 매력 있는 젊은 청년으로 과거에 방황했지만 이제 마음을 잡고 제대로 살아보려 한다. 마약 거래로 두 차례 감옥에 다녀왔지만 여자친구 소피나와 새 출발을 하기 위해 노력하고 있다. 또한 딸 타티아나를 한없이 사랑하고 엄마인 완다(옥타비아 스펜서 분)에게도 착한 아들이 되고자 애쓴다. 영화는 도심에 사는 흑인 남성에게 얼마나 선택이 제한되어 있는지를 말하면서 이 남성이 받아들여야만 하는 여러 가지 정체성을 파고든다. 오스카는 순간순간 말투와 표정과 분위기를 바꾸는 재주가 있다. 엄마와 함께 있을 때와 여자친구나 딸과 함께 있을 때, 친구들과 있을 때와 감옥에 있을 때 완전히 다른 사람 같다. 베이 에어리어 출신인 쿠글러 감독은 이렇게 말한다. "우리는 살아남기 위해 상황에 따라 다른 사람이 되어야만 합니다."

오스카가 타티아나를 어린이집에서 데려나와 두 사람이 차로 달려가는 장면에서 그들의 몸은 기쁨으로 가득한데, 이 환희의 감정을 글로 표현하기에는 역부족인 것 같다. 드라마 〈더 와이어〉의 열여섯 살의 마약 판매상 윌리스와 〈프라이데이 나이트 라이츠〉의 고등학생 쿼터백 빈스 역할로 잘 알려진 배우 마이클 B. 조던은 이때의 기쁨을 얼굴뿐만 아니라 발까지 활용하여 표현한다. 반면 여자친구 소피나와 함께 있는 장면에서는 느린 말투와 섹시한 미소와 근육질의 몸으로 창창한 젊은 청년의 거친 매력을 보여준다. 그러다 여자친구에게 직장을 그만두었다고 고백할 때나 감옥에서 엄마에게 제발 떠나지 말라고 빌 때는 솔직하고 여리고 상처받기 쉬운 모습을 드러낸다.

엄마 완다 역의 옥타비아 스펜서는 이 영화의 도덕적 중심이 된다. 그녀는 강한 사랑과 모성의 화신으로 오직 엄마이기에 챙길 수 있는 것들을 챙긴다. 오스카가 운전하면서 전화한다고 꾸짖고, 음주 운전은 절대 안 되니 꼭 기차를 타고 집에 오라고 잔소리하기도 한다. 또한 강렬한 회상 장면이 나온다. 완다가 감옥으로 오스카를 찾아간다. 그는 수인복을 입고 있으며 가족을 만나게 되어 들떠 있다. 완다는 아들을 사랑하지만 많이 지쳐 보인다. 최대한 차분한 모습을 보이기 위해 노력한다. 그녀가 와 있을 때 오스카는 다른 수감자와 말싸움이 붙는데, 이때 그는 어떤 상황에서는 즉시 공격적이고 반항적인 남자가 될 수 있다는 것을 드러낸다. 완다는 그를 진정시키려고 하지만 오스카는 쉽게 진정하지 못한다. 싸움과 면회가 동시에 일어나니 감당하기 힘들기 때문이다. 그가 다시 자리에 앉았을 때 그의 몸은 긴장과 불안으로 움츠러든다. 그리고 완다는 오스카에게 다시는 면회를 오지 않겠다고 말한다. 스펜서가 꼿꼿한 모습으로 표정 변화 하나 없이 그 순간을 견디고 있기에 더욱 아픈 장면이다.

오스카가 여동생의 생일 축하 카드를 살 땐 장난기 가득한 어린애가 된다. 동생이 제발 그러지 말라고 부탁했음에도 불구하고 그는 백인들이 그려진 카드를 고른다. 이러한 장면에서 우리는 오스카를 인간적으로 느끼게 될 뿐만 아니라 잠시나마 웃고 한숨 돌리게 된다. 이렇게 쉬어가는 장면은 꼭 필요하다.

쿠글러 감독은 시간 욕심을 내지도 않았다. 딱 90분만을 사용하여 우리에게 오스카 그랜트가 어떤 사람인지 확실히 알려주고 결말에 다다랐을 때 그를 진심으로 애도하게 한다. 그는 마지막날 오스카의 행방을 꼼꼼히 조사한 후 촘촘히 재구성했고 그의 유족과 긴밀히 소통하며 그들의 우려를 잠재웠다고 한다. 미래를 예측할 수 있는 장면도 있는데 오스카가 차에 치여 피 흘리고 있는 개를 쓰다듬으며 동물은 혼자 죽으면 안 된다고 말하는 장면이다. 오스카가 식료품점에 가서 엄마를 위해 게를 사는데 옆에 있던 한 젊은 여자가 생선튀김 요리를 하고 싶지만 어떻게 하는지 몰라서 망설이자 바로 할머니 보니에게 전화를 걸어 요리법을 가르쳐주게 한다. 자정이 넘은 시간 샌프란시스코 거리에서 술 마시는 사람들에게 둘러싸인 오스카와 친구들은 문을 닫으려는 가게 주인에게 그들의 여자친구와 그들이 모르는 임신한 여자도 화장실을 써야 하니 문을 좀 열어달라고 부탁한다. 술집 주인은 낯선 사람들을 반갑게 환대한다. 오스카는 자기가 존재하지 않을 미래를 계획하고 우리는 안타까운 그 모습을 조용히 지켜본다.

때때로 쿠글러의 대본은 사람의 감정을 조종하려는 의도는 아닐지라도 다소 감상적으로 흐르곤 한다. 하지만 그가 그랜트의 이야기를 전달하기 위해 노력했다는 점은 명백하다. 핸드폰을 사용할 때 문자메시지를 겹쳐놓는다거나 번호를 스크린에 노출하는 등 감독만의 느슨한 연출법이 보이지만 이런 사소한 단점들이 영화의 감동을 해치지는 않는다.

〈오스카 그랜트의 어떤 하루〉는 분노에 가득찬 영화가 될 수도 있었다. 그러나 쿠글러는 친밀하면서도 생동감 넘치는 한 인물의 초상을 공들여 만들어냈고 이것은 감독의 의도적인 선택이다. 옥타비아 스펜서는 시사회가 끝나고 관객들의 질문에 이렇게 말했다. "행동 없는 분노는 폭동을 낳을 뿐입니다. 저는 이 영화에서 분노가 가장 적절한 감정이라고 생각하지는 못했습니다." 그럼에도 어떻게 분노에 굴복하지 않고 이런 영화를 만들 수 있었는지 궁금하다.

쿠글러는 지적한다. "그랜트 사건은 오클랜드 주민들이 인종문제에 어느 정도 낙관적인 관점을 갖기 시작하던 바로 그 시점에서 일어났습니다." 그리고 그 하룻밤 때문에 주민들의 낙관주의는 자취를 감추었다. 캘리포니아주에서 여덟번째로 큰 도시인 오클랜드는 흑인 청년들이 살기 힘든 도시다. 2011년 오클랜드 교육청의 아프리카계 남학생의 학업 성취도에 대한 보고서의 내용이다. "최근 일부 지역의 성취도 향상에도 불구하고 오클랜드에서 아프리카계 미국인 남학생의 학업 성취도는 모든 인구 그룹 중 최하위를 기록했다."

학교 바깥의 세계도 통계상 나을 것이 없다. 전미유색인지위향상협회에 따르면 미국의 230만 수감자 중에 100만 명이 아프리카계 미국인이라고 한다. 또한 수감 기간과 석방 후의 재수감 비율도 인종에 따라 큰 차이를 보인다. 이러한 관습적인 편견 때문에라도 흑인 청년들이 성공하는 모습을 그리기가 어려워진다. 아니면 오스카가 영화에서 말하려 하는 것처럼 여러 차례의 계속된 실패 끝에 열패감에 젖게 되는 것인지도 모른다. '피곤해. 지쳤어. 새롭게 시작할 수 있다고 생각은 하지만 이 망할 인생은 안 풀릴 거야.'

매해 우리는 이런 통계를 보며 이럴 리가 없다는 의견을 주고받는다. 올해도 내년에도 이런 통계자료를 꺼내 흔들며 '이 망할 인생은 안 풀릴 거야'라고 말할지도 모른다. 이렇게 숫자들만 놓고 이야기하게 되면 흑인 청년들이 정확히 어떤 문제들을 겪고 있는지 파악하기가 더 어렵다. 어떤 통계들은 너무 끈질기게 떠돌다가 근거 없는 신화가 되어버린다. 예컨대 쉽게 '사실'처럼 여겨지는 편견 중 하나는 대학에 가는 흑인 청년보다 감옥에 가는 흑인 청년들이 많다는 것이다. 하워드 대학의 아이보리 A. 톨드슨 교수는 이 통계를 반박하며 '더 루트'• 의 흑인 학생 교육에 대한 연재 기사에서 이렇게 지적한다. "감옥에 있는

• The Root. 흑인을 타깃 독자로 하는 온라인 매거진.

흑인 남성보다 대학교에 다니는 흑인 남성이 60만 명 이상 많다. 더 신빙성 있는 다른 조사에서도 마찬가지이며 절대 뒤집어질 수 없는 통계다." 이 통계 뒤에는 오클랜드와 미국 사회에서 외면한 흑인 남성들이 있다. 사실을 반영하지 않은 흑인 남성에 대한 통계들은 이 문제에 아무 도움이 되지 않으며 그대로 받아들인다면 톨드슨 교수의 지적처럼 오히려 현실을 왜곡하고 상황을 악화시킬 수 있다.

그런 맥락에서 〈오스카 그랜트의 어떤 하루〉는 오스카 그랜트를 한 명의 평범한 남성으로 만드는 데 성공했다. 가족들을 돌보기 위해 마약을 파느냐 마느냐의 기로에 서지만 우리의 희망대로 오스카는 옳은 결정을 내리고 꽤 많은 양의 마리화나를 바다에 던져버린다. 동네 식료품점에서 해고당하지만 다시 일하기 위해 애쓴다. 그의 선택권은 극단적으로 제한되었을 뿐만 아니라 앞으로도 만만치가 않다. 이제 그는 절대로 실수를 하면 안 된다. 어떤 젊은 흑인 청년들은 단 한 번의 실수도 용납되지 않는 세계에서 살아야 한다.

흑인 청년들의 이런 현실을 담담히 묘사하는 것이 바로 쿠글러의 1차 목적이었다. 그는 말한다. "(베이 에어리어에서) 너무나 많은 흑인 청년이 죽어나갑니다. 이 문제의 뿌리는 바로 흑인 청년을 '악마화'하는 사회입니다." 현대 흑인 영화가 이 사회에 만연한 젊은 흑인 남성의 악마화를 막지는 못할 것이다. 그러나 〈오스카 그랜트의 어떤 하루〉 같은 영화는 그 현상의 결과가 무엇인지 보여주고 생각할 기회를 준다.

흑인 영화가 흥행에 한번 실패하면 그 영화를 가장 먼저 보게 되는 흑인들이 이렇게 말하곤 한다. "이러니까 우리 이야기를 담은 좋은 영화가 못 나오는 거야." 〈레드 테일스〉의 예를 보자. 이 영화는 조지 루카스가 제작하고 앤서니 헤밍웨이가 감독했지만 전국적으로 5천만 달러도 벌어들이지 못했다.

영화 개봉 당시의 인터뷰에서 루카스는 이 영화가 분명히 큰 성공을 거둘 것이라 확신해 자신의 개인 자금을 이 프로젝트에 투자했다고 말하며 관객들에게 이 영화를 볼 책임이 있다고 말했다. USA 투데이와의 인터뷰에서 그는 말했다. "어쩌다보니 제가 흑인 영화 커뮤니티를 위험에 빠뜨렸다는 것을 알게 되었습니다. (〈레드 테일스〉는 5800만 달러의 제작비가 들었고 그것은 일반적인 흑인 영화 제작비를 훌쩍 뛰어넘는 수준이다.) 제가 말하고 싶은 바는, 만약 이 영화가 잘되지 않으면 아마도 여러분은 지금 이 상태에서 상당히 오래 정체될 가능성이 있다는 것입니다. 흑인 영화가 낮은 제작비라는 돌덩이를 깨고 나오기가 더 힘들어진다는 겁니다." 루카스의 말이 오만하고 거창하긴 하지만 분명 뼈아픈 진실을 꿰뚫고 있다. 흑인 영화는 제작될 때마다 꼭 흥행해야 한다. 그러지 못하면 이후에 개봉하는 영화들도 좋지 않은 결과를 낳게 될 수 있다. 〈오스카 그랜트의 어떤 하루〉는 상업성과 예술성을 모두 갖춘 흑인 영화로 탄생할 수 있었다. 초반 흥행 성적은 매우 뛰어난 편이다. 개봉 첫 주 37만 7285달러의 수익을 올렸고 상영관 평균 5만 3898달러를 기록했다. 그리고 개봉 기간 동안 미국에서 총 1600만 달러를 벌어들였다. 이 영화의 만듦새는 앞으로 조금 더 다양한 분야에서 퀄리티 높은 흑인 영화가 만들어질 수 있겠다는 희망을 품게 한다. 그리고 우리가 조금 더 정교하게 그려진 흑인들을 볼 수 있겠다는 희망을 역시 걸도록 한다.

영화는 중요한 매체다. 그러나 여전히 사무치는 현실이 있다. 〈오스카 그랜트의 어떤 하루〉에서 오스카는 여자친구나 엄마에게 잘 가라고 인사할 때마다 끝에 꼭 "사랑해"라는 말을 붙인다. 쿠글러는 도심에 사는 많은 흑인 청년들이 꼭 이렇게 인사한다고 말한다. "왜냐면 우리가 집을 나설 때마다 어쩌면 무사히 돌아오지 못할지도 모른다는 걸 알기 때문이죠." 어떻게 그런 위험을 안고 살 수 있을까? 마지막으로 이 이야기를 하며 글을 마무리지으려 한다. 무기 하나 소지하지 않고 경찰이 하라는 대로 했던 오스카 그랜트는 스물두 살의 나이에 살해당했다. 요하네스 미설은 재판에서 2년형을 선고받았고 1년을 복역한 뒤 2011년 6월 13일에 석방되었다.

풍요 속의 빈곤

인터넷에 따르면 나는 〈오렌지 이즈 더 뉴 블랙〉에 열광해야만 하는 사람에 속한다. 이 드라마의 극본은 꽤 잘 쓰였고 '흥미로운' 전제 조건도 깔려 있으며 다양한 캐릭터가 등장한다. 이 쇼의 다양성을 극찬하는 사람이 엄청나게 많다. 〈오렌지 이즈 더 뉴 블랙〉은 다양성이 살아 있는 드라마다. 그 사실을 나만 몰랐나?

내가 〈레드 테일스〉나 〈버틀러: 대통령의 집사〉나 〈42〉를 사랑해야 하는 것처럼(하지만 사랑하진 않는다) 〈오렌지 이즈 더 뉴 블랙〉을 사랑해야만 한단다. 나와 비슷하게 생긴 사람들이 나오니까. 그것만 충족하면 되지 뭘 더 바라나? 아무리 세월이 흘러도 유색인종은 테이블에서 떨어진 빵 부스러기도 감사하며 넙죽넙죽 받아먹어야 하는 것인가? 가끔 우리에 대한 어떤 영화나 드라마가 존재한다는 이유로 우리가 그 영화나 드라마를 즐겨야만 한다고 생각하는 사람들이 있다.

평단의 반응은 호의적인 것을 넘어 열광적이었다. 『뉴요커』의 TV 평론가인 에밀리 누스바움은 이렇게 썼다. "영리하고 외설적이고 도발적인 이 시리즈는 성인용 케이블 드라마의 전통을 그대로 잇는다. 당신이 베벌리힐스의 수영장 옆에 앉아 이 프로그램을 시청하고 있는 사람이라면 이것이 〈오즈〉나 〈L 워드〉의 사생아격 드라마라는 것을 대번에 알아챌 수 있을 것이다." 완벽한 설명이다. 자극적이고 막 나가는 요소에 신선함과 코믹함이 잘 버무려진 전형적인 멜로드라마다. 또한 〈오렌지 이즈 더 뉴 블랙〉은 넷플릭스의 자체 제작 드라마라는 점이 문화적 맥락에서도 화제가 되었다.

어쨌건 이 드라마에 다양성이 살아 있다는 사실은 알고 계셨는가?

나는 이 드라마 시청을 계속 미루고 있었다. 이 드라마의 원작인 회고록을 꽤 재미나게 읽었기 때문에 드라마를 봐야 할 필요성을 못 느끼고 있었다. 한 에피소드가 끝나도 다음 에피소드가 크게 궁금하지 않았고 뒤로 갈수록 귀찮은 의무처럼 느껴졌다.

물론 이 드라마만의 장점이 있다. 특히 어떤 캐릭터들은 알아가는 재미가 있었다. 전부 다는 아니지만 적어도 수감된 백인 여성에 한해서는 성적 정체성이 흥미롭고 세심하게 다루어진다. 니컬슨 베이커라는 작가의 이름도 잠깐 등장해서 이 작가를 아는 전 세계의 소수 팬들을 들뜨게 해주기도 했다. 여성들이 어떻게 커뮤니티를 만들고 연대감을 형성하는지 살펴보며 낯선 상황에서 살아남기 위해서는 어떻게 해야 하는지도 관찰할 수 있었다.

그중에서도 아내와 아들이 있는 트랜스젠더 여성 수감자 소피아 버셋으로 분한 러번 콕스의 연기가 인상 깊었다. 이런 주변 인물들의 이야기가 〈오렌지 이즈 더 뉴 블랙〉을 그나마 괜찮은 드라마로 승격시키는 것이다. 버셋의 스토리는 독창적이고 신선하다. 버셋의 아내 크리스털 역의 타냐 라이트와 러번 콕스는 매우 진실하고 힘있는 연기로 누가 봐도 가슴 찡한 장면을 연출했다. 그들의 이야기는 다른 드라마에서는 한 번도 본 적 없었던 보석 같은 장면이었고 이 드라마가 찬사를 받게 된 요인이 되기도 했다.

하지만 〈오렌지 이즈 더 뉴 블랙〉이 이 정도로 칭송받을 만큼 훌륭한 드라마가 아니라는 점이 날 불편하게 한다. 제작자인 젠지 코핸은 탁월함과 평범함 중 어디에도 자리잡지 못하고 이 둘 사이 아주 얇게 그어진 선 위에서 아슬아슬하게 서 있는 것만 같다.

이 드라마는 진정 독창적이고 뛰어난 드라마가 될 기회가 무수히 많았으나 그 기회를 걷어차버리고 말았다. 아이티 출신의 캐릭터 미스 클로뎃이 나오는데, 아이티 출신 캐릭터가 워낙 드물기도 하지만 그녀의 억양은 일정하지 않고 이상하며 실제 아이티 억양과는 달라도 너무 다르다. 외모 또한 전혀 아이티 출신 여성 같지 않다. 어쩌면 내가 아이티계 미국인이기 때문에 이 부분의 기준이 남들과는 다를지도 모른다. 또 한 명의 수감자인 크레이지 아이즈는 캐릭터라기보다는 캐리커처에 가깝다. 그녀의 시선은 파이퍼에게 고정되어 있는데 아마도 웃기려는 목적으로 그렇게 설정된 것 같다. 왜냐면 미친 사람들은 원래 희한하니까. 물론 그녀의 캐릭터는 회가 거듭될수록 발전하지만 초반에는 너무 거칠게 표현된다. 크레이지 아이즈가 파이퍼의 침대 바로 앞에서 오줌을 싸는 장면에선 어둠 속에서 흰자위만 빛난다. 솔직히 이 장면에서 나도 웃음을 터뜨렸다. 크레이지 아이즈는 확실히 우스꽝스러웠고 우조 아두바의 연기가 그 역할을 살렸으나 이 웃음에는 약간의 죄책감이 실려 있었다. 그저 오락적 재미 때문에 인간의 품격이 희생되었다는 사실을 의식하게 되었기 때문이다.

배우 테일러 실링의 문제는 아니나 주인공인 파이퍼는 이 드라마에서 가장 지루한 캐릭터다. 아마도 〈오렌지 이즈 더 뉴 블랙〉이 '백인 여자 문제'를 잘 포장한 작품이라서 그럴지도 모른다. 물론 파이퍼는 수감 생활이라는 지독한 현실에 적응하면서 온갖 고초를 겪는다. 그녀의 마음고생이 실감나게 묘사된 장면들도 꽤 많다. 그녀는 특유의 예민함으로 감정을 잘 살려내기도 한다. 그럼에도 우리는 이 드라마의 다양한 캐릭터들이 결국 파이퍼라는 태양 주변을 도는 행성들이라는 사실을 무시할 수가 없다. 유색인종 여성들은 자신만의 태양계에서 사는 특권을 가질 수가 없다. 이 정도가 오늘날 우리들이 말하는 다양성이다.

〈오렌지 이즈 더 뉴 블랙〉은 파이퍼 커먼의 회고록을 원작으로 만들어졌다. 특권층에 속했던 백인 여성이 수감 생활을 하게 된다는 것이 기본 줄거리이다. 이 드라마는 그 이상이 될 수 없고 그것도 나쁘지 않다. 하지만 안타깝게도 우리는 앞으로 영영 유색인종 여성이 여성 교도소라는 이상한 나라에 가서 이상한 사람 취급을 받는 드라마를 볼 수가 없을 것이다. 우리는 절대로 감히 유색인종 여성과 수감 생활로 메인 스토리를 쓰려는 작가를 만날 수 없을 것이다.

그럼에도 코핸이 쉬운 선택이 아닌 더 나은 선택을 했다는 점에 칭찬을 해주어야 할까? 〈오렌지 이즈 더 뉴 블랙〉이 명목상으로나마, 지극히 피상적인 방법으로만 다양성을 살렸음에도 다양한 인종의 배우들에게 마침내 연기력을 펼쳐 보일 기회가 주어졌다는 점에서 감사해야 할까? 오라 보가도는 『더 네이션』에 이렇게 썼다.

> 몇 가지 예외를 제외하곤 이 드라마에서 다분히 인종차별적인 서사를 목격했다. 흑인 여성들은 프라이드치킨에 광적으로 매달리는 한편 멍키나 크레이지 아이즈라고 불린다. 푸에르토리코인 엄마는 딸에게 백인 간수를 잘 꼬드겨 성관계를 가지라고 말한다. 아시아계 여성은 절대 말하지 않는다. 라틴계 여성은 화장실에 몰래 숨어 세면대에서 자신의 질 사진을 찍는다.

이쯤 되면 풍요 속 빈곤이 아닐 수 없다.

나는 요즘 TV나 영화에서 중산층이나 상류층 백인 이성애자들이 아닌 다른 사람들의 경험을 다루기만 하면 내가 좋아할 거란 말에 점점 지쳐가는 중이다. 이런 극단적인 캐릭터 설정에 지친다.

극단적인 캐릭터가 아닌 평범하고 현실적인 유색인종들을 보여주는 보여주는 영화나 드라마는 찾아보기 힘들지만 고맙게도 몇 편은 존재한다. 〈더 게임〉 〈그레이 아나토미〉 〈스캔들〉 〈러브 앤드 바스켓볼〉 〈더 베스트 맨〉 〈점핑 더 브룸〉 〈피플스〉 등이다. 매 회가 전부 훌륭한 건 아니지만 나쁘지 않다. 접근성도 좋다. 이런 작품들이 더 많이 나와야 한다. 나와 다른 사람들의 다른 면을 보여줄 것이 아니라 알고 보면 굉장히 비슷하다는 사실을 보여주기를 바란다.

누스바움은 리뷰에서 이 드라마가 "TV에 나오는 거의 모든 프로그램 중에 여성-여성의 관계를 가장 영리하고 예리하게 다루었다"고 평했다. 그녀의 말이 옳다. 주류가 아닌 사람들에 대한 묘사는 기준이 무척 낮기 때문에 실제보다 더 "영리하고 예리해" 보인다. 그나저나 이 드라마가 나온 지가 언젠데 왜 지금까지 〈오렌지 이즈 더 뉴 블랙〉 이야기를 하고 있나? 우리가 아직도 이 드라마 이야기를 한다는 것은 우리가 이 정도 수준에서 만족할 수밖에 없는 상황에 처해 있거나 우리에게 이 수준을 벗어날 의지가 없다는 것을 잘 드러낸다.

4부

정치,
젠더,
인종

위신의 정치

어떤 흑인이 우리 사회에서 '흑인은 이러저러해야 한다'는 문화적 기대에 어긋나는 행동을 하면 온갖 종류의 문제가 불거진다. 일단 그 남자나 여자가 진짜 흑인다운지 여부가 심판대에 오른다. 우리는 흑인스러워야 하지만 너무 흑인스러우면 안 되고 너무 말 많고 시끄러워서도 안 되고 너무 부르주아를 따라 해서도 안 된다. 흑인들이 어떻게 생각하고 움직이고 행동해야 하는지에 대한 온갖 종류의 불문율이 있고 이것은 자꾸 변한다.

물론 우리 모두 소리내어 말하지 않을 뿐 어떤 사람들은 어떤 식으로 말하고 행동하고 생각한다는 암묵적인 규칙을 갖고 있다. 정형화된 이미지가 싫다고 말하면서도 사람들이 그런 이미지에서 벗어나면 고개를 갸우뚱한다. 남자는 울지 않는다. 페미니스트는 제모를 하지 않는다. 남부 사람은 인종차별주의자다. 그러나 사람이란 인간으로 태어났기 때문에 이런 불문율을 깰 수밖에 없다. 하지만 이럴 수가! 우리는 불문율이 깨지는 것을 싫어한다.

흑인들은 특히 더 비합리적인 기준에 묶여 있는 것 같다. 이 사회의 저명인사 중에는 흑인 생활 지침을 내리는 습관을 갖고 있는 이들이 종종 있다. 그중 한 명은 빌 코스비다. 뉴욕 포스트의 특별 기고에서 코스비는 무관심과 냉담함이 흑인 사회의 가장 큰 문제라고 지적했다. 우리가 우리 자신과 지역사회에 대해 충분한 관심을 기울이면 더이상 인종차별 때문에 고통받지 않는 신성한 장소에 닿게 된다는 것이다. 최근 몇 년 동안 나온 인종문제에 관한 코스비의 발언을 모아보면 대략 이렇게 요약된다. '우리가 똑바로 처신하면 언젠가 백인들에게 사랑받을 만큼 훌륭해질 수 있을 거야.'

CNN 앵커 돈 레몬은 인종차별주의를 극복하기 위해 흑인 사회가 다섯 가지 노력을 해야 한다고 말했다. 첫째, 깜××란 단어를 사용하지 않는다. 둘째, 자기 동네에 쓰레기를 무단 투기하지 않는다. 셋째, 학교를 끝까지 다닌다. 넷째, 미혼 부모가 되지 않기 위해 노력한다. 가장 놀라운 것은 이것이다. 다섯째, 젊은 흑인 청년들은 바지를 내려 입지 않는다. 레몬은 백인 동네 사람들은 길거리에 쓰레기를 그렇게 많이 버리지 않는다는 일화를 말하기도 한다. 또한 내려 입는 바지에 대해선 이렇게 설명하며 동성애 혐오적인 입장을 취하기도 했다. "사실 그건 감옥에서 유래한 겁니다. 무기로 쓰지 못하게 죄수들의 허리띠를 빼앗았거든요. 그것이 남성 죄수들끼리 섹스를 할 때 둘 중 누가 어떤 역할을 맡을지로 진화한 거죠." 레몬의 주장을 보면 백인 이성애자 남자가 우리 모두 반드시 따라야 할 이상인 것만 같다. 흑인 동성애자인 그가 왜 그런 생각을 하게 되었는지 알 수가 없다.

코스비, 레몬, 그리고 비슷한 생각을 옹호하는 사람들의 의도가 나쁠 리는 없다고 나도 믿고 싶다. 그들의 주장은 상식에 기반을 두고 있고 합리적이라고도 할 수 있다. 그러나 이 사람들은 '위신의 정치 respectability politics'와 거래한 것이다. 위신의 정치란 흑인이(혹은 소수자가) '문화적으로 용인된' 방식으로 행동하고 주류 사회 문화를 모방하면 인종차별에 시달리는 일이 적어질 것이란 개념이다. 그러나 위신의 정치는 제도상의 인종차별주의, 즉 현재의 교육제도, 복지제도, 사법제도가 흑인 사회의 문제를 더욱 강화하고 있다는 사실을 간과하고 있다.

우리는 미국 사회의 인종문제에 대해 계속 토론해오고 있다. 사람들 머리에 떠오르는 생각과 내 머리에 떠오르는 의문은 이런 것들이다. 어떻게 인종적 불평등이 일어나지 못하게 막을 것인가? 어떻게 흑인 어린이와 청소년을 보호할 것인가? 어떻게 인종차별과 빈곤을 악화시키는 제도상의 장벽들을 극복할 것인가?

이 사회가 정해놓은 법칙들만 잘 따르면 우리 모두가 더 살기 좋아지는 세상이면 좋겠다. 인종차별주의가 유한한 해결 방법이 있는 유한한 문제면 좋겠다. 모범적으로 살고 위신만 세우면 인종차별주의 때문에 목숨을 잃어버린 사람들까지도 모두 구원할 수 있다면 참 좋겠다.

하지만 우리가 사는 세상은 그런 세상이 아니고, 억압받는 대상에게 그 억압을 끝낼 책임이 있다고 주장하는 건 극히 위험한 발상이다. 위신의 정치는 우리가 모두 모범 시민(이라 쓰고 '백인들처럼'이라 읽는다)이 되는 방법이 있다고 주장한다. 우리는 더 나아질 수 있다. 하지만 그렇다고 해서 우리가 이상에 부합할 수 있을까? 이상에 부합하고 싶은 걸까? 그저 자연스러우면서도 사람답게 살면서 방법을 찾을 순 없을까?

돈 레몬 같은 사람을 예로 들어보자. 그는 흑인이고 편모 가정에서 자랐으나 이제 CNN 방송국을 대표하는 성공한 뉴스 앵커이다. 또한 그는 자신이 이런 약점을 극복하고 성공할 수 있었으니 모두가 그렇게 할 수 있다고 주장하는 것처럼 보인다. 이것이 바로 위신의 정치를 믿는 사람들이 옹호하는 정신이다. 그들이 성공을 이루었기 때문에, 그들이 인종차별을 비롯한 다른 차별들도 초월할 수 있었기 때문에 다른 사람도 그와 똑같이 해야 한다는 것이다.

그들은 사다리를 올라가고 유리천장을 깨뜨렸으나 그 사다리를 넓혀서 다른 사람들도 올라오게 하는 데는 그리 관심이 없는 것 같다. 자신들의 구체적인 성공 과정과 방법을 전수하는 데도 관심이 없다. 제도적 문제가 해결되지 않는 한 따르기만 하면 성공하는 청사진은 존재할 수 없음을 고려하고 싶어하지 않는다. 진정한 진보가 이루어지려면 레몬과 코스비 같은 리더들이 현실을 있는 그대로 인정해야 한다.

위신의 정치는 인종차별주의를 종결시킬 해답이 아니다. 인종차별주의는 모범 시민 여부, 재산, 교육, 지위와 관계가 없다. 세계에서 가장 부유한 사람 중에 하나이며 아마도 미국 흑인 여성 중에서는 최고 갑부일 오프라 윈프리도 일상적으로 인종차별을 겪는다고 이야기한다. 2013년 7월 티나 터너의 결혼식에 참석하기 위해 간 취리히에서 명품 편집 매장 트루아 폼므의 한 직원이 윈프리가 관심을 보이고 있는 가방이 그녀에게는 너무 비쌀 것 같다고 했다. 입이 떡 벌어지는 가격의 초고가 명품백을 못 사게 된 오프라가 불쌍하니 같이 울어주자는 뜻이 아니다. 다만 이런 사건들을 통해 인종차별은 우리 사회에 너무나 깊숙이 침투해 있기 때문에 우리가 인종차별주의를 넘어설 정도로 존경스러운 인간이 될 수는 없다는 것, 적어도 미국에서는 아니 이 지구상에서는 그럴 수가 없다는 것을 또 한번 확인할 뿐이다.

예외적인 인물을 가리키는 것은 의미가 없다. 저 빛나는 별들은 조건과 상황을 초월했다. 우리는 우리 중에서 가장 부족한 사람들을 지원할 수 있는 방법이 있는지 찾아보아야 하고, 제도적인 변화를 요구하지 않고 그저 성공한 사람들을 맹목적으로 존경하고 모방하는 데만 시간을 바치지 않도록 노력해야 한다.

2013년 7월, 오바마 대통령은 인종을 주제로 역사적인 연설을 했다. 그의 연설은 지금까지 이 주제로 한 어떤 대통령의 연설보다 더 명쾌하고 진솔했다. 그는 자신이 경험한 인종차별을 이야기하면서 미국에서 인종문제를 개선할 수 있는 방법을 제안했다. 인종 프로파일링•을 중단하고 트레이번 마틴의 살인 같은 비극을 가능하게 하는 법을 고치고 흑인 소년들을 도울 수 있는 효과적인 방법을 찾아야 한다고 말했다. 이러한 제안들도 물론 모호하긴 하지만(여기서도 흑인 소녀들은

• 피부색이나 인종을 기반으로 용의자를 특정하는 수사 기법.

잊혔다. 마치 이들은 도움이 필요하지 않은 것처럼) 그래도 오바마는 변화를 위해 우리 모두 책임져야 한다고 말하고 있다. 결국 우리는 '갈라질 수 없는 하나의 국가one nation indivisible'• 아닌가. 우리가 그렇게 행동해야만 진정한 변화가 시작될 수 있을 것이다.

• 미국 성조기에 대한 경례인 '충성의 맹세' 중 한 구절.

저널리즘이 하지 못하는 일을 트위터가 해낼 때

2013년 6월 25일 화요일, 텍사스주 상원의원 웬디 데이비스는 열세 시간 동안 먹지도 마시지도 앉지도 기대지도 화장실을 이용하지도 못한 채 임신중지 제한법을 저지하기 위해 필리버스터에 들어갔다. 공화당이 처리를 시도하고 있던 이 법안은 미국에서 가장 큰 주인 텍사스의 임신중지 클리닉 42곳 중 37곳의 영업이 정지될 수도 있는 법안이었다. 전국적으로, 아니 전 세계에서 이 문제에 촉각을 세우는 사람들이 유튜브를 통해 이 필리버스터와 이를 막으려는 정치적 움직임들을 실시간으로 볼 수 있었다. 한때 유튜브 생중계 시청자 수는 18만 명을 넘겼다.

나는 몇 시간 동안 꼼짝 못하고 이 필리버스터에 붙들려 있었다. 그때 트위터리안들이 움직였고 그들은 데이비스 민주당 상원의원의 노력에 상징적으로나마 도움이 될 수 있었다. 이 안에서만은 끈끈한 동지 의식이 생겼다. 참으로 입이 가벼운 나는 그 와중에 몇 시간이나 격렬히 저항했어도 흐트러짐 없는 그녀의 완벽한 헤어스타일에 대해 몇 마디를 보태기도 했다.

자정이 다가오자 데이비스 의원의 노력을 방해하려는 강력하고 편파적인 게릴라성 시도가 있었고 방청석에 있던 흥분한 군중이 소리 내어 응원하기 시작하면서 그녀가 혼자가 아님을 알렸다. 여성들은 그때 사용할 수 있는 유일한 무기인 그들의 목소리로 재생산권을 위해 싸우고 있었다. 나는 그 소리들을 절대 잊을 수 없을 것이다. 그것은 그동안 동면하고 있었던 내 안의 무언가를 깨웠다.

그런데 왜 우리는 이 엄청난 정치적 사건을 유튜브에서밖에 볼 수 없었을까? 메이저 방송사 중에 단 한 곳도 이 필리버스터의 마지막 몇 시간을 방송으로 내보내거나 뉴스로 다루지 않았기 때문이다. 이제 언론과 뉴미디어의 차이는 점점 더 크게 벌어져 있다.

하지만 이 이야기는 여기서 비롯된 것이 아니다.

내가 저멀리 텍사스에서 벌어지고 있는 일에 대해 알게 된 것은 텍사스의 인권 운동가 제시카 W. 루서(트위터 아이디 @scATX)의 노력 덕분이었다. 그녀는 몇 주 동안이나 지치지 않고 이 임신중지 제한법이 무엇인지 알렸다. 그녀를 개인적으로 알지 못하지만 온라인에서 우리는 연결되었다. 솔직히 말해서 처음에는 텍사스에서 무슨 일이 일어나고 있는지 전혀 알지 못했고 큰 관심도 없었다. 한때는 이렇게 생각하기도 했다. '내가 그런 것까지 신경써야 하나?'

하지만 루서는 확고했고 열정이 넘쳤으며 훌륭한 정보들을 공유해주었고 나는 점점 더 신경쓰게 되었다. 관심을 갖고 듣기 시작했다. 그녀가 올려주는 기사와 글들을 읽었고 이 문제는 텍사스 여성뿐만 아니라 미국의 모든 여성에게 절대적으로 중요한 사안이라는 사실을 깨달았다. 나는 오직 한 사람의 목소리로부터 변화가 시작될 수도 있다는 사실 또한 상기했다.

그리고 나는 한 상원의원의 필리버스터를 유튜브 라이브 피드로 보는, 내가 절대 할 거라 생각지 않았던 일을 하고 있었다.

소셜 미디어는 신기하다. 한편에서는 친구와 가족과 모르는 사람들의 일상이 끝도 없이 이어진다. 맛있는 요거트를 추천하고, 바리스타의 라테 아트 사진을 올리고, 맛있게 먹은 음식 사진과 반려동물 사진과 아이 사진과 붐비는 거리 한편에 버려진 안락의자 사진도 올린다. 이 안에는 온갖 종류의 자기 과시와 '좋아요'와 '마음에 들어요'가 있다. 별것 아닌 일에 와르르 몰려들어서 싸우고 논쟁하기도 한다. 때로는 시시한 잡담의 창고 같을 때도 있다.

하지만 이런 소셜 미디어가 시시해지지 않을 때가 가끔 있다. 초강력 허리케인 샌디가 미국 동부 해안에 상륙했을 때 공공기관은 소셜 미디어를 통해 대피 방법을 알리고 허리케인 경로를 실시간으로 업데이트했다. 시민들은 정보와 도움을 제공했고 사람들은 소셜 미디어로 연결되었다. 물론 어딜 가나 '똥파리'들은 있기에 트위터에도 도덕성이 의심스러운 사람들이 루머를 퍼뜨리고 피해를 끼치는 경우도 있었다. 하지만 대부분의 경우 소셜 미디어는 좋은 일을 위해 사용되었다.

최근 나는 거의 모든 사건 사고와 시사 이슈들을 트위터로 가장 먼저 접하는 것 같다. 콜로라도 오로라에서 일어난 한밤의 극장 총격 사건, 샌디 훅 초등학교 총기 난사 사건, 아랍의 봄•으로 일어난 중동 국가 시위, 월가 점령 시위, 2012년 대통령 선거 결과, 트레이번 마틴 살해 사건과 재판, 텍사스 서부의 비료 공장 폭발 사건, 보스턴 마라톤의 폭탄 테러를 모두 트위터를 통해 처음 알았다.

뉴스가 터졌을 때 소셜 미디어에서 공유되는 내용과 메이저 방송사에서 전달하는 내용에는 현격한 차이가 있다. 갈수록 이 두 미디어 사이의 거리는 안쓰러울 정도로 벌어지고 있다.

전통적인 저널리즘은 분초 단위로 올라오는 소셜 미디어와는 다르게 보도를 완성하는 데 시간이 필요하다. 보도하기 전에 사실관계와 정보의 정확성을 확인해야 한다. 이상적인 사회에서 우리는 신문과 방송사가 우리에게 정확하고 객관적인 정보를 전해준다고 믿어야 하기에 그들에게 시간이 필요하다고 생각한다. 하지만 직업 정신에 투철한 언론사 기자들이 여기에 필요한 노력과 열정을 쏟는다는 걸 감안한다 해도, 주요 신문이나 방송의 뉴스 내용은 현재 이슈들을 속도감 있게 따라잡지 못하고 가끔은 따라잡고 싶어하지 않는 것처럼 보이기도 한다. 오히려 소규모 매체들이 그 일을 잘해낸다. 웬디 데이비스의 필리버스터 유튜브 방송도 텍사스의 비영리 언론사인 텍사스 트리뷴이 먼저 보도를 시작했기에 가능했던 일이었다.

6월 25일 화요일 웬디 데이비스는 자신이 사는 주에서 재생산권을

• 2010년 10월 튀니지에서 시작해 아랍과 중동, 북아프리카로 확산된 반정부 시위 물결.

위해 일어나 싸웠으나 주요 방송사들은 이 문제를 크게 다루지 않았다. MSNBC 채널에서 초저녁에 짧게 뉴스를 내보냈을 뿐 이런 목적을 위해 만들어진 24시간 뉴스 채널들은 결정적으로 중요했던 마지막 몇 시간 동안 침묵을 지켰다. 아예 보도하지 않거나 부정확한 정보를 전달하기도 했다. 다음날 CNN 뉴스 프로그램 진행자 크리스 쿠오모는 데이비스의 노력과 그녀와 함께한 텍사스 시민의 밤샘 농성을 '기이한 정치적 행동'이라고 언급하며 이렇게 제안했다. "이렇게 하기 전에 이 법안에 대해 조금 더 타협하고 협상하려는 태도가 필요하지 않았을까요?" 재생산권이 조금 타협하고 양보하면 되는 문제인가? 오만과 나태로 똘똘 뭉친, 무능한 동시에 분노를 유발하는 멘트가 아닐 수 없다.

저널리즘이 효과적으로 작동할 때는 충분히 이해하거나 알지 못했던 사실들에 대해 설명해주는 기자와 앵커들에게 매우 감사함을 느끼고 그런 경우도 적지 않다. 나를 비롯한 어느 누구도 인터넷에 접속했다 해서 중요한 사회문제의 전문가가 될 수는 없다. 데이비스 의원이 발언할 때 전통적인 방송 매체들의 명석한 저널리즘적 시각과 분석이 뒷받침되었더라면 조금 더 많은 사람들에게 큰 도움이 되었을 것이다. 하지만 사람들은 뉴스를 켜는 대신에 트위터를 보거나, 인터넷을 뒤져서 텍사스 의회의 입법 과정에 대해 조사하거나, 이날 밤의 가장 중요한 순간들을 공유했다. 그래서 자신들이 만든 규칙을 어기려는 텍사스 공화당 의원들에게 마지막 남은 책임을 물었다. 인터넷에 접속한 일반 시민들이 예전에 믿고 보던 방송사의 기자들이 하던 일을 해낸 것이다.

6월 25일 같은 날 조금 이른 시각, 대법원이 5 대 4라는 끔찍한 비율로 유색인종, 지방 유권자, 노인, 빈곤층 유권자 등 적지 않은 미국인들의 참정권을 보장했던 투표권리법 제4조를 폐기하기로 결정했을 때 이 사안을 분석하는 기자들의 관점은 매우 유용했다. 소셜 미디어에서도 사람들의 생각을 알 수 있었으나 내가 잘 모르는 주제를 다룬 깊이 있는 뉴스 기사나 보도자료를 읽을 수 있어서 유용했다. 또한 나도 나서서 무언가를 해야 한다는 부담 없이 정보를 제공받을 수 있어서 좋았다.

이후 대법원이 연방 결혼보호법과 동성 결혼 금지 법안은 위헌 판결 했으니 이는 수많은 후퇴 끝에 하나의 전진이라 할 수 있었다. 이번에도 소셜 미디어는 활발히, 득의양양하게 움직였고 승리감에 차올랐다(물론 어느 쪽을 지지하고 있었는지에 따라 승리감을 느끼지 않은 사람도 있었을 것이다). 이 연방 결혼보호법을 주제로 트위터에서는 동성 결혼 합법화를 위해 현재의 결혼 제도가 어떤 식으로 달라져야 할지 토론했다. 서로 국적이 다른 게이나 레즈비언 커플에 대한 논의와 동성 결혼 합법화가 불러올 결혼 산업계의 경제적 이득에 대한 논의도 나왔다. 소셜 미디어는 담론을 확장해주었다.

이때 방송사들은 동성 결혼 합법화에 대해 자세히 보도했다. 동시에 트레이번 마틴을 살해한 조지 지머먼의 재판 과정도 보도했고, 에드워드 스노든과 미국 국가안전보장국을 둘러싼 끝없는 공방도 보도했으며, 폴라 딘 사건도 다루었다. 보도할 뉴스가 부족한 적은 없었고 언제나 그랬다. 우리는 이렇게 크고 복잡하고 엉망진창인 세상에서 살고 있다.

소셜 미디어는 그저 사소한 일상을 올리고 즉각적인 판단을 하거나 가벼운 희로애락을 내뱉는 분출구가 아니다. 사회 문화적으로 중요한 시기에는 나와 닮은 사람이 많아 위안을 받는 곳 이상이 되어준다. 소셜 미디어는 완벽하진 않아도 우리에게 꼭 필요한 양심이 무엇인지 알려주고, 헌신과 연민과 지지는 한정되어 있지 않고 그래서도 안 된다는 사실을 일깨워준다.

우리는 다음에 무슨 일이 일어날지 걱정하느라 6월 25일의 투표권리법 폐기 사건을 못 본 척 넘어갈 수 없고, 내일 어떤 일이 생길지 근심하느라 오늘 일어난 일을 간과할 수도 없다. 전통적인 저널리즘은 우리가 간절히 필요로 하는 지식과 정보는 줄 수 있지만, 소셜 미디어는 지금 이 순간 우리가 무엇을 갖고 있는지 말해주고 우리가 과거와 미래를 염두에 두면서도 충분히 현재에 시선을 고정시킬 수 있음을 알려준다.

위임되어버린 여성의 권리

재생산권은 내가 항상 신경쓰는 문제다. 어떻게 그렇지 않을 수가 있겠는가? 나는 가임기 여성이고 내가 어디 사느냐에 따라 이에 관한 권리가 제한될 수 있다.

신문 기사를 읽을 때는 내가 지금 '디 어니언'•을 읽고 있는 건 아닌지 자꾸 확인해야 한다. 우리는 지금 임신중지, 피임, 재생산권을 주제로 전 국가적인 토론을 계속하고 있는데 남성들이 그 토론을 주도하고 있다. 이것이 바로 풍자가 아니고 무엇이겠는가?

선거철만 되면 '선거 공약'으로 임신중지 제한권을 들고나오려는 정치가들과 그 측근과 선거 캠프는 기억력이 아주 나쁘다. 건망증을 넘어 기억상실증에 가깝다. 그들이 신경쓰는 건 오직 정치 공작과 승

• 미국의 대표적인 시사 풍자 매체.

리 전략뿐이다.

하지만 우리 여성들은 기억력이 좋다. 눈앞에서 내 삶의 주도권이 축소되는 모습을 두 손 놓고 바라보고 있을 수 없다.

정치가와 그 측근들은 여성들과 때로는 남성들까지 원하지 않는 임신으로부터 여성의 신체를 보호하기 위해 필요한 것을 해왔다는 사실을 잊어버리고 있다. 고대부터 여성들은 젤리나 고무나 식물을 사용하여 피임해왔고 원치 않는 임신을 했을 경우 중지했다. 1300년대에 인구 증가가 필요했던 유럽에서 피임법을 전수하는 여인들을 '마녀사냥'하고 산파들을 처벌했지만 그때도 피임과 임신중지는 이루어졌다.

정부가 어떤 목적, 그중에서도 인구 증가와 관련된 목적을 실현하고 싶을 때는 피임을 하기 어렵게 하거나 범죄로 취급한다. 그러면서도 빈곤층의 인구 증가를 막기 위해 피임이 적극적으로 권장되기도 한다. 역사적으로 사회는 언제나 '바람직한 사람'만이 재생산의 권리를 갖기를 원했다. 이 사실을 잊어서는 안 될 것이다.

역사에 대해서 알아야 할 것이 또 있다. 역사는 되풀이되고 또 되풀이된다는 것이다. 14세기와 15세기의 마녀사냥, 피임과 임신중지와 이 서비스를 제공하는 여인들을 악마화했던 역사가 지금 현재 이 땅에서 다시 한번 재현되고 있다. 차이는 현재의 마녀사냥은 이 사회가 처해 있는 진정 복잡하고 부담스러운 문제들로부터 사람들의 관심을 멀어지게 하기 위한 눈가림용 작전이라는 점이다. 이보다 중요한 문제가 어디 한두 가지인가? 처참한 경제문제와 그런 결과를 야기했음에도 아직까지 청산되지 못한 월가의 문화, 심각해지는 계급 간의 불평등과 빈부 격차, 학생들을 낭떠러지로 몰아넣는 학자금 대출과 가계 부채 증가, 인종문제, 게이와 레즈비언과 트랜스젠더 들의 인권 문제, 일반인에게 혜택이 돌아가지 않는 의료보험 문제, 끝이 보이지 않는 전쟁들과 임박한 국제 분쟁 등등, 돌아보면 한시가 급한 문제투성이다.

대체로 보수적인 정치가들이 미국 사회가 당면한 시급한 문제들을 해결하기 어려우니 연막작전으로 이 '여성 문제'를 들고 나와 임신중지와 피임을 갑자기 대국민 토론 주제로 만들어버린다.

여성들은 이전에도 피임이나 임신중지 제한에 반대하기 위해 지하조직을 만들었으나 필요하다면 다시 한번 그 지하조직을 만들어야 할 상황에 처했다. 정치가들이 이렇게 여성을 무시하고 있으니 우리 역시 목숨걸고 싸우는 수밖에 없다.

여성의 기억력이 나쁘지 않다는 점이 그저 감사할 뿐이다.

임신은 사적인 일이면서 공적인 경험이기도 하다. 임신은 매우 개인적이고 은밀한 일이다. 한 여성의 몸안에서 일어나기 때문이다. 완벽한 세상에서라면 임신은 여성과 그녀의 파트너만 공유하는 경험이 되어야 할 테지만, 여러 가지 이유로 그렇게 되기는 불가능하다.

임신은 사회의 공적 개입을 유도하는 경험이고 여성의 신체를 대중적인 담론으로 끌어올리는 경험이다. 여러 면에서 임신은 여성의 삶에서 가장 덜 개인적인 경험이 되어버린다.

외적 개입은 별것 아닐 수도 있고 불쾌한 경험이 될 수도 있다. 사람들은 당신의 부풀어오르는 배를 만지고 싶어하는가 하면 원치 않는 육아 조언을 하기도 하고 예정일이 언제인가부터 시작해 아직 태어나지도 않은 아이의 성별을 묻기도 한다. 생전 처음 보는 사람도 당신이 임신했다는 이유만으로 그런 정보를 알아낼 권리가 있는 것처럼 행동한다. 특히 임신한 티가 나기 시작하면 원하건 원치 않건 임신 관련 논쟁과 대화에 참여하지 않을 수 없다.

물론 공적 개입이 필요한 경우도 있다. 일반적으로 임신한 여성들에겐 건강관리가 필요하기 때문이다. 그럴 수 있으면 좋겠지만 임신한 후에는 동굴 안에 꼭꼭 숨어 그저 별 탈 없이 이 일이 끝나기만 기다릴 수는 없다. 임신은 아주 복잡한 절차이고 때로는 험난하고 위험한 과정이 될 수도 있다. 다행히 의료보험이 있거나 의료적 도움을 받을 수 있다면 병원과 의사가 임신 유지를 돕는다. 기형아 검사를 해주고 여러 임신 증상을 확인하며 임신부의 건강을 체크한다. 만약 임신 중 건강에 이상이 생기면 아주 위중할 수도 있기 때문에 의학의 도움을 받아야만 임신부의 생명을 구하고 운이 좋다면 태아의 생명도 살릴 수 있다. 당연히 출산할 때도 공적 개입, 즉 의사나 조산사나 산파의 도움을 받아야 한다.

아기가 태어난 다음에야 비로소 여성은 다시 자신만의 사적인 생활로 돌아갈 수 있다.

수많은 주에서 입법자들이 임신에 개입하고 특히 여성이 임신을 종결할 권리를 행사하려 할 때 심할 정도로 깊이 개입한다. 임신중지는 점점 더 하면 안 되는 이단적인 선택처럼 느껴진다. 아니면 이 논쟁에 끼어드는 사람들의 큰 목소리 때문에 그런 프레임이 만들어진 것인지도 모른다.

1973년부터 미국 여성들은 임신을 자발적으로 종결할 수 있는 권리를 가졌다. 원하지 않으면 엄마가 되지 않을 수 있는 권리가 있었다. 1973년 이후 이 권리에 대해 여러 가지 방식으로 이의가 제기되었으며 특히 선거기간 동안에는 재생산권이 뜨거운 감자로 떠오른다.

선택할 자유를 누리려는 여성들에게 상황은 아주 복잡해진다. 미국의 입법자들은 아주 열심히 일하여 임신중지를 이상하고 비상식적인 방식으로 해야 하는 제도를 만들거나 제약을 만들어놓았고, 지극히 개인적이고 가장 사적이어야 할 경험을 한없이 공적이고 가장 고통스러운 경험으로 만들었다.

최근 몇 년간 몇몇 주에서 임신중지수술 전에 의무적으로 초음파검사를 받아야 한다는 법안이 상정되거나 통과되었다. 현재 일곱 개의 주에서 초음파검사가 의무다.

버지니아주 같은 경우 임신중지수술을 원하는 여성은 의학적으로는 전혀 불필요한 질 초음파검사를 받아야 한다는 법안을 통과시키려 했으나 다행히 부결되었다. 그러나 이후 버지니아주 입법부는 일반 초음파검사를 받아야 한다는 법안을 통과시켰으니, 어쩌면 우리는 조삼모사에 속았는지도 모른다. 이 법안으로 인해 여성은 자신의 의사와 상관없이 초음파 사진을 보아야 하고, 태아의 심장 소리를 들어야 하며, 동의 여부와 관계 없이 임신중지 정보도 의료 기록에 남게 된다.

근래에는 질 초음파가 뜨거운 논제로 떠올랐다. 어떤 임신중지 허용

파는 질 초음파는 주정부가 시행하는 강간이나 마찬가지라고 주장한다. 이는 좋게 보아도 무책임한 주장이다. 강간은 강간이기 때문에 질 초음파검사나 이것을 강요하는 법안이 강간과 동일하다고 할 수는 없다. 물론 질 초음파가 즐거운 경험은 아니며 아무리 의료적 상황이라고 해도 모르는 사람들 앞에서 반나체로 누워 차갑고 딱딱한 플라스틱 물체를 내 몸으로 들어오게 하는 체험이 즐거울 리는 없다. 질 초음파는 '때로는' 반드시 취해져야 할 의료적 절차가 맞는다. 하지만 문제는 질 초음파에 대해 충분히 검토하고 발언할 기회가 우리에게 없었고, 임신중지를 원하는 여성에게 이 절차가 꼭 필요한 것도 아니며, 사람들을 혼란스럽게 만들기 위해 임신중지 논의에 던져놓은 전략일 뿐이라는 점이다.

임신중지 제한법 또한 어떤 형식을 띠고 있건 속이 빤히 보이는 책략일 뿐이다. 정치가들은 여성들의 임신중지를 막을 수 없다면 어떻게든 벌을 내리려 할 것이다. 그들은 감히 여자들이 자신의 모성과 몸과 미래를 위해 어떤 선택을 했다는 이유만으로 잔인한 형벌을 내리려 한다.

감히 선택을 한 여성들을 누가 가장 심하게 벌주는지 경쟁을 벌이고 있는 가운데 최근 이 분야에서 텍사스주가 발군의 실력을 뽐내고 있다. 텍사스주에서는 임신중지수술 전 여러 가지 초음파검사는 물론이고 임신을 유지하게끔 도울 수 있는 서비스들에 대한 안내를 받아야 하는데, 그중에서도 가장 사악한 건 의사가 초음파를 짚어가며 태아에 대해 설명하고 여성이 그걸 듣고 있어야 하는 것이다.

재생산권을 억압하기 위해 설계된 이 법안들은 너무나 비겁하고 치졸하여 인간성마저 의심하게 만든다. 구역질이 날 정도다. 미연방 수정헌법 제8조 덕에 우리의 법률 체계에서 어떤 범죄적 처벌도 잔인하거나 정도를 넘어서는 안 되며 인권이 존중되어야 하지만 여성에게는 해당이 안 되는 것 같다. 캐럴린 존스•라는 여성에게 물어보면 안다. 둘째 임신 후 평생 고통받고 치료받아야 할 아이가 태어날 수도 있다는 소식을 들은 그녀와 남편이 임신중지수술을 결정하고 그녀가 수술을 받기까지 겪어야 했던 그 고통을 어떻게 말로 다 설명할 수 있을까? 그녀의 감정이 너무 생생히 전해져 끝까지 읽기가 어려울 정도였다.

펜실베이니아주 주지사 톰 코벳은 임신중지수술 전 초음파검사 필수 항목이 들어간 법안을 지지하면서 여성들에게 보지 말고 눈을 감고 있으면 되지 않느냐고 말했다. 개나 소나 선거에 나와 당선될 수 있음을 알려주는 실사례라 아니할 수 없다. 무언가를 목격하지만 않으면 견디기 더 쉬워질까?

조지아주 하원의원 테리 잉글랜드는 임신 20주 이후 임신중지수술을 금지하는 법안을 지지하며 여성은 태아가 뱃속에서 죽어도 몸에 품고 있어야 한다고 했다. 왜냐하면 소와 돼지들도 그렇게 하니까. 반발이 거세지자 자신의 말은 그런 뜻이 아니라고 발뺌했다. 이 인간이나 이처럼 재생산권을 법으로 제한하려고 하는 남자들에게 여성과 짐

• 텍사스 오스틴 카운티에 사는 작가 캐럴린 존스는 임신중 태아가 기형아로 판명나자 임신중지수술을 받으려 했으나, 텍사스의 법 때문에 수없이 복잡한 절차를 거치고 초음파검사까지 받아야 했다. 그는 자신의 임신중지 이야기를 신문에 기고했다.

승은 그리 다르지 않은가보다.

서른다섯 개 주에서 임신중지를 원하는 여성은 그 정도는 다르지만 반드시 상담을 받아야 한다. 스물여섯 개 주에서는 증명 서류를 받아야 한다. 이런 제한은 끝도 없이 이어진다. 만약 당신이 이런 제한에서 자유롭다고 생각한다면 재고해보시길. 2011년 미국 가임기 여성의 55퍼센트가 임신중지의 권리와 재생산권에 적대적인 지역에서 살고 있다.

대기 기간, 상담, 초음파, 질 초음파, 초음파 스토리텔링 등의 모든 법안은 모욕적이고 주제넘은 사생활 침해다. 여성이 생각을 바꾸도록 압박하고 여성이 임신을 종결하지 못하도록 압박하려는 시도들이다. 여성들이 이렇게 하찮고 잔인한 지연작전에 쉽게 말려드는 존재라고 믿는 것일까? 정치가들은 여성이 임신을 끝내겠다는 마음을 먹고 나면 그다음부터는 어떤 것에도 흔들리지 않는다는 사실을 이해하지 못한다. 그날의 기분에 따라 가볍게 내린 결정이 아니며, 혹시 가볍게 결정내렸다고 해도 그것은 그녀의 권리다. 여성은 그 어떤 상황에서도 항상 자신의 몸에 대한 권리를 갖고 있어야 한다. 아무리 입 아프게 설명해도 못 알아듣는다는 사실이 답답하고 괴로울 뿐이다. 이렇게 인생을 결정하는 큰 문제 앞에서는 여성의 선택권에 외부의 찬성이나 반대가 개입되어서는 안 된다.

그렇다면 환자의 안녕을 최우선으로 한다고 맹세한 의사들은 어떻게 된 것일까? 그들은 여기서 어떤 책임을 지고 있는 것일까? 만약 의

료계 종사자들이 모두 힘을 합쳐서 이러한 제한에 동참하지 않겠다고 주장한다면, 그러면 정치가들이 찬물 마시고 정신 차릴 수 있을까?

재생산권을 둘러싼 논란은 항상 연막작전일 뿐이었다. 매우 고의적이고 위험한 연막작전이다. 위험한 이유는 재생산권이 타협할 여지가 있는 주제라고 말하고 있기 때문이다. 이것이 화두가 되어야 한다고, 선거공약이 되어야 한다고 말한다. 폐지되거나 제한될 수 있다고 말한다. 이 재생산권은 마땅히 양도할 수 없는 권리가 아니라고 말한다.

우리가 아는 미국은 양도할 수 없는 권리라는 원칙 아래 세워진 국가다. 어떤 권리들은 너무나 신성불가침해서 정부조차도 그 권리를 빼앗을 수 없다. 물론 이 원칙을 성문화했던 미합중국 헌법 제정자들의 머릿속에는 부유한 백인 남성들만 들어 있었을 것이다. 그럼에도 불구하고 절대 빼앗길 수 없는 자유가 있다는 건 꽤 괜찮은 개념이다.

이러한 논란이 우리에게 알려주는 것은 지금 같은 현대사회에서도 여성의 권리는 양도 불가능한 권리가 아니라는 사실이다. 우리의 권리는 양도할 수 있고 놀라울 정도로 자주, 정기적으로 양도되고 있다.

나의 신체가 입법 대상이 된다는 사실을 받아들이기가 매우 힘들다. 가끔은 숨을 쉬기가 힘들 정도다. 양도할 수 없는 권리를 가지고 있다는 생각이 들지 않는다.

나는 자유롭다고 느껴지지 않는다. 내 몸이 내 것이라고 느껴지지가 않는다.

어떤 상황에서건 몸이 법률로 제정될 수 있는 환경에서는 자유가 없다. 연구자 이저벨 카르핀은 「여성의 신체를 법제화하기: 생식의 기술과 재편성된 여성」이라는 논문에서 이렇게 주장한다. "여성의 신체를 제한하는 과정에서 입법자들이 여성 신체의 형태와 한계까지도 법으로 제정하려고 한다." 너무나 많은 정치가와 도덕론자들이 여성 신체의 형태와 한계까지도 정의하려고 한다. 우리 자신을 위해서 이런 것들은 우리가 정의할 수 있어야 한다. 우리는 그 자유를 꼭 가져야만 한다. 그 자유는 신성불가침의 권리여야 한다.

너무나 당연하게도 이 임신 문제를 사적으로, 위엄 있게, 또한 감당할 수 있는 비용으로 피임하여 해결하는 것을 양도할 수 없는 권리로 만들고자 하는 문제적 여성들이 있다.

어떤 이들은 이 여성들을 창녀라고까지 부른다.

거의 한 세기 전에 최초의 산아제한 진료소를 연 마거릿 생어가 여전히 우리가 같은 투쟁을 하고 있다는 것을 알면 뒷목을 잡을지도 모르겠다. 이 여성은 완벽한 사람은 아니었으나 재생산권을 지키는 과정을 영원히 바꾸어놓았다. 이렇게 긴 시간이 흘렀어도 우리가 감당할 만한 돈으로 자유롭게 피임할 수 있어야 한다고 주장해야만 하고 그것을 반대하는 사람들이 있다는 사실은 그녀의 업적을 부끄럽게 할 뿐이다.

1900년대 초반 마거릿 생어와 동지들은 원치 않는 임신으로 고통받는 여성들을 보면서 여성의 삶의 질은 자유로운 피임에 의해서만 나아질 수 있다고 믿고 산아제한운동을 주창했다. 간호사였던 생어는 여성이 혼자 유산하거나 뒷골목에서 임신중지수술을 받다가 목숨을 잃거나 불임이 되는 광경을 수없이 목격했다. 그녀는 이 상황을 바꾸고 싶었다. 생어와 다른 산아제한 주창자들은 모든 여성이 이미 알고 있었던 것, 그리고 절대로 잊을 수 없는 그 사실을 알았기 때문에 기꺼이 이 싸움에 뛰어들었다. 바로 아이를 낳고 기르는 것은 대체로 여성에게만 지워지는 짐이라는 것이다. 물론 내가 사는 이 시대의 남성들은 확실히 이전보다 양육자로서의 동등한 역할을 더 잘하기 위해 노력하고 있으나, 그래도 여전히 임신하는 사람은 여성이고 임신을 무사히 마치는 것도 여성이며 이는 보기보다 쉬운 일이 아니다. 피임으로 인해 여성들은 임신 여부도 선택할 수 있게 되었다. 대다수의 여성들은 평생에 걸쳐 적어도 한 번은 피임법을 이용했고 이것은 여성이 절대로 잃고 싶지 않은 권리다.

현재 산아제한에 관한 토론은 여러모로 납득할 수 없다. 우리 여성들은 왜 피임을 해야 하는지 증명해야 하지만 권력을 가지신 남성분들은 여성이 이런 토론에 낄 이유가 없다고 생각하시기에 산아제한 관련 의회 청문회에는 단 한 명의 여성도 포함되어 있지 않다. 우리는 남성들처럼 양도할 수 없는 권리를 가지지 못했다.

2012년 애리조나주는 피임, 유산, 임신중지 등 산아제한을 실행한 여성 직원을 해고할 수 있는 법안을 제출했다. 그해 공화당 대통령 후보가 되기 전 밋 롬니는 적정한 가격으로 여성의 건강을 관리해주던 가족계획연맹을 없애버리겠다고 선언했다.

질 낮고 도덕적으로 몰상식한 라디오 진행자 러시 림보 같은 사람은 젊은 여성 샌드라 플루크가 피임 비용이 너무 비싸므로 보조금을 받아야 한다고 용감히 주장하자 그녀를 공개적으로 모욕했다. 그는 그녀를 걸레, 창녀라고 불렀다.

산아제한에 대한 이 한물간 토론보다 더 기이한 것은 여성이 피임을 해야 하는 이유를 끊임없이 정당화하고 장황하게 설명해야 한다는 점이다. 건강상의 이유라거나 생리 주기를 조절해야 할 수도 있다. 마치 단순하게 임신으로 연결되지 않는 섹스를 하고 싶기에 피임하겠다는 것이 심각한 문제라도 되는 양 군다. 어떤 집단에서는 피임약이 창녀의 약으로 프레임화되기도 한다. 우리는 지금 여성이 어떤 식으로건 "나는 남자랑 섹스하고 싶어서 피임약 먹어"라고 말할 수 없는 이상한 도덕적 세계에 살고 있다. 여성이 피임약을 복용하는 이유가 피임약이 원래 발명된 이유와 다를 테니 설명하라고 요구하다니 이보다 더 퇴행적인 일도 없다. 피임약은 임신을 피하기 위해 만들어졌다.

부담적정보험법•은 개인 의료보험사가 환자 본인 부담금 없이 피임과 산아제한 서비스를 제공하게 했고 이것은 분명 진보였다. 하지만 2013년 10월 정부 셧다운으로 인해 이 진보는 가로막혔다. 공화당은 이 법을 1년 지연시키도록 요구했다. 그러니까 이번에도 여성의 몸은 타협 가능한 사안이었다.

이 사태까지 이르니 기원전 410년에 쓰인 그리스 희극 『리시스트라

• 오바마케어라고도 부른다.

테』•를 생각할 수밖에 없는 것이다.

피임과 재생산권에 대한 토론에서 흔히 간과되는 것은 여성의 신체만을 입법적인 문제로 끌고 간다는 사실이다. 남성은 피임과 관련해서 아무런 책임을 갖고 있지 않다고 가정한다. 남성들은 자신의 신체가 법적 문제가 되는 것을 거부한다. 왜일까? 그들에게는 누구도 건드릴 수 없고 양도할 수 없는 권리가 있으니까. 제약업계에서는 남성 피임법을 개발하려고 하지 않는데, 이 짐을 여성에게만 부과하는 것이 비용상 이득이기 때문이다. 기자 섀넌 페티피스가 블룸버그에 올린 기사를 보면 2011년 미국이 피임에 쓴 비용은 50억 달러이다. 예외가 있긴 하지만 대부분의 남성은 피임의 책임을 지고 싶어하지 않는다. 굳이 왜 그래야 하나? 공적으로건 사적으로건 이 부담은 계속 여성들이 지고 있다는 걸 뻔히 아는데?

피임은 골칫거리다. 이것은 의학계의 경이롭지만 불완전한 성공이다. 여성들은 무언가를 몸에 넣어 신체의 자연스러운 기능을 바꾸어야 섹스할 수 있고 원하지 않는 임신을 막을 수 있다. 비용이 많이 들 수도 있다. 여성의 호르몬 체계를 망가뜨릴 수도 있고 정신과 육체에 타격을 줄 수 있다. 방법에 따라서는 부작용이 있고 그 부작용은 꽤 위험하다. 피임약을 먹는다면 복용 시기를 항상 기억하고 있다가 약을 먹어야만 한다. 자궁 내 장치를 삽입했다면 장치가 영구적으로 몸의

• '여자의 평화'라는 뜻. 아테네 여성들이 남편과의 잠자리를 거부하는 방식으로 성 파업을 일으켜 전쟁을 끝내는 이야기이다.

일부가 되거나 염증을 일으킬지 몰라 불안해한다. 좋다, 그 걱정은 내 몫이라 치자. 한참 뜨거워지는 순간에 다이어프램•을 삽입하는 것이 그렇게 섹시한 방법은 아니니까. 콘돔은 찢어질 수도 있다. 질외 사정은 고등학생들이나 믿는 피임법이다. 때로는 이 모든 피임법이 통하지 않을 때가 있다. 나는 부모가 약을 복용했으나 임신이 되어 태어난 많은 아기를 알고 있다. 이 피임법이 아무리 짜증나고 골칫거리라고 해도 다른 대안보다는 낫기 때문에 쓰는 것이다.

만약 확실한 효과를 보장하는 나의 피임법을 말해주면 다들 나를 살짝 미친 사람 취급할지도 모르겠다. 나는 남자들도 똑같이 약을 먹을 때 나 또한 매일 약을 복용할 의사가 있다. 지금은 이 정도만 말해두겠다. 우리 모두 함께해야 하는 게 맞지 않을까? 내가 가장 좋아하는 순간은 남자와 어느 정도 사귀고 나서 남자가 희망 섞인 목소리로 "피임약 복용하니?"라고 물었을 때 내가 "아니? 그러는 너는?" 하고 답할 때다.

나는 종종 아주 멀쩡한 정신으로 이렇게 생각한다. '피임 지하 비밀 조직을 만들고 싶어.' 다시 고개를 흔들며 이렇게 생각하기도 한다. '미친 소리야. 이건 연막일 뿐이야. 앞으로 괜찮을 거야.' 순식간에 사라져 버리긴 했으나 여성들이 재생산권을 위해 지하조직을 만들어야 한다는 생각이 작금의 분위기에서는 그렇게 미친 소리도 아닌 것 같다. 나

• 질에 삽입해 자궁 경부를 막아 피임을 돕는 기구. 라텍스 고무막으로 이루어져 있고 가장자리에 스프링이 장착되어 있다.

는 내 방식대로 여성의 재생산권을 확보하기 위한 지하 비밀 조직을 만들어야 한다는 생각을 진지하게 갖고 있다. 어떤 방식으로건 그 권리를 영원히 양도할 수 없는 것으로 만들고 싶다. 나는 필요한 사람이 되고 싶다. 내가 힘있는 사람이라고 느끼고 싶다.

지하 비밀 조직을 상상하기 시작하면서 여성들과 여성들을 사랑하는(여성들과의 섹스를 사랑하는) 남성들이 최악을 준비해야 한다는 느낌이 들기 시작했다. 재생산권과 관련해서 그 최악이란 우리 바로 뒤에 있지는 않을 것이다. 그것은 사방에서 인정사정 봐주지 않고 우리 목을 조르려 하고 있다. 정치가들이 정말 진지하게 이러는 것이든 국민들의 관심을 다른 데로 돌리려 하는 것이든 상관없다. 여성의 권리가 약하다는 것을 드러낸다는 점은 똑같다.

지하조직은 예전에도 성공한 적이 있으니 잘될 수도 있다. 우리 모두 다양한 피임법과 정보를 저장해두고 미국의 모든 주에 피임, 임신중지, 성교육 등을 퍼뜨려 안전하고 윤리적인 산아제한이 가능하도록 할 것이다. 이 서비스 제공자들과 임신중지 옹호론자들과 네트워크를 만들어 여성들을 인간적으로 대하는 방식을 고민할 것이다. 정부가 해주지 않는다면 우리 개개인이라도 선택의 기로에 선 여성들에게 필요한 모든 도움을 주어야 하니까.

몇 시간 동안 이 지하 비밀 조직을 상상하며 우리가 임신중지에 목숨걸던 시기로 퇴행하지 않기 위해서 무엇을 해야 할지를 생각했다. 아마도 3부작 소설로 써서 영화로 제작해야 할지도 모른다. 주연 배우는 제니퍼 로런스로 하겠다.

정치가들이 얼마나 기억력이 나쁜지를 깨닫고 또 한번 놀란다. 그들은 임신중지수술이 불법이었을 때나 수술이 불가능했을 때 여성이 임신을 종결하기 위해 어디까지 갔는지는 잊어버렸다. 여성들은 유산하기 위해 계단에서 구르고 자해를 했다. 월도 필딩 박사는 뉴욕 타임스에서 이렇게 말한다. "유산을 위해 당신이 상상할 수 있는 거의 모든 방법이 사용되었다. 바늘이나 코바늘로 찌르고, 소금통과 소다 병을 사용했다. 때로는 위쪽이 깨진 것들이었다." 여성들은 비누와 표백제와 카테터와 자연치료를 동원했다. 전해내려오는 모든 수단을 다 써먹었다. 만약 우리가 궁지로 몰리면 또다시 그렇게 될 것이다. 지난 수백 년 동안 이 사회는 여성들에게 그런 짐을 부과했다.

우리 여자들의 기억력이 나쁘지 않다는 것, 수치스럽게도 우리의 권리는 언제나 양도될 수 있었다는 사실을 기억하고 있다는 것만으로도 작은 기적이다.

영웅을 기다리며

지금 우리가 살고 있는 세상의 문화는 기본적으로 성공 지향적이다. 그런 식으로 교육받고 그에 맞춰 차를 사고 그런 가치 중심으로 일하고 살고 어울린다. 우리는 최고가 되고 싶어한다. 모든 것을 다 잘하고 싶어한다. 그럴수록 현재의 내 모습과 내가 되고 싶은 모습 사이의 어마어마한 간극을 인식하게 되고 그 간극을 좁히기 위해 안타까울 정도로 노력한다. 그리고 이런 성공 지향의 문화에는 내가 절대 닿지 못할 이상을 구현한 신비로운 슈퍼히어로 캐릭터가 있다. 이들은 강인하고 고귀하며 의연하게 우리를 대신해 고난을 헤쳐나간다. 『소파에 앉은 슈퍼맨』에서 작가 대니 핑거로스는 이렇게 썼다. "영웅은 우리가 우리 안에 있다고 믿는 최고의 모습을 상징한다. 따라서 영웅은 우리가 열망하는 기준이자 존경받는 개인도 된다." 우리는 다른 사람이 우러러볼 만한 능력을 원하고, 더 나아져서 자신을 넘어서길 원하고, 무언가 위대한 것을 향해 나아가기를 갈망한다.

영웅이라는 이상을 너무 사랑한 나머지 평범한 사람들에게 영웅의 면모를 부여하여 내가 생각하는 이상적인 나의 모습에 조금이라도 가깝게 다가가길 바라는데, 그러면 현재의 나와 되고 싶은 나 사이의 거리가 좁혀질 수 있을 것 같기 때문이다.

영웅주의는 지나치게 이상화되고 도처에 넘쳐나서 영웅이라는 개념도 점차 희미해지고 있다. 스포츠 선수는 부상을 견디거나 역경을 견디고 승리했기에 영웅이다. 부모님은 우리를 키우셨고 삶의 모범을 보이셨기에 영웅이다. 여성은 아이를 낳았기에 영웅이다. 질병을 이겨내거나 사고에서 살아남은 이들도 인간의 약점을 극복했으니 영웅이다. 병이나 사고로 죽은 이들도 끝까지 견디다 떠났기에 영웅이다. 저널리스트들은 진실을 추구하기에 영웅이다. 작가들은 아름다움을 이 세상에 불러오기 때문에 영웅이다. 공무원들은 국민을 위해 봉사하고 국민을 보호하기 때문에 영웅이다. 「영웅주의의 따분함」이라는 글에서 심리학자 제노 프랑코와 필립 짐바르도는 이렇게 지적한다. "우리가 영웅주의를, 쉽게 찾기 힘든 특별한 이들의 '영웅적 선택'으로 보지 않고 인간 본성에 내재한 일반적인 기질로 인식하면서 영웅주의는 점점 더 모든 사람에게 가능한 영역으로 들어왔다. 그리고 우리 중 더 많은 이가 그 부름에 답해야 한다고 느끼게 되었다." 어쩌면 우리가 너무 냉소적이어서 다른 이들에게 우리는 그저 평범한 인간일 뿐이라는 사실을 이해시킬 만한 언어나 능력은 사라지고, 오직 가끔 찾아볼 수 있는 비범함만 인정하다보니 이렇게 영웅주의가 흘러넘치게 되었는지도 모른다.

영웅주의는 부담이 될 수 있다. 만화 속 슈퍼히어로들의 고난과 시련만 봐도 그렇다. 이 영웅들은 무너진 곳에서도 강하게 피어나야 하고 다시 일어날 때까지 고통받고 고통받고 또 고통받는다. 위대한 선을 위해 싸우고 자신의 신체와 정신을 희생한다. 영웅은 자기 자신을 완전히 부정하는 존재이기 때문이다. 스파이더맨은 사랑하는 여성과 함께할 수 없어 괴로워하고 삼촌의 죽음에 책임이 있는 자신을 용서하지 못한다. 슈퍼맨은 사랑하는 여성을 위험에 빠뜨리지 않기 위해 자신의 정체성을 숨긴다. 모든 슈퍼히어로들은 자신을 더욱 영웅답게 하는 슬픈 사연을 간직하고 있다.

영웅들은 정의를 위해 싸운다. 스스로를 지킬 수 없는 사람들을 지킨다. 그래서 우리는 우리의 한계를 인식하면서도 영웅주의를 열망한다. 2013년 조지 지머먼의 재판을 보고 있을 때 나는 정의감이란 무엇인지 오래 생각했고 과연 누구를 위해 이 정의가 행해진 것인지 생각했다. 조지 지머먼은 비무장 상태로 후드티를 입고 거리를 걷던 열일곱 살 흑인 청소년 트레이번 마틴을 총살한 혐의로 재판중이었다. 지머먼은 플로리다 샌퍼드에 있는 외부인 출입이 제한되는 주택단지의 주민 방범대 소속 자경단원이었다. 이유까지는 알 수 없으나 그는 자신의 지역사회를 지키고 싶어했던 것이다. 어쩌면 그는 영웅을 열망하며 영웅주의에 약한 우리 같은 사람 중 한 명이었을지도 모른다.

이 사건은 단순하지 않다. 지머먼 사건은 인종에 관한 사건이고, 사람들의 이목을 끄는 사건이 인종문제와 얽힐 때는 사회적 긴장이 고

조될 수밖에 없다. 이 사건의 논의는 대체로 이성적이지 않았다. 지머먼은 정당방위였다고 주장하지만 소년이 소지한 것은 스키틀스 사탕과 아이스티 한 병뿐이었다. 대체 지머먼은 무엇으로부터 자신을 정당하게 방어하고 싶었던 것일까? 이것은 우리가 앞으로도 절대 답을 얻을 수 없는 수많은 질문 중 하나일 뿐이다. 그래도 어떤 이들은 애쓰고 있다. 폭스 뉴스의 전문가는 사탕과 아이스티 한 병도 살인 무기가 될 수 있다는 가설을 내세웠다. 과장이 아니라 100퍼센트 사실이다.

우리가 아는 것은 흑인 청소년들이 너무나 자주, 이유 없이 범죄자로 의심받는다는 것이다. 솔직히 말해 이 세상의 모든 흑인 남성이 범죄 혐의를 받는다. 시인 로스 게이는 일간지 더 선에 쓴 아름다운 에세이 「자비에 대한 어떤 생각」에서 이렇게 말한다.

> 모든 흑인 어린이들의 교육과정에는 어떻게 경찰을 대해야 감옥에 갇히거나 다치지 않고 때로는 죽지 않을 수 있는지에 대한 내용이 포함되어 있다. 나는 교육 수준이 높고 피부도 밝은 갈색에 가깝지만 경찰들은 내게 차에서 나오라 하고 곁에 있는 개들로 협박했으며 다른 차를 두세 대 더 불러오곤 했다. 하지만 나는 아직 내 흑인 친구들이 당한 것처럼 땅바닥에 얼굴을 대고 엎드리거나 경찰에게 얻어맞지는 않았다. 난데없이 경찰서에 몇 시간, 혹은 며칠 동안 감금되어 있다가 '신원 착오'라는 말을 듣지도 않았다.

이 에세이에서 로스 게이는 이 교육이 자신의 세계관뿐만 아니라 스스로를 보는 방식을 어떻게 규정했는지 이야기한다. 어느 누구도 예외가 아니다. 나는 '우리가 트레이번 마틴이다'라는 발언을 그리 믿지는 않는다. 그러나 흑인 남성에게는 진실이다.

지머먼의 변호사는 이 재판 기간 동안 마틴을 나쁜 청소년으로, 우리가 무서워해야 마땅한 공포의 흑인 남성으로 만들기 위해서, 그래서 지머먼에게 다른 선택이 없었고 그가 응당 해야 할 일을 했다고 주장하기 위해 무척이나 노력했다. 이 전략은 먹혀들었고 지머먼은 무죄를 선고받았다. 변호사들은 흑인 남성, 아니 트레이번 마틴 같은 흑인 청소년은 두려워할 만한 존재이며 위험한 인간이라는 편견을 아주 잘 활용했다.

이론상으로 정의는 단순해야만 한다. 정의는 사람을 가리지 말고 편견에 휘말리지 않도록 눈을 가리고 있어야 한다. 유죄가 선고되기까지는 무조건 무죄이며 묵비권이 있고 변호사를 선임할 권리가 있으며 배심원의 판결을 받을 권리가 있다. 법치주의 사회의 이런 원칙들이 있어야만 우리의 법체계는 정상적으로 기능할 수 있다.

하지만 이론은 이론일 뿐이다. 정의는 눈을 가리고 있지 않아서 대체로 정의를 가장 필요로 하는 사람들이 가장 손해를 본다. 어떤 사람들이 감옥에 가고 전과가 이들의 미래에 어떤 영향을 미치는지에 대한 통계는 상당히 암울하다.

나도 정의를 믿고 싶다. 하지만 우리의 사법제도가 실패한 예가 너무 많다. 네 명의 전문가에게 정신병 진단을 받은 조지아주의 워런 힐은 여자친구를 살해했고 종신형을 선고받았으나 감옥에서 죄수 한 명을 또 죽여서 사형을 선고받았다. 2013년 7월 15일 사형이 집행될 예정이었으나 형 집행이 유예되었고 여전히 사형 대기중이다. 힐은 범죄를 저질렀다. 그리고 그는 벌을 받아야 한다. 하지만 그의 죽음이 희생자를 위한 정의 구현이 될 수 있을까?

조지 지머먼 재판에서 법원이 유죄 판결을 내렸다면 과연 트레이번 마틴을 위한 정의 구현이 실현되었을까? 그 정도의 정의가 트레이번 마틴의 부모와 그를 사랑하는 사람들에게 위로가 될 수 있을까? 가끔 '정의'라는 단어는 너무 미약한 것 같다. 우리는 이 정의가 범죄와 형벌의 무게를 비슷하게 맞춘다고 믿고 싶지만 그렇게 공정한 거래는 이루어지지 않는다. 대부분의 범죄 희생자들에게 정의는 그저 일시적인 처방이 될 뿐이다.

조지 지머먼을 악한으로 만드는 것은 트레이번 마틴 같은 흑인 청소년을 악인으로 만드는 것만큼이나 쉬울 것이다. 나는 지머먼이 저지른 짓이 싫다. 그 재판의 결과가 싫다. 지머먼의 변호사들이 마틴이 죽기 전 마지막으로 통화한 상대이자 피해자측의 중요한 증인이었던 레이철 진텔에게 하는 행태가 싫다. 진텔은 지머먼의 변호사들에 대한 경멸을 숨기지 않았고 재판 진행 과정에서도 혐오감을 드러냈다. 그런데 지머먼의 변호사 또한 그녀를 무시했다. 나는 지머먼이 대표하는 현실이 싫고 그가 무죄 선고를 받은 것이 싫다. 그러나 그가 폴라 딘과 같은 국가에서 태어나 성장한 남자이고 그가 어쩌다 총을 갖고 있었다는 사실도 이해한다. 이것들은 모두 촘촘히 연결되어 있다.

트레이번 마틴이 피부색 때문에 살해당한 최초의 흑인 남성도 아니고 최후의 흑인 남성도 아닐 것이다. 그러나 이 세상에 이른 나이에 목숨을 빼앗긴 한 청소년을 위한 정의 같은 것이 있다면, 아마 그 정의는 이번 사건에서 우리가 무언가를 배웠는지에 달려 있을 것이다. 나는 우리가 가끔은 위대해지길 바란다. 그 위대함이란 그렇게 대단한 것이 아니라 트레이번 마틴이란 청소년을 있는 그대로 보면서 부족한 우리 자신을 극복하려 노력하는 것에 불과하다. 그는 망토 같은 것은 갖지 못한 청소년, 하늘을 나는 것은 고사하고 가게에서 집으로 걸어가지도 못하게 된 흑인 청소년일 뿐이었다.

두 프로필 이야기

어떤 사람들로부터 우리를 보호해야 할지 알 수는 없다. 위험한 사람들의 외모와 성격은 우리가 기대했던 것과 판이하게 다를 수도 있다. 2013년 '착한 옆집 소년'처럼 생긴 조하르 차르나예프가 보스턴 마라톤 테러범으로 밝혀지며 이 사실을 일깨워주었다. 9.11 이후 최악의 테러였던 이 사건에서 세 명이 목숨을 잃었고 삼백 명 이상의 부상자가 나왔다. 워낙 악명 높은 범죄자다보니 차르나예프가 2013년 8월 1일 『롤링 스톤』 표지에까지 등장할 수 있었을 것이다.

이 잡지는 비극을 착취하고 테러리즘을 미화하며 차르나예프를 무슨 순교자나 록스타가 된 것처럼 띄웠다는 비난을 받았다. 하지만 이런 논란은 잠깐 제쳐두고서 그 표지 사진을 보면 확실히 예리한 일면이 있다. 그 사진은 위험이 어디에 도사리고 있는지 절대 알 수가 없다는 이 냉엄한 현실을 일깨워주고 있다. 또한 우리 문화에서 위험해 보이는 사람과 위험해 보이지 않는 사람을 판단할 때도 편견이 들어갈 수밖에 없다는 사실도 일깨워준다. 표지와 함께 실린 기자 재닛 라이트먼의 기사는 이런 편견을 한층 증폭시켜주었으나 그의 기사에 대해 이야기하는 사람은 별로 보지 못했다. 그의 기사는 르포르타주 문체로 차르나예프를 '평범한 미국 10대 소년'이라는 프레임에 넣어 설명하는데, 이 글은 또 한 명의 '평범한 미국 10대 소년'이었던 트레이번 마틴에 대해 이야기하는 방식과 상당히 대조되어 흥미로우면서도 찜찜한 구석을 남겼다. 조지 지머먼은 마틴이 위험한 사람의 생김새라는 일반적 통념에 부합한다는 이유로 그를 쏘아 죽였다. 그리고 그 이유 덕분에 무죄 선고를 받았다.

라이트먼의 면밀한 조사가 엿보이는 이 기사가 충격적인 또다른 이유는 차르나예프를 알았던 사람들이 여전히 이 괴물 속에 숨은 평범한 청년을 보려고 한다는 점이었다. 차르나예프를 아는 사람들은 이 청년을 묘사할 때 '다정한'이라든가 '촉망받는' '차분한' '모범생, 정말로 그냥 착하고 좋은 녀석'처럼 칭찬을 넘어 추앙에 가까운 단어들을 사용했다. 차르나예프의 지역사회와 친구들은 이 청년이 저지른 끔찍한 일을 인정하고 폭탄 테러의 비극을 애도하면서도 그를 완전히 매도하고 싶지는 않은 것 같았다.

또 이 기사에서는 차르나예프의 친구와 이웃들이 그와 그의 형이 이런 범죄를 저질렀다는 것을 알고 얼마나 큰 충격을 받았는지를 보여준다. 그들이 충격받은 이유는 우리 마음속에는 위험한 사람과 테러리스트에 대한 그림이 있고, 그 그림은 『롤링 스톤』 표지에 나온 '인기

남'이 아니었기 때문이다. 다시 한번 '평범한'이라는 단어를 끌고 와야 한다. 그는 '잘생기고 부드러운 인상에 분위기 있는 슬픈 갈색 눈동자를 지닌 헝클어진 곱슬머리의 소년'으로 묘사된다. 그는 10대들이 좋아하는 것들을 좋아했다고 한다. 인기 있는 TV 예능 프로그램, 스포츠, 음악, 여자애 들을 좋아했다. 그는 '꽤 많은 대마초'를 피웠다. 그리고 그는 전 국민을 공포로 몰아넣은 범죄 용의자인데도 여전히 평범한 청년이라는 느낌을 지니고 있다.

라이트먼의 기사 안에는 차르나예프에 대한 동정심마저 잔잔하게 흐르고 있어서 또 한번 놀랍다. 라이트먼은 차르나예프가 착한 옆집 소년에서 테러리스트로 변모하게 된 과정을 매우 자세히 서술하고 있는데, 마치 왜 그럴 수밖에 없었는지 이해하고 싶어서 그런 것 같다. 그녀만 그런 것이 아니다. 위험한 사람이 예상과는 다른 얼굴을 갖고 있을 때 우리는 이유를 듣고 싶어한다. 차르나예프 가족의 친구였던 안나 니키바는 차르나예프의 가정에 문제가 있었다고 말하며 이렇게 결론 낸다. "조하르는 그렇게 제대로 기능하지 못한 가정에서 살아남았죠." 세상에나, 불쌍한, 우리 조하르. 라이트먼은 이렇게 덧붙였다. "조하르가 마침내 자신의 임무를 찾은 것처럼 보이긴 하지만 그가 이슬람에 빠져든 과정에는 본능적인 무언가가 작용했던 것 같다. 소속감이 필요했던 것이다." 이 기사는 이렇게 묻고 있는 것 같다. '그저 소속감을 갈망했던 젊은 청년에게는 어느 정도의 동정심을 보낼 수밖에 없지 않겠어요?'

이 동정심은 르포르타주와 함께 끝나지 않는다. 커뮤니티 칼리지 교수로서 차르나예프 같은 이민자 학생들을 수백 명 가르쳐온 위크슬론은 이렇게 증언하고 있다.

> 이런 아이들 모두가 미국에 와서 공부할 수 있어서 감사하게 생각한다. 하지만 이 나라가 과연 기회의 땅일까 아닐까? 그들이 무슨 일을 겪는지, 그들이 반항하는 순간 정부 정책에 의해 무슨 일을 당하는지 평상시에 자주 보게 되면, 왜 이 아이들이 이 정도밖에 화를 내지 않는지 이해할 수 없다. 어쩌면 나는 이런 아이들이 폭탄을 설치하는 데까지 이렇게 오래 걸렸다는 사실에 약간 놀라고 있는지도 모른다.

그리고 아직 충격에서 깨어나지 못한 차르나예프의 대학 친구들이 있다. 그들은 백팩에서 빈 폭죽통 여러 개를 발견하고 나서 어떻게 해야 할지 몰라 의논했다고 한다. 왜냐하면 '조하르에게 문제가 생기길 바라지 않았기 때문'이다. 그가 이 모든 일을 저지른 후에도, 모두가 전후 사정을 안 다음에도 차르나예프는 친구들, 지역사회, 또 그와 그가 저지른 일을 이해하고자 하는 사람들에게서 여전히 사건의 실체에 대한 의구심이라는 선물을 받았다.

이것은 백인들이 가진 특권의 또다른 예일 뿐이다. 비인간적인 표면 뒤에 그래도 인간성을 지니고 있다고 가정하는 것이다. 우리가 알고 있는 위험성이라는 선을 넘어버린 범죄자들에게 용서의 문턱은 굉장히 낮다.

트레이번 마틴이 살해되었을 때 그가 이 사건의 피해자였음에도 불구하고 어떤 사람들은 그의 실패와 실수를 드러내려고 밤늦게까지 일했을 것이다. 마틴은 죽기 얼마 전 백팩에서 마약 잔여물이 발견되어 학교에서 정학을 당한 적이 있었다. 그런 작은 일이 몇 개 더 있었고 그것들이 증거가 되었다. 그는 평범한 10대였지만 흑인 10대 소년이기도 했기에 재판대 위에 올라갔고, 마치 피고처럼 과거를 소환당했다. 반면 차르나예프의 경우 사람들은 계속해서 그의 좋은 점을 찾으려고 했다. '헝클어진 곱슬머리' 소년에 대한 연민을 멈출 수가 없었나보다. 반면 트레이번 마틴은 가능한 한 '위험해 보이지' 않도록 집에 걸어가야만 했다. 사건이 벌어진 그 운명적인 밤에 지머먼의 의도가 무엇이 되었건 간에 무조건 항복하는 태도를 취했어야 했다. 그는 비난받을 일을 아무것도 하지 않았어야 했다. 작가 시리타 맥패든의 말대로 "전 세계에서 오로지 미국에서만, 사망한 흑인 청년이 자기가 살해된 사건에 피고로 설 것이다".

라이트먼의 기사는 매우 탄탄하게 잘 쓴 기사로 조하르 차르나예프의 인생에서 복잡한 진실을 파헤친다. 하지만 상상해보자. 『롤링 스톤』이 트레이번 마틴에게도 1만 1천 단어 이상을 할애한 기사를 쓰고 그의 얼굴을 표지에 실어주었다면, 트레이번 마틴이 지난 몇 년 혹은 지난 몇 달 동안 어떻게 살았고 그 마지막 순간에 어떠했을지에 관한 복잡한 진실도 파헤쳐주었으면 어땠을까? 태어났을 때부터 이미 위험한 얼굴이었을 이 청년은 어떤 생각을 하며 자랐을까? 이 질문을 하는 사람은 없다.

우리가 위험을 감지하는 방식은 대체로 인종 프로파일링과 관련되어 있다. 이는 인종을 범죄로 직접 연결시키는 수사 집행 방식으로 여러 논란이 있었다. 이런 인종 프로파일링 때문에 무기를 소지한 조지 지머먼이 집에 혼자 걸어가는 무기 없는 흑인 청년을, 경찰이 절대 쫓지 말라고 지시했음에도 불구하고 따라간 것이다. 지머먼은 젊은 흑인 남자를 보았고 그가 위험한 얼굴이라고 믿었다. 그리고 그 위험을 잡아서 쓰러뜨렸다.

뉴욕 경찰관에게는 '강제 신체 수색권'이라는 불심검문권이 있어 경찰관은 '타당한' 위험이나 범죄의 의심이 가는 사람은 누구나 멈춰세워 검문할 수 있다. 뉴욕에서 불심검문받는 사람 대다수는 흑인이나 라틴계다. 그들이 인구 통계학상으로 위험한 사람이라는 문화적 프로필에 들어맞기 때문이다. 이 사람들이 바로 소위 야만인이다. '슬픔에 젖은 갈색 눈동자'의 소년은 야만인이 아니다.

'강제 신체 수색권' 정책 및 다른 인종 프로파일링의 형식에 반대하는 목소리가 많은데도 여전히 이 정책은 유지되고 있다. 뉴욕 전 시장인 마이클 블룸버그는 이 불심검문권을 옹호했고, 라디오 방송에 나와 이렇게 말했다. "사람들은 말하죠. '검문받은 사람들 중 특정 인종 그룹이 불균형적으로 많습니다.' 그럴 수도 있겠지요. 하지만 목격자와 피해자들이 범인으로 지목하는 사람들의 비율을 고려하면 전혀 불균형한 게 아닙니다. 백인들을 너무 많이 검문하고 소수인종을 너무 적게 한다는 생각마저 들죠."

『범죄의 색깔』에서 캐서린 러셀브라운은 말한다. "흑인들은 미국인이 품고 있는 범죄에 대한 공포의 집합체다." 이어서 이렇게 지적한다.

> TV에서 흑인 범죄자를 지나치게 자주 보여주는 것을 무시할 수 없다. 이러한 부정적인 이미지는 집단무의식에 침투한다. 대부분의 미국인들이 흑인들을 대개 범죄 용의자라고 생각하는 것도 놀라운 일은 아니다. 당연히 저녁 뉴스에 등장하는 용의자들은 범죄자들이다. 하지만 흑인 남성은 범죄자라는 이미지 때문에 우리는 흑인 남성이라면 무조건 범죄자일 것이라는 잘못된 판단을 내리기도 한다. 이것이 흑인 범죄자에 대한 도시 전설이다.

지난 몇 년간 수많은 흑인 남성들이 나서서 그들이 어떻게 이 도시 전설에 압박당했는지에 관해 여러 이야기들을 들려주었다. 그러나 크게 변한 것은 없다.

인종 프로파일링은 우리가 위험 인자를 걸러낼 수 있다는 믿음에서 나온 착각이다. 우리는 이다음에 누가 끔찍한 일을 저지를지 예상할 수 있다고 믿고 싶다. 스스로를 지킬 수 있다고 믿고 싶다. 조하르 차르나예프가 『롤링 스톤』 표지에 부스스한 곱슬머리의 분위기 있는 모습으로 나온 것은 다행스러운 일이라 생각한다. 이 표지를 떠올리며 고정관념으로 만들어진 프로필에 우리의 공포를 욱여넣는 짓은 그만두어야 한다. 우리는 누구를 정말로 두려워해야 할지 절대 알 수 없다.

모두 조금씩은 인종차별주의자

토니상을 받은 브로드웨이 뮤지컬 〈Avenue Q〉에서 사람들이 가장 좋아하는 노래 중 하나는 〈모두 조금씩은 인종차별주의자Everyone's a Little Bit Racist〉라는 곡이다. 후렴구는 이렇게 끝난다. '어쩌면 모두 인정해야 할지 몰라/모두 인종에 따라 판단한다는 걸.' 이 가사에는 진실이 담겨 있다. 우리 모두 다른 사람에 대해 편견을 지녔고, 그것은 인종에 따른 편견인 경우가 많다. 우리는 인간이다. 결함투성이다. 대부분의 사람들은 수 세기 동안 형성된 문화적 조건의 영향을 받고 있을 뿐이다. 모두가 조금씩은 인종차별주의자다. 하지만 그렇다고 해서 다들 KKK에 합류하거나 십자가를 불태우거나 이슬람의 모스크를 파손하지는 않는다. 그리고 우리 중에 좀더 선도적인 사람은 완벽히 성공하지 못할지라도 그러한 문화적 조건을 극복하려고 노력하거나, 혹은 버터를 사랑하는 인기 최고의 셰프이자 과거 푸드 네트워크의 스타 진행자였던 폴라 딘처럼 아예 노력하지 않을 수도 있다.

조지아주 서배너에 사는 폴라 딘은 남부 음식 전문 유명 셰프로 거의 14년 동안이나 푸드 네트워크에서 인기 요리 프로그램을 진행하면서 기름지고 푸짐한 남부 음식에 무한한 경배를 바쳐왔다. 그녀는 자랑스러운 남부의 딸이며 그 때문인지 남부의 복잡하고 혼란스러운 인종 편견의 역사까지 몸과 마음에 새기고 있는 듯하다.

폴라 딘이 운영하는 레스토랑의 직원이었던 리사 잭슨은 폴라 딘과 '남부 형제'란 별명을 가진 그녀의 남동생 얼 하이어스를 직장 내 성추행 혐의로 고소했다. 이후 딘의 증언 녹취록이 인터넷에 퍼졌고 딘의 건강하지 못한 인종적 관점이 만천하에 드러나고 말았다. 깜××라는 단어를 쓴 적이 있느냐는 질문에 딘은 시인했다. "물론이죠. 써요." 그게 무슨 멍청한 질문이냐는 듯이, 마치 누구나 깜××를 쓰고 있다는 듯이 말이다. 그녀의 말이 맞기도 할 것이다.

딘은 은행에서 일할 때 그녀의 머리에 총을 겨눈 흑인 강도에게 깜××를 사용했다고 말했다. 그런 경험 후에는 이 욕을 수시로 입에 올려도 되지 않겠느냐는 말투였다. 그녀는 그 강도에 대해 "호의는 갖고 있지 않다"라고 말했고 물론 충분히 그럴 수 있다. 자신의 머리에 총구를 겨눈 범죄자에게 호의를 가질 사람은 없다. 그러나 사건의 경중을 떠나 한 사람이 겪은 범죄가 그 이후 취하게 된 태도를 모두 정당화해주지는 못한다. 악을 악으로 갚아봐야 좋은 것이 나오지 않는다.

그녀는 자신의 레스토랑에서 나왔던 인종차별주의적이고 반유대인적인 농담과 백인 노동자들을 모욕하는 농담도 이야기했고, 남편 또한 깜××란 말을 수시로 입에 올린다고 말했다. 그녀에게 "사람을 인종에 따라 나누는가?"라고 묻자 이렇게 답했다. "저는 흑인들 스스로가 자신을 부르는 그 호칭에 따르는 편이죠. 나는 그대로 따라 하고 기억하려는 거예요." 녹취록의 모든 내용이 놀라웠지만 흥미롭기도 했다. 솔직히 약간은 웃기고 약간은 슬펐다. 딘이 너무 솔직했기 때문이고, 그 태도가 그렇게 놀랄 일도 아니었기 때문이다. '아니 이럴 수가!' 하며 펄쩍펄쩍 뛰어야 할 것 같지만 그러지 않았다. 오히려 이 이야기가 이렇게 주목받는다는 사실이, 남부에서 나고 자란 백인 할머니가 인종차별주의자고, 남북전쟁 전 시대에 향수를 갖고 있다는 사실에 충격받은 사람들이 많다는 사실이 오히려 더 충격적이었다. 어쩌면 나의 무덤덤한 반응이 나의 편견을 보여주고 있는 것인지 모른다. 그러지 말아야 하는 줄 알지만, 나 또한 남부 사람들에 대한 특정한 인상을 갖고 있었던 것이다. 여기서 이렇게 말해야 하나? "왜 이러세요? 저도 남부 출신 친구들 있거든요!"

딘의 인종차별 녹취록이 퍼지자 늘 그렇듯이 인터넷은 들끓었다. 하지만 나는 그 녹취록이 단지 인종차별이라기보다는 딘의 세계관이라고 생각하게 되었다. 트위터 해시태그 #paulasbestdishes(#폴라최고의요리)가 그 즉시 퍼졌고 모든 인터넷 뉴스 사이트에 녹취록에서 알 수 있는 것들과 소문들, 그리고 많은 양의 추측성 기사들이 속속 올라왔다.

이 녹취록에서 가장 흥미로운 지점은 딘이 대답할 때의 그 아무렇지도 않은, 조금도 부끄러워 않는 태도다. 비슷한 생각을 가진 사람들 사이에 둘러싸여 살면서 자연스럽게 몸에 배어버린 것이다. 문화적 조건에 너무 빠져 있어서 무엇이 문제인지 알지도 못했고 자신의 관점을 조금 꾸며서 말하거나 거짓말을 해야 한다는 의식조차 없었던 것이다.

사실 딘은 무엇이 문제인지 잘 알고 있기는 했다. 수년 동안 해왔던 요리 프로나 그 수많은 인터뷰에서도 깜××를 사용한 적이 한 번도 없었고 인종차별적 언행을 보인 적도 없었다. 녹취록에서도 자녀들과 형제들이 '비열하거나 잔인하게' 깜××를 사용해서는 안 된다고 인정하기도 했다. 백인들에겐 이 단어를 조금 더 따뜻하고 친절하게 사용할 수 있는 방법이란 게 존재한다는 듯이 말이다.

이 논란을 통해 우리는 인종차별주의에 관해서는 이 사회에 암묵적인 규칙이 있다는 것을 알 수 있다. 이유가 무엇이건 딘은 녹취록에서 그 암묵적인 규칙을 깼거나 무시했거나 혹은 이 정도로 성공한 자기에게 솔직히 이런 규칙은 더이상 적용되지 않는다고 생각했을지도 모른다.

언제, 그리고 누구와 있을 때 인종차별주의자가 될 수 있는지에 대해서도 굉장히 복잡한 매트릭스가 존재한다. 대외적으로 하는 행동이 있고, 사적으로 하는 행동이 있다. 친구들 앞에서 할 수 있는 말이 있고, 어디에서도 하지 않아야 할 말도 있고, 공적인 자리에서 절대 하지 않아야 할 말도 있다.

작가 테주 콜은 왜 이렇게 많은 사람들이 딘의 녹취록에 흥분하는지에 대해 트위터에 이렇게 남겼다. "폴라 딘이 뉴스에 나오는 이유는 그녀가 인종차별주의자라서가 아니라 한 사람이 어떻게 인종차별주의자가 되는가에 대한 암묵적 규칙을 깼기 때문이다." 사람들은 이런 규칙에 친숙하다. 우리는 사실 모두 조금씩은 인종차별주의자라고 생각하고 있다. 인종차별은 어느 정도까지 드러내는가의 문제가 아니고 언제 드러내느냐의 문제이다. 어쩌면 유색인종들은 이 규칙을 아주 잘 알고 있으며 규칙이 존재한다는 사실을 기꺼이 인정하고 있는지도 모른다. 어쩌면 유색인종들은 별로 숨죽이지도 않고 언제 규칙이 드러날지 기다리고 있는 것일지도 모른다.

아래층에 살던 이웃들이 이사를 나갔다. 한국 학생들이었다. 직접 만난 적은 없지만 썩 괜찮은 사람들이었던 것 같다. 가끔 음악을 크게 틀긴 했지만 거슬릴 정도는 아니었다. 파티 안 좋아하는 사람이 어디 있나? 이들이 떠난 후에 월세를 내러 가자 관리직원이 그 사람들이 집을 비운 다음에 아파트에 밴 냄새를 빼느라 얼마나 고생했는지 모른다며 '그 지독한 냄새' 이야기를 한참이나 하기 시작했다. 나는 무슨 말을 해야 할지 몰라 고개를 끄덕거리기만 했다. 그런데 그녀는 나에게 바싹 다가오더니 속삭였다. "그 사람들 어떤지 아시잖아요."

이 순간 나는 다인종적인 맥락 안에서 인종차별주의가 이루어지는 법칙이 무엇인지 체감할 수 있었다. 백인은 이럴 때만 나에게 무언가를 털어놓는 것이 편안하다. 그 순간 우리는 공모자고 저들과는 다른 '우리'다. 나는 퉁명스러운 말밖에 떠오르지 않아 그냥 이렇게 말했다. "무슨 말씀인지 잘 모르겠네요." 그리고 걸어가버렸다. 나는 인종차별적 비밀을 공유할 때만 한편이 되는 게임에는 관심 없다. 이후 나는 그때 그 관리인에게 그러한 일반화는 잘못되었다고 한마디하지 못한 것을 후회했다. 왜 그녀가 내게는 그런 인종에 대한 편견을 가볍게 드러낼 수 있다고 생각했는지 궁금하다. 그리고 나 또한 어떤 사람들에 대해 어떤 생각들을 하지만, 그녀가 나에 대해서는 진심으로 어떻게 생각하고 있는지 궁금해졌다.

비극이. 부르면. 연민이. 응답한다.

이 세상에는 매일 끔찍한 일이 일어난다. 매일 빌어먹을 이 세상에서 너무 많은 사람이 절대로 이해할 수 없는 이유로 죽고 고통받는다.

노벨평화상 시상식이 열리는 노르웨이 오슬로에서 어느 금요일 오후 서른 두 살의 남성이 정부 청사에 폭탄을 터뜨렸고 여덟 명이 죽었다. 이 남자는 우퇴위아섬으로 가서 무차별 총기 난사를 하여 예순아홉 명을 죽였다. 대부분 10대였다. 아이들은 살아남기 위해 바위 뒤에 숨거나 물속으로 뛰어들거나 죽은 척을 했다. 이 끔찍한 하루를 지나 내일을 살고 싶어서였다. 공포가 있었고 그후에 또 공포가 있었다. 너무 비참하여 내 머리로 소화하기가 힘들다. 모든 비극이 그러하듯 이 사건은 언어의 한계를 시험한다. 이 사건의 전과 후가 있을 뿐이다. 뉴스가 우리에게 말하는 내용들이 있다. 너무나 심하게 훼손되어 뼈대만 남은 건물이 있고, 먼지와 잔해가 있고, 부상자와 사망자와 애도와

녹고 있는 양초와 투명한 비닐에 싸인 꽃들이 있고, 표현할 수 없는 슬픔을 표현하려고 시도해본 손으로 쓴 팻말들이 있다.

고통은 언어 바깥의 세계에 존재하지만 우리는 언어의 세계 안에서 헤매고 서성이고 더듬거리며 적당한 단어를 찾아보려 하고, 이 세상의 어느 누구에게도 이해받을 수 없는 이 문제를 대략적으로라도 이해하려 해본다.

이 테러의 범죄자는 금발과 푸른 눈을 가졌다. 사람들은 믿을 수 없다는 듯이 이 사실을 전하기에 바빴다. 너무 많은 사람들이 극단주의에는 한 가지 브랜드밖에 없다고 믿어왔기에 범인은 갈색 피부에 쿠란을 외는 사람일 거라 예상했다. 이것이 우리가 사는 세상이다. 우리는 연민을 잊었다. 우리는 우리가 저주하는 사람들과는 다르다는 듯이 군다.

금발과 푸른 눈의 남자에게는 위키피디아 페이지까지 있어 이 아네르스 베링 브레이비크라는 남자의 신상 정보가 상세히 나열되어 있다. 우리는 그의 종교를 알고 음악 취향을 알고 부모의 직업을 안다. 그가 9년 동안 장문의 유럽 독립선언서를 작성해왔다는 것과 이 선언서의 일부는 유나바머 선언문•에서 따왔다는 것을 안다. 그가 잠수복을 입고 커다란 기관총을 쏘는 포즈를 취한 사진을 보았다. 그의 얼굴을 보았다. 그의 넓적하고 정직해 보이는 얼굴, 건강하고 젊은 육체를 보았

• 하버드대 출신의 수학 천재이자 버클리대 교수를 역임한 시어도어 카진스키는 문명 혐오주의자로 1978년부터 1995년까지 16회에 걸쳐 주로 과학기술 종사자에게 우편물 폭탄 테러를 감행했다. FBI의 추적을 받던 그는 테러를 끝내는 조건으로 자신의 과학기술 문명 비판 기고를 유력지에 게재해줄 것을 요청한다. 3만 5천 자의 유나바머 선언문은 뉴욕 타임스와 워싱턴 포스트에 실렸다.

다. 그가 극우주의자이며 마음속 깊이 증오를 품고 있었다는 사실을 안다. 그가 미쳤다는 사실을 안다. 증오에 사로잡힌 게 틀림없다. 미친 게 틀림없다. 분노에 차 있는 미친놈이라고 믿어야 한다. 왜냐하면 정상인 사람이 그런 범죄를 저질렀다는 것은 우리 머리로는 도저히 이해할 수 없기 때문이다.

여기서 '범죄'라는 단어는 약하다. 너무너무 약하다. 이 두 글자는 절대로 이 반인륜적 행위를 정확하게 표현할 수 없다. 반인륜적이라는 단어로도 부족하다. 이 비극은 여러 가지 면에서 언어의 한계를 벗어나 있다.

이 참사 후에 노르웨이 국왕이 말했다. "저는 자유에 대한 믿음이 공포보다 강하다고 믿으려 합니다. 노르웨이의 열린 민주주의와 사회를 믿으려 합니다. 우리 조국에서 자유롭고 안전하게 살 수 있는 능력이 있음을 믿으려 합니다." 비극이. 부르면. 연민이. 응답한다. 그는 기품을 택했다. 언어를 초월한 이 비극 안에서 조금이라도 더 나은 언어를 찾아냈다.

우리 모두는 누군가에게 상처를 줄 수 있다. 그러나 규모나 범위가 다르다. 우리가 다른 이들에게 어느 정도의 피해를 끼치는가? 우리의 신념을 어느 정도까지 발언할 것인가? 끔찍한 일을 저지른 후에 어느 정도로 후회와 슬픔을 느낄 것인가? 우리 대부분은 운이 좋다면 타인에게 용서받을 수 있는 작은 상처를 주며 살아가게 될 것이다. 노르웨이에서 이런 잔혹한 행위를 저지른 남자는 우리가 절대 이해 못할 수준의 상처를 줄 수 있는 사람이었다. 그는 자수했다. 자신의 죄를 고백했다. 자신이 어떤 사람인지 설명하고 싶어했다. 그것이 무슨 의미인지 모르겠으나 어쨌든 의미가 있어야만 했다. 나는 그가 생명을 죽이고 파멸시키는 행위를 할 때 무서웠는지 알고 싶다. 그가 어떻게 그렇게나 가까운 거리에서 어린아이들을 쏘아 죽일 수 있었는지, 어떻게 그리도 생명에 아무런 느낌이 없는 인간이 될 수 있었는지가 궁금하다. 자신이 한 일에 욕지기가 치미는지 궁금하다. 그럼에도 자신이 범죄자에게 종신형을 내리지 않을 국가에서 산다는 것을 알았을 때, 자신이 한 일에도 불구하고 사형당하지 않을 거란 사실을 알았을 때 그의 심정이 궁금하다. 같은 나라 사람들에게 고마울지, 미안할지, 마음이 흔들렸을지 궁금하다. 비극이. 부르면. 수치심이. 응답할까?

노르웨이 참사 후 헤어졌다 만나기를 반복한 먼 곳에 사는 남자친구가 전화를 해왔다. 나는 특정 문제에 대해서는 그를 꺾기도 했지만, 어쨌든 그는 정치적으로 보수적인 사람이었다. 그가 물었다. "뉴스 봤어? 아직도 사형 제도가 잘못되었다고 생각하는 거야?" 비극이. 부르면. 전화벨이. 응답한다.

우리는 아네르스 베링 브레이비크란 사람에 대해서 알아야 할 건 알고 있다. 그러나 피해자들에 대해서는 아는 것이 거의 없다. 그들은 어떤 사람들이었을까. 삶에서 무엇을 원하고 있었을까. 어떻게 사랑하고 사랑받았을까. 누굴 사랑했을까. 누가 어떻게 그들을 애도했을까. 죽기 바로 전 어떤 생각을 했을까. 고통받았을까. 우리는 그저 단 하루 안에 한 사람에 의해 일흔일곱 명의 사람들이 죽었다는 것만 알고 있다. 살인자는 살아 있다. 이런 현실은 잔인할 뿐이다.

나는 성인聖人이 아니다. 아네르스 베링 브레이비크를 위해 눈물 한 방울 흘리는 일 없을 것이다. 하지만 그가 죽기를 바라지 않는다. 그가 자신이 죽인 일흔일곱 명의 사람들에게는 전할 수 없었던 그 연민을 갖고 그를 생각해보려고 노력할 것이다. 아마 실패할 것이다. 그럼에도 그가 죽는 걸 바라지는 않는다. 죽음이 적절한 처벌이라고 믿지 않는다. 그 남자가 저지른 일에 대한 적합한 처벌이라는 것이 존재한다고 믿지 않는다.

우리는 현대사회에서 살고 있다. 비극이 일어나면 트위터나 페이스북이나 블로그에 우리의 생각과 감정을 공유한다. 이런 혼란과 슬픔과 비애를 느끼는 사람이 나 혼자만은 아닐지도 모른다 생각하고 이 세계에서 일어난 일에 목소리를 낼 수 있다고 생각한다.

이러한 현대 문명의 도구에 의지하는 우리 중에는 비극 가운데서 누군가를 손가락질하는 사람도 있고 개종시키려는 사람도 있고 유머를 사용해 우리가 바라는 것만큼 안전할 수 없다는 사실 때문에 불편한 감정을 잠시라도 잊게 해주는 사람도 있다. 이제는 지구 곳곳에서 매일매일 끔찍한 일이 일어나고 있다는 사실을 듣지 않을 수가 없다. 비극이. 부르면. 트위터가. 응답한다. 어떤 이들은 정치적인 입장을 피력하며 왜 금발과 푸른 눈의 남자는 전 세계 공항에서 검문검색을 받지 않는지 묻는다. 이런 종류의 발언에는 약간의 고소해하는 느낌까지 들어 있다. 이런 시점에서 비극이 정치적 가식을 위해 사용되기도 한다. 정의로운 척이 정의를 방해한다. 정의로운 척은 다른 상황에서 조심스럽고 사려 깊게 공유되었더라면 유효했을 의견 개진을 방해한다. 현대 문명의 도구들은 우리에게 많은 특권을 주었지만, 비극에 대해 깊이 숙고하고 숨을 들이쉬고 느끼고 생각하고 신경을 쓸 시간과 공간과 거리라는 특권을 빼앗아버리기도 했다. 비극이. 부르면. 심장이. 반응한다. 비극이. 부르면. 머리가. 반응한다.

한 여자, 어린 여자가 있다. 소녀라고 할 수도 있다. 왜냐하면 스물일곱 살밖에 되지 않았으니까. 살아야 할 만큼의 3분의 1밖에 살지 않았으니까. 그녀는 고급 위스키와 담배 같은 목소리를 갖고 있었다. 아니 내가 상상하는 고급 위스키와 담배 같은 목소리를 갖고 있었다. 그녀의 목소리를 들으면 어두컴컴하고 비밀스러운, 들어가려면 아는 사람이 있어야 할 것 같은 나이트클럽이 머릿속에 떠오른다. 뮤지션들이 매캐한 땀냄새와 향수 냄새와 술냄새와 담배 연기가 가득한 작은 무대에서 몇 시간 동안 연주하는 그런 곳에서 소녀-여성 가수가 마이크 앞에서 몇몇 사람들에게만 자신의 특별한 목소리를 들려주는 상상을 한다.

그녀의 두번째 앨범이 나온 해, 핼러윈은 오직 이 소녀-여자에게 바쳐지는 축제가 되었다. 여자 혹은 남자들까지 그녀처럼 긴 머리를 높이 올려 묶어 윗부분을 둥그렇게 부풀리고(혹은 그런 가발을 쓰고) 눈꼬리보다 훨씬 더 길고 굵게 검은색 아이라인을 칠하고 팔에는 문신을 그리고서는 그녀의 인기곡을 다 같이 합창했다. '다들 나를 리햅•에 보내려고 했지만' '나는 말했어. 싫어 싫어 싫어'라고 따라 불렀다. 그

• 중독 치료소.

래서 우리가 그녀에게 신경쓰는 것이다. 그녀는 우리 삶에, 우리의 귀에, 우리의 머릿속에, 우리의 헤어스타일 안에 있었다.

이 소녀-여자 가수는 자신의 아파트 침대에 혼자 누워 있다가 죽었다. 사람들은 말했다. "충분히 예상 가능한 일이었습니다." 왜냐하면 그녀가 실은 소녀였다는 걸 다들 알았기 때문이다. 그녀에게 문제가 있다는 것, 우리처럼 최소한의 품위를 보장받으며 사적인 문제들을 해결할 사치를 그녀는 누리지 못했다는 것을 알고 있다. 그녀는 엉망이었다. 그래서 어쨌다고? 우리 모두 한 명도 빠짐없이 알고 보면 썩은 내가 나는 엉망진창 아닌가? 아니면 엉망진창이었다가 어떻게든 출구를 찾아 나왔거나 지금도 여전히 이 구렁텅이에서 벽을 긁고 바닥을 기며 밖으로 나올 방법을 찾고 있지 않나? 그녀는 그녀보다 더 덩치 큰 악마를 키우고 있었다. 그 악마와 싸우려 노력했을 수도 있고 내버려두었을 수도 있다. 알 수가 없다. 그녀의 불행과 갈등과 싸움은 고스란히 기록되고 패러디되고, 찬양받기도 조롱받기도 했다. 유명인이. 부르면. 가십이. 응답한다. 우리는 이 소녀-여자가 얼굴은 퉁퉁 붓고 화장은 지워져 창백한 얼굴에 머리가 흐트러지고 윗옷으로 브래지어만 입은 채 맨발로 거리에 서 있는 사진을 보았고 그녀의 몸이 운구용 들것에 실려 나가는 사진 또한 보았다. 그녀가 죽은 후에도 사생활은 없었다. 이 또한 비극이었다.

나는 그녀의 음악을 사랑했고 자주 들었다. 그녀가 꼭 살아남아서 사랑하는 팬들에게 목소리를 들려주길, 제발 오래오래 우리 곁에 있어주길 바랐다. 그녀가 죽었다는 소식은 친구의 문자메시지를 통해 알았고 우리는 어떻게 스물일곱이라는 나이에 죽을 수 있는지 안타까워했다. 그녀가 절대 알지 못했을 삶을 생각하면서 더 오래 살았다면 그녀를 찾아왔을지 모를 인생의 선물들을 생각하자 다른 종류의 슬픔이 덮쳐왔다. 그녀의 사인이 무엇인지, 어떻게 생과 이별했는지는 내 소관이 아니다. 그럼에도 불구하고. 나는 그 소식을 들었을 때 그녀가 혼자 죽었을지 궁금했다. 무서웠을지 궁금했다. 공포가 있고 그후에 또다시 공포가 있다. 그녀가 자신의 짧은 생애 동안 진정한 행복을 경험했을지 궁금하다. 사랑받는다고 느꼈을지, 평화를 얻은 적이 있었을지 궁금하다. 그녀는 누군가의 딸이었다. 누군가의 여동생이었다. 우리는 그녀의 아버지가 비행기에서 딸의 부고를 들었다는 사실을 알고 있다. 그는 딸이 자신보다 먼저 세상을 떠났다는 사실을 받아들일 시간과 사생활조차 가질 수 없었다. 자식의 죽음은 견딜 수 없는, 숨을 쉴 수 없는 일일 테다. 에이미 와인하우스가 죽은 후에 그녀의 부모는 인간의 심장이 견디도록 만들어지지 않은 그 무엇을 견디기 위해 애써야 했다. 비극이. 부르면. 무너진 가슴이. 응답한다.

그즈음 노르웨이에서 일어난 참사와 에이미 와인하우스의 죽음에 대해 많은 이야기가 나왔다. 거의 같은 시기에 일어났기 때문이다. 이 두 가지 사건을 함께 논하며 어떤 식으로든 비극에도 서열을 매기려는 사람도 있었다. 사람들은 서로를 판단했고 슬픔을 분해했다. 그저 한 명의 가수였던 이 연예인을, 중독에 시달렸던 소녀-여자의 죽음을 왜 그렇게까지 슬퍼하느냐고 타박하는 사람도 있었다. 마치 중독자의 생명은 아무런 가치가 없다는 듯이, 비극이 올바르게 사는 사람들에게 일어나지 않는다면 애도할 수 없다는 듯이 말했다. 바다 건너 일흔일곱 명이 테러로 죽었는데 왜 가수 한 명의 죽음을 슬퍼하는 것인가? 우리는 왜 이런 질문을 받았을까? 마치 우리는 한 번에 하나의 비극만 소화할 수 있고 우리의 능력으로는 한 번밖에 애도할 수 없다는 듯이, 어떤 비극에 반응하기로 결정하기 전에 그 비극의 깊이와 정도를 재야 한다는 듯이, 동정과 연민은 아껴서 사용해야 하는 한정된 자원이라는 듯한 질문 말이다. 이 두 가지 비극을 도면에 올려놓고 직선으로 연결시킬 수는 없다. 이 비극들을 명쾌하게 이해할 수 없다.

런던에 사는 소녀-여자의 죽음이건 일흔일곱 명의 노르웨이 남성, 여성, 청소년들의 죽음이건 죽음은 모두 죽음이고 비극이다. 우리는 알고 있다. 그러나 잊어버리지 않도록 다시 한번 말하고 또 말해야 할지도 모르겠다.

나는 동정과 연민이 한정된 자원이라고 생각해본 적이 한 번도 없다. 그리고 그래야만 하는 세상에서 살고 싶지도 않다.

크건. 작건. 비극이. 부르면. 연민이. 응답한다. 가슴이. 응답한다.

5부

다시 나에 대하여

나쁜 페미니스트:
TAKE ONE

나는 '페미니스트'의 정의 중 1996년에 출간된 케시 베일의 책 『DIY 페미니즘』에 실린 오스트레일리아의 수라는 여성의 인터뷰 중 한 대목을 가장 좋아한다. 그녀는 페미니스트란 "개똥 같은 취급을 받고 싶어하지 않는 여성일 뿐"이라고 말했다. 이 정의는 명확하고 간단명료하지만 내가 이 정의를 확장하려고 하자 곧 어려움에 처했다. 나는 페미니스트라 하기에는 부족한 사람이다. 조금 더 노력해야 하는데 그러지 못하는 느낌이고 나는 내가 선택한 나로 살고 싶지만 페미니스트의 이상에는 턱없이 부족한 것만 같다.

나는 계속 이상과 현실 사이의 갈등과 긴장을 느낀다. 주디스 버틀러는 1988년에 쓴 에세이 「수행적 행위와 젠더 정체성」에서 "자신의 젠더를 잘못 수행하면 직간접적으로 그에 따른 대가를 받게 되고 사회가 입력한 대로 젠더를 잘 수행했을 때는 옳은 일을 했다는 확신을 얻게 된다. 마치 젠더 정체성의 본질이라는 것이 존재하는 것처럼 말이다"라고 썼다. 페미니즘을 접하는 사람들 사이에서도 여성이 되는 옳은 방법이 있고 본질적인 여성이 되는 옳은 방법이 있다는 개념이 넓게 퍼져 있다.

사회가 강요하는 미의 기준에도 이런 긴장이 있다. 여성은 날씬해야 하고 화장을 해야 하고 적절한 옷차림을 해야 한다(너무 되바라져서도 안 되고 너무 내숭을 떨어서도 안 된다. '너무 야하게 입지는 않아도 되니까 다리는 좀 보여줘요, 여성분들'). 좋은 여자는 매력적이고 예의바르며 나대지 않는다. 좋은 여자는 일을 하지만 남자들이 받는 임금의 77퍼센트만 받아도 만족하고, 누구에게 물어보느냐에 따라 다르지만, 좋은 여자는 아이를 낳고 불평하지 말고 집에서 그 아이들을 키워야 한다. 좋은 여자는 겸손하고 순결하고 경건하고 순종적이다. 이러한 기준에 못 미치는 여자들은 실패한, 바람직하지 않은 여성들이다. 나쁜 여자들이다.

버틀러의 이론은 페미니즘에도 적용된다. 근본주의 페미니즘이 실제로 있거나 혹은 내가 무언가를 근본주의로 인식하고 있을 수도 있다. 즉 페미니즘 안에도 옳고 그름이 있고 페미니즘을 잘못 시행하면 나쁜 결과가 따른다는 개념이다.

근본주의 페미니즘은 곧 분노, 유머 감각 없음, 공격성, 확고부동한 원칙을 나타내며 적합한 페미니스트 여성이 되는 방법, 적어도 적합한 백인 이성애자 페미니스트가 되는 방식을 규정한다. 포르노그래피를 싫어하고 여성의 대상화는 무조건 매도하고 남성들의 시선에 부응하지 않고 남자를 미워하고 섹스를 싫어하고 커리어를 쌓는 데만 열중하며 제모를 하지 않는다. 나는 종종 가장 마지막 건을 농담으로 삼는다. 이것은 페미니즘의 정의와는 전혀 상관이 없으나 페미니즘 운동이 장기간 이런 오인을 받아오면서 충분히 알 만한 사람들도 페미니즘이 기본적으로 이런 이미지라고 받아들여버렸다.

작가 엘리자베스 워첼은 2012년 6월 『애틀랜틱』에 이렇게 썼다. "진정한 페미니스트는 자기 생계는 책임질 수 있는 여성이다. 돈과 능력이 있어야 한다." 워첼의 사고방식에서라면 '생계를 책임지지 못하고 돈과 능력이 없는' 여자는 가짜 페미니스트라는 말이 된다. 그런 여자에게는 페미니스트라는 호칭을 하사할 수 없고 그런 여자는 여성 공동체를 망신시킨다. 또 엘리자베스 워첼은 2012년 9월 『하퍼스 바자』에서 훌륭한 페미니스트는 아름다운 여성이 되기 위해 노력해야 한다고도 말한다. "멋진 외모는 페미니즘에서 중요한 문제다. 자유롭고 진보적인 여성이 건강하거나 행복해 보이지 않으면 이 대의를 잘못 대표하게 된다." 이러한 사고의 오류를 짚어내기는 매우 쉽다. 그녀는 여성의 가치가 부분적으로 외모에 의해 결정된다고 말하고 있으며 그것은 페미니즘이 가장 경계하는 태도다.

근본주의 페미니즘의 가장 큰 문제는 인간들의 복잡한 경험이나 개개인의 특성을 허락하지 않는다는 점이다. 복수의 의견이나 상이한 관점이 들어갈 자리가 없다. 예컨대 근본주의 페미니즘은 '섹스 지향적 페미니즘'이라는 말까지 만들어내면서 섹스에 긍정적인 페미니스트와 그렇지 않은 페미니스트들을 구분할 수 있는 것처럼 말하는데, 이것이야말로 근본주의 페미니즘의 자기 충족적 망상이 아닐 수 없다.

아직도 가끔 내가 페미니스트라 규정되면 멈칫하게 된다. 나의 페미니즘을 부끄러워하며 숨겨야 할 것 같고 때로 '페미니스트'라는 단어가 인신공격처럼 들리기도 한다. 사실 사람들이 친절한 미소와 함께 이 단어를 갖다붙이는 경우는 별로 없다. 내가 감히 나서서 우리 사회에 깊이 뿌리박힌 여성혐오 문화를 인식하고 각성해야 한다는 주장을 하면 곧바로 페미니스트 딱지가 붙는다. 앞서 나온 대니얼 토시와 강간 농담에 대한 글이 '살롱'에 실렸을 때 나는 악플이 두려워 댓글을 거의 보지 않았지만 우연히 하나는 보고 말았다. 나에게 "화만 내는 여자 블로거"라고 했는데 이것은 '화만 내는 페미니스트'라는 말이나 마찬가지다. 페미니스트들에게는 늘 '열렬한'보다는 '화난'이라는 수식어가 붙는다.

조금 더 직접적으로 질책당한 건 데이트하고 있던 남자와 논쟁하게 되었을 때였는데 그것은 분명 의견이 다른 성인 사이의 대화였지 언쟁까지는 아니었다. 그런데 그는 나에게 이렇게 말했다. "내 앞에서 언성 높이지 마." 나는 언성을 높인 적이 없었고 그 말을 듣자마자 몸이 뻣뻣하게 굳었다. 어느 누구도 내게 그런 말을 한 적이 없었다. 한발 더 나아가 그는 남자 앞에서 여자가 말하는 법에 대해 일장연설을 하기 시작했다. 내가 그의 허황된 이론을 낱낱이 해체해버리자 그는 말했다. "너 그거구나? 페미니스트 뭐 그런 거. 맞지?" 분명 비난하는 어조였고 페미니스트란 바람직하지 않은 무언가라는 뜻을 함축하고 있었다. 그가 볼 때 나는 좋은 여자가 아니었다. 나는 입을 꾹 다물고 생각에 잠겼다. '보면 몰라? 내가 페미니스트라는 건 너무나 당연하잖아? 엄청 대단하고 훌륭한 페미니스트는 아니라고 해도?' 나는 어떤 신념 체계를 가졌다고 해서 꾸짖음을 당하고 있는 중이었다. 이 경험은 아주 좋게 말해서 황당하기 그지없었다.

적극적이고 자기주장이 강하면서도 페미니스트 딱지만은 피하려는 여성, 이 딱지가 붙었을 때의 결과를 두려워하는 여성이 나 혼자만은 아니다.

2012년 개성 강한 연기로 유명해진 배우 멀리사 리오는 '살롱'의 저널리스트 앤드루 오헤어와의 인터뷰에서 이렇게 말했다. "글쎄요. 저 자신을 페미니스트라고 생각하지는 않아요. 나와 다른 사람들에게 어떤 딱지를 붙이고 분류하는 순간 세상과 통하는 문을 닫아버리는 게 아닐까요? 제가 만약 페미니스트가 된다면 '이번에 루이스 C. K.와 그 에피소드 찍었어' 이런 말을 하지 못하게 될 것 아니에요?" 여기서 리오가 얼마나 근본주의 페미니즘에 깜빡 속았는지 알 수 있다. 원래 사람이란 이 세상에 나오는 순간 젠더, 인종, 키와 몸무게, 머리색, 눈 색깔에 의해 구분되고 꼬리표가 찍힌다. 나이가 들면 들수록 꼬리표들은 더 많아질 것이다. 만약 우리를 분류하는 것이 세상과 통하는 문을 닫는 것이라면 이제까지 계속 문을 닫고 살아온 셈이었을 것이다. 더 불편한 것은 페미니스트라면 루이스 C. K.의 시트콤 〈루이〉에 출연하지 않을 것이라는 가정, 페미니스트는 루이스 C. K. 스타일의 유머를 웃기다고 생각하지 않을 거라는 가정이다. 리오의 세상에는 페미니스트들, 그리고 꼬리표를 거부하며 더 많은 기회를 원하는 페미니스트 아닌 여성들 이렇게 두 종류의 여성만이 있다.

비즈니스계의 입지전적 여성 리더들 또한 페미니스트 꼬리표를 거부하는 경향이 있다. 2012년 야후의 회장이자 최고 경영자로 임명된 머리사 메이어는 2012년 7월 한 인터뷰에서 이렇게 말했다.

> 저는 저 자신을 페미니스트라고 규정하지는 않습니다. 분명 저는 남녀의 평등한 권리를 믿어요. 어떤 특정한 분야를 제외하곤 남녀의 능력 차이도 없다고 생각해요. 하지만 저는 지나치게 전투적이거나 드세지는 않다고 생각합니다. 그러면 안 되죠. 안타깝게도 '페미니즘'이 여러 가지 면에서 부정적인 단어가 된 것 같아요. 세상은 넓고 여성에게는 놀라운 기회들이 있죠. 좋은 것들은 긍정적인 에너지에서 나오지 부정적인 에너지에서 나오지 않는다고 생각합니다.

메이어처럼 업계를 이끌어온 여성도 페미니즘 하면 전투적이라는 선입견부터 떠오르나보다. 그녀가 구글에서 시작해 야후에서 성공하기까지 분명 페미니스트가 열어준 길을 걸어왔음에도 불구하고 페미니즘이 부정적인 단어라 생각하고, 이른바 긍정적인 에너지를 위해서 이 꼬리표를 삼가기로 한 것이다.

오드리 로드는 이렇게 말한 적이 있다. "나는 흑인 페미니스트다. 나의 힘뿐만 아니라 내가 받은 억압이 모두 나의 흑인성과 여성성에 의해 형성되었으며 내가 겪은 수난은 이 두 가지 입장에서 절대 분리할 수 없다." 유색인종 여성인 내가 볼 때 일부 페미니스트들은 유색인종 여성에만 국한된 문제에는 관심이 없다. 예를 들어 인종차별과 탈식민주의와 제3세계 여성의 지위와 흑인 여성에게 따라붙는 전형적 이미지(불만 가득한 흑인 여자, 매미•, 호텐토트••)에는 무심하다.

백인 페미니스트들이 자신과는 상관없는 유색인종 여성에게만 특화된 문제가 있다고 믿으려 하면 흑인 여성과 백인 여성이 부자연스럽게 분리되고 연대와 결속은 사라진다. 때로 백인 페미니스트들은 이런 문제를 그저 무시해버리기도 한다. 2008년 유명 페미니즘 블로거 어맨다 마코트는 「사람이 불법일 수 있을까?」라는 글을 발표했다가 표절 혐의를 받았다. 마코트의 글이 나오기 며칠 전에 '브라운페미파워'라는 블로거가 똑같은 주제로 올린 포스팅과 상당 부분 비슷했던 것이다. 이 사건에서 본인 생각이 어디까지이고 빌려온 개념이 어느 정도인지 알아내는 것은 더욱 어려워졌는데, 백인이 또다시 흑인의 창의력을 갈취했다는 의견이 나오며 흑백 논쟁으로 번졌기 때문이다.

페미니스트 블로거들 사이에 험악한 싸움이 벌어졌고 흑인 페미니스트들은 '급진파 흑인 페미니스트'라 불렸고, 과한 반응을 보인다고

• 미국 남부 가정에서 흑인 유모를 경멸적으로 이르는 말.

•• 남아프리카의 한 부족인 코이코이족을 백인들이 비하해 부르면서 유래된 말. 엉덩이가 큰 흑인 여성을 차별하는 용어로도 쓰인다.

비난받았으며, '인종 카드를 들고 나왔다'고 손가락질당했다.

흑인 여성 이슈들을 의도적으로 무시하거나 주류 페미니즘 프로젝트로 끌어오지 않으려는 자세를 보며 나 또한 나 같은 사람을 인정하지 않는 페미니즘의 일부가 되고 싶지 않다는 생각을 했다. 나도 이렇게 '포괄적인 페미니즘'이나 '온전한 페미니즘'을 지지하니 이 또한 내 방식의 근본주의 페미니즘일까? 그럴 수도 있다. 아직은 어렵다. 하지만 페미니스트 집단 안에서 많은 이들이 인종문제에 관해서 눈감고 있다는 사실과 그 심각성을 간과해서는 안 된다.

최근에는 이런 문제도 있다. 잡지에서는 페미니즘에 뭔가 문제가 있다고 하거나 일과 삶의 조화를 추구하는 여성들, 혹은 모든 여성이 뭔가 잘못되었다는 식으로 말하고 있다. 특히 『애틀랜틱』이 이런 비난에 앞장섰다. 앞에서도 언급한 2012년 6월호에서 『프로작 네이션』의 작가 엘리자베스 워첼은 일을 그만두고 전업주부가 되기로 한 '1퍼센트의 아내들'이 페미니즘과 여성의 발전을 망치고 있다고 비판한다. 워첼은 다소 과격한 어조로 말한다.

> 페미니즘에 대해 잘못된 모든 것들을 생각하다보면 내 안에 있던 19세기의 시인이 튀어나올 것만 같다. 상황을 한번 따져보자. 무엇보다 페미니즘은 모든 사람이 자길 좋아해주길 너무나 바라는 착한 여자가 돼버렸다. 페미니즘은 남편 돈으로 브런치나 사 먹는 여자, 여자를 싫어하는 남자, 선택은 강요하고 책임은 이해하지

> 못하는 바보들에게도 전부 사랑받고 싶어한다. 말하자면 페미니즘은 아무하고나 자는 사회운동이 되어버렸다.

페미니즘에 문제가 있다. 워첼은 그렇게 말하면서 자신의 입장을 강하게 주장한다. 워첼은 페미니즘 중에도 옳은 페미니즘이 있다고 믿는다. 이 글에서 워첼은 평등에는 오직 한 가지 종류만 있으며 그것은 경제적 평등이고 여성이 이 사실을 깨달아 모두가 직업을 갖게 되기 전까지는 페미니스트, 특히 경제적 여유가 있는 페미니스트들은 계속해서 실패할 거라고 말한다. 그들은 계속 나쁜 페미니스트일 것이며 페미니즘의 근본적 이상에는 닿지 못할 것이다. 그녀가 강조한 경제적 평등은 중요하나 경제적 평등만 획득하면 나머지 모든 페미니즘의 문제가 사라질 것이라는 가정은 잘못되었다.

2012년 7/8월호 『애틀랜틱』에서는 앤마리 슬로터 교수가 능력 있고 성공한 여성들의 '다 가지기 위한' 몸부림에 대해서 무려 1만 2천 단어가 넘는 기고문을 썼다. 그녀의 글은 특정 부류의 여성들, 성공적인 커리어를 갖고 있는 부유한 여성들에게는 매우 흥미롭고 깊이 있는 내용이라 할 수 있다. 이 글 덕분에 책 출간 계약도 성사시켰으니 말이다. 그녀는 소수 엘리트 집단의 여성들에게만 말하며 그런 특권을 갖지 못한 수백만 여성은 간과하고 있다. 자신처럼 아들들과 시간을 더 보내기 위해 국무부 정책기획실장이라는 누구나 선망하는 직업을 버린 여성을 대상으로 하고 있는 것이다. 하지만 많은 여성이 일을 하고 싶어서가 아니라 일을 해야 하기 때문에 한다. 여성에게 직업이란 인생의 모든 것을 '다 가지는 것'과 관련이 있다기보다는 당장 식탁에 먹을 것을 올려놓는 일과 더 관련이 깊다.

슬로터는 이렇게 썼다.

> 나는 페미니즘이라는 대의를 굳건히 지지한다는 점에서 항상 뿌듯해하고, 직업적으로 성공해 높은 자리까지 올라간 대학 동기나 로스쿨 동기와 잘난 척하며 수다떠는 그런 여자였다. 교단에서는 여학생들에게 어떤 분야에 있건 간에 모든 것을 다 가질 수 있고 다 할 수 있다고 외치는 사람이었다.

내가 볼 때 문제는 이것이다. 페미니즘이 여성에게 '모든 것을 다 가질 수 있다'고 주장한 적은 이제까지 단 한 번도 없었다. 모든 것을 다 가지기 논쟁 때문에 여성들이 페미니즘을 탓하게 되지만 사실 모든 것을 갖고 싶어하는 것은 인간의 본성이다. 어떻게 하면 너무 힘들이지 않고 케이크를 먹을 수 있는지, 어떻게 '모든 것을 가질지'는 일부 운좋은 사람들이나 여성만의 고민도 아니고 모든 인간의 고민이다.

아, 불쌍한 페미니즘이여. 페미니즘의 어깨에 너무 무거운 짐을 지우고 있지만 근본적으로 이 운동의 일차적 목표는 모든 분야에서의 성평등임을 잊지 말자. 그 기고문을 읽으면서 나는 급격히 피로해지기 시작했는데, 그렇게 따지면 어떤 여성도 그처럼 대단한 페미니스트의 기준에 맞춰 살아갈 수 없다. 이런 기고문들은 버틀러가 주장했듯이 여성이 되는 옳은 방법과 그른 방법이 있는 것처럼 보이게 만든다. 올바른 여성이 되는 방법 그리고/혹은 페미니스트가 되는 방법의 기준은 계속 변하고 우리가 영영 도달할 수 없는 이상처럼 보인다.

셰릴 샌드버그의 『린 인』이 화제 속에 출간되자 사람들은 이 페이스북 최고 운영 책임자가 들려주는 일하는 여성 이야기에 큰 관심을 보였다. 물론 그중에 실제로 이 책을 끝까지 다 읽은 사람은 소수인 듯했고, 이 책 관련 기사들은 『린 인』의 캐릭터를 이상하게 잡아나갔으며 잘못된 헤드라인과 부정확한 사실과 부당한 추측들이 속출하기 시작했다.

막상 책을 읽어보면 대기업의 세계에서 승승장구한 비교적 평범한 이야기지만 여성의 책이기에 이중 잣대를 피할 수는 없었던 것이다.

샌드버그는 자신의 놀라운 사회생활 이야기(구글 부회장과 클린턴 정부의 재무부 비서실장)에다 사적인 이야기들을 털어놓고, 거기에 관찰과 조사를 더하고 여성의 직업적 개인적 성공을 위한 실용적인 조언까지 곁들인다. 그녀는 여성들에게 커리어에 조금 더 "린 인"• 하고 "어떤 일에서건 조금 더 야심을 가지라"라고 조언한다. 『린 인』은 경쟁력 있는 책으로, 글도 담백하고 재미있으며 익숙한 연구 조사 결과를 재차 사용하고 있기는 하나 여성의 도전을 강조하기 위한 목적으로 쓰였으니 그리 거슬리지는 않는다.

의도적이건 아니건 이 책의 대부분은 직장 여성이 만나는 높은 벽

• lean in. 상체를 기울이는 것. 어떤 일에 적극적으로 임하고 몰입하는 것을 뜻한다.

들을 실감나게 한다. 분명 그런 부분이 공감을 이끌어냈고, 샌드버그의 '가면 증후군'• 논의와 여성들은 자신이 충분한 자격이 있다고 느끼지 않는 한 잠재력과 기회를 활용하지 못한다는 내용은 특히 그렇다.

하지만 샌드버그는 젠더 이분법을 엄격히 고수하고 있으며 『린 인』이란 책 자체가 과할 정도로 이성애 규범을 강조한다. 전문직 여성들은 전문직 남성들과 비교되고 정의된다. 대놓고 주장하지는 않지만, 『린 인』은 여성은 전통적인 남성의 기질(자신감, 모험심, 공격성 등)을 받아들여야 한다고 명하는 것만 같다. 때로는 이런 조언들이 역효과를 낳는데 마치 샌드버그가 '성공하고 싶으면 개새끼가 되어야 해'라는 명제를 옹호하고 있는 것처럼 보여서다. 게다가 샌드버그는 일반적으로 모든 여성이 직업적인 야망도 실현하고 남자와 결혼해 아이를 갖길 바란다고 가정한다. 물론 이렇게 말하기도 한다. "모든 여성이 직업을 원하는 것은 아닐 것이다. 모든 여성이 아이를 원하는 것도 아니다. 모든 여성이 이 두 가지를 다 원하는 것도 아니다. 나는 우리 모두가 같은 목적을 가져야 한다고 주장하는 것이 아니다." 하지만 그녀는 직업적 성공과 행복한 핵가족을 원하는 이성애자 여성이라는 맥락 안에서만 모든 일화를 배치해 이 말과 상반되는 태도를 보인다. 물론 샌드버그는 특정 독자층을 겨냥해 글을 썼을 것이며, 그 타깃 독자 안에 들지 않는 사람들에게는 크게 제공해주는 것이 없다는 사실을 받아들이고 나면 이 책을 읽는 것이 훨씬 더 수월해진다.

• 자신이 이뤄낸 업적을 스스로 받아들이지 못하는 심리적 현상.

『린 인』 출간 후 논란에서 가장 중요한 문제는 샌드버그가 자신의 타깃 독자에 들어가지 않는 여성들에게도 책임감을 갖고 있느냐이다. 슬로터처럼 샌드버그는 협소한 그룹의 여성들에게만 말을 걸고 있다. 뉴욕 타임스의 조디 캔터는 이렇게 쓴다. "두 개의 하버드 석사학위와 페이스북과 구글 스톡옵션 보유자에, 2700평 저택과 가사 도우미를 한 부대나 거느리는 여성이 그보다 자원이 부족한 여인들에게 자신을 들여다보고 더 열심히 일하라고 말하는 것이 어색하다는 것을 (샌드버그의) 조언가들마저도 인정한다."

보통 사람은 꿈도 못 꿀 샌드버그의 조건은 상당히 거슬리기도 한다. 그녀는 아무렇지도 않게 자신의 멘토인 전 미국 재무장관 래리 서머스와 미국 재부무 비서실장 시절과 의사인 형제자매들과 그녀만큼 성공한 남편 데이비드 골드버그(서베이 멍키의 CEO로 가족들과 조금 더 많은 시간을 보내기 위해 회사의 본사를 포틀랜드에서 베이 에어리어로 옮겼다)에 대한 이야기를 툭툭 꺼낸다. 다른 사람들도 얼마든지 노력만 하면 그녀처럼 이상적인 환경에서 다른 이상적인 환경으로 이동할 수 있을 것처럼 말한다.

샌드버그의 인생은 거의 말도 안 되는 동화에 가깝고 나는 『린 인』을 '스노볼'로 생각하기 시작했다. 앙증맞지만 답답해 보이는 완벽하고 사랑스러운 작은 모형 말이다. 물론 사람 일은 모르기에 샌드버그가 모든 것을 가졌다고 말하기 어렵다는 건 알지만 그게 뭐가 되었건 그녀는 '모든 것을 가졌다'는 말에 상당히 근접하다. 상식적으로 어느 누구도 그저 '린 인' 하고 열심히 일해서는 샌드버그 수준의 성공을 거두기 힘들다. 물론 그렇다고 해서 샌드버그가 하는 말 중에 건질 것이 없다거나 『린 인』을 당장 버려야 한다는 말은 절대 아니다.

문화 비평가들은 사회 주류가 아닌 사람에 대해서 약간은 거들먹거리는 태도를 보인다. 『린 인』에 관한 논의에서 '여성 노동자 계층'은 너무 적은 돈을 받고 너무 많은 일을 하는 여성들이라고 정의하며 한 그룹으로 몰아갔다. 하지만 이 여성들이 실제로 이 세상을 살아가고 있으며 이 여성 중에 야심찬 여성이 있을 수 있다는 사실을 그들은 고려하지 않는다.

당연하지만 『린 인』이 이미 몸이 부서질 정도로 열심히 살아가고 있는 노동자 계층 여성들에게도 괜찮은 조언서가 될 수 있다는 생각에는 이미 수없는 반발이 나오고 있다. 샌드버그도 자신의 특권에 대해서 의식하고 있다.

> 나는 대부분의 여성이 다음 세대를 위해 사회의 표준을 바꾸는 것이 그들의 목적이 아니라는 사실을 충분히 인지하고 있다. 직장인 여성 중 40퍼센트가 병가와 휴가가 부족하며 자녀를 둔 직장인 여성 중 50퍼센트가 아픈 아이를 돌볼 시간을 낼 수 없다. 유급 육아휴직을 받는 여성은 반도 안 된다. 이런 정책은 심각한 결과를 낳는다. 유급 육아휴직이 전혀 가능하지 않은 가정은 빚을 지게 되고 이 빚은 곧 빈곤으로 연결된다. 스케줄이 들쭉날쭉한 파트타임 일을 하면 계획적으로 살기 힘들고 기본적인 혜택을 받을 수 있는 주당 근로시간 기준인 40시간을 채우지 못할

수도 있다.

샌드버그가 이런 상황에 있는 여성들의 직장 내 대처법에 대해 조금 더 현실적인 조언을 했다면 지금보다는 유용한 책이 되었을 것이다. 또한 우리에게 하늘을 나는 자동차가 있었다면 유용했을 것이다. 샌드버그의 조언이 여성 노동자에게 한 치의 도움도 안 된다고 가정하는 것은 그녀의 조언이 모든 여성에게 적용된다는 주장만큼이나 근시안적이다. 솔직히 말해보자. 샌드버그가 자신이 아는 바가 거의 없는 여성 노동자들에게 직업적 조언을 하기로 했다면 선을 넘었다는 비난을 받았을 것이다.

『린 인』에 대한 비판이 모두 엉뚱한 방향으로 가고 있는 것은 아니지만 여성 공인을 대하는 태도의 위험성을 드러내고 있기도 하다. 공적인 일을 하는 여성, 특히 페미니스트들은 모든 사람들을 만족시키는 완벽한 존재가 되어야 한다. 그렇지 않을 때는 실패했다고 맹비난을 받는다. 어떤 면에서는 왜 이런 현상이 나타나는지 이해할 수 있다. 우리는 이제까지 먼길을 왔지만 앞으로 갈 길이 더 멀기 때문이다. 우리에겐 아직 너무 많은 것이 필요하고 이렇게 단단한 기반을 가진 여성들이 우리에게 꼭 필요한 사람이 되어주길 바란다. 이것은 불가능한 소망이기도 하다. 기자 엘리자베스 스피어스는 더 버지에 이런 글을 실었다.

누가 잭 웰치(혹은 워런 버핏, 혹은 심지어 도널드 트럼프)의 베스트

> 셀러를 들고선 이 책이 가족을 부양하기 위해서 여러 업종을 뛰고 있는 노동자 계층 남성을 전혀 배려하지 못한다고 비난한 적이 있었는가? 그리고 어느 누가 잭 웰치의 책을 읽으면서 잭 웰치처럼 살지 못하고 잭 웰치 같은 직업을 갖지 못한다고 스스로를 못난 인간이라 자책하며 초라해할까?

『린 인』은 최종적이고 확정적인 텍스트로 읽힐 수도 없고 읽혀서도 안 되며 이 책이 이 세상 모든 여성들에게 보편적으로 적용될 수 있는 조언을 하고 있다고 생각해서도 안 된다. 샌드버그는 공격적으로 자신의 의견을 개진하고 있으나 독자가 그녀의 말을 모두 듣고 따라 해야 할 의무는 없다. 아마도 우리는 『린 인』을 한 권의 책으로만 대하면 될 것이다. 조언하는 이가 누가 되었건, 그 사람이 무슨 일을 하건, 모든 여자에게 적용되는 단 한 가지 원칙은 없다.

나쁜 페미니스트:
TAKE TWO

나는 여성으로서 실패하고 있다. 페미니스트로서도 실패하고 있다. 이런 내가 멋대로 페미니스트라고 말하고 다니다니 진정 훌륭한 페미니스트들에게는 죄송스러울 지경이다. 내가 페미니스트라면 아마 나쁜 페미니스트일 것이다. 나는 모순덩어리다. 나는 페미니즘에 여러 가지로 잘못을 저지르고 있다. 적어도 내가 여성이라는 것 때문에 페미니즘에 대한 개념이 흐트러지고 있다면 내 잘못이 맞는다.

나는 독립적인 사람이 되고 싶다. 하지만 누가 나를 챙겨주었으면 좋겠고 누군가와 함께 살고 싶다. 나는 직업이 있고 능력도 인정받고 있다. 여러 가지 책임을 완수하고 있다. 나는 여러 중요한 모임 활동도 하고 있다. 사람들은 나를 존경하고 내 조언을 얻으려 한다. 나는 강한 인간이 되고 싶고 전문가가 되고 싶다. 하지만 나는 겨우 이 정도의 인정을 받기 위해 남보다 더 이를 악물고 달려야 한다는 사실에 화가 난다. 나는 가끔 직장에서 울지 않으면 미쳐버릴 것 같아서 내 사무실 문을 닫고 울기도 한다.

책임지고 싶고 존경받고 싶고 자기 관리를 잘하고 싶지만 내 인생의 어떤 면에서는 완전히 항복해버리고 싶다. 누군들 어른이 되고 싶겠는가?

일터로 가는 차 안에서 무자비한 가사가 깔린 랩 음악을 최대한 크게 틀어놓는다. 이 랩의 가사는 여성 비하의 시작과 끝을 보여주고 있어서 마음속 깊은 곳에서부터 분노가 솟구친다. 이를테면 이 분야의 고전인 잉 양 트윈스의 〈Salt Shaker〉 같은 노래? 무척 놀라운 곡이다. "비치, 팬티 먹은 엉덩이가 겁나 아플 때까지 흔들어보시지."

시적이군.

(나는 내 음악 취향이 부끄럽다.)

나는 다른 사람들의 말과 시선에 신경쓴다.

내가 가장 좋아하는 색깔은 핑크색이다. 쿨해 보이기 위해서 블랙을 좋아한다고 말하고 다닌 적도 있었으나 사실 핑크, 모든 색조의 핑크를 좋아한다. 내가 액세서리를 하고 있다면 아마 핑크색일 것이다. 나는 『보그』를 읽는다. 비꼬거나 비판하기 위해서 읽는 것이 아니고 그냥 좋아서 읽는다. 나는 애나 윈터의 『보그』 뒷이야기를 그린 다큐영화 〈셉템버 이슈〉에 대해 트윗을 한 적도 있다. 겉으로는 그런 증거가 보이지는 않겠지만 멋진 신발과 가방과 그에 맞춰 입을 옷으로 가득한 커다란 옷방에 대한 판타지를 갖고 있다. 나는 드레스를 좋아한다. 몇 년 동안 그렇지 않은 척했지만 사실이 아니다. 맥시 드레스는 최근 인기를 끌었던 옷 중에 제일 근사한 아이템이라고 생각한다. 맥시 드레스에 대한 나만의 고견이 있다! 나는 다리털을 깎는다! 다시 말하지만 부끄러울 뿐이다. 여성의 미모에 대한 비현실적인 기준을 비판하려면 패션과 매끈매끈한 종아리에 대한 나의 이 비밀스러운 사랑을 간직하지 말아야 할 것이다.

자동차에 대해선 아무것도 모른다. 가끔 정비소에 가면 다들 외국어로 말하고 있는 것 같다. 정비원이 차의 어디에 이상이 있느냐고 물으면 나는 더듬거리면서 이렇게 말한다. "이상한 소리가 자꾸 나서요. 라디오를 크게 켜서 그 소리를 안 들리게 하고 그래요." 차 뒤창 와이퍼 한쪽의 세제가 창문으로 뿌려지지 않고 공중에 흩어진다. 어찌해야 할지 모르겠다. 내 능력으로는 절대 해결 불가능한 고난도 문제다. 그럴 때마다 아빠에게 전화를 걸어 물어보는데 그러고 나서도 자동차에 무지한 나를 애써 바꾸고 싶지 않다. 사실 차에 대해 잘 알고 싶지 않다. 아마 좋은 페미니스트는 독립적이어서 차량 관련 위기는 스스로 해결하려 노력할 것이다. 누구에게 의지하고 싶지 않기에 공부할 것이다.

사람들이 내 글을 보며 어떤 생각을 할지 모르지만 나는 남자를 굉장히 좋아한다. 남자들은 언제나 흥미롭고 나는 남자들이 여자들을 대하는 법을 조금 더 익혀서 내가 그렇게 자주 그들을 호출하지 않게 된다면 좋겠다. 물론 그래서는 안 되지만 덜떨어진 남자들의 헛소리는 참아주기도 한다. 내가 더 잘 알고 더 잘할 수 있는 것에 대한 말일지라도 말이다. 나는 다이아몬드를 좋아하고 호화로운 결혼식도 좋아한다. 나는 어떤 집안일은 남녀의 구분이 필요하다고 생각한다. 특히 내가 관심 없는 분야인 잔디 깎기, 벌레 죽이기, 쓰레기 버리기 같은 것은 남자들의 몫이라고 생각한다.

가끔, 솔직히 말하면 자주 '느끼는 척'한다. 그게 더 쉽다. 나는 오르가슴의 팬이지만 오르가슴에 도달하려면 시간이 걸리고 그 정도까지 시간을 들이고 싶지 않을 때도 있다. 보통 내 욕망의 미적분학을 설명해야 할 정도로 그 남자를 좋아하지는 않을 때 그렇다. 그러나 여성 공동체sisterhood가 여기에 반대할까봐 죄책감을 느낀다. 나는 사실 여성 공동체가 무엇인지 잘 모르는데 솔직히 여성 공동체라는 개념이 꽤나 위협적으로 느껴지며 그때마다 내가 얼마나 나쁜 페미니스트인지 상기한다. 좋은 페미니스트들은 여성들이 서로 위안과 용기를 준다는 것을 알기에 여성 공동체를 두려워하지 않을 것이다.

나는 아기들을 사랑하고 아이를 갖고 싶다. 그렇게 하기 위해서 타협할 각오가 되어 있다(희생은 아니다). 출산휴가를 갖고 아이와 좀더 많은 시간을 보내기 위해 일을 줄이고 글을 좀 덜 쓰면서 육아에 집중하고 싶다. 공부하고 학위 따고 일만 하다가 남편과 아이 없이 혼자 늙어 죽을까봐 두렵다. 밤늦게까지 이런 생각으로 괴로워하기도 하는데 겉으로는 안 그런 척한다. 나는 의식이 깨어 있는 여자니까. 내가 좋은 페미니스트라면 나 정도의 성공은 충분하다고 생각해야 할 것 같다. 하지만 그렇지 않다. 근처도 못 갔다.

젠더 평등에 대해서는 나만의 의견이 많기에 때로 어떤 이상에 맞춰 사는 데 부담을 느낀다. 모든 것을 다 갖고 모든 것을 잘하는 좋은 페미니스트가 되어야 할 것 같다. 하지만 나는 그저 나를 받아들이고 내 신용 평점을 받아들이려 애쓰는 30대 여성일 뿐이다. 오랫동안 나는 스스로에게 이런 여자가 아니라고, 너무나 인간적이고 약점이 많은 존재가 아니라고 말해왔다. 이런 여자가 절대 되지 않기 위해 남들보다 과로했다. 하지만 그건 너무 지치는 일이었고 더이상 버틸 수가 없었으며 나 자신을 있는 그대로 받아들이는 편이 더 쉬웠다.

어쩌면 나는 나쁜 페미니스트일지도 모른다. 하지만 페미니스트 운동에 중요한 이슈들을 관심 있게 지켜보고 의견을 낸다. 나는 여성혐오, 여성에게 지속적인 불이익을 가져오는 제도적 남녀 차별과 임금 불평등과 외모와 날씬한 몸매 숭배와 재생산권에 가해지는 반복적인 공격과 여성 대상 폭력 외 수많은 이슈에 대해 아주 강한 의견을 갖고 있다. 평등을 위해서도 격렬하게 싸울 테지만 근본주의 페미니즘이 있다는 생각을 뒤집는 데도 헌신할 것이다.

나는 '진짜 강간' 같은 어구에 분노하고, 임신중지 입법 관련 인터뷰에서 임신중지를 목숨걸고 반대하면서 어이없을 정도로 일방적인 주장을 펼치는 미주리주 정치인 토드 에이킨 같은 사람에게 분노한다. "만약 그것이 진짜 강간이었다면 임신을 하지 않도록 모든 것을 폐쇄하도록 반응할 것입니다. 하지만 그것이 잘 안 되거나 이런저런 경우를 생각해봅시다. 그 범죄에는 형벌이 따를 것이고, 그 벌은 강간한 자가 받아야지 아기가 받아서는 안 될 것입니다." 사이비 과학과 강간을 느슨하게 대하는 문화에서 나온 태도다.

내가 비록 나쁜 페미니스트이긴 하지만 페미니스트가 되면서 나는 페미니즘의 필요성을 배웠고, 가사에 문제가 있는 히트곡이나 코미디언의 말장난 같은 덜 심각한 이슈에도 페미니즘을 적용해 발언하려 한다. 대중문화에서 이런 현상이 자꾸 나타나는 이유는 우리가 당면한 더 심각한 문제 때문이다. 기초가 너무 약해진 것이다.

한때 내 머릿속에 페미니스트는 특정한 부류의 여성들이라는 생각이 있었다. 페미니스트라는 사람들에 대한 부정확한 신화를 가슴 깊이 새기고 있었다. 전투적이고 정치적이며 인간으로서 완벽하고 남자를 증오하고 유머가 없는 사람들. 이런 신화에 속았다. 나는 이런 신화에 속지 않을 만큼 똑똑한 사람이고 그것보다는 더 잘 알고 있기에 이런 과거가 자랑스럽지 않고 더이상은 속지 않으려 한다. 나는 페미니스트라는 단어를 정중하게 거절하는 수많은 여자 중 하나가 되고 싶지 않다.

나쁜 페미니스트는 내가 페미니스트이자 솔직한 나 자신이 될 수 있는 유일한 이름이다. 그래서 나는 쓴다. 트위터에 나를 화나게 만드는 것과 나에게 기쁨을 가져다주는 모든 사소한 것들을 다 쓴다. 나를 더 잘 돌보기 위해 내가 잘 먹고 잘살기 위해 블로그에 요리한 음식을 올린다. 새 글을 올릴 때마다 내가 수년간 스스로를 놓아버린 상태에서 회복되고 있다는 것을 깨닫게 되었다. 글을 쓸 때마다 나는 이렇게 나쁜 페미니스트가 되어 세상에 나가고, 이렇게 해서 점점 더 좋은 여성이 되고 싶다. 나의 현재와 과거를 솔직하게 내보이고 내가 어디에서 비틀거렸고 내가 어떤 사람이 되고 싶은지 전부 다 털어놓는다.

어떤 페미니즘 이슈를 이야기하건 간에 나는 페미니스트다. 페미니즘의 절대적인 중요성과 필요성을 부정할 수도 없고 부정하지도 않을 것이다. 다른 사람들처럼 나도 모순적인 사람이지만 여성이라는 이유로 개똥 같은 취급을 당하고 싶지는 않다는 것은 확실하다.

나는 나쁜 페미니스트다. 페미니스트가 아예 아닌 것보다는 나쁜 페미니스트가 되는 편이 훨씬 낫다고 믿는다.

감사의 말

이 책의 에세이들은 '더 럼퍼스' '아메리칸 프로스펙트' 『버지니아 쿼터리 리뷰』 『나인스 레터』 『프리퀀시』 '북슬럿' '제저벨' 『아이언 호스 리터러리 리뷰』 『로스앤젤레스 리뷰』 '버즈피드' '살롱' 등에 먼저 실렸다. 나의 글에 집을 찾아준 이 잡지사의 편집장들에게 감사를 전한다.

나의 에이전트 마리아 마시는 작가가 가질 수 있는 최고의 챔피언이다. 칼 모건과 마야 지브는 뛰어난 에디터이며 특히 칼은 『하퍼』에 지면을 만들어주기 위해 무척 애쓰기도 했다. 에디터가 나의 〈베벌리 힐스 아이들〉에 대한 사랑마저 이해하는 순간 내 사람을 찾았다고 생각했고 마야와는 절친한 친구가 되기도 했다. 메리 베스 콘스탄트의 재치 넘치는 단어 선택에 감사하고 싶다. 이 책의 대부분은 〈로&오더: 성범죄전담반〉의 사운드트랙을 들으면서 썼다. 이 점이 나에 대해 무엇을 알려줄지 모르지만 나는 그래도 고마운 건 고마워해야 한다고 생각한다. '살롱'에서 데이브 달리와 애나 노스는 내 글을 무척 환영해 주었고 매우 재미있는 기회들을 만들어주기도 했다. 아이작 피츠제럴드와 줄리 그레시우스는 '더 럼퍼스'의 글을 편집해주었는데 열정과 지성이 넘치는 그들에게 내 글을 맡길 수 있어서 언제나 편안했다. 스티븐 엘리엇은 '더 럼퍼스'에 나의 논픽션을 실을 지면을 마련해주었고 그와 일하는 것은 언제나 즐거웠다. 또한 미셸 딘, 자미 아텐베르그, 캐시 청, 트레이시 곤잘레즈에게도 감사한다. 이 감사의 글에 내 남동생이 〈다크 나이트 라이즈〉에 나오는 베인의 대사를 넣어달고 부탁해서 그렇게 한다. "너는 네 어둠이 너의 동지라고 생각하지. 하지만 너는 그저 어둠을 입양했을 뿐이야. 나는 그 안에서 태어났다. 그 안에서 만들어졌어." 우리 부모님이 이 책을 읽지 않길 바라지만 부모님은 언제나 사랑이 넘치셨고 이 모든 일을 가능하게 해주셨다. 난 운이 좋은 사람이다.

나쁜 페미니스트

초판 인쇄 2022년 9월 13일
초판 발행 2022년 9월 23일

지은이 록산 게이 | 옮긴이 노지양

책임편집 이자영 | 편집 김유라 김수현 김봉곤 박영신
디자인 윤종윤 이현정 | 저작권 박지영 형소진 이영은 김하림
마케팅 정민호 이숙재 박치우 한민아 이민경 안남영 김수현 정경주
브랜딩 함유지 함근아 김희숙 박민재 박진희 정승민
제작 강신은 김동욱 임현식 | 제작처 영신사

펴낸곳 (주)문학동네 | 펴낸이 김소영
출판등록 1993년 10월 22일 제2003-000045호
주소 10881 경기도 파주시 회동길 210
전자우편 editor@munhak.com
대표전화 031) 955-8888 | 팩스 031) 955-8855
문의전화 031) 955-2689(마케팅) 031) 955-3571(편집)
문학동네카페 http://cafe.naver.com/mhdn
인스타그램 @munhakdongne | 트위터 @munhakdongne
북클럽문학동네 http://bookclubmunhak.com

ISBN 978-89-546-8849-9 03300

잘못된 책은 구입하신 서점에서 교환해드립니다.
기타 교환 문의 031-955-2661, 3580

www.munhak.com